Manual dos
RECURSOS CÍVEIS

Dados Internacionais de Catalogação na Publicação (CIP)

P853m Porto, Sérgio Gilberto
Manual dos recursos cíveis / Sérgio Gilberto Porto, Daniel Ustárroz. – 7. ed. rev. e atual. Porto Alegre: Livraria do Advogado Editora, 2020.
319 p.; 25 cm.
ISBN 978-85-9590-087-5

1. Recurso: Processo civil. I. Ustárroz, Daniel. II. Título.

CDU – 347.955

Índice para catálogo sistemático:
Recurso: Processo civil

(Bibliotecária responsável: Marta Roberto, CRB-10/652)

Sérgio Gilberto Porto

Daniel Ustárroz

Manual dos RECURSOS CÍVEIS

Inclui ANEXO com as principais SÚMULAS dos Tribunais Superiores

7ª EDIÇÃO
revista e atualizada

livraria DO ADVOGADO editora

Porto Alegre, 2020

(edição finalizada em agosto/2019)

Capa, projeto gráfico e diagramação
Livraria do Advogado Editora

Revisão
Rosane Marques Borba

Imagem da capa
freepik.com/fotos-vetores-gratis/fundo
Fundo vetor criado por Creative_hat

Livraria do Advogado Editora
Rua Riachuelo, 1334 s/105
90010-273 Porto Alegre RS
Fone: (51) 3225-3311
editora@doadvogado.com.br
www.doadvogado.com.br

Impresso no Brasil / Printed in Brazil

Obras dos autores

SÉRGIO GILBERTO PORTO

- *Coisa Julgada Civil.* 4ª ed. São Paulo: RT, 2011.
- *Ação Rescisória Atípica.* São Paulo: RT, 2009.
- *Doutrina e Prática dos Alimentos.* 4ª ed. São Paulo: RT, 2011.
- *Comentários ao CPC.* São Paulo: RT, 2000.
- *Cidadania Processual.* Porto Alegre: Livraria do Advogado, 2016.
- *Sobre o Ministério Público no Processo não-criminal.* 2ª ed. Rio de Janeiro: Aide, 1998.
- *Lições sobre Teorias do Processo – civil e constitucional* (em coautoria com Guilherme Athayde Porto). Porto Alegre: Livraria do Advogado, 2013.
- *Lições sobre Direitos Fundamentais no CPC* (em coautoria com Daniel Ustárroz). Porto Alegre: Livraria do Advogado, 2009.
- *Garantias do Cidadão no Processo Civil* (org.). Porto Alegre: Livraria do Advogado, 2003.
- *Tendências Constitucionais do Direito de Família* (org. em coautoria com Daniel Ustárroz). Porto Alegre: Livraria do Advogado, 2003.

DANIEL USTÁRROZ

- *Intervenção de Terceiros no Processo Civil.* 2ª ed. Porto Alegre: Livraria do Advogado, 2018.
- *Contratos em Espécie.* São Paulo: Atlas, 2015.
- *Responsabilidade Civil por Ato Lícito.* São Paulo: Atlas, 2014.
- *Direito dos Contratos:* Temas Atuais. 2ª ed. Porto Alegre: Livraria do Advogado, 2012.
- *Responsabilidade Contratual.* 2ª ed. São Paulo: Revista dos Tribunais, 2007.
- *Tendências Constitucionais no Direito de Família*: Estudos em Homenagem ao Professor José Carlos Teixeira Giorgis (org.). Porto Alegre: Livraria do Advogado, 2003.

Abreviaturas

ABDPC	Academia Brasileira de Direito Processual Civil
AC	Apelação Cível
AgRg	Agravo Regimental
AI	Agravo de Instrumento
Ajuris	Revista da Associação de Juízes do RS
AR	Ação Rescisória
CC	Código Civil
CE	Corte Especial
CF	Constituição Federal
CPC	Código de Processo Civil
ED	Embargos Declaratórios
EDcl	Embargos de Declaração
EI	Embargos Infringentes
Gênesis	Revista de Direito Processual Civil (Curitiba)
IARGS	Instituto dos Advogados do RS
IBDP	Instituto Brasileiro de Direito Processual
Magister	Revista Magister de Direito Civil e Processo Civil
MC	Medida Cautelar
RDCPC	Revista Síntese de Direito Civil e Processo Civil
RE	Recurso Extraordinário
RePro	Revista de Processo
RENM	Revista da Escola Nacional da Magistratura
REsp	Recurso Especial
RF	Revista Forense
RJ	Revista Jurídica
RN	Reexame Necessário
RMDCPC	Revista Magister de Direito Civil e Processo Civil
RMPRS	Revista do Ministério Público do Rio Grande do Sul
RO	Recurso Ordinário
RPC	*Rivista di Diritto Processuale*
RT	Revista dos Tribunais
RTDCPC	*Rivista Trimestrale di Diritto Civile e Procedura Civile*
STF	Supremo Tribunal Federal
STJ	Superior Tribunal de Justiça
TJ	Tribunal de Justiça
ZPO	*Zivilprozessordnung* (CPC alemão)

Sumário

Nota prévia

Uma nova edição carrega sempre consigo o fruto das experiências anteriores conjugadas com a reflexão. A sua elaboração permite confrontar aquilo que foi preconizado com a prática observada. A finalidade da obra permanece intacta: servir de apoio para os profissionais, bem como para os acadêmicos. Um livro que propicia rápida consulta, com a lembrança das principais posições doutrinárias e decisões. Situar o leitor no complexo sistema recursal é o objetivo do Manual.

Contudo, ao lado desse primeiro escopo, existe certamente a vontade de alertar a comunidade forense para algumas interpretações equivocadas, visualizadas na prática. O senso crítico, próprio de qualquer obra que se julgue doutrinária, deve estar presente. Já advertia René David que a doutrina, nos países de *civil law*, não estima que sua missão seja simplesmente apresentar e colocar em ordem os elementos oferecidos pela prática.[1] Ela vai além e considera seu papel mais importante. Ela busca encontrar, a partir da complexa experiência prática, as regras de direito que devem inspirar os juízes e os operadores no futuro. As normas jurídicas, produtos da interpretação das fontes, são criadas não apenas pela observação prática, mas necessariamente pela consideração de outros fatores, de justiça, de moral, política e de harmonia do sistema.

Este Manual, nesse aspecto, obviamente pretende ir além da mera descrição daquilo que se observa na prática. Ele postula interferir no cotidiano, para realizar a cidadania e facilitar a aplicação da justiça. Ainda que de forma modesta, ele intenta colaborar para a realização dos direitos fundamentais, a

---

[1] O mestre René David pontuava que "la doctrine cependant n'estime pas que sa tache soit seulement de présenter et de mettre en ordre, autant que faire se peut, les éléments qui lui sont offerts par la pratique. Elle considere son rôle comme étant de formuler, au-dessus de cette masse qui s'est formée au jour le jour, au hasard des événements et sous la pression de l'urgence, sans principes directeurs bien nets, les règles de droit qui à l'avenir inspireront juges et praticiens. En principe la règle de droit n'est pas dégagée par les juges: des considérations d'équité propres à l'espèce risquent d'affecter leur jugement, leur role n'est pas de se prononcer' par voie générale et réglementaire'. Sans méconnaître l'oeuvre jurisprudentielle de plus en plus importante aujourd'hui, il n'appartient pas au juge de créer, de sa propre autorité, la règle de droit. Celle-ci est le produit d'une réflexion fondée en partie sur l'observation de la pratique, mais en partie aussi sur des considérations de justice, de morale, de politique, d'harmonie du système". Les Grandes Système de Droit Comparé, p. 74. 11. ed. Paris: Dalloz, 2002.

partir do processo civil. Para tanto, medita sobre o estado das coisas e propõe interpretações favoráveis à efetivação dos direitos e das liberdades.

Desde a primeira edição, algumas críticas sensibilizaram os Tribunais a rever a sua jurisprudência histórica. É o caso do cancelamento da Súmula n. 599 do Supremo Tribunal Federal, a qual impedia o cabimento de embargos de divergência contra os acórdãos proferidos em agravos, preconizada na primeira edição. Na segunda, aplaudimos a interpretação extensiva do vetusto art. 530, CPC, para o fim de se admitir os embargos infringentes para qualquer hipótese de aplicação do art. 515, § 3°, CPC, no julgamento da apelação, consoante defendido a partir da segunda edição. A partir da terceira, postulamos o cancelamento do Enunciado n. 418 da Súmula do Superior Tribunal de Justiça, que finalmente ocorreu em julho de 2016. Na quarta, assinalamos excessivos (e inexplicáveis) formalismos, como o regramento do preparo e a documentação obrigatória do agravo (interpretação do antigo art. 525).

Na quinta edição, as atenções voltaram-se para as potencialidades do Novo CPC. Já advertia Karl Larenz: "hoje sabemos que a maior parte das leis sofrem a sua configuração definitiva, e deste modo a sua susceptibilidade de aplicação aos casos singulares, apenas mediante a concretização no processo contínuo da actividade jurisprudencial, e que muitas proposições jurídicas encontraram acolhimento do Direito vigente através da actividade jurisprudencial".[2]

Nesta sétima edição, elaborada após os dois primeiros anos de vigência do "Novo CPC", já foi possível identificar as interpretações adotadas pelos Tribunais, a partir do novo texto, e salientar os seus acertos, bem como os seus equívocos e as omissões, as quais não raro impedem o efetivo acesso à justiça.

Permanece a responsabilidade de todos os intérpretes. Nessa medida, esperam os autores colaborar para uma aplicação mais humana do direito processual, que conduza a realização do direito. Aguardam-se as críticas.

Porto Alegre, inverno de 2019.

---

[2] *Metodologia da Ciência do Direito*. 4. ed. Trad. José Lamego. Lisboa: Fundação Calouste Gulbenkian, 2005.

Primeira Parte
Teoria Geral dos Recursos Cíveis

1. Atos do Juiz

1.1. Os pronunciamentos do juiz e o art. 203 do CPC

Em nosso sistema, o processo começa por provocação do interessado. A liberdade e a autonomia das pessoas são protegidas, pelo princípio dispositivo, de sorte que ninguém é constrangido a controverter judicialmente as suas relações sociais. Nas últimas décadas, especialmente a partir do movimento de constitucionalização do processo civil, exige-se do operador a consideração do conjunto de princípios previstos na Constituição, de sorte que na resolução de cada questão o norte constitucional deve ser perseguido.[3]

Cumprindo com as promessas constitucionais de amplas garantias aos jurisdicionados, o magistrado conduz o processo até a prolação da sentença, momento no qual regulará definitivamente, no plano jurídico, o conflito entre as partes.[4] Entretanto, entre a decisão que admite a petição inicial e a sentença, o juiz editará inúmeros pronunciamentos, que são divididos, segundo o ordenamento vigente (art. 203, CPC), em quatro classes: sentenças, decisões interlocutórias, despachos e "atos meramente ordinatórios", os quais passam a ser praticados de ofício pelo servidor e apenas são revistos pelo juiz "quando necessário".[5]

Tradicionalmente, três são os critérios mais importantes para a identificação da natureza do ato: a sua carga decisória, a sua pretensão de definitividade (e a consequente irrevogabilidade), bem como a posição do ato na perspectiva da relação processual. Na redação original do sistema de 1973,

---

[3] Conforme o art. 1º,CPC/2015: "O processo civil será ordenado, disciplinado e interpretado conforme os valores e as normas fundamentais estabelecidos na Constituição da República Federativa do Brasil, observando-se as disposições deste Código".

[4] É oportuno lembrar a conveniência do juiz em compreender a dimensão pedagógica do princípio do contraditório, para facilitar o trabalho judicial, através do intenso debate entre as partes prévio à idealização do ato decisório.

[5] Assim reza o art. 203: "Os pronunciamentos do juiz consistirão em sentenças, decisões interlocutórias e despachos. § 1º Ressalvadas as disposições expressas dos procedimentos especiais, sentença é o pronunciamento por meio do qual o juiz, com fundamento nos arts. 485 e 487, põe fim à fase cognitiva do procedimento comum, bem como extingue a execução. § 2º Decisão interlocutória é todo pronunciamento judicial de natureza decisória que não se enquadre no § 1º. § 3º São despachos todos os demais pronunciamentos do juiz praticados no processo, de ofício ou a requerimento da parte. § 4º Os atos meramente ordinatórios, como a juntada e a vista obrigatória, independem de despacho, devendo ser praticados de ofício pelo servidor e revistos pelo juiz quando necessário".

a sentença era o ato pelo qual o juiz punha termo ao processo, decidindo ou não o mérito da causa.[6] Interlocutórias eram os atos que resolviam "questões incidentes", ao passo que os despachos teriam um papel subsidiário, pois seriam "todos os demais atos do juiz praticados no processo".[7] Na medida em que o processo civil se distanciava do ideal de concentração, consequência natural era a profusão de interlocutórias, bem como de despachos, ao longo da relação processual.

A literatura científica desde logo destacou que "o legislador não conseguiu forjar uma nomenclatura isenta de imprecisões e ambiguidades".[8] Exemplos corriqueiros demonstravam que a definição proposta pelo Código era traída pela realidade do foro, pois o processo se estendia bem além da sentença, pois, além de recursos, não era observado o cumprimento voluntário. A ideia de se estabelecer um critério "topológico", na linha das Ordenações Filipinas, trazia o inconveniente de se afastar a análise do mérito das interlocutórias, ao argumento de que seriam decisões provisórias e, como tais, em determinado momento seriam substituídas pela sentença definitiva, prolatada após ampla produção de provas no intuito de oferecer maior segurança.[9]

Muito embora essas incorreções, é possível afirmar que o grande objetivo do Código de 1973, bem espelhado na exposição de motivos de lavra do então Ministro da Justiça Alfredo Buzaid, foi parcialmente alcançado. Os conceitos lançados pelo Código mostraram-se, com o passar dos anos, práticos. Localizada uma sentença (e finalizado o procedimento no primeiro grau), caberia apelação. Contra a decisão interlocutória, teria lugar o agravo. Desta forma, bastaria a correta classificação do ato do juiz, para se identificar o recurso cabível.

Conquanto relativamente alheio à substância do ato, o critério proposto pelo CPC/73 era funcional. Se o processo não fosse extinto, a interposição de

---

[6] Enrico Tullio Liebman, p. ex., entendia que com a sentença "si culmina e si conclude il processo di cognizione: è l'atto di pronuncia del giudizio e contiene lenunciazione formale e solenne della regola giuridica concreta destinata a disciplinare il caso sottoposto al giudice dalle parti. Essa è pertanto latto giurisdizionale per eccellenza, latto a cui tende e com cui si compie il procedimento, latto alla cui pronuncia tutti gli altri del processo sono preordinati. Con la pronuncia della sentenza, lo Stato adempie nella sua forma più importante e più delicata (il processo di cognizione) la funzione giurisdizionale, rendendo giustizia tra i consociati e attuando nei confronti la tutela giuridica". *Manuale di Diritto Processuale Civile, principi*, 6. ed. Milano: Giuffrè, 2002, p. 245.

[7] Analisando os atos processuais em perspectiva histórica, Ovídio Baptista da Silva encontra uma característica constantemente presente: "mesmo na perspectiva do direito medieval, em que se busca aproximar conceitualmente as interlocutórias das sentenças, permanece suficiente demarcada a linha de competência de cada uma dessas duas classes de ato jurisdicional: a sentença tem por objeto a definição da questão principal, ou seja, a resolução da questão de mérito; as interlocutórias não decidem sobre o principal, mas apenas sobre questões incidentes". *Decisões interlocutórias e sentenças l*iminares, p. 6. *Da sentença Liminar à Nulidade da Sentença*. Rio de Janeiro: Forense, 2001.

[8] Expressão de José Carlos Barbosa Moreira nos Comentários e no artigo a Nova Definição de Sentença (Lei nº 11.232). *Revista Dialética de Direito Processual*, v. 39, junho 2006, p. 78-85.

[9] Recorda Ovídio Baptista da Silva que as próprias Ordenações Filipinas admitiam o critério topológico, pois "sentença interlocutória é chamada em direito qualquer sentença ou mandado que o juiz dá, ou manda, em algum feito, antes que dê sentença definitiva" (Livro III, Título LXV). Op. cit., p. 4.

agravo permitia o prosseguimento da instrução em primeiro grau e a reanálise da decisão pelo segundo. Por ilustração: resolução do processo frente a um dos litisconsortes, indeferimento da reconvenção ou da denunciação da lide etc.[10]

Para os casos nos quais pairava dúvida quanto ao recurso cabível, aplicava-se (ou se deveria aplicar) o princípio da fungibilidade. Com tal medida, poderia ser resguardado o direito das partes.[11]

A situação foi alterada com a Lei 11.232/05, a qual, buscando oferecer maior efetividade, contestou a autonomia do procedimento executivo de título judicial com quantia certa. A partir de então, da sentença condenatória transitada em julgado, seguiria uma nova "fase", denominada "cumprimento da sentença". Muito embora a natureza das atividades não fosse alterada (a primeira, precipuamente cognitiva; a segunda, tendencialmente executiva), ficou claro que a sentença já não mais poderia "pôr termo ao processo", pois uma nova fase seria inaugurada[12]. E surgiu, na visão do legislador, a necessidade de se alterar a redação do art. 162, CPC/73.

Sobre este tema, informa José Carlos Barbosa Moreira que, no projeto original, não fora vislumbrada necessidade de alteração do texto do art. 162.[13] Contudo, "por inescrutáveis razões", o Senado emendou o dispositivo e deu-lhe o seguinte teor: "sentença é o ato do juiz que implica alguma das situações previstas nos arts. 267 e 269 desta Lei".[14]

---

[10] Observa, com a prudência que lhe é peculiar, Antonio Janyr Dall'Agnol Junior: "a inspiração em 'critério topológico' para usar de expressão cunhada pelo Barbosa Moreira, não obstante a censura que se pudesse pespegar ao critério, no mínimo permite ao operador – sobretudo ao operador – eleger o caminho adequado quanto ao recurso a interpor, objetivo inequívoco, afinal, da solução legislativa". Sobre o conceito de sentença no Código de Processo Civil de 1973, p. 757. *In Processo e Constituição: Estudos em homenagem ao Professor José Carlos Barbosa Moreira*. São Paulo: RT, 2006.

[11] Digno de nota, ainda que desimporte o nome dado ao ato pelo prolator, o que vale é a correta classificação deste segundo os critérios processuais.

[12] Sobre o tema, o coautor Sérgio Gilberto Porto externou opinião no sentido do texto em ensaio intitulado *A nova definição legal de sentença: propósito e consequências*. In *Instrumentos de Coerção e outros temas de Direito Processual Civil* (coordenação de José Maria Rosa Tesheiner, Mariângela Guerreiro Milhoranza e Sérgio Gilberto Porto). Rio de Janeiro: Forense, 2007, págs. 657 e ss.

[13] Concluirá que "a nova definição de sentença nem é tecnicamente correta, nem clara, nem – menos que tudo – elegante". Mas a seguir tranquilizará os operadores, reconhecendo que aquelas reformas não produziriam alterações substanciais na maneira pela qual se identificavam os pronunciamentos judiciais e se caracterizavam os respectivos regimes. *A nova Definição de Sentença*, p. 84-85.

[14] Ainda hoje, portanto, admitem-se sentenças meramente terminativas (sem a análise do mérito) e definitivas (com ênfase no mérito da causa), o que sempre motivou crítica de parcela da doutrina. Egas Moniz de Aragão, exemplificativamente, salienta que "a definição de sentença, porém, não está acorde com a melhor doutrina. De fato, somente o mérito da causa, acolhendo ou repelindo o pedido do autor, define-a (...)". A seguir, contudo, o mesmo reconhecia os benefícios práticos que a opção do Código oferece: "essa tomada de posição somente se justifica a fim de as partes e tribunais não mais se verem torturados, como ocorria com o Código de 1939, pelo dilema de caber ou não o recurso; de ter havido ou não erro grosseiro; de estar ou não decidido o mérito da causa. Sob esse ângulo, e do ponto de vista prático, o passo dado foi proveitoso: qualquer que seja o resultado final, haja sido ou não resolvida a lide, chamar-se-á sentença ao pronunciamento do juiz e caberá recurso de apelação". *Comentários ao CPC*, v. 2, p. 37-38. 10. ed. Rio de Janeiro: Forense, 2004.

À luz da reforma de então, mantida na essência pelo CPC/2015 (embora a pequena diversidade de redação existente nos diplomas), tornou-se oportuno indagar se houve efetivamente alguma alteração no conteúdo e na finalidade da sentença. *Data venia*, como antes referido, a lei ressaltou a ideia de que, para a conceituação do ato, deve ser perquirida a sua substância e a sua "aspiração à definitividade", além de sua posição no *iter* procedimental. É justamente a sentença que, em dado momento, adquirirá a estabilidade decorrente do trânsito em julgado. Nada impede, entretanto, que, no curso do processo, tantos outros provimentos, inclusive juízos definitivos, sejam tomados em prol da parte que apresenta o provável direito, inclusive mediante a necessária incursão no mérito do feito. E tais incursões, quando realizadas com o intuito de emprestar definitividade ao pronunciamento estatal, podem ser tratadas como sentenças, ainda que parciais.[15] Como salientado em edições anteriores, não se trata propriamente de uma novidade. As lições de Giuseppe Chiovenda conservam atualidade.[16]

Nessa toada, o CPC/2015, de forma pragmática, admitiu a prolação de sentenças parciais e optou pelo recurso de agravo de instrumento, como o adequado para atacar este tipo de ato judicial, segundo se vê expressamente do artigo 356, CPC.[17] Foi uma escolha pragmática.

De regra, a apelação é restrita às hipóteses nas quais a sentença proferida encerra o procedimento de primeiro grau, pois somente após este momento é que se poderá suspender o trabalho do juízo prolator, para aguardar o posicionamento da instância superior no julgamento da impugnação. Constatada

---

[15] Nesse sentido, com razão Daniel Mitidiero quando propõe o "critério da definitividade da apreciação jurisdicional" para separar interlocutórias e sentenças, admitindo, porém, excepcionalmente, o cabimento de agravo de instrumento contra sentenças. Refere o autor: "sentença é o ato do juiz que define uma controvérsia, nos temos dos arts. 267 e 269, CPC, superando-se, preclusivamente, determinada fase processual". *A Nova Execução*, p. 7. Rio de Janeiro: Forense, 2006.

[16] Escreveu o célebre autor italiano: "sentença definitiva é, por sua natureza, a que decide sobre a demanda, acolhendo-a ou rejeitando-a. Se (no caso de vários processos reunidos ou no caso de várias demandas acumuladas numa só citação) apenas um processo, ou uma demanda, ou apenas parte de uma demanda, ou apenas a ação relativa a reconvenção, ou vice-versa, está em condições de se decidir, a sentença que a acolhe ou a rejeita é, entretanto, definitiva, embora parcial (...) reconhece-se ainda que, se a prestação principal do juiz pode satisfazer-se em vários momentos, como na hipótese de cumulação de ações, toda sentença que se pronuncia sobre uma das demandas, ou sobre parte da demanda, é definitiva, conquanto parcial (...) palpita-me, pois, inegável a existência de sentenças em parte definitivas e em parte interlocutórias, e as sentenças tais, no que de definitivas encerram, não se podem deixar de aplicar as normas concernentes às sentenças definitivas". *Instituições de Direito Processual Civil*, v. III, p. 280. 2. ed. Campinas: Bookseller, 2000.

[17] Reza a Seção III: "Do Julgamento Antecipado Parcial do Mérito. Art. 356. O juiz decidirá parcialmente o mérito quando um ou mais dos pedidos formulados ou parcela deles: I – mostrar-se incontroverso; II – estiver em condições de imediato julgamento, nos termos do art. 355. § 1º A decisão que julgar parcialmente o mérito poderá reconhecer a existência de obrigação líquida ou ilíquida. § 2º A parte poderá liquidar ou executar, desde logo, a obrigação reconhecida na decisão que julgar parcialmente o mérito, independentemente de caução, ainda que haja recurso contra essa interposto. § 3º Na hipótese do § 2º, se houver trânsito em julgado da decisão, a execução será definitiva. § 4º A liquidação e o cumprimento da decisão que julgar parcialmente o mérito poderão ser processados em autos suplementares, a requerimento da parte ou a critério do juiz. § 5º A decisão proferida com base neste artigo é impugnável por agravo de instrumento".

a inaptidão procedimental do apelo para enfrentar determinado ato judicial, excepcionalmente, deveria ser admitido o agravo, ainda que as matérias arroladas nos arts. 485 e 487, CPC, tenham sido enfrentadas.

Um exemplo típico dessa situação ocorre diante da decisão proferida em sede de "exceção de pré-executividade", impugnação e embargos do devedor. Quando essa defesa é procedente e determina a extinção da execução, a jurisprudência admite a apelação. Entretanto, se ela for improcedente ou parcialmente procedente, terá lugar o agravo de instrumento. É um caso típico de eleição do recurso a partir da adequação procedimental.[18]

De toda sorte, sobrevivem, embora com critérios distintos, os três atos judiciais, bem como a regra geral para efeito recursal: apelação contra sentenças; agravo contra interlocutórias e despachos irrecorríveis pela ausência de gravame à parte.

A diferenciação entre os atos é importante. Analisando o direito italiano, Francesco Paolo Luiso apresenta três tipos de pronunciamentos: "nel nostro ordinamento non tutti i provvedimenti giurisdizionali hanno la stessa natura. Nel processo civile i provvedimenti che il giudice pronuncia sono: sentenze, ordinanze e decreti. Le sentenze sono i provvedimenti che concludono il processo in un certo grado del suo sviluppo e che, comunque, anche se non concludono il processo, hanno uno dei contenuti previsti dal secondo comma dell'art. 279, C.P.C. La sentenza una volta pronunziata, esaurisce il potere giurisdizionale del giudice che l'ha emessa. Essa è da lui irrevocabile ed il suo contenuto è vincolante per il giudice che l'ha emessa. La sentenza può essere rimossa soltanto attraverso i mezzi di impugnazione che l'ordinamento prevede. Non esistono sentenze non motivate; tutte le sentenze devono essere motivate (art. 132, C.P.C.). Il processo civile conosce anche altri provvedimenti (l'ordinanza e il decreto) i quali costituiscono provvedimenti minori, in quanto son destinati a risolvere questioni interne al singolo processo, in vista della sua definizione. L'ordinanza, dice l'art. 134, C.P.C., deve essere succintamente motivata e non può essere impugnata in via autonoma rispetto alla sentenza (...) i decreti sono qualcosa di inferiore rispetto alle ordinanze e, normalmente, non sono motivati (art. 135 C.P.C)".[19]

Diante da dúvida quanto à natureza do ato praticado pelo juiz, é em tese admissível o aproveitamento do princípio da fungibilidade, desde que exista uma dúvida objetiva acerca da natureza do ato e, portanto, do recurso cabível, como será observado no tópico específico ao princípio.[20]

---

[18] REsp 1698344/MG, 4. T., Rel. Min. Luis Felipe Salomão, j. 22/05/2018. DJe 01/08/2018.

[19] *Diritto Processuale Civile*, v. I, p. 38. 3. ed. Milano: Giuffrè, 2000.

[20] O STJ aplicou o princípio da fungibilidade diante da dificuldade em se identificar o recurso cabível diante da exclusão de litisconsorte no seguinte acórdão. Utilizou-se de uma interpretação favorável ao acesso à justiça (art. 5º, XXXV, CRFB). AgRg no REsp 1305905/DF, 2. T., Rel. Min. Humberto Martins, j. 13.10.2015. DJe 18.12.2015.

1.2. Requisitos essenciais da sentença

A sentença é um ato de especial importância. No direito brasileiro, a estrutura da sentença é composta por três partes com funções complementares: (1) o relatório; (2) a motivação e (3) o dispositivo.

O relatório é por excelência descritivo. Tem por fim demonstrar às partes que a lide foi bem apreendida pelo julgador. Para tanto, registra o art. 489, CPC, que o relatório conterá os nomes das partes, a identificação do caso, com a suma do pedido e da contestação, e o registro das principais ocorrências havidas no andamento do processo.

Segue-se uma etapa de argumentação, pela qual o magistrado expõe os fundamentos fáticos e jurídicos, que lhe permitiram formar seu convencimento.[21] É justamente da análise da motivação que se poderá concluir pelo acerto na apreensão das matérias fática e jurídica envolvidas no processo. A Constituição Federal exige a fundamentação das decisões judiciais (93, IX, CF), por ao menos três razões práticas, a saber: (a) a legitimação do provimento do Poder Judiciário, permitindo às partes e aos interessados controlar o exercício do poder estatal; (b) a instrumentalização do direito de recorrer das partes e (c) no caso dos Tribunais Superiores, formar jurisprudência.

É oportuna a lição de Francesco Paolo Luiso: "la garanzia della motivazione dei provvedimenti giurisdizionali serve, dal punto di vista extraprocessuale, politico, come mezzo di verifica della collettività circa l'esercizio del potere: la trasparenza. Dal punto di vista endoprocessuale, invece, è uno strumento di tecnica del processo che consente e realizza pienamente l'attuazione della garanzia di difesa, dando alla parte il potere di verificar e la giustizia e correttezza della decisione, anche in vista della spendita, contro la sentenza sfavorevole, degli ulteriori poteri previsti, che sono i potere di impugnazione".[22]

No direito brasileiro, a ausência de motivação nulifica o julgado.[23] Na visão da jurisprudência majoritária, trata-se de uma nulidade absoluta, passí-

---

[21] Miguel Reale, em parecer publicado, conclui que a "motivação ou fundamentação da sentença é a análise crítica das questões de fato e de direito objeto da ação. Impossibilidade de ser reduzida a mera exposição do alegado pelas partes, com opção imotivada pela pretensão de uma delas. A decisão como momento culminante de um processo valorativo de dados factuais e doutrinários em confronto. Sem motivação não há devido processo legal". *A Motivação, requisito essencial da sentença. Questões de Direito Público*, São Paulo: Saraiva, 1997, p. 153.

[22] Op. cit. p. 40.

[23] A jurisprudência brasileira, talvez sob influência da doutrina criminal, sustenta majoritariamente que a fundamentação inexistente ou deficiente enseja nulidade absoluta. Sobre o tema, anota Antonio Magalhaes Gomes Filho: "a estrutura dialética do processo não pode deixar de refletir no julgamento, na medida em que as atividades dos participantes do contraditório só tem significado se forem efetivamente consideradas na decisão. Daí a correspondente exigência de que a motivação possua um caráter dialógico, capaz de dar conta da real consideração de todos os dados trazidos à discussão da causa pelas partes. O não atendimento desse imperativo constitui vicio de particular gravidade, pois o silencio do discurso justificativo quanto às provas e alegações das partes revela não só a falta de uma adequada cognição, mas, sobretudo a violação de um princípio natural do processo.". *A motivação das decisões penais*, São Paulo: RT, 2001, p. 188.

vel de pronúncia de ofício, em face do interesse público subjacente. Em nosso sentir, contudo, a sua decretação, salvo em casos extremos, deveria se restringir às hipóteses em que o próprio interessado alegasse a nulidade.

Por fim, vai redigida a "parte dispositiva", que traduz a regra concreta acertada. É no dispositivo que o juiz irá resolver as questões que lhe foram submetidas, emitindo o comando que irá definir os contornos do vínculo entre as partes, caso reconhecido. Reza o Código que a sentença que julgar a lide "tem força de lei nos limites da questão principal expressamente decidida" (503, CPC[24]).

1.3. Sentenças definitivas e meramente terminativas

As sentenças podem ser divididas em duas categorias, a partir de sua aptidão para formar a coisa julgada material.

As sentenças terminativas reconhecem a "inadmissibilidade da tutela jurisdicional". Por conseguinte, permitem, em geral, a repropositura da demanda, desde que sanados os vícios que induziram sua prolação. Alguns exemplos encontram-se nas situações previstas no art. 485 do CPC: indeferimento da petição inicial, negligência das partes, abandono do processo, ausência de condições da ação ou pressupostos de constituição, intransmissibilidade da ação, desistência, etc.[25] Em muitas dessas situações, será possível admitir nova ação, desde que ultrapassado o vício diagnosticado.

Todavia, existem as sentenças definitivas, que avaliam o mérito e, ao transitar em julgado, devem ser respeitadas em todos os processos futuros

[24] Reza o art. 503: "A decisão que julgar total ou parcialmente o mérito tem força de lei nos limites da questão principal expressamente decidida. § 1º O disposto no caput aplica-se à resolução de questão prejudicial, decidida expressa e incidentemente no processo, se: I – dessa resolução depender o julgamento do mérito; II – a seu respeito tiver havido contraditório prévio e efetivo, não se aplicando no caso de revelia; III – o juízo tiver competência em razão da matéria e da pessoa para resolvê-la como questão principal".

[25] Dispõe o art. 485, CPC: "O juiz não resolverá o mérito quando: I – indeferir a petição inicial; II – o processo ficar parado durante mais de 1 (um) ano por negligência das partes; III – por não promover os atos e as diligências que lhe incumbir, o autor abandonar a causa por mais de 30 (trinta) dias; IV – verificar a ausência de pressupostos de constituição e de desenvolvimento válido e regular do processo; V – reconhecer a existência de perempção, de litispendência ou de coisa julgada; VI – verificar ausência de legitimidade ou de interesse processual; VII – acolher a alegação de existência de convenção de arbitragem ou quando o juízo arbitral reconhecer sua competência; VIII – homologar a desistência da ação; IX – em caso de morte da parte, a ação for considerada intransmissível por disposição legal; e X – nos demais casos prescritos neste Código. § 1º Nas hipóteses descritas nos incisos II e III, a parte será intimada pessoalmente para suprir a falta no prazo de 5 (cinco) dias. § 2º No caso do § 1º, quanto ao inciso II, as partes pagarão proporcionalmente as custas, e, quanto ao inciso III, o autor será condenado ao pagamento das despesas e dos honorários de advogado. § 3º O juiz conhecerá de ofício da matéria constante dos incisos IV, V, VI e IX, em qualquer tempo e grau de jurisdição, enquanto não ocorrer o trânsito em julgado. § 4º Oferecida a contestação, o autor não poderá, sem o consentimento do réu, desistir da ação. § 5º A desistência da ação pode ser apresentada até a sentença. § 6º Oferecida a contestação, a extinção do processo por abandono da causa pelo autor depende de requerimento do réu. § 7º Interposta a apelação em qualquer dos casos de que tratam os incisos deste artigo, o juiz terá 5 (cinco) dias para retratar-se".

envolvendo os mesmos sujeitos. A sentença definitiva aspira compor o litígio, declarando o direito aplicável aos fatos acertados. Salvo pelos meios excepcionalíssimos admitidos no ordenamento, como a ação rescisória, a *querela nulitatis* e defesas específicas do executado, ela será imutável.

O Código afirma que haverá resolução de mérito (art. 487):[26] I – quando o juiz acolher ou rejeitar o pedido formulado na ação ou na reconvenção; II – decidir, de ofício ou a requerimento, sobre a ocorrência de decadência ou prescrição; III – homologar: a) o reconhecimento da procedência do pedido formulado na ação ou na reconvenção; b) a transação e c) a renúncia à pretensão formulada na ação ou na reconvenção. Nessas hipóteses, caso promovida ação idêntica no futuro, competirá ao interessado alegar a ocorrência de coisa julgada, a fim de obstar a tramitação do novo feito. Em face do interesse público, admite-se a pronúncia de ofício.

A rigor, apenas na primeira hipótese haveria autêntica análise do mérito. Nas demais, alcança-se o resultado útil – a definição da lide – por meios justos, à luz do direito, daí se falar em "sentenças equiparadas" à de mérito.

1.4. Classificação das sentenças

É da tradição brasileira a classificação das sentenças a partir de um juízo hipotético de procedência dos pedidos da petição inicial. Parte-se do pressuposto de que a "ação" será acolhida para se concluir sobre a carga de eficácia preponderante da sentença de procedência. Com tal debate, são oferecidas ao magistrado melhores condições para cumprir seu papel, balizando sua atuação dentro do processo.

Tradicionalmente, admitiam-se três eficácias: declaratória, constitutiva e condenatória, quiçá em sinal de homenagem à construção germânica do século XIX (em especial, Adolf Wach).

Na demanda de natureza declaratória, busca-se a declaração da existência ou inexistência de determinada relação jurídica ou, ainda, a declaração em torno da autenticidade ou falsidade de certo documento (art. 19 do CPC[27]); cria-se a certeza onde havia incerteza.

A natureza constitutiva é visualizada quando são criadas, extintas ou modificadas as relações jurídicas. Estas sentenças podem ter cunho positivo ou negativo. Positivo quando se cria uma nova relação jurídica com a sentença

[26] Registra o art. 487: "Haverá resolução de mérito quando o juiz: I – acolher ou rejeitar o pedido formulado na ação ou na reconvenção; II – decidir, de ofício ou a requerimento, sobre a ocorrência de decadência ou prescrição; III – homologar: a) o reconhecimento da procedência do pedido formulado na ação ou na reconvenção; b) a transação; c) a renúncia à pretensão formulada na ação ou na reconvenção. Parágrafo único. Ressalvada a hipótese do § 1º do art. 332, a prescrição e a decadência não serão reconhecidas sem que antes seja dada às partes oportunidade de manifestar-se".

[27] Conforme o art. 19: "O interesse do autor pode limitar-se à declaração: I – da existência, da inexistência ou do modo de ser de uma relação jurídica; II – da autenticidade ou da falsidade de documento".

(exemplo: sentença de adoção; negativo quando se extingue relação jurídica já existente (exemplo: sentença de divórcio).

Na ação de natureza condenatória, é criada uma obrigação ao demandado em razão do descumprimento de um dever jurídico. São exemplos clássicos as ações de indenização em geral, em que, a partir da sentença, está o réu obrigado a reparar eventual prejuízo causado.

A presente orientação gozou de trânsito fácil na doutrina brasileira, até que Pontes de Miranda, no histórico *Tratado das Ações*, lançou as bases da teoria quinária em torno da classificação das ações quanto às suas cargas de eficácias.

A teoria quinária sustenta, em síntese, que, além das eficácias tradicionalmente reconhecidas, outras duas devem ser acrescidas à classificação, quais sejam: ações mandamentais e ações executivas *lato sensu*.

A ação mandamental foi caracterizada pela necessidade de o autor obter uma ordem do juízo para que se faça ou se tolere algo. O comportamento do demandado é fundamental para a satisfação do autor, porém, dada sua renitência, tornam-se indispensáveis a via judicial e o emprego de medidas de coerção. Veja-se o exemplo de uma inscrição indevida em órgão de restrição ao crédito, que deve ser retirada pelo próprio réu, ou a retirada de campanha publicitária enganosa. O provimento usualmente é garantido com a imposição de pesadas multas para o caso de descumprimento (*astreintes*).

Já a ação executiva *lato sensu*, de sua parte, representa a possibilidade de que ações integrantes do processo de conhecimento tragam embutidas em si capacidade executória. O juízo, ao reconhecer a procedência do pedido, determina, desde logo, a satisfação do autor. Note-se que, por regra, nas ações em geral, embora condenado o réu, o bem da vida somente será outorgado ao autor se este tomar novas iniciativas. Assim, p. ex., na ação de indenização, muito embora condenado o réu a indenizar, nada acontecerá no mundo fático se o autor não adotar medida de natureza executória. Somente após as iniciativas adequadas (liquidação e cumprimento) é que receberá o autor o bem da vida querido (indenização), vale dizer: o recebimento do bem da vida por parte do autor está condicionado a novas medidas suas, embora a decisão anterior já lhe tenha reconhecido o direito alegado. Entretanto, existem ações em que o juízo, como já dito, ao reconhecer a procedência da alegação feita pelo autor, lhe deferirá o bem da vida pretendido de imediato, provocando alterações na esfera jurídica do demandado, independentemente de outras iniciativas. É exemplo de demanda desta natureza a ação de despejo, pois no momento em que é alegada, p. ex., determinada infração contratual, e o juízo reconhece esta como existente, a um só tempo, resolve o contrato e determina a desocupação do imóvel, provocando, portanto, uma alteração no mundo dos fatos por decorrência da sentença, sem que tenha o autor se socorrido de nova providência. E isso só é possível, exatamente, em razão da capacidade executória que está embutida na sentença de procedência, em face da natureza do direito material posto em causa.

A teoria que estabelece a classificação quinária das ações e, por consequência, das sentenças de procedência, também esclarece que inexiste sentença pura, pois toda sentença, no que tange a seu conteúdo eficacial, seria híbrida, ou seja, possuiria mais de uma carga de eficácia, embora alguma seja preponderante. A esse respeito, Pontes de Miranda, quiçá com algum exagero, chegou a afirmar que toda a sentença portará as cinco cargas de eficácia, batizando a figura de "constante 15". Atualmente, observa-se o recrudescimento da tutela mandamental e da executiva.[28]

Todos os esforços envidados pela doutrina para explorar ao máximo suas potencialidades, em última análise, decorrem da ideia de se oferecer maior efetividade ao processo, tornando possível libertar a comunidade do preconceito de que atividades cognitivas e executivas não possam andar de mãos dadas no mesmo procedimento.

1.5. Vícios da sentença

Muitas vezes, embora o cidadão formate a causa de pedir e o pedido na sua petição inicial, os Tribunais não se atêm aos limites da ação proposta. Historicamente, afirma-se que a petição inicial pauta o debate judicial entre as partes. Portanto, o contraditório se realiza a partir da causa de pedir e do pedido indicados pelo autor, bem como pelas defesas arguidas pelo réu. Quando o magistrado se pronuncia sobre outros temas, em geral, prejudica a realização do princípio do contraditório.

Nesse sentido, o art. 141, CPC, veda ao juiz decidir a lide fora dos limites em que foi proposta.[29] Preserva, ainda, as partes do conhecimento indevido de questões, não suscitadas, a cujo respeito a lei exige sua iniciativa. A complementação do dispositivo se dá no art. 492, CPC, quando afirma ser "vedado ao juiz proferir decisão de natureza diversa da pedida, bem como condenar a parte em quantidade superior ou em objeto diverso do que lhe foi demandado".

Nessa linha, tradicionalmente, no que toca à necessária correlação entre o pedido e a decisão, três vícios podem contaminar a sentença.

Há casos de legítima denegação de jurisdição, quando a sentença deixa de enfrentar os requerimentos das partes. Nessas hipóteses, configura-se a citrapetição, pois o Estado estará indevidamente se eximindo de prestar a jurisdição (não avaliando pedido de denunciação da lide, deixando de analisar algum pedido cumulado etc.).

---

[28] É vasta a literatura nacional sobre o tema, valendo referir pela originalidade Luiz Guilherme Marinoni, com sua *Tutela Inibitória e Tutela Antecipatória, Julgamento Antecipado* e *Execução Imediata da Sentença*, ambas publicadas pela RT, São Paulo.

[29] Consoante o art. 141: "O juiz decidirá o mérito nos limites propostos pelas partes, sendo-lhe vedado conhecer de questões não suscitadas a cujo respeito a lei exige iniciativa da parte".

Quando o órgão estatal concede algo que não fora solicitado, indo além dos limites do debate judicial, ocorre a ultrapetição. Por exemplo: o cidadão, vítima de acidente de carro, ao postular exclusivamente o ressarcimento pelas despesas médicas, impede que o magistrado lhe conceda compensação por dano moral, pois tal ponto situa-se fora do contraditório judicial.

Por fim, concedendo algo diverso do postulado, incidirá na extrapetição, vício altamente condenável em face da garantia constitucional do contraditório. Caso a pessoa requeira apenas ordem para que o réu publique um direito de resposta, é inviável a condenação substitutiva a título de danos morais, ainda que o magistrado se convença da melhor adequação de outra medida não postulada.

Em comum, todas as situações revelam a preocupação com o contraditório. Este, enquanto mecanismo de legítima construção do provimento judicial, encontra limites nas postulações das próprias partes, em face da incidência do princípio dispositivo. O cidadão, portanto, tem direito à adequada prestação jurisdicional, a qual inclui uma sentença proferida de acordo com os temas debatidos no processo. Nem a menos, nem a mais ou diverso, mas na justa medida do contraditório proposto pelas partes em suas manifestações.

O Código de Processo Civil de 2015 procurou resolver um problema prático visualizado nas décadas anteriores. Ocorre que os Tribunais, deparando-se com sentenças eivadas com esses vícios, tendia a desconstituí-las, ordenando o retorno dos autos ao primeiro grau para que outra sentença fosse prolatada conforme o direito. Em que pese o acerto teórico dessa medida (justificada pelo prestígio do duplo grau de jurisdição), na prática, essa postura ocasionava anos de demora no desenvolvimento do processo, prejudicando sobremaneira a celeridade. Por isso, no art. 1013, foi estampada a teoria da causa madura, permitindo que os Tribunais apreciem as causas, ainda quando diagnostiquem sentenças viciadas. No capítulo da apelação, o tema será aprofundado.

2. Coisa julgada

2.1. Fundamentos do instituto

Já no seu preâmbulo, a Constituição demonstra seu comprometimento com o valor segurança. Dentro do Estado de Direito, "destinado a assegurar o exercício dos direitos sociais e individuais, a liberdade, a segurança, o bem-estar, o desenvolvimento, a igualdade e a justiça, como valores supremos de uma sociedade fraterna, pluralista e sem preconceitos", deve sempre existir uma natural preocupação com uma atmosfera de harmonia, indispensável à vida social e à "solução pacífica das controvérsias".

O Direito valoriza a segurança através de diversos institutos. Dentre esses, destacam-se, no rol de garantias prometidas pelo art. 5º, XXVI, da Constituição Federal o ato jurídico perfeito, o direito adquirido e a coisa julgada. Esta última possui índole nitidamente processual, uma vez que se destina a perenizar as situações normadas através do devido processo de Direito, imunizando-as frente às irresignações das partes.

Uma definição inicial da coisa julgada é encontrada na Lei de Introdução das Normas do Direito Brasileiro quando, em seu art. 6º, § 3º, conceitua o instituto como a "decisão judicial de que já não caiba recurso". Essa definição, conquanto simplificada e equivocada do ponto de vista científico, transmite sua principal função: evitar que a decisão seja eficazmente atacada.[30]

A coisa julgada é uma qualidade que se agrega à sentença, para tornar a situação jurídica por ela definida como imutável. A coisa julgada, para se valer de históricas metáforas, é o selo ou a capa protetora do julgado que o livra de rediscussões e viabiliza a utilidade do acertamento judicial.

É da essência humana a inconformidade com as adversidades. No processo judicial, a situação não é diferente. Fenômeno absolutamente compreensível e natural é a insatisfação do litigante vencido, intentando, em todas as instâncias possíveis, reformar a decisão até que obtenha uma resposta mais favorável. Contudo, o prolongamento indefinido dos processos desestabiliza as relações sociais, prejudicando a vida pessoal e negocial dos envolvidos, pela insegurança.

Portanto, a coisa julgada decorre de um imperativo social. Não é possível conviver por largo tempo – ou eternamente – com a insegurança na aplicação do direito. Sem a tranquilidade, derivada da certificação judicial dos direitos, seria inviável o progresso, na medida em que todas as relações jurídicas estariam perenemente controvertidas.

2.2. Coisa julgada formal e coisa julgada material

Tradicionalmente, a doutrina aponta dois estágios da coisa julgada.

Enquanto ato do processo, a sentença é protegida contra alterações pela máxima preclusão recursal. A sentença torna-se imutável no feito em que é proferida, desimportando se definitiva (com análise de mérito) ou mera-

[30] Em outra sede, o coautor Sérgio Gilberto Porto assim se pronunciou: "No teor do § 3º do artigo 6ª da Lei de Introdução as Normas do Direito Brasileiro, anteriormente denominada Lei de Introdução ao Código Civil, bem como – agora- no art. 502 do CPC de 2015, situam-se as *definições legais* do instituto da coisa julgada. Todavia, a toda evidência, não se esgota nestes dispositivos compreensão do tema. Evidentemente, a *res iudicata* reveste um conceito jurídico cujo conteúdo difere do simples enunciado de suas palavras e extrapola os parâmetros fixados pelo legislador. Na acepção literal dos vocábulos, pareceria, aos menos avisados, que coisa significa objeto. Todavia, não é essa a noção jurídica que traduz e, sim, a de uma medida de valor que pode ser objeto do direito ou até mesmo a noção de bem ou de relação jurídica, ou, como refere a própria Lei de Introdução as Normas Brasileiras de modo alternativo, trata-se de caso no sentido de lide. O adjetivo julgada, por seu turno, qualifica a matéria que foi objeto de apreciação judicial. Como se vê, a definição de coisa julgada envolve algo de mais que a simples soma de seus termos pois representa um conceito jurídico que qualifica uma decisão judicial, atribuindo-lhe autoridade e eficácia permanente.". *Cidadania Processual – Processo Constitucional e o Novo Processo Civil*, p. 96-97. Porto Alegre: Livraria do Advogado, 2015.

mente terminativa (com o reconhecimento da inadmissibilidade da tutela jurisdicional). Correta ou equivocada a decisão, com a capa protetora, adquire estabilidade no feito em que foi prolatada. A este primeiro fenômeno, do trânsito em julgado, cunha-se a expressão *coisa julgada formal* para referir justamente a impossibilidade de sua rediscussão no bojo do processo em que é proferida.

Todavia, pode ocorrer que esta sentença transitada em julgado tenha enfrentado o mérito do processo, isto é, tenha dirimido o suposto conflito que ligava as partes. Nessa hipótese, costuma-se falar que houve a formação da coisa julgada material, que é constituída pela coisa julgada formal acrescida da análise de mérito. Agora, o pronunciamento judicial estará a salvo de reforma tanto no processo em que é proferido, quanto em qualquer outro, pois a parte já recebeu a adequada resposta jurisdicional (provimento meritório). Nessa linha, sublinha a doutrina a função positiva da coisa julgada (respeito à deliberação), bem como a negativa (veto à reapresentação do tema já decidido).[31]

Consequência prática desta distinção é que a coisa julgada meramente formal não impede a propositura de "nova" demanda, ainda que igual à anterior (isto é, com os mesmos elementos anteriores: partes, causa de pedir e pedido), pois sua imutabilidade estava restrita ao processo em que fora proferida. Já a coisa julgada material protege o resultado prático do processo de qualquer rediscussão útil. Caso qualquer das partes tente desconhecer a autoridade da coisa julgada material, poderá a outra ou o próprio magistrado de ofício extinguir os processos futuros, a fim de preservá-la.

Como já referido em sede doutrinária pelo coautor Sérgio Gilberto Porto, "a diferença básica entre uma e outra é que: a coisa julgada formal limita sua eficácia ao processo onde a decisão foi proferida, enquanto a coisa julgada material projeta sua eficácia para fora do processo onde foi prolatada a decisão, tornando-a imutável, não apenas no processo originário, mas em qualquer outro que porventura venha a ser iniciado, tudo com o fito de estabilizar definitivamente a relação jurídica que se controverteu".[32]

2.3. Limites objetivos e subjetivos

Com o estudo dos limites objetivos e subjetivos da coisa julgada material, procura-se responder a duas indagações: o que da sentença se torna imutável e quem já não mais poderá rediscuti-la.

A análise dos limites objetivos da coisa julgada hoje parte do art. 504, CPC, quando afirma que não fazem coisa julgada: "I – os motivos, ainda que

---

[31] Sobre o tema, Guilherme Athayde Porto. *Formação da coisa julgada e prova produzida*, p. 87. Porto Alegre: Livraria do Advogado, 2015.

[32] Classificação de ações, sentenças e coisa julgada. Publicada na RJ nº 203 – set/94, p. 112.

importantes para determinar o alcance da parte dispositiva da sentença; II – a verdade dos fatos, estabelecida como fundamento da sentença".

A partir dessa opção legislativa, concluiu-se, segundo entendimento legislado,[33] que apenas a parte dispositiva da sentença estaria acobertada pelo selo da imutabilidade, muito embora se deva reconhecer que "se é correto dizer que os motivos ainda que importantes não fazem coisa julgada, não é menos certo afirmar que o dispositivo se há de entender e dimensionar em razão desses motivos, tanto que o legislador os considera importantes para determinar o alcance da parte dispositiva da sentença".[34] O importante é reconhecer que a parte dispositiva se relaciona mais intimamente com a solução do litígio, razão pela qual, dentro da perspectiva do processo civil de resultados, deve ser resguardada com maior ênfase.

Quanto aos limites subjetivos, eles decorrem do fato de que usualmente a sentença é proferida para os sujeitos que participam do contraditório. Por conseguinte, consoante a regra histórica do art. 506, CPC: "a sentença faz coisa julgada às partes entre as quais é dada, não prejudicando terceiros". Contudo, há exceções. Por ilustração, nas causas relativas ao estado de pessoa, se forem citados no processo, em litisconsórcio necessário, todos os interessados, a sentença produz coisa julgada em relação a terceiros.

Mais complexa é a limitação subjetiva nas demandas coletivas. Para o fim de atender os bens da vida nele protegidos (p. ex. ação popular, Lei nº 4.717/65, art. 18, Ação Civil Pública, Lei nº 7.347/85, art. 16, e Código de Defesa do Consumidor, art. 103). Nesses diplomas, observa-se a criação de mecanismos eficazes para tutelar os interesses supraindividuais, como a coisa julgada *secundum eventum litis, ultra partes, in utilibus*, etc.

2.4. Limites temporais e territoriais

O debate sobre os limites da coisa julgada, porém, não se encerra na identificação dos alcances subjetivo e objetivo da decisão passada em julgado, muito embora corriqueiramente a matéria seja assim posta. Outrossim, também é necessário identificar os chamados limites temporais da coisa julgada, haja vista que o provimento jurisdicional regula a relação jurídica em determinado tempo, frente a determinado fato. Não bastasse essa realidade, ainda deve ser reconhecido que também o conteúdo eficacial e a natureza do direito posto em causa regulam a incidência da decisão no tempo.

Para que isto se perceba, basta que se atente para a matéria referente à coisa julgada quando posta em causa, p. ex., relação jurídica de natureza continuativa, tais como as relações tributárias ou as relações alimentares, nas

[33] Uma terceira via sustentada pelo coautor Sérgio Gilberto Porto aponta que aquilo que realmente se torna imutável é a nova situação jurídica decorrente da sentença que transitou em julgado. Sobre o tema ver Sérgio Gilberto Porto, in *Coisa Julgada Civil*, p. 74 e ss.

[34] Ovídio Baptista da Silva. Limites objetivos da coisa julgada no atual direito brasileiro, p. 136. In *Sentença e Coisa Julgada*. 4. ed. Rio de Janeiro: Forense, 2003.

quais, por existirem prestações periódicas o julgamento regula – evidentemente – apenas a relação jurídica enquanto persistir a obrigação originária, sem, contudo, definitivar as consequências e projeções frente a novos fatos nascidos em razão dessa mesma relação jurídica que sofre adequação com o correr da vida.

Portanto, pode-se afirmar que a ideia da existência de limites temporais para o caso julgado encontra qualificado respaldo doutrinário. Na Alemanha, p. ex., a matéria é expressamente tratada, por Othmar Jauernig,[35] o qual aduz: "o caso julgado está triplamente limitado: objectivamente pelo objecto, subjectivamente pelo círculo das pessoas atingidas e temporalmente com respeito ao momento em que se aplica a constatação". No Brasil, o tema não passou despercebido, tendo sido enfrentado, dentre outros, por José Tesheiner[36] e Egas Moniz de Aragão.[37]

Ainda sobre o tema, agrega Jauernig,[38] que "a sentença transitada estabelece a situação jurídica apenas em determinado momento, não para todo o porvir; pois normalmente a situação jurídica altera-se mais tarde: o direito é satisfeito e extingue-se, a propriedade reconhecida ao autor é transmitida, etc. A alegação destas alterações não pode ser excluída num novo processo pelo caso julgado".

Portanto, a decisão jurisdicional adquire – ordinariamente – a força de caso julgado em razão de fatos passados (aqueles alegados ou que deveriam ter sido alegados), e não em torno de fatos futuros,[39] uma vez que esses viabilizam, com a apresentação de outra causa de pedir.[40] Como ressalta, Othmar Jauernig: "tudo o que, antes deste momento, podia ser alegado, está excluído num processo posterior (...). Todas as posteriores alterações na configuração dos efeitos jurídicos declarados, não são atingidas pelo caso julgado".[41]

Contudo, deve ser registrado que essa limitação não ocorre apenas quando a relação jurídica controvertida for tipicamente continuativa, tais as antes citadas, ou seja, as alimentares e tributárias, dentre outras que possam existir igualmente de periodicidade intrínseca. Com efeito, também as relações não marcadamente continuativas estão sujeitas às variações temporais, haja vista que toda a relação jurídica possui, com maior ou menor intensidade, a presença da cláusula *rebus sic stantibus*. Dessa maneira, o credor que leva à penhora bem do devedor, perderá seu direito material expropriatório, mediante o adimplemento da obrigação e outras tantas hipóteses. Não há, no

[35] *Direito Processual Civil*. Tradução de F. Silveira Ramos. 25. ed. Coimbra: Almedina, 2002, § 63.

[36] *Eficácia da Senteça e Coisa Julgada no Processo Civil*. São Paulo: RT, 2001, p. 162 e ss.

[37] *Sentença e Coisa Julgada*. Rio de Janeiro: Aide, 1992, p.199.

[38] *Direito Processual Civil*. Tradução de F. Silveira Ramos. 25. ed. Coimbra: Almedina, 2002, § 63.

[39] Exclua-se desta afirmativa, como se verá, a chamada condenação para o futuro ou a tutela inibitória.

[40] Neste sentido, Egas Moniz de Aragão. *Sentença e Coisa Julgada*, p. 198/200. Rio de Janeiro: Aide, 1992.

[41] Op. cit. § 63.

exemplo, ofensa à coisa julgada, pois, muito embora se trate da mesma relação jurídica já normada por decisão, a nova situação não foi e nem poderia ser abrangida pela decisão anterior, vez que posterior a essa. Há, no exemplo, por conseguinte, mudança da situação substancial, portanto fora do alcance temporal da coisa julgada, na medida em que essa não regula para sempre a relação jurídica, mas apenas a situação substancial apreciada em face da relação jurídica existente.

Dessa forma, a decisão jurisdicional regula a relação jurídica somente nos limites da situação substancial posta *sub judice*, e não para todo o sempre, ou, dito de outro modo, nos limites temporais da *causa petendi*, não atingindo o antes, nem o depois daquilo que foi posto a exame.

Nessa linha, é possível afirmar que a coisa julgada tem sua capacidade eficacial também limitada pela equação tempo da decisão/fatos apreciados, ou, ainda, mais precisamente, quer as consequências jurídicas estejam sujeitas a adequações em face da natureza da relação jurídica de direito material ou não, a verdade é que a decisão tem seu alcance também determinado pelo tempo dos fatos que foram considerados ou que deveriam ter sido considerados pela decisão (art. 508, CPC), portanto preexistentes a essa.

Todavia, a eficácia temporal não se esgota apenas nessa disciplina, vinculada à situação substancial normada ou na mera identificação do termo *a quo* da eficácia da decisão, mas envolve, também, as chamadas condenações para o futuro, onde a decisão consolida sua eficácia não para regular situação jurídica pretérita, mas, sim, projetando sua eficácia para além do imediato, disciplina previamente as consequências de eventual comportamento futuro.

Aliás, essa posição não é desconhecida pela doutrina brasileira e muitos enfrentaram a temática referente à condenação para o futuro.[42] Contemporaneamente, na Itália, Remo Caponi sustenta, por exemplo, que o objetivo da condenação para o futuro (*condanna in futuro*) é justamente regular condutas ainda não realizadas pelas partes: "in queste ipotesi l'accertamento esprime dunque una regola di condotta per le parti che non è diretta a rimuovere un illecito del passato, ma si riferisce a fatti futuri".[43]

No que tange aos limites temporais da coisa julgada, de forma objetiva, pode-se afirmar que essa tem sua órbita de incidência temporal balizada: (a) pela relação substancial regulada através da sentença, excluindo-se aquilo que não integrou o círculo de abrangência da causa de pedir (o antes e o depois); (b) pela fixação do momento em que essa adquire eficácia, em face da possibilidade de imposição *erga omnes* das funções positiva e negativa; (c) quando exclusivamente regula relação para o futuro.

---

[42] Nesta linha, José Carlos Barbosa Moreira. Tutela Sancionatória e Tutela Preventiva. In: *Temas de Direito Processual*. Segunda Série. São Paulo: Saraiva, p. 27.

[43] CAPONI, Remo. *L'Efficacia del Giudicato Civile nel Tempo*. Milano: Giuffrè, 1991, p. 83.

2.5. Preclusão expansiva do julgado (art. 508, CPC)

Afirma o art. 508 do CPC que "transitada em julgado a decisão de mérito, considerar-se-ão deduzidas e repelidas todas as alegações e as defesas, que a parte poderia opor tanto ao acolhimento como à rejeição do pedido". O ordenamento, sempre com vista a realizar o ideal de segurança, estimula as partes a se valer de todas as alegações e defesas que lhes possam garantir o êxito judicial.

Essa técnica processual, na doutrina brasileira, vem sendo estudada como uma "eficácia preclusiva da coisa julgada", ou seja, um meio de se ampliar os limites objetivos da coisa julgada, a fim de se proteger ainda mais o resultado útil da atividade jurisdicional e as expectativas das partes.

A proposta do dispositivo tem gerado grandes debates, desde a redação constante do Código de 1973. O principal deles, enfrentado pela doutrina, diz respeito à sua extensão. Duas argumentações foram desenvolvidas para explicar o fenômeno.

De um lado, agrupam-se autores que pretendem restringir a eficácia apenas aos fatos que dizem respeito à causa de pedir, permitindo, assim, que, em outras demandas, sejam discutidas novas causas de pedir para o acolhimento do mesmo pedido antes formulado.[44] Sempre que alterada a causa de pedir ou o pedido, para esta corrente, admissível será a nova (e inédita) demanda.[45]

Outros ampliam à incidência, salientando que a eficácia preclusiva abrangeria também as causas de pedir suficientes ao acolhimento do pedido. Ou seja, caso houvesse várias causas de pedir aptas a ensejar o sucesso do pedido, deveriam todas elas ser veiculadas no mesmo processo, sob pena de incidência do então art. 474 do CPC de 1973.[46]

---

[44] Já se disse: "sem hesitação, é possível responder que o dispositivo em questão tem por fito ampliar os limites objetivos da coisa julgada, considerando, também, açambarcadas pela decisão alegações e defesas não deduzidas, mas que eram dedutíveis. Todavia, sem suprimir da apreciação do Poder Judiciário lesão ou ameaça de direito (art. 5°, inc. XXXV, da CF), com consumo de todas causas aptas a dar suporte à pretensão. Não vai a tanto, *maxima venia*, a eficácia preclusiva que se atribui à coisa julgada. Limita-se esta a consumir todas alegações e defesas que a parte poderia opor assim ao acolhimento como a rejeição do pedido, nos parâmetros da lide deduzida, ou seja, sem que altere ou extrapole qualquer dos elementos individualizadores das demandas". Do coautor Sérgio Gilberto Porto. In *Sobre o propósito e alcance do art. 474, do CPC.*

[45] Refere decisão do TJRS: "o que visa o art. 474 do CPC é impedir que a parte proponha nova demanda, na qual se fazem presentes as mesmas partes e o mesmo pedido, apenas dando nova roupagem à causa de pedir, declinando, com relação a esta, alegações que poderiam ter sido deduzidas em momento anterior, mas não o foram. Não obsta, por outro lado, que a parte, repetindo a causa de pedir anterior, formule novo pedido". AC 7002253379, 10. C.C., TJRS, Rel. Paulo Antônio Kretzmann, j. 23/04/2009.

[46] Nessa linha, o magistério de Araken de Assis: "se, porém, à vista do art. 474, e de sua origem, alguma coisa parece razoável, esta reside na intenção de ampliar o contexto e os limites da coisa julgada para o fito de resguardar a imutabilidade da resposta judicial ao pedido. Por outro lado, a palavra alegações, simétrica a defesas, conjuga-se com a parte final, vale dizer, deve ser capaz de embasar o acolhimento do pedido. E o elemento, na demanda hábil para ensejar a procedência – o verbo aco-

Em nosso sentir, o direito brasileiro optou por restringir a eficácia preclusiva da coisa julgada apenas às alegações concernentes à causa de pedir debatida. Embora reconhecendo os benefícios práticos de instar o cidadão a trazer todas as suas causas de pedir para dentro do mesmo processo, não foi essa, *maxima venia*, a opção do direito nacional.[47]

2.6. Relativização da coisa julgada

A coisa julgada sempre gozou de prestígio nos países ocidentais. É da tradição o respeito pelas sentenças transitadas em julgado, ainda que em seu seio possa conter, vez por outra, vícios. Para corrigi-los, quando efetivamente graves, o direito sempre contou com mecanismos específicos, como a ação rescisória e a *querela nulitatis*.

Feita a ponderação entre os benefícios de se oferecer uma chance para reparar alegadas injustiças manifestas, ao custo da tranquilidade social, a tendência era a valorização desta última, em prol do funcionamento do sistema e da própria sociedade. Nunca se ignorou, portanto, o erro judiciário, malgrados os esforços de evitá-lo ou minimizar os seus efeitos.

Contudo, tendo em vista a existência de pontuais – mas gravíssimos – equívocos na aplicação do direito, parcela da doutrina passou a arquitetar uma nova teoria, cujo cerne está na constatação de que a coisa julgada, como as demais garantias constitucionais, precisaria ser relativizada, para que outros princípios pudessem ser valorizados. Especialmente na virada para o século XXI, contestou-se a tradicional lição de Sciaccia, pela qual "la cosa juzgada hace de lo blanco, negro; origina y crea las cosas; trasforma lo cuadrado em redondo; altera los lazos de la sangre y cambia lo falso en verdadero".[48]

No Brasil, capitaneados por Cândido Rangel Dinamarco e Humberto Theodoro Junior, foram publicados inúmeros ensaios doutrinários sugerindo a reavaliação da coisa julgada e sua relativização quando não houver outro meio possível de oferecer a correção do julgado.[49] Dinamarco, por ilustração, indaga se seria legítimo eternizar injustiças a pretexto de evitar a eternização de incertezas.

---

lher possui este precioso significado no art. 269, I, do CPC – do pedido é exatamente a causa petendi! Nem se compreenderia, de resto, que a defesa que cabe ao réu alegar, segundo o art. 300, do CPC, se contrapusesse não à causa, e, sim, singelas alegações, vale dizer, os argumentos que a compõem. De modo que, por este lado, o art. 474, do CPC abrange as causas do autor e as defesas do réu, não deduzidas". Reflexões sobre a eficácia preclusiva, in *AJURIS*, 44/40.

[47] Sobre o tema, consultar do coautor Sérgio Gilberto Porto, *Coisa Julgada Civil*. São Paulo: RT.

[48] *Apud* Eduardo Couture. *Fundamentos del derecho procesal civil*, p. 405. 3. ed. Reimpresión. Buenos Aires: De Palma, 1997.

[49] Destacam-se em prol da relatização: "Relativizar a Coisa Julgada Material", Dinamarco, publicado na Forense, 358/11, e "A coisa julgada inconstitucional e os instrumentos processuais para seu controle", de Humberto Theodoro Junior e Juliana Cordeiro de Faria, *Revista Íbero-Americana de Direito Público* – RIADP, Vol. III, ano 3, 1º trimestre de 2001.

As ideias encontraram eco na jurisprudência. O Superior Tribunal de Justiça conseguiu impedir que o Estado de São Paulo pagasse vultosa condenação calculada sobre área maior do que a efetivamente expropriada, em nome da preservação dos princípios da moralidade administrativa e razoabilidade.

E levando por base extensa pesquisa, Cândido Rangel Dinamarco apontou os seguintes vetores para pautar o debate: (I) princípio da razoabilidade e da proporcionalidade como condicionantes da imunização dos julgados pela autoridade da coisa julgada material; (II) moralidade administrativa como valor constitucionalmente proclamado e cuja efetivação é óbice a essa autoridade em relação a julgados absurdamente lesivos ao Estado; (III) imperativo constitucional do justo valor das indenizações em desapropriação, quer em favor, quer contra o Estado; (IV) zelo pela cidadania e direitos do homem, também residente na Constituição Federal, como impedimento à perenização de decisões inaceitáveis em detrimento dos particulares; (V) fraude e erro grosseiro como fatores que contaminam o processo; (VI) garantia constitucional do meio ambiente ecologicamente equilibrado; (VII) garantia constitucional do acesso à ordem justa, que repele a perenização de julgados aberrantemente discrepantes dos ditames da justiça e da equidade; (VIII) caráter excepcional da disposição de flexibilizar a autoridade da coisa julgada, sem o qual o sistema processual perderia utilidade e confiabilidade.

O tema da investigação de paternidade é emblemático na doutrina. Há inúmeros autores que se sensibilizam com a injustiça gerada pela privação de reconhecimento de paternidade, especialmente nos casos em que não é realizada a prova pericial de DNA. As propostas para superar esses casos são variadas.[50] Éderson Garin Porto reputa inexistente a coisa julgada, uma vez que, nas demandas de investigação de paternidade, ela dependeria do resultado da instrução probatória (*secundum eventum probationis*).[51]

Posição diversa, valorizando o ideal de segurança jurídica e, por decorrência, inadmitindo a hipótese de relativizar a autoridade da coisa julgada,

---

[50] Vanessa Casarin Schütz considera cabível a ação rescisória, com amparo no art. 485, VII, CPC, ou seja: documento novo. Para a autora, a prova pericial deveria ser considerada como um "documento novo", o que permitiria corrigir eventual injustiça do julgado. Coisa julgada: inconstitucionalidade e meios processuais cabíveis, p. 668. In: MOLINARO, Carlos Alberto, MILHORANZA, Mariângela Guerreiro e PORTO, Sérgio Gilberto. (Coords.). *Constituição, jurisdição e processo: estudos em homenagem aos 55 anos da Revista Jurídica*. Sapucaia do Sul: Notadez, 2007. p. 668.

[51] Afirma o ilustre professor Ederson Garin Porto "a coisa julgada somente será imutável quando esgotadas as provas que possibilitem apurar com grande margem de certeza a paternidade investigada. Isto significa dizer que a coisa julgada nestas demandas deve ser considerada *secundum eventum probationis*. Equivale a dizer que, caso a demanda seja julgada improcedente em razão da insuficiência de provas, não há óbice para a propositura de nova demanda que tenha a sua cognição ampliada em razão do surgimento de exames mais modernos que possam atestar com alta probabilidade a paternidade". Coisa Julgada Inconstitucional nas ações de investigação de paternidade. In: PORTO, Sérgio Gilberto (org.). Tendências Constitucionais no Direito de Família: estudos em homenagem ao Prof. José Carlos Teixeira Giorgis. Porto Alegre: Livraria do Advogado, 2003. p. 100. Em linha similar, PORTO, Guilherme Athayde. In *Formação da coisa Julgada e Prova Produzida*. Porto Alegre: Livraria do Advogado , 2015.

para além daqueles casos legalmente autorizados é defendida, dentre outros, por Barbosa Moreira, Luiz Guilherme Marinoni, Ovídio Baptista da Silva, Araken de Assis e José Maria da Rosa Tesheiner.[52] A desconsideração da coisa julgada traria o risco concreto de pulularem novas demandas, uma vez que, enquanto aberta a via judicial, muitas partes sentir-se-iam tentadas a fazer valer seu indigitado direito.[53] Se tal ameaça se confirmasse, efetivamente, o congestionamento do Judiciário seria ainda mais nítido.

A polêmica não foi expressamente resolvida pelo CPC e, portanto, continua a ameaçar a segurança do jurisdicionado. Há esperança, entretanto, que se passe a restringir a ideia de relativização da coisa julgada às hipóteses de cabimento de Ação Rescisória, em face do teor do artigo 966, V, do CPC, que permite a demanda de invalidade do julgado, se houver violação de norma jurídica, hipótese mais ampla que a regência anterior do sistema de 1973, o qual limitava o cabimento de demanda rescisória a literal violação de lei, dentre outras hipóteses expressamente elencadas. Isso porque, no conceito de norma jurídica, se inserem diversas fontes jurídicas.

Assim, considerando a textura aberta da Constituição Federal (art. 5°, § 2°) e, igualmente, considerando que os fundamentos doutrinários que apontam a possibilidade de relativização da coisa julgada levam por suporte a própria ordem jurídica, possível se torna, via rescisória, buscar a revisão de julgado por violação de norma jurídica que notoriamente integre a ordem constituída, tenha esta a natureza que tiver.

---

[52] Neste sentido, José Carlos Barbosa Moreira. Considerações sobre a chamada "relativização" da coisa julgada material. In *Revista Síntese de Direito Civil e Direito Processual Civil*, n. 33, jan/fev 2005, p. 5-28. Araken de Assis. Eficácia da Coisa julgada inconstitucional. *In Revista Jurídica* n. 301, nov/2002, 7-29. Ovídio Baptista da Silva. Coisa Julgada Relativa? In *Revista Jurídica* n. 316, fevereiro 2004, p. 7-18. Luiz Guilherme Marinoni. O princípio da segurança dos atos jurisdicionais (a questão da relativização da coisa julgada material). In *Revista Jurídica* n. 317, mar/2004, p. 14-33.

[53] Pondera, contudo, Diego Fernandes Estevez, que "aceitar a relativização da coisa julgada muito pouco deve alterar o número de processos e o seu tempo médio de tramitação. Lembre-se que o que se pretende é apenas afastar decisões aberrantes. Em outras palavras, na maioria absoluta dos processos não se buscará a revisão". *Relativização da coisa julgada.* In: In: MOLINARO, Carlos Alberto, MILHORANZA, Mariângela Guerreiro e PORTO, Sérgio Gilberto. (Coords.). *Constituição, jurisdição e processo: estudos em homenagem aos 55 anos da Revista Jurídica.* Sapucaia do Sul: Notadez, 2007. p. 168.

Segunda Parte

Da ordem dos processos e dos processos de competência originária dos Tribunais

1. Do Incidente de Assunção de Competência (IAC)

O CPC/2015 contemplou, em seu art. 947, o Incidente de Assunção de Competência ("IAC"), admitido quando, a despeito de ter grande relevância social, a questão de direito não se repetir em múltiplos processos. A sua função é propiciar a formação da jurisprudência, para orientar todos os demais órgãos dos Tribunais acerca da melhor interpretação de um tema jurídico.

Admite-se a instauração do incidente diante de uma relevante questão de direito, com potencial de gerar grande repercussão social (econômica, política, jurídica, etc.), ainda que, no momento de sua admissão, não exista a multiplicidade de processos. Esta é, aliás, uma das principais distinções em relação ao Incidente de Resolução de Demandas Repetitivas ("IRDR"), o qual apenas é tolerado quando já existam processos em profusão, sendo definidos de maneira diversa pelos magistrados. Em face da função que desempenha, admite-se que o requerimento de instauração do IAC seja recebido como IRDR, desde que presentes os seus requisitos específicos.[54]

Portanto, o Incidente de Assunção de Competência possui uma função preventiva, como bem pondera José Miguel Garcia Medina: "Compreende-se, assim, que, sob esse prisma, a assunção de competência tenha também função preventiva (§4, art. 947), algo que não deve ocorrer em relação a casos repetitivos (já que, nessa hipótese, deve ter havido a repetição de casos). Desse modo, enquanto em relação ao incidente de resolução de demandas repetitivas o tratamento isonômico ganha destaque, quanto ao incidente de assunção de competência sobressai a segurança jurídica."

O incidente está regulado no art. 947, CPC, da seguinte forma:

> Art. 947. É admissível a assunção de competência quando o julgamento de recurso, de remessa necessária ou de processo de competência originária envolver relevante questão de direito, com grande repercussão social, sem repetição em múltiplos processos.

[54] Assim se pronunciou a Jornada de Direito Processual (CJF), no Enunciado 141: "É possível a conversão de Incidente de Assunção de Competência em Incidente de Resolução de Demandas Repetitivas, se demonstrada a efetiva repetição de processos em que se discute a mesma questão de direito".

§ 1º Ocorrendo a hipótese de assunção de competência, o relator proporá, de ofício ou a requerimento da parte, do Ministério Público ou da Defensoria Pública, que seja o recurso, a remessa necessária ou o processo de competência originária julgado pelo órgão colegiado que o regimento indicar.

§ 2º O órgão colegiado julgará o recurso, a remessa necessária ou o processo de competência originária se reconhecer interesse público na assunção de competência. § 3º O acórdão proferido em assunção de competência vinculará todos os juízes e órgãos fracionários, exceto se houver revisão de tese.

§ 4º Aplica-se o disposto neste artigo quando ocorrer relevante questão de direito a respeito da qual seja conveniente a prevenção ou a composição de divergência entre câmaras ou turmas do tribunal.

Segundo o *site* do Superior Tribunal de Justiça (STJ), o primeiro Incidente de Assunção de Competência (IAC) foi admitido pela Corte em fevereiro de 2017. Na ocasião, o STJ considerou importante debater os seguintes temas: (a) cabimento da prescrição intercorrente; (b) a imprescindibilidade de intimação e de oportunidade prévia para o credor dar andamento ao processo (IAC no REsp n. 1.604.412/SC).

Após a afetação, o recurso especial, que originariamente seria apreciado pela Terceira Turma, foi analisado pela Segunda Seção, órgão composto pelos 10 Ministros que participam da Terceira e da Quarta Turmas. Essa é, aliás, outra característica dos incidentes vocacionados à uniformização da jurisprudência: mediante a ampliação do número de julgadores, intensifica-se o debate e o contraditório, resultando em uma decisão mais elaborada.

Ocorre o que a doutrina chama de "transferência de competência", conforme lição de Fredie Didier Junior: "o incidente de assunção de competência provoca a transferência da competência. O recurso, a remessa necessária ou o processo de competência originária, que seria julgado por um órgão fracionário, passará, em razão da assunção de competência, a ser julgado por um órgão de maior composição, indicado pelo regimento interno".[55]

Nesse caso específico, o julgamento ocorreu em junho de 2018.[56] Na estrutura dos acórdãos oriundos do Incidente de Assunção de Competência, tal

[55] *Curso de direito processual civil*.14. ed. reform. Salvador: JusPodivm, 2017. p. 770.

[56] O STJ alcançou a seguinte conclusão: "1.1 Incide a prescrição intercorrente, nas causas regidas pelo CPC/73, quando o exequente permanece inerte por prazo superior ao de prescrição do direito material vindicado, conforme interpretação extraída do art. 202, parágrafo único, do Código Civil de 2002. 1.2 O termo inicial do prazo prescricional, na vigência do CPC/1973, conta-se do fim do prazo judicial de suspensão do processo ou, inexistindo prazo fixado, do transcurso de um ano (aplicação analógica do art. 40, § 2º, da Lei 6.830/1980). 1.3 O termo inicial do art. 1.056 do CPC/2015 tem incidência apenas nas hipóteses em que o processo se encontrava suspenso na data da entrada em vigor da novel lei processual, uma vez que não se pode extrair interpretação que viabilize o reinício ou a reabertura de prazo prescricional ocorridos na vigência do revogado CPC/1973 (aplicação irretroativa da norma processual). 1.4. O contraditório é princípio que deve ser respeitado em todas as manifestações do Poder Judiciário, que deve zelar pela sua observância, inclusive nas hipóteses de declaração de ofício da prescrição intercorrente, devendo o credor ser previamente intimado para

qual no Incidente de Resolução de Demandas Repetitivas, a primeira parte da ementa é dedicada à apreciação do direito em abstrato, mediante a fixação de teses. Ato contínuo, define-se o caso concreto, à luz do entendimento jurídico sufragado pela Corte.

Nos Tribunais Inferiores, o Incidente também vem sendo utilizado. Por ilustração, o Tribunal de Justiça de Pernambuco admitiu o "IAC" para debater a inteligência do art. 942, o qual estipula a técnica do julgamento ampliado da apelação, diante de decisão por maioria. Ao fundamentar o recebimento do Incidente, afirmou o Desembargador Frederico Ricardo de Almeida Neves que "o TJPE vivencia uma indesmentível realidade adveniente da ausência de critérios uniformes para a aplicação da regra de ampliação do *quorum* de deliberação de que trata o art. 942/CPC. A adoção de diferentes e desencontradas soluções, pelos diversos órgãos fracionários da Casa, acerca de idênticas e relevantes questões de direito processual, ao tempo em que mutila a segurança jurídica, debilita a previsibilidade. Resolver as questões processuais que decorrem da aplicação do art. 942 do CPC, causadoras, vezes sem conta, de decisões conflituosas no âmbito do Tribunal, é providência afeiçoada à efetividade do processo, nada justificando, na espécie, a pretendida limitação da atuação do Órgão Especial, na formação dos precedentes obrigatórios.". Quando da apreciação do tema, o TJPE fixou 12 (doze) teses jurídicas acerca desse novo instituto.[57]

A partir do julgamento do Incidente de Assunção de Competência, a jurisprudência do Tribunal é formada, de sorte que os magistrados deverão obedecê-la.

2. Do incidente de arguição de inconstitucionalidade

O incidente de arguição de inconstitucionalidade de leis é um mecanismo valioso para que os Tribunais de Apelação participem do sistema de controle de constitucionalidade brasileiro. Através dele, as leis e os atos normativos que são discutidos em cada processo submetido ao seu conhecimento podem ter a sua constitucionalidade contestada, exigindo-se que a Corte, antes de definir o caso concreto, medite acerca da constitucionalidade da legislação supostamente aplicável.

Compreende-se o instituto, à luz do nosso sistema de controle de constitucionalidade, que viabiliza o controle em abstrato da adequação de leis e atos, a partir dos Tribunais da Federação, pela regra do art. 97 da Constituição

opor algum fato impeditivo à incidência da prescrição". REsp 1604412/SC, 2. Seção, Rel. Min. Marco Aurélio Bellizze, j. 27/06/2018. DJe 22/08/2018.

[57] TJPE, Órgão Especial, Processo 0000181-26.2018.8.17.000, Rel. Frederico Ricardo de Almeida Neves, j. 19.11.2018. DJP: 26.11.2018.

Federal: "Art. 97. Somente pelo voto da maioria absoluta de seus membros ou dos membros do respectivo órgão especial poderão os tribunais declarar a inconstitucionalidade de lei ou ato normativo do Poder Público".

O seu papel dentro do sistema é assim explicado por Araken de Assis: "no julgamento de recurso ou de causa, acontece de a parte alegar a inconstitucionalidade da lei, ou o órgão judiciário, *ex officio*, divisar vício dessa natureza na norma que lhe cumpre aplicar à espécie. O direito brasileiro consagra diversas modalidades de controle de constitucionalidade. E o mais antigo, inspirado no modelo norte-americano, consiste no controle difuso, segundo o qual compre ao órgão judiciário apreciar, *incidenter tantum*, a questão da constitucionalidade, arvorada em prejudicial em processo com outro objeto. Tratando-se de realizá-lo no tribunal, na peculiaridade de sua atividade judicante, surge a necessidade de dotar a pronuncia da inconstitucionalidade de regulamentação especial. No segundo grau, com efeito, a declaração de inconstitucionalidade subordina-se à cláusula da reserva do plenário (*full bench*), prática prudencial norte-americana, introduzida no art. 179 da CF/1934 e hoje inserida no art. 97 da CF/1998. Somente pelo voto da maioria absoluta dos seus membros, ou dos membros do órgão especial (art. 93, XI, da CF/1988), o tribunal poderá pronunciar a declaração da inconstitucionalidade. Do incidente respectivo que se ocupam os arts. 948 a 950 do CPC de 2015, reproduzindo, com ligeiras modificações redacionais – a única exceção consiste na audiência prévia das partes (art. 948) – a disciplina imprimida pelo assunto na última versão do CPC de 1973 (...). Com efeito, a regra do *full bench* exibe uma técnica peculiar, cindindo o julgamento em duas partes. Inclinando-se o órgão fracionário do tribunal a pronunciar a inconstitucionalidade, porque lhe é lícito rejeitá-la e prosseguir no julgamento, há de suspendê-lo, remetendo a causa ou o recurso ao tribunal pleno ou ao órgão especial (art. 949, II) – vencido o incidente, retornam os autos ao órgão de origem que complementará o julgamento".[58]

Com efeito, através da atuação do Órgão Pleno (ou do Órgão Especial, nas situações autorizadas pelo art. 93, XI, da Constituição Federal), os Tribunais de Justiça e os Regionais Federais podem aferir, *in abstrato*, a constitucionalidade das leis que diuturnamente aplicam. A pronúncia do Órgão Pleno (ou Órgão Especial, a depender do Estado/Região) tem o efeito de guiar o julgamento dos casos futuros de todos os demais órgãos jurisdicionais da Corte.

Contudo, muito embora a previsão do art. 97 do texto constitucional, ainda é comum se visualizar, na prática, Câmaras e Grupos pronunciando a inconstitucionalidade de leis ou, simplesmente, deixando de aplicá-las. Nessa linha, o Supremo Tribunal Federal editou a Súmula vinculante n. 10, com o seguinte teor: "viola a cláusula de reserva de plenário (CF, art. 97) a decisão de órgão fracionário de Tribunal que, embora não declare expressamente a inconstitucionalidade de lei ou de ato normativo do Poder Público, afasta sua incidência, no todo ou em parte".

[58] ASSIS, Araken de. *Manual dos Recursos*, 9. ed. São Paulo: RT, 2017, p. 341.

É interessante observar que, na visão do Supremo Tribunal Federal, a cláusula de reserva de plenário (*full bench*) é aplicável somente aos textos normativos erigidos sob a égide da atual Constituição. Já as normas editadas quando da vigência das Constituições anteriores se submetem somente ao juízo de recepção ou não pela atual ordem constitucional, o que pode ser realizado por órgão fracionário dos Tribunais sem que se tenha por violado o art. 97 da CF. Esta é uma prática usual dos Tribunais Inferiores e que conta com a chancela do Supremo Tribunal Federal. [59]

Tendo em vista a importância do tema, o Código de Processo Civil de 2015 disciplinou o incidente de arguição de inconstitucionalidade a partir do art. 948.[60] Em sede de controle difuso, diante da arguição da inconstitucionalidade de lei ou de ato normativo do poder público, o relator, após ouvir o Ministério Público e as partes, deve submeter a questão à turma ou à câmara à qual competir o conhecimento do processo. Se rejeitada a arguição pelos membros desta Câmara ou Turma, o julgamento tem prosseguimento. Se acolhida, então a questão constitucional será submetida ao Plenário do Tribunal ou ao seu Órgão Pleno, conforme art. 949.[61]

O incidente, portanto, após a sua admissão, terá a tramitação no órgão competente para o enfrentamento da questão constitucional (Pleno ou Órgão Especial). Para se intensificar o contraditório – e viabilizar a iluminação dos relevantes temas discutidos – é admitida a manifestação: (a) das pessoas jurídicas de direito público responsáveis pela edição do ato questionado; (b) das partes legitimadas à propositura das ações de controle abstrato de constitucionalidade, previstas no art. 103 da Constituição Federal e (c) dos *amici curiae*, desde que relevante a matéria e demonstrada a representatividade dos postulantes.

Uma vez julgado o incidente e, portanto, definida a posição do Tribunal quanto à constitucionalidade da lei ou do ato discutidos, devolve-se o processo para a Câmara ou Turma perante a qual fora arguida a inconstitucionalidade. Esse órgão de composição mais restrita prosseguirá, nesse segundo momento, no julgamento do caso concreto, com a aplicação da tese definida e a ampla análise dos fatos e da prova.

---

[59] Por ilustração: "a cláusula de reserva de plenário (full bench) é aplicável somente aos textos normativos erigidos sob a égide da atual Constituição. 3. As normas editadas quando da vigência das Constituições anteriores se submetem somente ao juízo de recepção ou não pela atual ordem constitucional, o que pode ser realizado por órgão fracionário dos Tribunais sem que se tenha por violado o art. 97 da CF. Precedentes: AI-AgR 582.280, 2. T., Rel. Min. Celso de Mello, DJ 6.11.2006 e AI 831.166-AgR, 2.T., Rel. Min. Gilmar Mendes, Dje de 29.4.2011.". (ARE 705316 AgR, Rel. Min. Luiz Fux, 1. T., j. 12/03/2013, processo eletrônico, DJE: 070, d. 16.04.2013, p. 17.04.2013)

[60] Art. 948. Arguida, em controle difuso, a inconstitucionalidade de lei ou de ato normativo do poder público, o relator, após ouvir o Ministério Público e as partes, submeterá a questão à turma ou à câmara à qual competir o conhecimento do processo.

[61] Art. 949. Se a arguição for: I – rejeitada, prosseguirá o julgamento; II – acolhida, a questão será submetida ao plenário do tribunal ou ao seu órgão especial, onde houver. Parágrafo único. Os órgãos fracionários dos tribunais não submeterão ao plenário ou ao órgão especial a arguição de inconstitucionalidade quando já houver pronunciamento destes ou do plenário do Supremo Tribunal Federal sobre a questão.

Apenas quando concluído o julgamento, a parte interessada poderá deduzir o Recurso Extraordinário, pois, consoante a Súmula 533/STF: "a decisão que enseja a interposição de recurso ordinário ou extraordinário não é a do plenário, que resolve o incidente de inconstitucionalidade, mas a do órgão (câmaras, grupos ou turmas) que completa o julgamento do feito".

Por fim, é de se registrar a previsão do parágrafo único do art. 949, dando conta que "os órgãos fracionários dos tribunais não submeterão ao plenário ou ao órgão especial a arguição de inconstitucionalidade quando já houver pronunciamento destes ou do plenário do Supremo Tribunal Federal sobre a questão". O dispositivo acolheu a tese do saudoso Ministro Teori Zavascki, em obra de destaque acadêmico.[62]

Na vigência do CPC/73, o Ministro Teori Zavascki salientava que apenas as pronúncias do Plenário do Supremo Tribunal Federal (e não as decisões das Turmas) poderiam gerar o efeito vinculante pretendido. Afirmava o professor que "a imperativa dispensa do pronunciamento do plenário não significa, obviamente, que os órgãos fracionários terão a liberdade de julgar livremente a questão constitucional. Isso ofenderia o art. 97 da CF. O que ela significa é que, havendo pronunciamento do plenário do STF pela constitucionalidade ou pela inconstitucionalidade de um preceito normativo, os órgãos fracionários dos tribunais estarão vinculados, daí em diante, não mais à decisão da sua própria Corte, mas, sim, ao precedente da Corte Suprema".[63]

Nos primeiros anos de vigência do CPC/2015, observou-se maior utilização do incidente pelos Tribunais.

3. Do conflito de competência

O sistema de repartição de competências, no Brasil, não é nada singelo. Ao contrário, a prática demonstra que a fixação de competência é uma tarefa complexa e não raro divergem as partes (e o órgão judicial) acerca dos critérios que guiam a escolha do foro para a propositura das ações.

A fim de se resguardar a isonomia entre as pessoas, prevenindo o risco de decisões discrepantes, bem como em atenção ao ideal de optimização da atuação do Poder Judiciário, exige o sistema a definição da competência, pois "não se admite a atuação concomitante de dois órgãos jurisdicionais distintos sobra uma mesma causa".[64]

Com razão, considerando a complexidade dos critérios de definição de competência, não raro dois ou mais juízes de declaram competentes (conflito

[62] ZAVASCKI, Teori Albino. *Eficácia das Sentenças na Jurisdição Constitucional*. São Paulo: RT, 2001, p. 34-37.

[63] Op. cit.

[64] MEDINA, José Miguel Garcia. *Curso de Direito Processual Civil Moderno*. 3. ed. São Paulo: RT, 2017, p. 189.

positivo) ou dois ou mais juízes se consideram incompetentes, atribuindo um ao outro a competência. Pode ocorrer, ainda, que entre dois ou mais juízes surja controvérsia acerca da reunião ou separação de processos. É o que a lei denomina "conflito de competência", conforme o art. 66, CPC/2015. Nesse panorama, Araken de Assis afirma que "há conflito de competência quando irrompe divergência de dois ou mais juízos, no mesmo processo, quanto à aplicação das regras de competência absoluta".[65]

A incompetência, quando absoluta, pode ser diagnosticada pelas partes e pelo magistrado. Aquelas, tal qual o Ministério Público (nas matérias previstas no art. 178), invocam-na por petição. O juiz, contudo, o faz de ofício (art. 951). Quando rejeita a sua competência, declina a atuação a outro órgão, o qual poderá suscitar o conflito caso rejeite a competência que lhe é atribuída. O mesmo ocorre quando dois juízes, a um só tempo, admitem a sua competência e autorizam a tramitação de ações simultâneas sob sua jurisdição.

Para regular esse fenômeno, o Código de Processo Civil disciplina o "conflito de competência" entre os artigos 951 e 959.

A competência para a análise é dada pela Constituição Federal. Na linha do art. 102, compete ao Supremo Tribunal Federal, precipuamente, a guarda da Constituição, cabendo-lhe: "I – processar e julgar, originariamente: o) os conflitos de competência entre o Superior Tribunal de Justiça e quaisquer tribunais, entre Tribunais Superiores, ou entre estes e qualquer outro tribunal".

De seu turno, consoante o art. 105, compete ao Superior Tribunal de Justiça: "I – processar e julgar, originariamente: d) os conflitos de competência entre quaisquer tribunais, ressalvado o disposto no art. 102, I, *o*, bem como entre tribunal e juízes a ele não vinculados e entre juízes vinculados a tribunais diversos".

Contudo, os conflitos ocorrem de forma mais corriqueira perante os juízes de primeiro grau e, nesses casos, são suscitados ao tribunal de apelação (arts. 953 e 954), o qual colhe a oitiva dos juízes em conflito ou, se um deles for suscitante, apenas do suscitado antes de dirimir a questão.

Juliana Leite Ribeiro do Vale e Felipe Camilo Dall'Alba sublinham a importância do trabalho do Relator (arts. 955 e 956), o qual, ao receber o conflito, deverá deliberar sobre três situações relevantes, de forma fundamentada: (a) a necessidade/conveniência da suspensão do processo, enquanto se aguarda a instrução e julgamento do incidente; (b) o cabimento de decisão monocrática, caso exista súmula ou acórdão proferido em julgamento de recursos repetitivos ou em incidente de assunção de competência pelo STF ou pelo STJ e (b) definição do juiz responsável para análise de pedidos urgentes, no curso da tramitação do incidente.[66]

---

[65] *Processo Civil Brasileiro*, v. 1. São Paulo: RT, 2015.

[66] *Primeiras Linhas de Direito Processual Civil*. 2. ed. Porto Alegre: Livraria do Advogado, 2019, p. 83.

O acórdão que decidir o conflito deverá indicar qual o juízo competente, pronunciando-se também sobre a validade dos atos do juízo incompetente. Diante da definição, os autos do processo em que se manifestou o conflito serão remetidos ao juiz declarado competente.

4. Da homologação de decisão estrangeira e da concessão do *exequatur* à carta rogatória

Os artigos 960 a 965, inseridos no Livro III, Capítulo VI, do CPC, disciplinam o tema referente à homologação de decisão estrangeira e à concessão de *exequatur*. Por definição constitucional, o juízo natural é o STJ para o exame desses pedidos (art. 105, I, *i*, da CF).

O ato jurisdicional, arbitral ou ecleasiático praticado perante autoridade estrangeira precisa ser validado pelo STJ para que tenha plena eficácia no território brasileiro (art. 961).[67] A possibilidade de outorgar eficácia à decisão estrangeira prestigia o regime de colaboração mútua existente entre países. É, pois, uma manifestação do regime de cooperação processual internacional (arts. 26 e 27).

A homologação de sentença estrangeira e o *exequatur*, rigorosamente, não se confundem, uma vez que contemplam hipóteses distintas. Este trata de dar cumprimento à carta rogatória, àquela eficácia à sentença estrangeira.

O pedido de homologação de sentença estrangeira se dá por ação (art. 960), ao passo que a ordem de cumprimento de carta rogatória reclama *exequatur* (art. 961). Ambas as hipóteses sujeitas ao devido procedimento legal, atualmente disciplinado pelo Código de Processo Civil de 2015 e, supletivamente, pelo Regimento Interno do STJ (RISTJ).[68]

---

[67] Já admitiu o STJ a homologação de sentença eclesiástica de anulação de casamento religioso, pois "o art. 12 do Decreto Legislativo n. 698/2009, bem como o art. 12 do Decreto Federal n. 7.107/2010 (ambos com a mesma redação) dispõem que a homologação de sentenças eclesiásticas em matéria matrimonial será realizada nos termos da legislação brasileira atinente a matéria, de modo que, confirmadas pelo órgão superior de controle da Santa Sé são consideradas sentenças estrangeiras e deverão ser homologadas de acordo com a legislação brasileira vigente. Arguição de inconstitucionalidade que se rejeita. II – Nos termos do art. 216-A, § 1º, do RISTJ, 'serão homologados os provimentos não judiciais que, pela lei brasileira, tiverem natureza de sentença'. Preliminar de impossibilidade jurídica do pedido não acolhida". SEC 11.962/EX, CE, Rel. Min. Felix Fischer, j. 04.11.2015. DJe 25/11/2015.

[68] Exemplo: "Civil. Processual civil. Homologação de sentença estrangeira contestada. Guarda e visita de menores. Novo regramento da ação de homologação de sentença estrangeira pelo CPC/15. Aplicação apenas supletiva do RISTJ. Incidência imediata da nova lei aos processos pendentes, sobretudo quanto aos requisitos materiais de homologação. Aplicação dos arts. 14 e 1.046 do CPC/15. Necessidade de trânsito em julgado na origem. Requisito inexistente no CPC/15. Necessidade de que a decisão apenas seja eficaz em seu país. Existência de decisão provisória no país de origem suspendendo a produção de efeitos da sentença que se pretende homologar. Decisão inexequível e não homologável no Brasil. 1- O propósito da presente ação é obter a homologação de sentença proferida pelo Poder Judiciário da Bulgária que disciplinou questões relacionadas à guarda e à visitação

Grosso modo, os requisitos investigados para a procedência do pedido são: a) decisão proferida por autoridade competente; b) citação regular; c) eficácia no país em que proferida (o que em tese dispensa o trânsito em julgado); d) tradução oficial, salvo se houver dispensa por tratado e e) não conter ofensa manifesta à ordem pública.

A partir desses requisitos, conclui o Superior Tribunal de Justiça que "o procedimento de homologação de sentença estrangeira não autoriza o reexame do mérito da decisão homologanda, excepcionadas as hipóteses em que se configurar afronta à soberania nacional ou à ordem pública. Dado o caráter indeterminado de tais conceitos, para não subverter o papel homologatório do STJ, deve-se interpretá-los de modo a repelir apenas aqueles atos e efeitos jurídicos absolutamente incompatíveis com o sistema jurídico brasileiro".[69]

Um exemplo encontrado na jurisprudência na Corte reside na existência de ação em tramitação no Brasil, especialmente as que envolvem interesses de menores, como a guarda e alimentos. Considera o STJ, nesses casos, que "a existência de sentença estrangeira transitada em julgado não impede a instauração de ação de guarda perante o Poder Judiciário brasileiro, eis que a sentença de guarda e alimentos não é imutável". Logo, "o deferimento do exequatur à sentença estrangeira quando já existe decisão perante o Judiciário Brasileiro acerca dos alimentos e guarda de menores importaria em ofensa à soberania da jurisdição nacional".[70] A proteção dos menores, diante das contingências do caso concreto, é prioritária.

De seu turno, o art. 962 do CPC autoriza o cumprimento de medidas de urgência, através de carta rogatória. Não compete, entretanto, ao juízo brasileiro avaliar a presença dos requisitos de urgência, pois esta análise é privativa do juízo estrangeiro.

Uma vez homologada a sentença ou concedido o exequatur, competirá a Justiça Federal a execução das medidas (109, X, da CF e 965 do CPC). O cumprimento se dará a requerimento da parte e o pedido de execução deverá ser instruído com cópia autenticada da decisão homologatória ou do *exequatur*,

---

de menores. 2- Com a entrada em vigor do CPC/15, os requisitos indispensáveis à homologação da sentença estrangeira passaram a contar com disciplina legal, de modo que o Regimento Interno desta Corte deverá ser aplicado em caráter supletivo e naquilo que for compatível com a disciplina contida na legislação federal. 3- O art. 963, III, do CPC/15, não mais exige que a decisão judicial que se pretende homologar tenha transitado em julgado, mas, ao revés, que somente seja ela eficaz em seu país de origem, tendo sido tacitamente revogado o art. 216-D, III, do RISTJ. 4- Aplica-se o CPC/15, especialmente no que tange aos requisitos materiais de homologação da sentença estrangeira, às ações ainda pendentes ao tempo de sua entrada em vigor, mesmo que tenham sido elas ajuizadas na vigência da legislação revogada. 5- É eficaz em seu país de origem a decisão que nele possa ser executada, ainda que provisoriamente, de modo que havendo pronunciamento judicial suspendendo a produção de efeitos da sentença que se pretende homologar no Brasil, mesmo que em caráter liminar, a homologação não pode ser realizada. 6- Pedido de homologação de sentença estrangeira julgado improcedente". SEC 14.812/EX, CE, Rel. Min. Nancy Andrighi, j. 16.05.2018. DJe 23.05.2018.

[69] SEC 9.412/EX, CE, Rel. Min. Felix Fischer, Rel. p/ Acórdão Min. João Otávio de Noronha, j. 19.04.2017. DJe 30.05.2017.

[70] SEC 6.485/EX, CE, Rel. Min. Gilson Dipp, j. 03.09.2014. DJe 23.09.2014.

conforme a hipótese que se busca cumprimento, caso necessário para a satisfação da parte.

5. Da Ação Rescisória (arts. 966 a 975)

A Ação Rescisória é disciplinada pelo Livro III, Título I, Capítulo VII, artigos 966 a 975 do CPC. Está, pois, inserida dentre os meios de impugnações das decisões judiciais. Não se trata de recurso, mas de ação autônoma que tem por fito desconstituir decisão jurisdicional de mérito transitada em julgado, diante de vícios graves. Por tal razão, é possível afirmar que ela serve também para a defesa da ordem jurídica. Isso porque, acima de tudo, a possibilidade de desconstituição de decisão que transitou em julgado somente deve ser admitida em circunstâncias especialíssimas e quando violado o próprio sistema jurídico vigente.

A ação rescisória estava disciplinada no chamado Regulamento 737/1850, bem como nos Códigos de Processo Estaduais e nos Códigos Nacionais de 1939 e 1973. Cada diploma estabeleceu pressupostos distintos para a sua admissibilidade e o seu cabimento.

Nessa linha, cumpre observar que os pressupostos de admissibilidade estão estampados no *caput* do artigo 966 do CPC, os quais são (a) decisão de mérito e (b) trânsito em julgado da decisão a ser atacada, ou seja, a presença de coisa julgada. Já as hipóteses de cabimento vêm explicitadas nos incisos e parágrafos do dispositivo acima referido. Desse modo, para restar caracterizada a possibilidade de ingresso de Ação Rescisória, devem responder presentes na situação posta a avaliação, simultaneamente, os dois pressupostos de admissibilidade e, no mínimo, uma das hipóteses de cabimento.

São hipóteses de cabimento: (1) decisão proferida por força de prevaricação, concussão ou corrupção do juiz; (2) ocorrer dolo ou coação da parte vencedora em detrimento da parte vencida; (3) se a decisão for proferida por juiz impedido ou incompetente; (4) se houver colusão entre as partes, com o fito de fraudar a lei; (4) se houver ofensa a coisa julgada; (5) se ocorrer manifesta violação de norma jurídica; (6) se a decisão for fundada em prova falsa; (7) se sobrevier prova nova, cuja a existência era ignorada ou não pode ser usada e, por si só, seja capaz de ensejar pronunciamento favorável ao autor e (8) se estiver presente erro de fato, verificável no exame dos autos.

Afora as hipóteses acima referidas, que exigem concomitância com os pressupostos de admissibilidade, podem também ser objeto de rescisão as decisões que, embora não sejam de mérito, impeçam (a) a nova propositura da demanda ou (b) a admissibilidade do recurso correspondente.

O atual CPC trouxe inovações importantes em relação ao Código anterior. Manteve, pois, a tradição de, a cada reforma, ampliar o campo de atuação da Ação Rescisória.

As principais (portanto, não as únicas!), em nosso sentir, residem: a) na sua admissibilidade em relação às decisões de mérito (portanto uma interlocutória de mérito é passível de rescisão); b) na sua excepcional utilização em casos em que não há propriamente formação de coisa julgada material, porém presente circunstância impeditiva para a propositura de ação ou recurso e c) na troca do conceito de literal disposição de lei por norma jurídica.

O sistema atual, também, permite que a decisão transitada em julgado, embora não seja de mérito, seja atacada por Ação Rescisória, desde que esta impeça a nova propositura da demanda ou a admissibilidade do recurso correspondente (art. 966, § 2°, CPC). Por ilustração, a decisão que reconhece a perempção está sujeita à pretensão rescisória, além de tantos outros casos.

Antes, a admissão ocorria pela "violação a literal disposição de lei". Agora, pela "violação de norma jurídica", conceito bem mais amplo. E correto, pois a lei é uma das fontes jurígenas, não a única. A violação de princípios, expressos ou implícitos, tornam admissível a rescisória. Cogitável o cabimento da rescisória diante de ofensa às fontes da ordem jurídica: o costume, a vontade, a jurisprudência, os tratados, etc.

5.1. Pressupostos de admissibilidade

Como apontado, são pressupostos gerais de admissibilidade da ação rescisória a presença de (a) decisão de mérito e (b) coisa julgada material. Por decisão de mérito entenda-se aquela que enfrenta o fundamento da pretensão ou da defesa direta. A coisa julgada, de sua parte, é caracterizada pela imutabilidade da nova situação jurídica criada por decisão jurisdicional. Note-se, pois, que não se está diante da hipótese de coisa julgada formal, que nada mais é do que o esgotamento das vias recursais. Está-se, isto sim, a destacar a verdadeira ideia de coisa julgada, ou seja, a decisão com capacidade de tornar seu conteúdo declaratório imutável, definindo uma nova situação jurídica.

Assim, uma vez presentes – simultaneamente – tais elementos e configurada uma ou mais de uma das hipóteses de cabimentos, atendidos estão os pressupostos de admissibilidade da Ação Rescisória.

Cumpre, entretanto, observar que o novo sistema conta com permissivo que amplia o cabimento da Ação Rescisória para hipóteses nas quais não se reclama a presença de coisa julgada material (art. 966, § 2°, do CPC).

5.2. O duplo conteúdo da ação rescisória

A ação rescisória poderá produzir duplo resultado. Com efeito, inicialmente tem por propósito desconstituir a coisa julgada e, se for o caso, rejulgar a demanda. No primeiro cenário, estamos diante do chamado *iudicium rescidens*. No segundo, frente ao *iudicium rescisorium* (art. 968, I). Como dito, a pretensão inicial é, justamente, invalidar o julgado, uma vez que presente certo vício que autoriza tal propósito. Este juízo poderá, se houver interesse e necessidade, ser cumulado com a pretensão de rejulgamento da causa, daí poder se afirmar que contempla cumulação sucessiva, reclamando pedidos expressos sobre ambas, mormente frente ao princípio da demanda, vez que cabe as partes definir os limites da lide (art. 141).

5.3. Hipóteses de cabimento

O art. 966 do CPC define as hipóteses de cabimento da Ação Rescisória. Estas são taxativas, embora desempenhe papel relevante a interpretação para a identificar os limites de cada permissivo.

A lei indica os seguintes casos passíveis de rescisão:

a) Quando a decisão foi proferida por conta de prevaricação[71], concussão[72] ou corrupção do juízo[73], tipos previstos no Código Penal. Entretanto, consoante posição majoritária da doutrina, a prova da autoria e da materialidade desses tipos penais pode ser feita na instrução da ação rescisória, não se exigindo prévia condenação penal do magistrado;

b) Se a decisão for proferida por juízo impedido ou absolutamente incompetente. Impedimento decorre de situação objetiva elencada pela lei (art. 144) e tem por propósito evitar arranhões na imparcialidade jurisdicional. Nessa medida, o CPC/2015 aponta hipóteses em que é vedado ao juiz exercer suas funções. Se, entretanto, ainda assim o faz, a sentença proferida pode ser desconstituída pela Ação Rescisória. Igualmente nas hipóteses de incompetência absoluta, nas quais há interesse público envolvido na divisão legal da competência, admite-se a rescisória, pois o vício não é passível de convalidação pelo trânsito em julgado;

c) Se a decisão resultar de dolo ou coação da parte vencedora em detrimento da parte vencida, ou, ainda, de simulação e colusão das partes, com o propósito de fraudar a lei. O dolo a que refere a lei é o dolo processual (arts. 5° e 80), decorrente da má-fé na atuação processual e, por decorrência, violação da probidade. Deve, por óbvio, haver relação de causa e efeito entre o comportamento processual e o conteúdo da decisão. Por igual, se há simulação ou colusão das partes com o fito de fraudar a lei, a decisão proferida será invalidável por via da Ação Rescisória, pois não se admite que a coisa julgada possa blindar um resultado oriundo de fraude;

d) Se a decisão ofender a coisa julgada e, por decorrência, gerar intensa segurança jurídica. Assim, caso sobrevenha nova decisão, em torno da mesma

[71] Art. 319. Retardar ou deixar de praticar, indevidamente, ato de ofício, ou praticá-lo contra disposição expressa de lei, para satisfazer interesse ou sentimento pessoal:

[72] Art. 316. Exigir, para si ou para outrem, direta ou indiretamente, ainda que fora da função ou antes de assumi-la, mas em razão dela, vantagem indevida.

[73] Art. 317. Solicitar ou receber, para si ou para outrem, direta ou indiretamente, ainda que fora da função ou antes de assumi-la, mas em razão dela, vantagem indevida, ou aceitar promessa de tal vantagem:

demanda e esta decisão passar em julgado, adquirindo também o estado de coisa julgada material, há violação a coisa julgada anteriormente formada, daí que a segunda padece do vício de inconstitucionalidade e, por decorrência, enseja Ação Rescisória para ser extirpada do mundo jurídico, em prestígio, justamente, da primeira decisão que adquiriu o estado de coisa julgada material;[74]

e) Se a decisão violar manifestamente norma jurídica. A mudança neste tópico ocorrida e antes referida, claramente amplia a área de eficiência da Ação Rescisória, pois cambia a ideia restrita de lei para norma jurídica. Isso quer dizer, para efeitos objetivos de rescisória, seja a lei violada ou seja princípio, expresso ou implícito, caberá a busca da invalidade de decisão que desconsiderou a ordem jurídica. Com tal posicionamento, o CPC atual encerra polêmica havida em torno dos limites de cabimento de Ação Rescisória por violação de princípio e abre possibilidade, diante da real compreensão da ideia de norma jurídica, à possibilidade de que a Ação Rescisória seja definida como instrumento de defesa da ordem jurídica total, ou seja, de todas as fontes do direito;

f) Quando a decisão for fundada em prova falsa. Por prova falsa, para efeitos de rescisão de decisão, entenda-se aquela que assim foi declarada em processo anterior (cível também e não exclusivamente criminal, como p.ex., ação declaratória de falsidade documental) ou que assim será reconhecida no curso da própria Ação Rescisória. Desse modo, se o fundamento para a rescisão se encontra na falsidade da prova, duas hipóteses se apresentam: a) há declaração jurisdicional anterior da falsidade ou b) busca-se provar no curso da própria rescisória a falsidade. Esse fundamento, para amparar pretensão rescisória, deverá manter clara relação de causa e efeito entre decisão impugnada e prova considerada. Ou seja, esta deve ter repercutido naquela. Tenha, pois, claramente influenciado na formação do convencimento do juízo. Acaso esta situação não se apresente, porque a decisão se baseou em outro fundamento, não cabe Ação Rescisória, muito embora presente alguma prova falsa no processado que ensejou a decisão;

g) Quando se apresentar prova nova. O CPC anterior usava o critério de documento novo, como hipótese de rescindibilidade. O atual fez opção pelo conceito de prova nova, mais uma vez ampliando a possibilidade de rescisão de decisão maculada. Consoante decisão do STJ, "no novo ordenamento jurídico processual, qualquer modalidade de prova, inclusive a testemunhal, é apta a amparar o pedido de desconstituição do julgado rescindendo".[75] A prova nova era ignorada pela parte ou embora existente, por razão relevante, não se podia utilizar. A valoração da prova nova deve ser de tal envergadura que seja, por si só, capaz de alterar a decisão que se pretende rescindir;

h) Quando ocorrer erro de fato. Erro de fato é erro objetivo praticado na avaliação da causa e consiste em considerar existente fato inexistente ou inexistente fato existente. Essa situação deve ser verificável pelo exame dos

[74] REsp 1354225/RS, 3. T., Rel. Min. Paulo Sanseverino, j. 24.02.2015. DJe 05.03.2015.

[75] REsp 1770123/SP, 3. T., Rel. Min. Ricardo Cueva, j. 26.03.2019. DJe 02.04.2019.

atos ou documentos da causa, ou seja, decorre da avaliação dos autos. De outro lado, para ensejar rescisória exige-se que o erro de fato haja influenciado diretamente a decisão. Também é necessário que não tenha havido controvérsia sobre o tema, pois a posição adotada pelo magistrado nessas situações deveria ser impugnada no feito originário;

i) Quando a decisão, embora não de mérito, enseja impedimento para nova propositura da demanda ou recurso correspondente. Como anteriormente destacado, essa é uma das inovações do novo CPC que, em realidade, abre verdadeira exceção à regra da necessária presença de coisa julgada material, como pressuposto de admissibilidade da Ação Rescisória. Abriu, pois, o legislador a possibilidade de desconstituir a decisão que reconhece a perempção, uma vez presente os vícios que autorizam a rescisória. Igualmente, a decisão que inviabiliza recurso adequado, tal qual àquela que, por juízo impedido, inadmite recurso.

5.4. Legitimidade ativa e passiva

O artigo 967 do CPC define a legitimidade para a propositura de Ação Rescisória. Nessa linha, desfrutam de legitimidade ativa (a) quem foi parte no processo onde a decisão inválida foi proferida, ou seu sucessor a título universal ou particular; (b) igualmente o terceiro juridicamente interessado; (c) o Ministério Público, se não foi ouvido no processo originário e era obrigatória sua intervenção, também quando a decisão é fruto de simulação ou colusão e em outros casos em que se impunha sua intervenção e, finalmente (d) também tem legitimidade ativa aquele que não foi ouvido no processo em que lhe era obrigatória a intervenção.

Cabe esclarecer que terceiro juridicamente interessado é aquele que mantém relação jurídica conexa a relação principal e, portanto, é atingido pela decisão viciada. O Ministério Público, de sua parte, também terá legitimidade, na condição de fiscal da ordem jurídica, sempre que a demanda matriz contemple hipótese sujeita a intervenção ministerial. Já a legitimidade passiva se configura a partir da identificação de interesse jurídico decorrente da decisão que se pretende invalidar. Assim, p.ex., quem foi beneficiado pela decisão e tem interesse na manutenção desta.

5.5. Prazo decadencial

A definição de prazo para exercício da Ação Rescisória impede a perpetuidade do debate. Com efeito, o artigo 975 do CPC estabelece que se extingue em dois anos o direito de propor Ação Rescisória, contado este prazo do trânsito em julgado da última decisão proferida no processo. Essa posição fez nascer a ideia retórica de coisa soberanamente julgada, ou seja, a decisão somente se estabiliza de modo definitivo, com perpétua impossibilidade de impugnação, após a superação dos prazos de rescisão. Há, nessa linha, exceção ao prazo de 2 anos que é a regra, na medida em que o § 2° do mesmo artigo 975 contempla disciplina especial para a hipótese de prova nova. Assim, quando o fundamento da pretensão rescisória vier calcada em prova nova, o prazo será contado da descoberta da prova nova e, em vez de 2, será de 5 anos da última decisão proferida no processo.

5.6. Requisitos da petição inicial

A petição inicial, segundo disciplina do artigo 968 do CPC, deverá ser elaborada atendendo os requisitos do artigo 319 do mesmo diploma, sob pena de inépcia. Além destes requisitos genéricos, deverá conter requisitos específicos, tais como: (a) cumular o pedido de rescisão, se for o caso, com o de novo julgamento e (b) demonstrar o depósito de 5% sobre o valor da causa. Sobre a cumulação de conteúdo, como anteriormente registrado, depende da natureza pretensão deduzida. Por ex., a pretensão de rescisão de sentença puramente declaratória não enseja pedido de rejulgamento e outras hipóteses, tais como, sentença condenatória, já dá ensejo a cumulação de pretensões, havendo, pois, juízo rescindendo e rescisório. No que se refere ao chamado depósito prévio, este, se a demanda for tida por inadmissível ou improcedente, por unanimidade, será convertido em multa, perdendo o autor o depósito realizado. O depósito não é exigível de entes públicos e de quem tenha obtido o benefício da gratuidade da justiça e o valor exigível não poderá ultrapassar a soma de 1.000 salários mínimos (art. 968, § 2°).

5.7. Suspensão de cumprimento da decisão rescindenda

Cumpre, por derradeiro, destacar que a simples propositura de Ação Rescisória não impede o cumprimento da decisão rescindenda, salvo se ocorrer a concessão de tutela provisória, consoante estabelece o art. 969, do CPC. Realmente, a ideia é – por regra – prestigiar a tutela exauriente proferida na ação matriz. Assim, somente é possível cogitar o deferimento de tutela antecipatória ou cautelar, com o fito de suspender o cumprimento da decisão, se clara e incisivamente estiverem presentes os requisitos de qualquer destas, muito especialmente a demonstração de risco de dano grave e de difícil reparação para o autor da rescisória, além da plausibilidade do direito invocado.

6. Do incidente de resolução de demandas repetitivas

Uma das principais inovações do Código de Processo Civil de 2015 é o "incidente de resolução de demandas repetitivas". A este respeito, a Exposição de Motivos do Código de Processo Civil de 2015, explicou os seus principais objetivos:

> Criou-se o incidente de julgamento conjunto de demandas repetitivas, a que adiante se fará referência. Por enquanto, é oportuno ressaltar que levam a um processo mais célere as medidas cujo objetivo seja o julgamento conjunto de demandas que gravitam em torno da mesma questão de direito, por dois ângulos: a) o relativo àqueles processos, em si mesmos considerados, que, serão decididos conjuntamente; b) no que concerne à atenuação do excesso de carga de trabalho do Poder Judiciário – já que o tempo usado para decidir aqueles processos poderá ser mais eficazmente aproveitado em todos os outros, em cujo trâmite serão evidentemente menores os ditos "tempos mortos" (= períodos em que nada acontece no processo). Por outro lado, haver, indefinidamente, posicionamentos diferentes e incompatíveis, nos Tribunais, a respeito da mesma norma jurídica leva a que jurisdicionados que estejam em situações idênticas tenham de submeter-se a regras de conduta diferentes, ditadas por decisões judiciais emanadas de tribunais diversos. Esse fenômeno fragmenta o sistema, gera intranquilidade e, por vezes, verdadeira perplexidade na sociedade. Prestigiou-se, seguindo-se direção já abertamente seguida pelo ordenamento jurídico brasileiro, expressado na criação da Súmula Vinculante do Supremo Tribunal Federal (STF) e do regime de julgamento conjunto de recursos especiais e extraordinários repetitivos (que foi mantido e aperfeiçoado), tendência a criar estímulos para que a jurisprudência se uniformize, à luz do que venham a decidir tribunais superiores e até de segundo grau, e se estabilize. Essa é a função e a razão de ser dos tribunais superiores: proferir decisões que moldem o ordenamento jurídico, objetivamente considerado. A função paradigmática que devem desempenhar é inerente ao sistema.
>
> Dentro dessas coordenadas, a Comissão chegou a seguinte conclusão:
>
> Com os mesmos objetivos, criou-se, com inspiração no direito alemão, o já referido incidente de Resolução de Demandas Repetitivas, que consiste na identificação de processos que contenham a mesma questão de direito, que estejam ainda no primeiro grau de jurisdição, para decisão conjunta. O incidente de resolução de demandas repetitivas é admissível quando identificada, em primeiro grau, controvérsia com potencial de gerar multiplicação expressiva de demandas e o correlato risco da coexistência de decisões conflitantes. É instaurado perante o Tribunal local, por iniciativa do juiz, do MP, das partes, da Defensoria Pública ou pelo próprio Relator. O juízo de admissibilidade e de mérito caberão ao tribunal pleno ou ao órgão especial, onde houver, e a extensão da eficácia da decisão acerca da tese jurídica limita-se à área de competência territorial do tribunal, salvo decisão em contrário do STF ou dos Tribunais superiores, pleiteada pelas partes, interessados, MP ou Defensoria Pública. Há a possibilidade de intervenção de *amici curiae*.

A doutrina especializada identifica semelhança entre o "IRDR" e o "Musterverfahren" (julgamentos modelo) do direito alemão. Sofia Temer e Aloísio de Castro Mendes assim se pronunciam:

Nas décadas de 1960 a 1980, houve, na Alemanha, um número elevado de objeções contra projetos estatais desenvolvidos, como, por exemplo, em relação a usinas nucleares (Breisig (16 mil), Lingen II (25 mil), Biblis (55 mil), Breisach (64 mil), Brokdorf (75 mil) e Wyhl (100 mil) e a instalação ou expansão de aeroportos (Bielefeld-Nagelholz, 14.000, Hamburg-Kaltenkirchen, 15.000 e Düsseldorf, 30.000). O Tribunal Administrativo de Munique, diante de 5.724 reclamações, resolveu inovar, selecionando 30 casos considerados representativos (modelo) da controvérsia, suspendendo os demais até o julgamento destes Musterverfahren (procedimentos modelo), cujo entendimento foi aplicado a todos os processos pendentes. A iniciativa do Tribunal de Munique provocou grande controvérsia jurídica, tendo em vista a falta de previsão, na *Verwaltungsgerichtsordnung* (Estatuto da Justiça Administrativa), do procedimento adotado. No entanto, a *Bundesverfassungsgericht* (Corte Constitucional) decidiu, em 1980, pela constitucionalidade da prática estabelecida. Como decorrência, o legislador alemão, ao editar nova versão do Estatuto da Justiça Administrativa (*Verwaltungsgerichtsordnung*), em 1991, incorporou dispositivos, dentre os quais o parágrafo 93a, com a previsão do Musterverfahren. Em 2005, uma nova versão de Musterverfahren é criada na KapMuG (*Gesetz über Musterverfahren in kapitalmarktrechtlichen Streitigkeiten – Kapitalanleger-Musterverfahrensgesetz* ou Lei sobre o Procedimento-Modelo nos conflitos jurídicos do mercado de capital), com vigência temporária, inicialmente até outubro de 2010, mas que foi prorrogada, ato contínuo, até outubro de 2012 e, em seguida, para 01.11.2020. E, também, em 2008, nos moldes da primeira espécie de Musterverfahren e praticamente repetindo o texto do § 93a da *Verwaltungsgerichtsordnung*, o procedimento-modelo também é adotado no ramo jurisdicional alemão que cuida da assistência e previdência social (*Sozialgerichtsgesetz*). Em brevíssima síntese, os procedimentos-modelo alemães, da Justiça Administrativa e do mercado de capitais, foram desenvolvidos para que, num cenário de inúmeras ações homogêneas, a partir do julgamento de um caso piloto – com questões fáticas ou jurídicas comuns aos demais processos – fosse firmado entendimento extensível aos demais casos. No que se refere ao procedimento-modelo alemão criado na lei de mercado de capitais (ou KapMug), mais difundido na doutrina brasileira, há uma subdivisão em três etapas: na primeira, é formulado um requerimento de admissibilidade perante o órgão de primeiro grau; na segunda, é processado e julgado o caso-piloto pelo tribunal de segundo grau; na terceira, os processos homogêneos são julgados de acordo com o entendimento firmado no procedimento-modelo.

Após a tramitação no Congresso Nacional, o incidente de resolução de demandas repetitivas foi disciplinado a partir do art. 976. Estipularam-se dois específicos requisitos para a sua admissibilidade: (I) a efetiva repetição de processos que contenham controvérsia sobre a mesma questão unicamente de direito; (II) risco de ofensa à isonomia e à segurança jurídica. O interessado na sua instauração, portanto, deve demonstrar a superação de ambas as exigências legais.

O incidente de resolução de demandas repetitivas é um remédio colocado à disposição dos Tribunais Inferiores, para uniformizar a própria jurisprudência, de forma a garantir aos seus jurisdicionados tratamento isonômico. Como bem pondera Araken de Assis, não há sentido em cogitar a sua utilização, caso o mesmo tema de direito esteja pendente de análise nos Tribunais Superiores, em recursos repetitivos, pois com a atuação dos Tribunais de Brasília ocorre a definição do tema em todo o território nacional.[76]

Quanto à competência para a sua instauração, informa o art. 977 que o pedido é dirigido ao presidente de tribunal: (I) – pelo juiz ou relator, por ofício; (II) – pelas partes, por petição; (III) – pelo Ministério Público ou pela Defensoria Pública, por petição. Esses mesmos legitimados poderão, no futuro, postular a revisão da tese, desde que demonstrem que, com o passar dos anos, ela já não mais se mostra acertada. Variados fatores podem influenciar essa mudança.[77]

Os Tribunais devem adaptar os seus regimentos, para identificar o órgão responsável pela uniformização de jurisprudência do tribunal. Agrega o parágrafo único, do art. 978, que "o órgão colegiado incumbido de julgar o incidente e de fixar a tese jurídica julgará igualmente o recurso, a remessa necessária ou o processo de competência originária de onde se originou o incidente".

A fim de que a sociedade (em especial, as pessoas envolvidas em litígios semelhantes) tome ciência da tramitação, prescreve o art. 979 que "a instauração e o julgamento do incidente serão sucedidos da mais ampla e específica divulgação e publicidade, por meio de registro eletrônico no Conselho Nacional de Justiça". Devem os Tribunais manter banco eletrônico de dados atualizados com informações específicas sobre questões de direito submetidas ao incidente.

Nesse registro, para possibilitar a identificação dos processos abrangidos pela decisão do incidente, constarão as teses jurídicas discutidas, os fundamentos determinantes da decisão e os dispositivos normativos a ela relacionados.

O procedimento de instrução e julgamento é previsto especialmente nos arts. 982, 983 e 985, com a seguinte redação:

> Admitido o incidente, o relator:
>
> I – suspenderá os processos pendentes, individuais ou coletivos, que tramitam no Estado ou na região, conforme o caso;

---

[76] Afirma o autor: "Por sinal, encontrando-se afetado recurso em tribunal superior para dirimir a questão de direito, não caberá a suscitação do incidente em tribunal inferior (art. 976, § 4º). Essa medida assegura a harmonia dos julgados e a primazia da tese jurídica fixada no tribunal inferior." ASSIS, Araken de. *Manual dos recursos*. 9. ed. São Paulo: RT, 2017, p. 466.

[77] A este respeito, a Jornada de Direito Processual aprovou o enunciado n. 143: "O pedido de revisão da tese jurídica firmada no incidente de resolução de demandas repetitivas pode ser feita pelas partes, nos termos do art. 977, II, do CPC/2015".

II – poderá requisitar informações a órgãos em cujo juízo tramita processo no qual se discute o objeto do incidente, que as prestarão no prazo de 15 (quinze) dias;

III – intimará o Ministério Público para, querendo, manifestar-se no prazo de 15 (quinze) dias.

§ 1º A suspensão será comunicada aos órgãos jurisdicionais competentes.

§ 2º Durante a suspensão, o pedido de tutela de urgência deverá ser dirigido ao juízo onde tramita o processo suspenso.

§ 3º Visando à garantia da segurança jurídica, qualquer legitimado mencionado no art. 977, incisos II e III, poderá requerer, ao tribunal competente para conhecer do recurso extraordinário ou especial, a suspensão de todos os processos individuais ou coletivos em curso no território nacional que versem sobre a questão objeto do incidente já instaurado.

§ 4º Independentemente dos limites da competência territorial, a parte no processo em curso no qual se discuta a mesma questão objeto do incidente é legitimada para requerer a providência prevista no § 3º deste artigo.

§ 5º Cessa a suspensão a que se refere o inciso I do caput deste artigo se não for interposto recurso especial ou recurso extraordinário contra a decisão proferida no incidente.

A suspensão apontada no artigo acima não é automática, embora recomendável. Há casos excepcionais em que a suspensão mostra-se prejudicial à administração da justiça. Por tal razão, exige-se fundamentação do Relator.[78]

A participação da sociedade civil é autorizada pelo art. 983, o qual admite que *amici curiae* colaborem com a solução da causa, trazendo aos autos os seus pontos-de-vista e, especialmente, argumentos técnicos.[79] É salutar, igualmente, a realização de audiência pública, para a oitiva de pessoas com experiência e conhecimento da matéria debatida.

Com a finalização do julgamento (art. 985), a tese jurídica será aplicada:

I – a todos os processos individuais ou coletivos que versem sobre idêntica questão de direito e que tramitem na área de jurisdição do respectivo tribunal, inclusive àqueles que tramitem nos juizados especiais do respectivo Estado ou região;

II – aos casos futuros que versem idêntica questão de direito e que venham a tramitar no território de competência do tribunal, salvo revisão na forma do art. 986.

---

[78] Nesse sentido, o enunciado n. 140 da Jornada de Direito Processual: "A suspensão de processos pendentes, individuais ou coletivos, que tramitam no Estado ou na região prevista no art. 982, I, do CPC não é decorrência automática e necessária da admissão do IRDR, competindo ao relator ou ao colegiado decidir acerca da sua conveniência".

[79] Sobre o tema: BORCELLI, Juliana de Carvalho. *A Atuação do Amicus Curiae no Julgamento do Incidente de Resolução de Demandas Repetitivas*. 2018. Monografia. (Aperfeiçoamento/Especialização em Direito) – PUCRS.

§ 1º Não observada a tese adotada no incidente, caberá reclamação.

§ 2º Se o incidente tiver por objeto questão relativa a prestação de serviço concedido, permitido ou autorizado, o resultado do julgamento será comunicado ao órgão, ao ente ou à agência reguladora competente para fiscalização da efetiva aplicação, por parte dos entes sujeitos a regulação, da tese adotada.

Do julgamento do mérito do incidente caberá recurso extraordinário ou especial, conforme o caso, com o fim de ser uniformizada a interpretação da questão jurídica, pela atuação Supremo Tribunal Federal ou pelo Superior Tribunal de Justiça em todo território nacional.

De toda sorte, para se evitar a "fossilização da jurisprudência", permite-se a revisão da tese jurídica, inclusive de ofício, pelo próprio Tribunal.

De seu turno, compete às partes e aos seus procuradores aferir se o caso concreto levado ao conhecimento do Poder Judiciário amolda-se (ou não) ao paradigma. Quando existirem peculiaridades no caso específico, que permitam isolá-lo das premissas que levaram à criação do "precedente", admite-se a técnica do *distinguish*. Sobre o tema, ensina Pedro Miranda de Oliveira que "é uma técnica, típica do *common law*, consistente em não se aplicar o precedente quando o caso a ser decidido apresenta uma peculiaridade, que autoriza o afastamento da *rule* e que a decisão seja tomada independentemente daquela".[80]

Ou seja, é fundamental que o profissional identifique a *ratio decidendi* adotada pelo Tribunal Superior na construção do precedente, a fim de delimitar o seu âmbito de incidência nos casos futuros. A doutrina brasileira, como se vê da citação abaixo de Luiz Guilherme Marinoni, busca na literatura da *Common Law* subsídios para acertar o sentido da *ratio decidendi*:

> O conceito de ratio decidendi sempre foi muito discutido no *common law*. Na verdade, a dificuldade sempre esteve na sua identificação na decisão judicial. Frise-se que, embora a doutrina fale em interpretação de precedente e conhecido e importante livro até mesmo tenha o título de *Interpreting precedents*, seria possível questionar se um precedente é realmente interpretado. De qualquer forma, é fácil demonstrar que mediante a ideia de interpretação do precedente não se busca revelar o conteúdo do seu texto, mas identificar os seus extratos formais, entre eles a ratio decidendi. É claro que o ato de procurar o significado de um precedente, ou de interpretar um precedente, não se confunde com o de interpretar a lei. Quando se fala em interpretação de precedente a preocupação está centrada nos elementos que o caracterizam, especialmente na delimitação da sua ratio.
>
> (...)
>
> Para Wambaugh, ratio decidendi é uma regra geral em cuja ausência o caso seria decidido de outra forma. O jurista descreve o modo como o

[80] *O sistema de precedentes no CPC projetado*: engessamento do direito? Revista de Processo, v. 232, p. 232-307, jun. 2014.

teste deve ser feito. Antes de tudo a de ser cuidadosamente formulada suposta proposição de direito. Após deve inserir-se na proposição uma palavra que inverta o seu significado. Então, é necessário perguntar-se, caso a Corte houvesse admitido a nova proposição e a tivesse tomado em conta no seu raciocínio, a decisão teria sido a mesma.[81]

De seu turno, para afastar a incidência de um precedente, formado para incidir em casos com premissas fáticas ou jurídicas distintas, competirá ao profissional demonstrar nos autos a distinção do caso concreto com o paradigma. É o que a doutrina denomina *distinguishing*, como se vê da lição de Luiz Guilherme Marinoni:

> O *distinguishing* expressa a distinção entre os casos para o efeito de se subordinar, ou não, o caso sob julgamento ao precedente. Assim, é necessário delimitar a *ratio decidendi,* considerando-se os fatos materiais do primeiro caso, ou seja, os fatos que foram tomados em consideração no raciocínio judicial como relevantes ao encontro da decisão. O *distinguishing* revela a demonstração entre as diferenças fáticas entre os casos ou a demonstração de que a ratio do precedente não se amolda ao caso sob julgamento, uma vez que os fatos de um e outro são diversos.
>
> Diferenças fáticas entre casos, portanto, nem sempre são suficientes para se concluir pela inaplicabilidade do precedente. Fatos são fundamentais ou irrelevantes não tornam casos desiguais. Para realizar o *distinguishing,* não basta ao juiz apontar fatos diferentes. Cabe-lhe argumentar para demonstrar que a distinção é material, e que, portanto, há justificativa para não se aplicar o precedente. Ou seja, não é qualquer distinção que justifica o *distinguishing*. A distinção fática deve revelar uma justificativa convincente, capaz de permitir o isolamento do caso sob julgamento em face do precedente.[82]

Por derradeiro, vale lembrar que o Código estipulou as seguintes regras procedimentais para a tramitação do incidente (art. 976): (1) A desistência ou o abandono do processo não impede o exame de mérito do incidente, em face do interesse público na formação de jurisprudência estável e coerente; (2) intervenção obrigatória do Ministério Público e, em caso de desistência ou abandono pela parte, a assunção de sua titularidade no incidente; (3) a inadmissão do incidente de resolução de demandas repetitivas por ausência de qualquer de seus pressupostos de admissibilidade não impede que, uma vez satisfeito o requisito, seja o incidente novamente suscitado; (4) é incabível o incidente de resolução de demandas repetitivas quando um dos tribunais superiores, no âmbito de sua respectiva competência, já tiver afetado recurso para definição de tese sobre questão de direito material ou processual repetitiva; (5) não serão exigidas custas processuais no incidente de resolução de demandas repetitivas.

---

[81] *Precedentes Obrigatórios*. 5. ed. São Paulo: RT, 2016, p. 163.

[82] Op. cit., p. 232.

7. Da reclamação

O instituto da reclamação é histórico em nosso direito. Na década de 1950, o Ministro Rocha Lagoa discorria sobre a sua função dentro do sistema jurídico: "a competência não expressa dos tribunais federais pode ser ampliada por construção constitucional. Vão seria o poder, outorgado ao Supremo Tribunal Federal de julgar em recurso extraordinário as causas decididas por outros tribunais, se lhe não fora possível fazer prevalecer os seus próprios pronunciamentos, acaso desatendidos pelas justiças locais. A criação dum remédio de direito para vindicar o cumprimento fiel das suas sentenças está na vocação do Supremo Tribunal Federal e na amplitude constitucional e natural dos seus poderes. Necessário e legítima é assim a admissão do processo de reclamação, como o Supremo Tribunal tem feito. É de ser julgada procedente a reclamação quando a justiça local deixa de atender à decisão do Supremo Tribunal Federal."

A reclamação tem assento constitucional. Está prevista no art. 102, I, *l*, quando atribui ao Supremo Tribunal Federal a competência para julgar "a reclamação para a preservação de sua competência e garantia da autoridade de suas decisões", bem como no art. 105, I, *f*, ao explicitar que compete ao Superior Tribunal de Justiça processar e julgar "a reclamação para a preservação de sua competência e garantia da autoridade de suas decisões". Na década de 2000, com a introdução do art. 103-A (via Emenda Constitucional da "Reforma do Judiciário"), o legislador também se valeu da reclamação para atacar ato administrativo ou decisão judicial que contrariar a súmula aplicável ou que indevidamente a aplicar, viabilizando assim que o STF controle a atuação dos Tribunais Inferiores e o respeito às suas súmulas vinculantes.

A reclamação não tem natureza recursal. É uma ação, como bem pondera o professor Araken de Assis: "segundo a melhor opinião, destarte, a reclamação é ação. Cuida-se de exercício de pretensão à tutela jurídica do Estado, formando-se relação processual autônoma, e processo objeto litigioso próprio. Essa relação desenvolver-se-á entre partes (reclamante e reclamado) e admite a defesa do ato impugnado por qualquer interessado (art. 990). Em oportunidade mais recente, o STF reconheceu a natureza de ação da reclamação".[83]

O seu procedimento é célere, pois se viabiliza o acesso aos Tribunais independentemente do esgotamento da via recursal (os recursos são manejados em paralelo). Reconhece as vantagens do célere procedimento da reclamação a Ministra Ellen Grace Northfleet, admitindo a sua utilização pelos Estados Membros: "a reclamação constitui instrumento que, aplicado no âmbito dos Estados-membros, tem como objetivo evitar, no caso de ofensa à autoridade de um julgado, o caminho tortuoso e demorado dos recursos previstos na legislação processual, inegavelmente inconvenientes quando já tem a parte uma decisão definitiva. Visa, também, à preservação da competência dos

---

[83] *Manual dos recursos*. 9ª ed. São Paulo: RT, 2017, p. 1070.

Tribunais de Justiça estaduais, diante de eventual usurpação por parte de Juízo ou outro Tribunal local. 3. A adoção desse instrumento pelos Estados-membros, além de estar em sintonia com o princípio da simetria, está em consonância com o princípio da efetividade das decisões judiciais. 4. Ação direta de inconstitucionalidade improcedente". Complementa Daniel Amorim Assumpção: "trata-se de forma direta de acesso aos tribunais superiores, sem a necessidade de esgotamento das vias ordinárias de impugnação, como ocorre nos recursos especial e extraordinário. Dessa maneira, ainda que o ato ou postura atacada seja praticado por um juízo de primeiro grau, admitir-se-á a chegada imediata aos tribunais de superposição, sem a necessidade de passagem pelo tribunal de segundo grau".[84]

A reclamação foi disciplinada no art. 988, CPC. Terá lugar a reclamação para: "I – preservar a competência do tribunal; II – garantir a autoridade das decisões do tribunal; III – garantir a observância de enunciado de súmula vinculante e de decisão do Supremo Tribunal Federal em controle concentrado de constitucionalidade; IV – garantir a observância de acórdão proferido em julgamento de incidente de resolução de demandas repetitivas ou de incidente de assunção de competência". Agregou o § 4 que "as hipóteses dos incisos III e IV compreendem a aplicação indevida da tese jurídica e sua não aplicação aos casos que a ela correspondam".

Entretanto, o CPC/2015 (art. 978, § 5º) positivou dois óbices ao seu manejo, tornando o remédio inadmissível se "proposta após o trânsito em julgado da decisão reclamada" e quando "proposta para garantir a observância de acórdão de recurso extraordinário com repercussão geral reconhecida ou de acórdão proferido em julgamento de recursos extraordinário ou especial repetitivos, quando não esgotadas as instâncias ordinárias". Ressalvou o Código que "a inadmissibilidade ou o julgamento do recurso interposto contra a decisão proferida pelo órgão reclamado não prejudica a reclamação, conforme § 6 do mesmo artigo".

Em face desse regramento, exige-se que o autor da reclamação aponte com precisão qual a decisão reclamada e, especialmente, qual ato normativo (ou acórdão) fundamenta a sua alegação de usurpação de competência ou de desrespeito à autoridade de um Tribunal. É seu o ônus de juntar a documentação suficiente para o conhecimento adequado da causa.

Consoante o procedimento previsto no art. 989, após receber a reclamação, o relator: (I) requisita informações da autoridade a quem for imputada a prática do ato impugnado, que as prestará no prazo de 10 (dez) dias; (II) aprecia eventual requerimento de suspensão do processo ou do ato impugnado para evitar dano irreparável; (III) determina a citação do beneficiário da decisão impugnada, que terá prazo de 15 (quinze) dias para apresentar a sua contestação. Prevê igualmente o CPC/2015 que qualquer interessado possa impugnar o pedido do reclamante (art. 990), desde que demonstre interesse jurídico.

---

[84] *Ações Constitucionais*. São Paulo: Método, 2011, p. 309.

Em muitos processos, é imprescindível a concessão de tutela de provisória ("liminar"), em favor do autor, para se evitar a consumação de dano grave e de difícil reparação. Em outros casos, a evidência do seu direito, na linha do sistema processual vigente, reclama a concessão dos efeitos próprios da decisão desconsiderada.[85]

De regra, ao julgar procedente a reclamação, o Tribunal cassa a decisão exorbitante do seu julgado. Este é o procedimento corriqueiro em nossa história. Entretanto, o CPC/2015 permitiu que o Tribunal, nesse mesmo julgamento, "determine medida adequada à solução da controvérsia" (art. 992).

Na prática, é frequente a utilização da reclamação para controlar atos oriundos dos Juizados Especiais, uma vez que não cabe recurso especial contra os acórdãos das turmas recursais. Através da reclamação, o STJ controla eventual usurpação de sua competência pela atuação dos "JEC's",[86] bem como o respeito aos seus "precedentes obrigatórios".[87] Há, nesse sentido, enunciado n. 138, da Jornada de Direito Processual Civil (CJF), dando conta que é "é cabível reclamação contra acórdão que aplicou indevidamente tese jurídica firmada em acórdão proferido em julgamento de recursos extraordinário ou especial repetitivos, após o esgotamento das instâncias ordinárias, por analogia ao quanto previsto no art. 988, § 4º, do CPC". Por ilustração, foi julgada procedente reclamação em face de decisão de Tribunal Inferior que, fora dos limites da lei e de sua competência, outorgara efeito suspensivo a recurso especial pendente de julgamento no STJ.[88]

---

[85] Nesse sentido, o enunciado n. 64, da Jornada de Direito Processual: "Ao despachar a reclamação, deferida a suspensão do ato impugnado, o relator pode conceder tutela provisória satisfativa correspondente à decisão originária cuja autoridade foi violada".

[86] Por ilustração: Rcl 34.801/RJ, 1. S., Rel. Min. Benedito Gonçalves, j. 10.10.2018. DJe 25.10.2018.

[87] Nesse sentido, a II Jornada de Direito Processual Civil aprovou o Enunciado 138: "É cabível reclamação contra acórdão que aplicou indevidamente tese jurídica firmada em acórdão proferido em julgamento de recursos extraordinário ou especial repetitivos, após o esgotamento das instâncias ordinárias, por analogia ao quanto previsto no art. 988, § 4º, do CPC".

[88] Rcl 33.156/MA, 2. S., Rel. Min. Marco Bellizze, j. 22.03.2017. DJe 24.03.2017.

Terceira Parte

Do conceito e da compreensão dos Recursos Cíveis

1. O Recurso dentro do sistema constitucional brasileiro

1.1. A legitimação do provimento estatal através de seu controle

Como todo e qualquer instituto jurídico, o recurso haure sua razão de ser na Constituição Federal. Nela é que devem ser buscadas as justificativas de sua existência dentro do processo brasileiro, bem como seus limites, afinal, dentro da perspectiva de um Estado Constitucional, cada direito é conformado pelos demais.

No caso dos recursos, apresenta-se importante a conjugação de diversos princípios constitucionais, que guiam o tratamento das partes e a atividade jurisdicional, em especial: (a) o devido processo constitucional (art. 5º, LIV); (b) o livre e efetivo acesso à Justiça (art. 5º, XXXV); (c) a ideia de contraditório e de ampla defesa, "com os meios e recursos a ela inerentes" (art. 5º, LV) e (d) a duração razoável do processo e os meios que garantam a celeridade de sua tramitação (art. 5º, LXXVIII).

Tantos outros princípios mereceriam ser lembrados. Contudo, a partir do devido processo constitucional, do livre e efetivo acesso à justiça, do contraditório e da duração razoável, as premissas básicas de um sadio sistema recursal podem ser esboçadas.

Através do devido processo constitucional, postula-se a realização judicial dos direitos a partir de respeito aos jurisdicionados, de forma a condicionar o exercício do poder estatal às garantias constitucionalmente instituídas. Tanto ao longo do procedimento, quanto na hora da decisão, atua o devido processo, impedindo o arbítrio e a chancela de privilégios. A consideração de uma decisão como justa engloba, no mínimo, três dimensões: a apreensão fática, a hermenêutica e a justiça procedimental. Todos são critérios complementares e que jamais garantem, por si só, o alcance de uma decisão passível de ser qualificada como justa. Eventual falha do magistrado, em qualquer dessas atividades, representará uma distância da boa sentença. O devido processo atua especialmente na última dessas perspectivas, ou seja, a *procedural justice*. Será indevido o processo quando não outorgar ao cidadão a tutela a que tem direito, o que engloba, naturalmente, a prestação em tempo razoável. Tampouco poderá ser tido como legal o processo que não oferecer tratamento isonômico às partes, de forma a prejudicar seu trabalho na formação do convencimento do juiz. Enfim, o devido processo constitucional é a síntese das garantias constitucionais do processo.

Naquilo que interessa ao presente trabalho, isto é, o vínculo necessário do magistrado com os fatos da causa e o melhor direito aplicável, Luigi Ferrajoli, com absoluta correção, afirma que "nessuno ha il diritto di giudicare, se per 'giudicare' s'intende un'attività autoritativa e non puramente cognitiva: questa non è solo una massima dell'etica cristiana, ma è la regola laica del moderno stato di diritto".[89] O mesmo professor de Roma irá ressaltar que o valor político e intelectual da profissão do juiz será tolerar as divergentes razões, consideração e controle de todas as hipóteses em conflito, imparcialidade em relação ao litígio, prudência, equilíbrio, ponderação, e "dubbio come abito professionale e come stile intelettuale".[90] O sistema cria formas de análise, justificação e controle do exercício do poder jurisdicional, uma das quais o recurso, fora de dúvida.

O acesso à justiça, de seu turno, também deve ser interpretado à luz de duas premissas fundamentais. Não é qualquer justiça que deve ser oferecida, mas sim uma resposta consoante os fatos ocorridos e o direito aplicável à espécie, daí a exigência de meios de correção dos provimentos. Entretanto, tais meios devem-se mostrar razoáveis, a fim de não prejudicar a utilidade do processo e não frustrar a expectativa do cidadão em fruir integralmente o direito debatido. O acesso, mais do que uma consagração formal, impõe a efetiva participação dos envolvidos (daí a importância da Defensoria Pública, do Ministério Público, do instituto da AJG, etc.). Sem o norte do acesso adequado, o sistema corre o sério risco de tornar-se elitista ou inefetivo. Sob ambos os ângulos, seria triste para os jurisdicionados e indevido à luz da Constituição. A dificuldade reside, portanto, em encontrar um ponto de equilíbrio que não ofusque a pretensão legítima de aspirar à justiça, mas que também não abarrote o sistema com um acesso racionalmente injustificado.

Não menos importante é o contraditório. Princípio magno do direito processual, através do qual as pessoas não apenas tomam ciência bilateral dos atos, a fim de exercitarem suas faculdades, o contraditório assegura a influência das partes na formação do provimento que irá atingir suas esferas jurídicas, reclamando chances concretas de debate. Representa um método de trabalho, ao conclamar as partes para facilitar o trabalho do juiz, com a pesquisa e a discussão acerca dos fatos relevantes, das normas mais adequadas para guiar a resolução, sua melhor interpretação e tantos outros dados que refletirão na qualidade da sentença.

Por fim, surge a ideia de um processo com duração razoável, sem dilações indevidas. É sabido, lamentavelmente, em não raras vezes, o tempo corrói as vantagens que a "correta aplicação do direito" ocasiona, devendo ser coibido o acertamento tardio. Se a duração excessiva do processo já inco-

[89] *Diritto e Ragione*. 8. ed. Roma: Laterza, 2004, p. 163.

[90] Op. cit., p. 556.

moda os especialistas, maior é a decepção dos leigos, amiúde retratada pela opinião pública.

Logicamente, a confirmação da alegada lentidão da Justiça dependeria de aprofundado exame. No âmbito deste Manual, busca-se modestamente colocar dois pontos de vista. Um, mais singelo, que é a relação entre o sistema recursal e a duração razoável do processo. Outro, que quiçá mereça ser explorado pelos operadores brasileiros, é a ausência de uma solução "milagrosa" para os problemas da administração da Justiça. Melhor do que idealizar "novos" mecanismos a serem incorporados ao sistema para erradicar alguns dos males, seria estudar, com a devida profundidade, as potencialidades já existentes do sistema. A responsabilidade pelos acertos e equívocos de nosso direito processual deve ser imputada em grande escala aos próprios estudiosos desta ciência e aos operadores. E não ser simplesmente direcionada ao legislador ou a qualquer outra pessoa. Sem o devido senso de autorresponsabilidade, dificilmente o estado de coisas atual será alterado.

Esses princípios constitucionais – e todos os demais – são as premissas que deveriam guiar os criadores e os aplicadores do direito na interpretação do sistema recursal, o qual, conquanto fundamental para viabilizar o controle das decisões judiciais e aproximar o provimento dos fatos da causa e do direito, não pode eternizar controvérsias, sob pena de prejudicar a estabilidade das relações sociais e a própria fruição dos direitos.

Outra função extremamente relevante do direito recursal é viabilizar a formação da jurisprudência. É missão do sistema recursal propiciar o desenvolvimento da jurisprudência, o que se faz através de debates colegiados e com o confronto de posições divergentes.[91] Sem o debate consciente e maduro, próprio dos órgãos colegiados, não há como afirmar, quanto mais uniformizar, a jurisprudência enquanto fonte do direito.

A observação de Karl Larenz quanto à influência do Judiciário na interpretação das normas vem a calhar: "hoje sabemos que a maior parte das leis sofrem a sua configuração definitiva, e deste modo a sua susceptibilidade de aplicação aos casos singulares, apenas mediante a concretização no processo contínuo da actividade jurisprudencial, e que muitas proposições jurídicas encontraram acolhimento do Direito vigente através da actividade jurisprudencial. A heurística do Direito não se esgota de modo algum na aplicação da lei. A metodologia jurídica tem de ter em conta estas ideias". Avança: "as decisões judiciais, mesmo quando nelas se plasmam juízos de valor, não po-

[91] Ensina Othmar Jauernig: "o significado da política do direito dos recursos consiste, antes de mais, na garantia reforçada da justeza da decisão. A admissão de recursos exerce sobre os tribunais inferiores uma pressão salutar para que fundamentem cuidadosamente as decisões. Servem sobretudo a segurança duma jurisprudência unitária, quando os processos terminam no tribunal superior ou poucos atingem os tribunais superiores, enquanto a jurisprudência dos tribunais inferiores tende permanecer no seu grande número difusa e dispersa. O necessário desenvolvimento da ordem jurídica só é possível pela jurisprudência dos tribunais superiores, cujas decisão são publicadas e dotadas de uma especial autoridade 'natural'. Por isso, a utilização dos recursos não serve apenas o interesse da parte concreta, mas antes da jurisprudência no seu todo, especialmente expressa na revista". *Direito Processual Civil*, p. 362.

dem aceitar-se às cegas; requerem confirmação, no sentido de verificar se são compatíveis com outras decisões e princípios jurídicos reconhecidos, se são 'materialmente adequadas'".[92]

Os recursos, em certa medida, colaboram com este ideal. Contudo, não se pode esquecer que, em países em vias de desenvolvimento, o custo social do processo é imenso, pois os litigantes comuns não possuem condições de esperar indefinidamente, sem sacrifício de sua vida pessoal.

Hoje, sabe-se que a previsão de inúmeros recursos, por um lado, permite o conhecimento da causa por diversos magistrados. De outro, vai paulatinamente afastando o julgador da realidade da demanda, prejudicando a aproximação do Estado com o jurisdicionado. Isso sem contar com o tempo consumido até a apreciação definitiva. Tais vicissitudes devem permear o debate na interpretação de todo e qualquer recurso.

1.2. Ideia de recurso e sua distinção frente a outros meios de controle das decisões

Uma vez assentada a premissa de que as decisões judiciais – assim como os demais atos estatais – merecem controle, a fim de limitar o exercício do poder que, em última análise, é conferido pelo povo, cumpriria identificar distinções dos recursos frente aos demais meios de impugnação. Como se sabe, existem diversos meios colocados à disposição do jurisdicionado para contestar os atos judiciais. Tais remédios ora assumem a natureza de ação (mandado de segurança, *habeas corpus*, mandado de injunção, etc.), ora de mero desdobramento do direito de ação (caso dos recursos). Isso sem contar com os inúmeros "sucedâneos recursais", que nada mais são do que outras formas de controle dos atos judiciais, com características particulares (reexame necessário, etc.). Em comum, poderíamos dizer que todos decorrem da perspectiva constitucional de participação do povo na vida política e, no plano processual, da promessa de acesso efetivo à justiça.

Nesse sentido, a doutrina admite que os meios de impugnação se justificam a partir do direito constitucional de ação e de defesa. Assim como o direito de ação objetiva um provimento de mérito que acerte o direito *fatto valere in giudizio*, os meios de impugnação procuram não apenas eliminar a decisão inválida ou injusta, mas também substituí-la por outra, mais favorável ao recorrente.[93] Naturalmente, haverá diferenças a partir de algumas particularidades: (a) o recurso se dirige contra um ato do juiz; (b) apenas estarão legitimados a contestá-lo as partes, o Ministério Público e os terceiros interessados, em razão do prejuízo imposto, (c) a voluntariedade na sua interposição, que garante aos cidadãos realizar juízo de conveniência; (d) a regulação de prazos e outras condições de admissibilidade pelo sistema, etc.

---

[92] *Metodologia da Ciência do Direito*. 4. ed. Trad. José Lamego. Lisboa: Fundação Calouste Gulbenkian, 2005.

[93] PISANI, Andrea Proto. *Lezioni di Diritto Processuale Civile*. 4. ed. Napoli: Jovene, 2002, p. 450.

O recurso não inaugura um processo, embora permita a visualização de um procedimento relativamente autônomo (dito recursal), que vai da sua interposição até o seu julgamento.[94]

Entre nós, é célebre a definição de José Carlos Barbosa Moreira, como "o remédio voluntário idôneo a ensejar, dentro do mesmo processo, a reforma, a invalidação, o esclarecimento ou a integração da decisão judicial que se impugna".[95] Diversas podem ser as finalidades de sua interposição. Explica-se: de regra, quando identificados erros de procedimento, tende-se a cassar a decisão para que, após a correção dos vícios, outra seja proferida (*errores in procedendo*). Outrossim, se flagrado equívoco na apreciação fática ou jurídica no caso concreto, a melhor solução costuma ser o provimento do recurso para a reforma da decisão (*errores in judicando*).[96] Essa regra, entretanto, foi sensivelmente abrandada pelo CPC/2015, o qual, almejando maior celeridade, permitiu o julgamento definitivo da causa pelos Tribunais, ainda que diagnosticados vícios da sentença que, historicamente, levariam à sua desconstituição.

Recurso, portanto, é a forma disponibilizada pelo devido processo constitucional ao jurisdicionado para corrigir a incorreta aplicação judicial do direito. O próprio vocábulo pode ser decomposto nos vocábulos *re* e *curso*, o que transmite a ideia de percorrer novamente um caminho.

1.3. Classificação dos recursos

A classificação dos recursos obedece mais a um apelo didático (*didattico espositivo*) do que propriamente a um científico (*impegno dommatico*).[97] Já

[94] Como sublinha Eduardo J. Couture acerca das características dos recursos: "la primera es que son medios de controlar a cargo de la parte, es decir, que el vicio, la desviación en los medios o la desviación en los fines, sólo se corrige mediante requerimento o protesta de la parte perjudicada, Si la parte perjudicada no lo impugna, el vicio queda subsanado. El consentimiento en materia procesal purifica todas las iniquidades. Sólo la impugnación de aquella persona en cuyo favor la ley pone la posibilidad del recurso puede hacer mover los rodajes necesarios, para obtener la enmienda o subsanación de este vicio. Esta caracteristica es típica del proceso dispositivo – en el cual la voluntad de las partes ejerce una especie de soberania que no se puede suplir por la voluntad del juez". *Procedimiento. Primer Curso*, v. III, p. 875.

[95] *Comentários ao CPC*, p. 233, t. 5, 9. ed. No mesmo sentido, Araken de Assis. *Manual dos Recursos*, 34.

[96] É corriqueira a divisão entre erros de procedimento e de julgamento. Enrico Tullio Liebman irá defini-los: "sono errores in procedendo quelli in cui incorre il giudice nel compiere le attività del suo ufficio, sia nel corso del procedimento, sia nella formazione della sentenza, quando non osservi le norme che regolano le forme e modalità del suo operare; e così, in primo luogo quando il vizio riguarda la fonte stessa da cui l'atto promana, ossia l'esistenza del potere del giudice (questione di giurisdizione e di competenza) ed il suo concreto esercizio (presupposti e condizioni della pronuncia del provvedimento) e poi via via le forme degli atti processuali, in quanto il vizio abbia indotto nullità non sanate." (...) "sono errores in iudicando quelli che possono aversi nella decisione che ha giudicato sul merito della domanda, per accoglierla o rigettarla, e si distinguono a loro volta in errori di fatto e di diritto, a seconda che il giudice abbi accertato il fatto in modo disforme dal vero, od abbia errato nel valutarlo giuridicamente e nell'applicare ad esso il diritto. In questi casi la sentenza é ingiusta, cioè divergente da quella dovuto essere nel dare ragione all'uma o all'altra parte". *Manuale di Diritto Processuale Civile*, p. 258.

[97] Cf. Proto Pisani, *op. cit.*, p. 451.

anunciava Eduardo Couture que "las clasificaciones podrían llevarse casi hasta el infinito".[98] De toda sorte, algumas classificações são correntes na doutrina, valendo aqui relembrá-las.

Uma primeira classificação divide os recursos a partir da possibilidade do órgão julgador reavaliar a matéria fática acertada, além do elemento jurídico. Quando ambas atuações se mostram possíveis, então estaríamos diante de recursos ordinários (apelação, agravo, etc.). De seu turno, quando o escopo do recurso dentro do sistema fosse permitir o progresso do direito e a uniformização da jurisprudência, com a prolação de julgados paradigmáticos, a partir da interpretação das normas, então o recurso possuiria natureza extraordinária, de estrito direito (extraordinário, especial, etc.).

Quanto à sua autonomia, os recursos podem ser divididos em autônomos ou subordinados. Na maior parte das vezes, o recurso de um litigante independe da sorte da impugnação alheia. Cada parte interpõe recurso próprio, caso não se conforme com determinado provimento. Contudo, o direito reconhece a possibilidade do litigante optar por condicionar o julgamento de sua inconformidade ao conhecimento do recurso do adversário, caso do recurso adesivo que é admitido em casos de sucumbência recíproca. Uma das vantagens desse remédio é conhecer de antemão os argumentos trazidos pelo adversário, para em um segundo momento posicionar-se acerca do interesse recursal.

Dividem-se, ainda, os recursos entre aqueles de fundamentação livre, no qual o recorrente pode em linha de princípio trabalhar todos os argumentos que, na sua visão, justificam os vícios da decisão recorrida e os recursos de fundamentação vinculada. Nesses últimos, o direito restringe o cabimento da insurgência àqueles casos em que determinados equívocos são reconhecidos, de sorte que o recorrente deve limitar-se a atacá-los, não podendo estender sua irresignação. É a hipótese dos embargos declaratórios, os quais demandam a caracterização de omissão, contradição, obscuridade ou erro material.

Ainda outras classificações poderiam ser lembradas.

Em Portugal, exemplificativamente, Fernando Amâncio Ferreira propõe a divisão entre recursos em puros e mistos, a partir da possibilidade do juízo prolator da decisão (*a quo*) retratar-se antes do julgamento pela superior instância.[99] Serão puros os recursos que, "de harmonia com o princípio do autoesgotamento do poder jurisdicional, não permitem ao juiz rever a decisão tomada na sequência da interposição de recurso pela parte vencida". As impugnações mistas, de seu turno, facultam a retratação.

1.4. A aludida "sucumbência recursal" prevista no art. 85, § 11, CPC

Umas das posições polêmicas do CPC a respeito dos recursos é a dita "sucumbência recursal", expressão que vem sendo utilizada na comunidade

[98] *Procedimiento. Primer Curso*, v. III, p. 878

[99] *Manual dos Recursos em Processo Civil*, p. 93.

acadêmica para denominar a previsão do art. 85, § 11, CPC, segundo a qual "o tribunal, ao julgar recurso, majorará os honorários fixados anteriormente levando em conta o trabalho adicional realizado em grau recursal, observando, conforme o caso, o disposto nos §§ 2º a 6º, sendo vedado ao tribunal, no cômputo geral da fixação de honorários devidos ao advogado do vencedor, ultrapassar os respectivos limites estabelecidos nos §§ 2º e 3º para a fase de conhecimento".

Esta específica inovação gerou intensa celeuma na doutrina.

De um lado, mostrando-se favorável ao texto sancionado, encontra-se a professora Flávia Pereira Hill, que considera importante a inovação para "desencorajar a interposição de recursos infundados". Refere a autora: "tal previsão tem como consequência desencorajar a interposição de recursos infundados pelas partes e, a partir da redução do número de recursos interpostos, acaba por imprimir maior celeridade ao processo, antecipando o trânsito em julgado da sentença e, assim, a solução final da causa. Reputamos salutar a ideia de criar um mecanismo que incentive a recorribilidade responsável. Se, por um lado, nós, brasileiros, somos considerados excessivamente beligerantes, malversando a utilização dos recursos, a inovação trazida pelo novo CPC tem o mérito de procurar mitigar essa postura a serviço de um processo sem delongas desnecessárias, dentre as quais, por certo, a interposição de recursos sabidamente infundados".[100]

Em sentido oposto, Fernando Rubin, por considerar ofensivo ao duplo grau de jurisdição e a regra da *non reformatio in pejus*: "lamentamos a possibilidade de instituição *de honorários recursais ex officio*, na forma mantida pelo art. 85 da Lei n° 13.105/2015: a ideia é a de que a cada recurso improvido o sucumbente reste condenado a pagar honorários adicionais que, no todo, não poderão ultrapassar os 20% do valor da condenação, do proveito, do benefício ou da vantagem econômica obtidos. A crítica que fazemos neste espaço cinge-se à possibilidade dessa majoração oficiosa de honorários, especialmente pela segunda instância ordinária, já que acreditamos estar-se, dessa forma, infringindo o *princípio constitucional do duplo grau de jurisdição*; além disso, outro grande princípio processual acaba sendo maculado com essa inovação, qual seja, o *princípio da vedação a reformatio in peius*."[101]

Vai em linha semelhante a posição do professor Leonardo Oliveira Soares: "nessa empreitada, deu-se, porém, passo largo demais. Com efeito, pois uma das formas apresentadas para alcançar-se a tão sonhada promessa constitucional de duração razoável do processo (art. 5º, LXXVIII da CF/88) constituiu em disciplinar a denominada sucumbência recursal. Com a positivação

---

[100] Breves comentários às principais inovações quanto aos meios de impugnação das decisões judiciais no Novo CPC, p. 359. In: *Novo CPC doutrina selecionada*, v. 6: processos nos tribunais e meios de impugnação às decisões judiciais. (Coord. Fredie Didier Jr.; Org. Lucas Buril de Macêdo, Ravi Peixoto, Alexandre Freire et alli), Salvador: Juspodvm, 2015.

[101] RUBIN, Fernando. Efetividade *versus* Segurança Jurídica: Cenários de Concretização de Dois Macroprincípios Processuais do Novo CPC. *Revista Jurídica*: órgão nacional de doutrina, jurisprudência, legislação e crítica judiciária. São Paulo, ano 63, n°452, p. 67-68. Junho de 2015.

desta, que não será aplicada, é bom que se diga, no julgamento de todos os recursos, supõe-se que haverá sensível redução no questionamento de decisões judiciais. Isso porque o valor dos honorários advocatícios devidos ao advogado da parte vencedora será, linhas gerais, acrescido a cada nova derrota no processo daquele que, inadvertidamente pode dizer-se, ousou recorrer de determinados pronunciamentos jurisdicionais. Ora, ainda no plano da suposição, não parece afastado o risco de acontecer exatamente o inverso, ou seja, que a parte derrotada, que não se viu intimidada com a possível majoração de sua condenação primitiva, venha insurgir-se, agora para discutir a própria majoração, ou, quando nada, na tentativa de reduzir-lhe o percentual. Nem fica excluído que novo recurso seja apresentado, dessa vez pela parte vencedora em primeiro grau de jurisdição, insatisfeita com a ausência de fixação de honorários no acórdão que julgou o recurso interposto pela contrária, ou com o percentual arbitrado na via recursal. Bem pode ocorrer ainda de ambas as partes, insatisfeitas com o teor da decisão do Tribunal, recorrerem".[102]

Com efeito, consideramos muito oportuna a crítica formulada pelos autores acima, de sorte que o artigo deve ser interpretado com muita cautela, a fim de não sufocar e ameaçar inconstitucionalmente o jurisdicionado.

O artigo não se preocupa precipuamente em ameaçar ou punir o recorrente, pois as sanções decorrem de outros institutos. Visa o texto, ao contrário, a remunerar um "trabalho adicional realizado em grau recursal". Desta forma, deve a Corte verificar se o valor já arbitrado a título de honorários de sucumbência, pela decisão recorrida, é suficiente para remunerar o serviço realizado pelo profissional da advocacia.

Na tentativa de oferecer critérios hermenêuticos para a aplicação dos honorários advocatícios recursais, a Terceira Turma do Superior Tribunal de Justiça indicou a necessidade do preenchimento cumulativo dos seguintes requisitos: "o não conhecimento integral ou o improvimento do recurso pelo Relator, monocraticamente, ou pelo órgão colegiado competente; a verba honorária sucumbencial deve ser devida desde a origem no feito em que interposto o recurso; não haverá majoração de honorários no julgamento de agravo interno e de embargos de declaração oferecidos pela parte que teve seu recurso não conhecido integralmente ou não provido; não terem sido atingidos na origem os limites previstos nos §§ 2º e 3º do art. 85 do Código de Processo Civil de 2015, para cada fase do processo; não é exigível a comprovação de trabalho adicional do advogado do recorrido no grau recursal, tratando-se apenas de critério de quantificação da verba".[103]

Em nossa opinião, contudo, a consideração do "trabalho adicional" é fundamental para fins de incidência da previsão legal, razão pela qual discordamos parcialmente do enunciado proposto, por dispensar esse ângulo

[102] *Primeiros escritos de Direito Processual*: faz escuro, mas eu canto. Belo Horizonte: Del Rey, 2013, p. 225.

[103] AgInt nos EDcl no REsp 1357561/MG, 3. T., Rel. Min. Marco Aurélio Bellizze, j. 04.04.2017. DJe 19.04.2017.

de análise. Se nada foi feito pelo patrono do recorrido, não se justificaria a majoração.

Por fim, deve ser destacado um aspecto de direito intertemporal. Ainda existem muitos recursos interpostos sob a vigência do Código anterior e pendentes de julgamento. Nesses casos, não é razoável aplicar a lei nova, com o fito de impor a "sucumbência recursal". É correta, quanto ao ponto, a posição de Leonardo Carneiro da Cunha: "os honorários de sucumbência recursal consistem num efeito da interposição do recurso. O ato de recorrer contém a *causalidade* que acarreta a majoração dos honorários quando o recurso for inadmitido ou rejeitado. Aplicar a lei nova constitui, na espécie, uma retroatividade, proibida pelo art. 5º, XXXVI, da Constituição Federal. Logo não se aplica o disposto no § 11 do art. 85 do CPC aos recursos pendentes de julgamento ou interpostos sob a vigência do CPC-1973. Não é a data da decisão que julga o recurso que define a aplicação do § 11 do art. 85 do CPC 2015, mas a da sua interposição".[104]

Exatamente nesse sentido surgem os primeiros pronunciamentos das Cortes.[105]

2. Princípios dos recursos

No direito, as normas desempenham diversas funções, costumando a doutrina dividi-las em duas classes: princípios e regras. As primeiras são caracterizadas pelo alto grau de abstração de sua diretriz, que exigirá do intérprete maior trabalho em sua concretização no caso concreto. Correspondem aos "*standards* juridicamente relevantes radicados nas exigências de justiça ou na ideia de direito".[106] As regras, de seu turno, em face da usual especificidade de seus termos, permitem aplicação direta no caso concreto. Sua origem remonta a princípios valorizados pelo ordenamento.

Uma das consequências práticas de tal dicotomia reside na possibilidade de ambas as classes de normas entrarem em conflito. Ou seja, é possível que, dentro do mesmo ordenamento, se observem dois princípios ou duas regras colidindo. Para ilustrar o primeiro fenômeno, figure-se o exemplo dos princípios da efetividade e o da segurança jurídica, os quais permanentemente se agridem. Cada um, diante de um caso concreto, admitirá solução distinta. Contudo, a eventual preterição de um jamais excluirá a importância e a vigência do outro, uma vez que a aplicação de princípios está condicionada às necessidades (fáticas e jurídicas) do contexto. Fenômeno distinto ocorre com as regras, as quais, quando antinômicas, não logram adequada coexis-

[104] *Direito Intertemporal e o Novo Código de Processo Civil*. Rio de Janeiro: Forense, 2016, p. 147.

[105] STJ, 3ª T., EDcl no AREsp 686.634/DF, Rel. Min. Moura Ribeiro, j. 04.10.2016. DJe 13.10.2016. Na mesma linha: TJSC, AC 0032246-72.2012.8.24.0038, de Joinville, Rel. Des. Tulio Pinheiro, j. 15.12.2016.

[106] CANOTILHO, J. J. Gomes. *Direito Constitucional e Teoria da Constituição*, p. 1125.

tência, merecendo uma delas ser eliminada do sistema (ou é possível fumar em recintos fechados, ou se proíbe; ou se deve passear com o cachorro de focinheira, ou é admitida a escolha pelo responsável).

Dentro desse contexto, surge o primeiro alerta que deve estar presente na análise do papel dos princípios: embora todos os princípios busquem aplicação nos casos concretos, a solução a ser dada passa pela ponderação de cada qual e não raro se observa necessária a preterição de um em prol da valorização de outro. Como bem destaca Antonio Menezes Cordeiro, "os princípios não valem sem excepção, mantendo-se sempre actuantes (...) os princípios podem entrar em oposição ou em contradição entre si, mantendo-se, todos, válidos e eficazes (...) os princípios não têm pretensões de exclusividade: o mesmo efeito pode ser alcançado por outra via (...) os princípios adquirem um plano normativo num conjunto móvel de complementações e delimitações e requerem, para se concretizar, toda uma série de operações".[107]

Este é um fenômeno que confirma a complexidade do direito e a conveniência de se visualizar globalmente a lide, tanto sob o ângulo do autor, quanto sob o do réu. E, inclusive, à luz do direito e das expectativas das pessoas que serão atingidas pela decisão. A partir da perspectiva relacional do direito, é importante igualmente meditar acerca dos efeitos que uma decisão projeta no corpo da sociedade, o que torna indispensável – em certos casos – a democratização do processo pela participação de terceiros. Um dos exemplos da abertura ciência processual para a participação da própria sociedade civil, nesse momento histórico, é a consagração do *amicus curiae* e da mediação, dentre outras inovações do CPC/2015.

O Código investe na valorização dos princípios, como se observa, por exemplo, de seu primeiro artigo, o qual, embora traduza uma obviedade, é simbólico: "o processo civil será ordenado, disciplinado e interpretado conforme os valores e as normas fundamentais estabelecidos na Constituição da República Federativa do Brasil, observando-se as disposições deste Código".

Desta forma, a seguir são analisados, brevemente, os princípios mais importantes do direito recursal brasileiro. Tais normas não integram um rol taxativo, não obstante, na prática, sejam as mais aplicadas pelos Tribunais. Qualquer delas, na medida em que são princípios, possuem exceções.

2.1. Princípio do livre acesso à justiça

A realização dos direitos é um dos principais objetivos da ciência processual. Após a afirmação do direito processual como um ramo autônomo da ciência jurídica, gradativamente, passaram os juristas a indagar quanto ao seu papel na difícil tarefa de administrar a justiça e garantir os direitos das

[107] *Tratado de Direito Civil Português*, II, Direito das Obrigações, t. 1. Coimbra: Almedina, 2009.

partes. Dentro dessa perspectiva, o "acesso à justiça" foi tido como uma proposta básica para a afirmação de uma sociedade democrática.

Nessa perspectiva, preconiza o art. 5º, XXXV, da Constituição Federal, que "a lei não excluirá da apreciação do Poder Judiciário lesão ou ameaça a direito". Esse princípio deve ser lido de uma maneira abrangente. Tanto as iniciativas para orientação jurídica às pessoas (que merecem conhecer os seus direitos), quanto as interpretações que favorecem a resolução de conflitos (tutela coletiva, ações constitucionais, etc.), estão albergadas pelo acesso à justiça. Extremamente oportuno, para a concretização do livre e efetivo acesso à justiça, é a previsão do inciso LXXIV do rol aberto de direitos fundamentais, que preconiza "a assistência jurídica integral e gratuita aos que comprovarem insuficiência de recursos".

Acerca do acesso à justiça, alerta José Joaquim Gomes Canotilho que um mero equívoco da parte, justificado pela falta de clareza do sistema processual, não poderia importar na perda automática da causa. Assinala o mestre português que "a imposição de clareza na concretização legal do direito de acesso aos tribunais não significa a necessidade da adopção da forma processual mais simples nem desvincula o particular do seu dever de informação quanto à possibilidades de acesso à via jurisdicional. Pressupõe, porém, que a determinação legal da via judiciária adequada não se traduza, na prática, num jogo formal sistematicamente reconduzível à existência de formalidades e pressupostos processuais cuja 'desatenção' pelos particulares implica a 'perda automática das causas'".

É nessa linha que deve ser lido o *caput* do art. 3º, CPC, quando afirma: "não se excluirá da apreciação jurisdicional ameaça ou lesão a direito".

Dentro do direito recursal, o operador se acostumara a observar, na vigência do Código anterior, resultados manifestamente ofensivos ao princípio do livre acesso à justiça, em geral justificados pelo alegado "formalismo do Código", o qual, em nossa visão, era em verdade explicado pelo "formalismo" do operador. Por ilustração, a ausência da cópia do verso de um documento já inviabilizou o conhecimento de agravos.[108] O "carimbo ilegível" do protocolo perante o órgão judiciário era igualmente uma justificativa para o não conhecimento dos recursos.[109]

Para combater essas e outras manifestações de um formalismo excessivo e vazio (na medida em que nenhum direito protege), o Novo CPC revaloriza as ideias de Mauro Cappelletti e postula uma interpretação favorável ao acesso à justiça, na discussão de questões na área recursal.

---

[108] "A apresentação de cópia da procuração outorgada ao advogado da agravante, sem constar o verso, onde colhida a assinatura do outorgante, constitui irregularidade insanável a viciar a representação processual e o cumprimento do art. 525, I, do CPC". REsp 805.114/SC, 4. T., Rel. Min. Aldir Passarinho, j. 13.03.2007. DJ: 14.05.2007, p. 318.

[109] "Cabe à parte agravante juntar cópia do recurso especial, com carimbo do protocolo legível, para fins de verificação da tempestividade do apelo nobre". AgRg no Ag 837.237/RS, 4. T., Rel. Min. Fernando Gonçalves, j. 21.08.2007. DJ 03.09.2007, p. 187.

2.2. Princípio do duplo grau de jurisdição

Dentre as conquistas que o Estado de Direito ofereceu aos cidadãos está a possibilidade de controle judicial dos atos públicos. Tanto os atos administrativos, quanto os jurisdicionais e os legislativos, estão sujeitos à análise de sua conformidade com a Constituição e o Direito, variando de país para país a forma pela qual essa fiscalização é realizada. Nesse contexto, o duplo grau de jurisdição é um dos princípios que irão viabilizar o controle dos atos do Estado-juiz.

Essa regra fundamental – embora com excepcionais limitações – está presente na vasta maioria dos sistemas processuais. A grande celeuma reside no espectro que cada ordenamento oferece a tal princípio e na valia de adotá-lo com maior intensidade. Na Itália, exemplificativamente, no art. 111 da Constituição, que traduz os grandes princípios das jurisdições ("valore di principio fondamentale dell'intero ordinamento delle giurisdizioni"), não há menção expressa ao duplo grau, embora o dispositivo afirme que "la giurisdizione si attua mediante il giusto processo regolato dalla legge" e que "ogni processo si svolge nel contraddittorio tra le parti, in condizioni di parità, davanti a giudice terzo e imparziale", estando ainda assegurada a "ragionevole durata". Informa Alessandro Pizzorusso que, ao tempo da Assembleia Constituinte, foi proposta a Emenda Murgia-Manníroni com o fito de impor o duplo grau aos feitos criminais que resultassem em prisão ao réu. Contudo, após breve discussão – que se comparada com as de 1790 da Assembleia Francesa mostrou-se "estremamente povera e mediocre" –, foi rechaçada a iniciativa, ao efeito de não vincular o legislador ordinário.[110] Isso não impede a doutrina de realçar o vínculo entre o duplo grau e a "tutela dell'independenza interna dei magistrati" e postular pelo redimensionamento de seus contornos de acordo com as particularidades das inúmeras jurisdições: militar, administrativa, civil, penal, etc.

No direito brasileiro, não há menção expressa ao duplo grau no texto constitucional. Isso não impede, entretanto, que o Supremo Tribunal Federal o identifique, a partir de sistemática interpretação.[111]

Tradicionalmente, apontam-se vantagens que justificam a adoção do duplo grau, a começar pela concreta possibilidade das decisões portarem vícios merecedores de reparos. A falibilidade humana também acompanha a existência dos juízes, de modo que o duplo grau amenizaria o risco de erro no julgamento final da causa. Por isso, costuma-se afirmar que o instituto repre-

---

[110] Expressões utilizadas por Alessandro Pizzorusso, no interessante texto *Sul Principio del Doppio Grado di Giurisdizione*, publicado na *Rivista di Diritto Processuale*, p. 36-37.

[111] No Supremo Tribunal Federal, reconhecendo integrar o duplo grau de jurisdição o sistema pátrio de direitos e garantias fundamentais, a partir do art. 8º, 2, *h*, do Pacto de San José da Costa Rica, incorporado ao ordenamento por força do art. 5º, § 2º, da CF. HC 88420/PR, rel. Min. Ricardo Lewandowski, 17.4.2007, que será adiante relembrado.

senta historicamente um "símbolo da boa justiça".[112] Juízes mais distantes das partes e do fato estariam em melhores condições de decidir com serenidade.

Outro aspecto positivo para a chancela do duplo grau decorre de uma exigência do vencido, o qual não se contentaria com a sucumbência imposta e mereceria a chance de discuti-la (a experiência demonstra que raramente o litigante aceita pacificamente uma decisão proferida contra seus interesses).

Sob o ponto de vista do interesse público, o duplo grau legitima a ação estatal, pois viabiliza a fiscalização do trabalho dos juízes. Ademais, permitiria a formação de jurisprudência, a guiar a solução de casos futuros.

Nessa trilha, ressalta a professora Cristiana Pinto Ribeiro que "os fundamentos para a existência do duplo grau são muitos, todos sujeitos a contestação. Primeiramente, apresenta-se o fundamento psicológico, tanto em relação à parte vencida, que tem um sentimento natural de inconformidade com a decisão desfavorável, reagindo imediatamente à decisão, quanto em relação ao magistrado, que em tese decide com mais cuidado ao saber que a sentença será revista. A doutrina também refere à falibilidade humana, que não poderia deixar de acompanhar a existência dos juízes, como argumento favorável ao duplo grau, levando-se em conta que a revisão ocorre, normalmente, por juízes mais experientes, que compõem um órgão colegiado".[113]

Entretanto, tanto no plano abstrato, quanto no empírico, os benefícios acima descritos podem ser contestados, a partir de sólidos argumentos. Se, por um lado, acredita-se que a decisão judicial possa apresentar um erro, por outro, não se pode concluir que as decisões colegiadas ou proferidas em grau de revisão estarão isentas de erros, pois todas as decisões são passíveis de vícios. E mais, considerando que o juiz de primeiro grau está mais próximo das partes e dos demais sujeitos do processo, é razoável supor que ele tem melhor percepção da realidade judicial (o contato direto com os litigantes, as testemunhas, a confiança no perito, o debate judicial etc.). Com os sucessivos rejulgamentos, vão se diluindo – quando não aniquilando – as vantagens dessa imediação, da oralidade, etc.[114]

Ademais, soma-se o fato de que o duplo juízo da causa depende do elemento tempo, o qual, dentro de nossa sociedade, é um valor decisivo para os

---

[112] Duílio Landell de Moura Berni ressalta importantes traços do princípio do duplo grau de jurisdição: "ele pode ser visualizado como princípio de direito processual – inerente à teoria geral dos recursos – como direito e/ou garantia fundamental, ou ainda como mero corolário de uma escolha política quanto à organização do Poder Judiciário. Isto sem prejuízo da ideia de que possui uma natureza híbrida, esta mais de acordo com o ordenamento jurídico constitucional e infraconstitucional pátrio". *As Garantias do Cidadão no Processo Civil.* Porto Alegre: Livraria do Advogado, 2003, p. 193.

[113] *Apelação no Novo CPC*: efeitos devolutivo e suspensivo, Porto Alegre: Livraria do Advogado, 2016, p. 28-29..

[114] Vai nesse sentido a preocupação exposta por Alessandro Pizzorusso: "se infatti è indiscutibile che una ripetizione del giudizio per un numero più alto possibile di volte offre la maggiori possibilità di individuare la soluzione più giusta da dare al caso, è evidente però che nulla dimostra che più giusta sua proprio la soluzione che viene trovata per ultima. Come già rillevò Ulpiano, la riforma della sentenza può portare tanto alla sostituzione di um cattivo giudizio con uno migliore quanto al risultato inverso". *Sul principio del doppio grado di giurisdizione*, p. 45.

litigantes, especialmente para aqueles que não têm fôlego para suportar a demora do processo (sem esquecer daqueles que, não raro, se valem da morosidade da justiça). O duplo juízo naturalmente prolonga a definição do litígio, partindo do pressuposto, frequentemente desconfirmado, que a decisão originária era contrária ao direito. Nessas situações, pode-se afirmar que o duplo grau entra em rota de colisão com o devido processo constitucional e a garantia da duração razoável do feito, especialmente quando realizado em demandas repetitivas cujo desfecho é antevisto com boa dose de previsibilidade.

Nesse panorama, trava a doutrina um intenso debate entre aqueles que defendem a garantia constitucional do duplo grau de jurisdição e aqueles que a negam veementemente. *Data venia*, sopesados os argumentos de uma e outra corrente, pode-se concluir que ambas estão de acordo quanto ao fato de o duplo grau existir em nosso sistema. A distinção ocorre quanto ao *status* da norma (constitucional ou infraconstitucional). De outro turno, também é certo que essa admissão não implica a obrigação de respeitá-lo em toda e qualquer fase dos processos judiciais, pois, em torno ao duplo grau, gravitam outros princípios e valores que também devem ser sopesados pelo intérprete (em especial, a efetividade).[115] Tanto o legislador, quanto o magistrado, diuturnamente limitam o alcance do duplo grau, o qual – todos concordam – deve auxiliar a administração do direito, e não turbá-la com delongas injustificadas.

O duplo grau, nesse contexto, conecta-se com o direito de ação e o devido processo constitucional. Processos mais singelos devem ser resolvidos mais rápida e economicamente, podendo-se admitir em tese a limitação do duplo grau, em nome da realização do devido processo constitucional. Contudo, decisões mais graves que interfiram de forma relevante na vida do cidadão merecem controle mais efetivo, podendo-se alcançar a conclusão de que o devido processo seria ameaçado se evitado o duplo grau nessas hipóteses.

Isso não significa que toda e qualquer decisão deva ser sempre revista, especialmente diante da profusão de interlocutórias que o processo brasileiro tolera. Digno de nota que o CPC/2015, a este respeito, procura limitar a impugnação imediata das interlocutárias, restringindo o cabimento do agravo de instrumento e suprimindo o agravo retido, a fim de concentrar a atividade do juízo de primeiro grau.

Bem se vê que a extensão do duplo grau deve ser moldada pelas fontes de direito, cabendo ao intérprete e aos aplicadores definirem sua profundidade, em face do necessário convívio de tal princípio constitucional com todos

[115] Duílio Berni admite a existência do princípio constitucional do duplo grau de jurisdição, nos seguintes termos: "o princípio do duplo grau de jurisdição é uma garantia constitucional, ainda que implícita. Face à complexidade do Estado Moderno, Direitos e Garantias Fundamentais vêm sofrendo um processo de relativização dentro dos ordenamentos jurídicos democráticos, buscando-se conciliar justiça com os anseios de celeridade e segurança. Assim, o duplo grau de jurisdição, ainda que considerado como garantia constitucional implícita, deve ser encarado como passível de limitações no ordenamento jurídico brasileiro". *Op. cit.*, p. 223.

os demais que animam o direito processual. O comando dirige-se precipuamente ao legislador, mas não impede a atuação dos demais Poderes (veja-se o exemplo do Judiciário, admitindo a decisão monocrática no julgamento do reexame necessário). Portanto, em nosso sentir, não é o fato de o duplo grau não estar expresso na Constituição que o torna inexistente, em face do catálogo aberto dos direitos fundamentais. No mesmo sentido, não merece prosperar a alegação de que pontuais restrições à sua aplicação em casos concretos em prol da concretização de outros princípios lhe retira o *status* constitucional.

Uma questão interessante diz respeito à qualidade do duplo grau de jurisdição, isto é, a quem competiria a reapreciação das decisões judiciais.[116] Em tese, não apenas o juízo de grau superior ao prolator da decisão poderá reapreciar a questão, embora esta seja a regra. Ao contrário, sensibilizados pela potencial redução de custos e maior celeridade, os sistemas vêm desenvolvendo a ideia de duplo grau horizontal, a fim de explicar a possibilidade de outros magistrados apreciarem a decisão tomada por juízes de idêntica hierarquia. No direito brasileiro, o duplo grau horizontal, cuja presença ainda é incipiente, observa-se ainda timidamente nos Juizados Especiais Cíveis, uma vez que as sentenças homologadas por juízes togados podem ser revistas por magistrados de mesma hierarquia (juízes componentes das Turmas Recursais), e não por Desembargadores dos Tribunais de Apelação. Esse novo viés colabora para a descentralização da justiça, bem como para a redução de custos.

O sistema recursal serve justamente para instrumentalizar o duplo grau. Compete à parte sucumbente, ordinariamente, provocá-lo. Não há, salvo algumas exceções (reexame necessário), a imposição do duplo grau, visto que o processo pode finalizar-se em instância única, com a tomada de uma decisão definitiva (basta que as partes aceitem a decisão proferida e deixem de impugná-la).

A jurisprudência dos Tribunais Superiores se vale do princípio do duplo grau, ainda que inexpresso nas normas.[117] Serve a norma de apoio argumen-

---

[116] A garantia é implicitamente trabalhada nos acórdãos que reputam nulas as decisões tomadas por órgãos compostos majoritariamente formados por juízes de primeiro grau convocados: "nulos são os julgamentos de recursos proferidos por Câmara composta, majoritariamente, por juízes de primeiro grau, por violação ao princípio do juiz natural e aos artigos 93, III, 94 e 98, I, da CF". HC 72941/SP, 6. T., Rel. Min. Maria Thereza de Assis Moura. DJ: 19/11/2007, p. 297; "nulos são os julgamentos de recursos proferidos por Turma composta, unicamente, por juízes de primeiro grau, por violação ao princípio do juiz natural e aos artigos 93, III, 94 e 98, I, da CF". HC 101.943/SP, 3ª T., Rel. Min. Jane Silva, j. 24/09/2008. DJe: 11/11/2008. Em tese, os subscritores desta orientação – em nosso sentir correta – estão afirmando que o duplo grau deve se realizar consoante as garantias constitucionais.

[117] Apenas por ilustração: "Havendo fundada dúvida, em face do disposto em lei estadual sobre custas, que tem ensejado decisões conflitantes sobre a necessidade de ser efetuado o preparo referente à apelação em sede de embargos à execução, é de ser relevada a pena de deserção, nos termos do art. 519 do Código de Processo Civil, em homenagem ao princípio do amplo acesso à Justiça sob duplo grau de jurisdição" (REsp 331.561/SP, CE, Min. Cesar Asfor Rocha, DJ de 07.11.2005); "A apelação é o recurso por excelência, consagrado por todos os nossos matizes europeus e pelos sistemas

tativo para a tomada de decisões, derivando do devido processo constitucional, estando incorporada ao ordenamento brasileiro pela recepção de tratados internacionais, consoante precedentes do Supremo Tribunal Federal. Sobre o tema, merece registro a posição do Min. Ricardo Lewandovsky, no voto proferido no HC 88.420/PR: "tenho para mim que o direito ao duplo grau de jurisdição tem estatura constitucional, ainda que a Carta Magna a ele não faça menção direta, como o fez a Constituição de 1824. Isso porque entendo que o direito ao *due process of law*, abrigado no art. 5º, LIV, da Lei Maior, contempla possibilidade de revisão, por Tribunal Superior, de sentença proferida por juízo monocrático".[118]

Por tais fundamentos, reconhecemos a garantia do duplo grau de jurisdição enquanto princípio constitucional. Dessa conclusão, contudo, não decorre a necessidade de ele ser observado em todo e qualquer processo, desde que preservado o seu núcleo essencial, quando em rota de colisão com outros princípios (efetividade, duração razoável, devido processo constitucional, etc.).

2.3. Princípio da colegialidade

Em geral, o duplo grau de jurisdição, no Brasil, é realizado mediante a análise colegiada dos acertos e equívocos das decisões recorridas. Apenas a título excepcional, segundo a lei, haveria espaço para as decisões unipessoais. O Supremo Tribunal Federal já reconheceu o princípio da colegialidade, em seus julgados.[119]

Quanto à colegialidade, assinalam Daniel Mitidiero, Luiz Guilherme Marinoni e Sérgio Cruz Arenhart: "tanto as Cortes de Justiça (Tribunais Regionais Federais e Tribunais de Justiça) como as Cortes de Precedentes (Supremo Tribunal Federal e Superior Tribunal de Justiça) são compostas de *órgãos colegiados* responsáveis pelo julgamento das causas para as quais a Corte é competente, isto é, são compostas de órgãos julgadores integrados por três ou mais desembargadores ou ministros. Os recursos, como regra, são julgados por órgãos colegiados, o que proporciona tendencialmente um maior

---

latino-americanos do mesmo tronco científico do que o nosso, singularizando-se pelo fato de dirigir-se ao pronunciamento último do juízo e pela sua ampla devolutividade, que investe o tribunal no conhecimento irrestrito da causa, concretizando o dogma do duplo grau de jurisdição" (REsp 684.331/RS, 1ª Turma, Rel. Min. Luiz Fux, DJ de 13.11.2006).

[118] "A garantia do devido processo legal engloba o direito ao duplo grau de jurisdição, sobrepondo-se à exigência prevista no art. 594 do CP. IV – O acesso à instância resursal superior consubstancia direito que se encontra incorporado ao sistema pátrio de direitos e garantias fundamentais. V – Ainda que não se empreste dignidade constitucional ao duplo grau de jurisdição, trata-se de garantia prevista na Convenção Interamericana de Direitos Humanos, cuja ratificação pelo Brasil deu-se em 1992, data posterior à promulgação Código de Processo Penal. VI – A incorporação posterior ao ordenamento brasileiro de regra prevista em tratado internacional tem o condão de modificar a legislação ordinária que lhe é anterior"(...). STF, 1ª T., Rel. Min. Ricardo Lewandovsky, j. 17.04.2007.

[119] Sobre o princípio da colegialidade, v. HC 90427/GO, rel. Min. Joaquim Barbosa, 19.6.2007; HC 139858 AgR, 2. T., Rel. Gilmar Mendes, j. 05.05.2017. DJe-101: 15.05.2017.

debate na formação da decisão. O diálogo no processo – seja com as partes, seja com entre os próprios julgadores – necessariamente 'amplia o quadro de análise, constrange à comparação, atenua o perigo de opiniões preconceituosas e favorece a formação de um juízo mais aberto e ponderado'. Daí a razão pela qual os recursos são regidos pela regra da colegialidade: ressalvadas as exceções legais (*v.g.*, art. 932, III, IV e V), os recursos são decididos por um colegiado".[120]

Entretanto, na prática, muitos julgadores optam pela decisão monocrática, diante do volume de processos em tramitação. Consolidou-se a orientação de que "a apreciação unipessoal pelo Relator do mérito do recurso especial não viola o Princípio da Colegialidade, quando obedecidos todos os requisitos para a sua admissibilidade".[121]

Nesse sentido, a Folha de São Paulo, na edição de 26.12.2016, publicou matéria sob o título "Colegiado está em baixa"[122], na qual exibe números do Supremo Tribunal Federal. Evidentemente, a responsabilidade pela edição das decisões unipessoais não é apenas dos Ministros, os quais recebem – cada qual – todos os anos em torno de 10.000 recursos para análise, o que praticamente inviabiliza a tomada de decisões colegiadas, com amplo debate, como deveria ocorrer no Tribunal de Cúpula.

A situação no Superior Tribunal de Justiça não é diferente. Dados estatísticos disponíveis no seu *site* oficial apontam que a Terceira Turma encerrou o ano de 2016 tendo julgado quase 55 mil processos.[123] No total, foram 41.791 decisões monocráticas e 13.169 processos julgados em colegiado. Já a Quarta Turma, igualmente especializada em direito privado, encerrou 2016 com 81.264 processos julgados. No total, foram 71.769 decisões monocráticas e 9.495 processos julgados durante as sessões.

Por conseguinte, diante da expressa autorização, contida no art. 932, CPC, admite-se a prolação de decisão monocrática, nas seguintes hipóteses:

> Art. 932. Incumbe ao relator: (...)
>
> III – não conhecer de recurso inadmissível, prejudicado ou que não tenha impugnado especificamente os fundamentos da decisão recorrida;
>
> IV – negar provimento a recurso que for contrário a:
>
> a) súmula do Supremo Tribunal Federal, do Superior Tribunal de Justiça ou do próprio tribunal;
>
> b) acórdão proferido pelo Supremo Tribunal Federal ou pelo Superior Tribunal de Justiça em julgamento de recursos repetitivos;

---

[120] *Novo curso de processo civil*: tutela dos direitos mediante procedimento comum. v. 2, São Paulo: RT, 2015, p. 514-515.

[121] AgRg no AREsp 707.869/SP, 3. T., Rel. Min. Moura Ribeiro, j. 04.10.2016. DJe 14.10.2016.

[122] Disponível em <http://www1.folha.uol.com.br/poder/2016/12/1844511-colegiado-esta-em-baixa-diz-marco-aurelio-campeao-de-liminares.shtml>. Acesso em 28.12.2016.

[123] Disponível em: <http://www.stj.jus.br/sites/STJ/default/pt_BR/Comunicacao/noticias/Noticias/Turmas-de-direito-privado-divulgam-producao-do-ano>. Acesso em 28.12.2016.

c) entendimento firmado em incidente de resolução de demandas repetitivas ou de assunção de competência;

V – depois de facultada a apresentação de contrarrazões, dar provimento ao recurso se a decisão recorrida for contrária a:

a) súmula do Supremo Tribunal Federal, do Superior Tribunal de Justiça ou do próprio tribunal;

b) acórdão proferido pelo Supremo Tribunal Federal ou pelo Superior Tribunal de Justiça em julgamento de recursos repetitivos;

c) entendimento firmado em incidente de resolução de demandas repetitivas ou de assunção de competência.

Com amparo nessa disposição, as Cortes diuturnamente se valem das decisões monocráticas para tentar vencer o extenso de volume de recursos, de sorte que, na prática, a decisão colegiada é reservada para os casos considerados relativamente mais complexos.[124]

2.4. Princípio da primazia do mérito

Consoante o art. 4º, do Novo CPC, "as partes têm o direito de obter em prazo razoável a solução integral do mérito, incluída a atividade satisfativa". A partir dessa disposição, a doutrina invoca o "princípio da primazia do mérito" com o objetivo de sensibilizar o julgador para o fato de que a apreciação do direito invocado deve ser a regra e o não conhecimento dos recursos a exceção.

A este respeito, assinala Daniel Amorim Assumpção Neves que "o Novo Código de Processo Civil, em concretização do princípio consagrado em seu art. 4º, deixa claro que o objetivo de se julgar o mérito recursal só deve ser abandonado em hipóteses excepcionais, nas quais o vício formal não possa ser corrigido ou que influa de forma decisiva na impossibilidade, jurídica ou material, de julgamento do mérito".[125]

Nessa linha, explica Alexandre Freitas Câmara que "o art. 4º do CPC de 2015 faz alusão a dois princípios fundamentais do processo civil do Estado Democrático Brasileiro: o da duração razoável do processo (que tem guarida constitucional no art. 5º, LXXVIII, da Lei Maior) e o da *primazia da resolução do mérito*".

Prossegue o autor referindo projeções da primazia do mérito: "consolida-se, aí, um princípio fundamental: o de que se deve dar primazia à resolução do mérito (e à produção do resultado satisfativo do direito) sobre

[124] Por ilustração: "Esta Corte Superior de Justiça pacificou o entendimento de que, nos termos do disposto no art. 932, III, do Novo Código de Processo Civil, c/c art. 3º do Código de Processo Penal, é possível ao relator não conhecer de recurso inadmissível, prejudicado ou que não tenha impugnado especificamente os fundamentos da decisão recorrida, inexistindo, assim, ofensa ao princípio da colegialidade". AgRg no RHC 48.696/BA, 5. T. Rel. Min. Jorge Mussi, j. 14/06/2016. DJe: 22/06/2016.

[125] *Manual de direito processual civil*. 8. ed. Salvador: JusPodivm, 2016, p. 1501.

o reconhecimento de nulidades ou de outros obstáculos à produção do resultado normal do processo civil. Eis aí, portanto, o *princípio da primazia da resolução do mérito*. Por força deste princípio, combate-se a jurisprudência defensiva, sendo portanto equivocado identificar obstáculos superáveis (à resolução do mérito) e não envidar esforços para os superar. A decretação de uma nulidade, o não conhecimento de um recurso ou a extinção de um processo sem resolução do mérito só serão legítimos, então, naqueles excepcionais casos em que se encontre vício verdadeiramente insanável ou que, havendo necessidade de atividade da parte para que seja sanado o vício, esta permaneça inerte e não o corrija, inviabilizando a superação do obstáculo".[126]

Por decorrência, sem a demonstração de um prejuízo concreto, não se pronuncia a nulidade. No cotidiano forense, uma inovação que permitirá a sua concretização é o art. 932, que, em seu parágrafo único, dispõe: "antes de considerar inadmissível o recurso, o relator concederá o prazo de 5 (cinco) dias ao recorrente para que seja sanado vício ou complementada a documentação exigível". Como será adiante analisado, essa perspectiva reduziu substancialmente o alcance do princípio da consumação, que era muito invocado para justificar o não conhecimento dos recursos sob a égide do CPC/1973.

2.5. Princípio da taxatividade

Outro importante princípio presente em nosso direito é o da taxatividade. De acordo com tal mandamento, apenas o direito, e não a parte, disciplina o cabimento de recursos no processo judicial. Segundo o art. 22, I, da Constituição, compete à União legislar sobre processo, o que, na visão da doutrina, impede que os Estados Federados criem novos recursos ou restrinjam os existentes, afrontando o texto da lei emanada pelo Poder Legislativo federal.[127]

A grande maioria dos recursos previstos no sistema brasileiro encontra-se no rol do art. 994 do Novo Código de Processo Civil. São eles: apelação, agravo de instrumento, agravo interno, embargos declaração, recurso ordinário, recurso especial, recurso extraordinário, agravo de admissão e embargos de divergência. Todavia, em que pese sua extensão, não se trata de rol taxativo, pois a legislação infraconstitucional contempla outras espécies, tais como os embargos infringentes nas execuções fiscais (art. 34, Lei nº 6.830/80) e o recurso inominado dos Juizados Especiais Cíveis e Federais (respectivamente, art. 41, Lei nº 9.099/95; art. 5º, Lei nº 10.259).

Dentro desse contexto, fica a indagação acerca do aproveitamento dos inúmeros recursos previstos em Regimentos Internos dos Tribunais. Não se pode perder de vista que a Constituição autorizou os tribunais elaborar seus regimentos internos, com observância das normas de processo e das garan-

---

[126] Princípio da Primazia da Resolução do Mérito e o Novo CPC. Disponível em; <http://genjuridico.com.br/2015/10/07/o-principio-da-primazia-da-resolucao-do-merito-e-o-novo-codigo-de-processo-civil/>. Acesso em 18.05.2017.

[127] Cf. NERY JUNIOR, Nelson. *Teoria Geral dos Recursos Civeis*, p. 56.

tias processuais das partes (art. 96, I). Tal previsão permitiria a criação de recursos?

Para a doutrina e a jurisprudência majoritárias, a resposta é negativa, pois os Estados não possuem tal autonomia dentro de nosso sistema constitucional. Ao contrário das províncias argentinas, que possuem cada qual um código autônomo de processo, no Brasil é a lei federal que disciplina o processo. Contudo, no caso do Supremo Tribunal Federal e do Superior Tribunal de Justiça, existe lei federal regulando o seu regimento interno, o que garante, formalmente, a constitucionalidade de suas previsões recursais.

Outro ponto que mereceria destaque na interpretação a ser emprestada ao princípio da taxatividade reside na proliferação de "sucedâneos recursais", isto é, meios semelhantes aos recursos criados com a finalidade de se ultrapassar a irrecorribilidade de determinadas decisões. A se admitir o ataque de atos judiciais por outros institutos, estar-se-á contornando o princípio da taxatividade, em prejuízo da efetividade e da duração razoável do processo.

2.6. Princípio da unirrecorribilidade

Decorre do princípio da unirrecorribilidade a ideia de que contra cada ato judicial apenas poderá ser manejado um recurso pela parte. Evita-se, assim, a proliferação de inconformidades, tornando o procedimento mais previsível, o que, em última análise, transmite ao jurisdicionado segurança e propicia celeridade ao processo. Atende também o princípio, em sede doutrinária e jurisprudencial, pelas expressões "singularidade" ou "unicidade".[128] Em nosso sentir, não há razão científica para distingui-las, uma vez que explicam idêntico fenômeno.

Não há previsão expressa quanto à unirrecorribilidade, razão pela qual melhor explicá-la a partir de interpretação sistemática dos recursos taxativamente enumerados pelo Código, especialmente pela via da adequação recursal às situações legitimantes (contra uma decisão interlocutória descrita no art. 1.015, cabe agravo; contra uma sentença, o apelo, etc.).

No momento em que a parte faz uso de determinado recurso, opera-se a preclusão consumativa, ou seja, desaparece a possibilidade de outras impugnações contra aquela mesma decisão, ainda que haja a desistência do recurso anteriormente interposto. Desta forma, caracterizada a interposição de dois ou mais recursos contra a mesma decisão, apenas o primeiro poderá ser apreciado pelo órgão judicial competente, pois o segundo terá sua admissibi-

[128] Prefere o termo "singularidade", dentre tantos autores, Humberto Theodoro Junior. Curso de Direito Processual Civil, v. 1, 43. ed. Rio de Janeiro: Forense, 2005, p. 613. Descreve o fenômeno o Min. Sebastião Reis Junior: "em razão do princípio da unirrecorribilidade recursal, somente é possível a interposição de um único recurso pela mesma parte contra a mesma decisão. Interpostos dois recursos não se deve conhecer do segundo, pois opera-se a preclusão consumativa". STJ, 6. T., AgRg no REsp 1529955/MT, j. 19.11.2015. DJ: 10.12.2015.

lidade negada em face da preclusão consumativa. O melhor critério para se aferir qual dos recursos merecerá conhecimento é justamente o momento de sua interposição, determinando-se a inadmissibilidade do recurso tardio.[129]

Esse princípio geral, contudo, possui suas exceções, como todos os demais. Em pelo menos duas hipóteses, o ordenamento autoriza o manejo de dois recursos contra a mesma decisão. Primeiro, na hipótese de embargos de declaração, que interrompem o prazo para a propositura de outros recursos contra a decisão embargada (art. 1.026). Segundo, quando é prevista a interposição simultânea de recursos especial e extraordinário (art. 1.031) para atacar fundamentos distintos do acórdão.

A incidência do princípio da unicidade é frequente. Não se mostra difícil encontrar sua aplicação na jurisprudência dos Tribunais Superiores. Apenas por ilustração, veja-se escólio do Min. Eros Grau, apreciando recursos concomitantemente interpostos "o princípio da unirrecorribilidade estava expressamente previsto no Código de Processo Civil de 1939 e foi implicitamente acolhido pela legislação processual vigente, em razão da sistemática por ela inaugurada e da cogente observância da regra da adequação dos recursos".[130]

Outras hipóteses de aplicação ocorrem, por exemplo, quando da interposição de recurso autônomo e adesivo pela mesma parte ou de dois apelos contra a sentença que aprecia em conjunto a ação e a reconvenção. Em qualquer dessas situações, não há justificativa para a admissão de dois recursos contra o mesmo ato judicial, pois o ordenamento oferece adequada tutela para o jurisdicionado.

2.7. Princípio da fungibilidade

Os limites do aproveitamento do princípio da fungilidade no direito recursal são bastante discutidos. Poderia o magistrado conhecer de um recurso que, na sua visão, fora erroneamente interposto? Nem o Código de 1973, nem o de 2015, trataram expressamente deste tema, quiçá pelo esforço com que seus corifeus intentaram espancar as dúvidas acerca do recurso adequado para cada situação.

Nesse sentido, manifestara-se, de forma otimista, o então Ministro da Justiça Alfredo Buzaid, relatando aos operadores a sua aspiração ao elaborar o Código de Processo Civil de 1973: "diversamente do Código vigente, o projeto simplifica o sistema de recursos. Concede apelação só de sentença; de todas as decisões interlocutórias, agravo de instrumento. Esta solução atende plenamente os princípios fundamentais do Código, sem sacrificar o andamento da causa e sem retardar injustificavelmente a resolução de questões incidentes, muitas das quais são de importância decisiva para a apreciação

[129] Nesse sentido: TJRS, AC 70067730457, 10. C.C., Rel. Des. Paulo Roberto Lessa Franz, j. 18.12.2015.

[130] AgR no AI 563505/MS. DJ: 04.11.2005, p. 21.

do mérito. O critério que distingue os dois recursos é simples. Se o juiz põe termo ao processo, cabe apelação. Não importa indagar se decidiu ou não o mérito. A condição do recurso é que tenha havido julgamento final do processo. Cabe agravo de instrumento de toda a decisão, proferida no curso do processo, pela qual o juiz resolve questão incidente".[131]

Efetivamente, no plano abstrato, as dúvidas foram dissipadas. Importava estabelecer se a decisão encerrava ou não a relação processual, sem se perquirir quanto à análise do mérito da causa. Dentro desse contexto, as hipóteses de erro quanto à escolha do recurso estariam sensivelmente reduzidas, nada justificando, dessa forma, outorga de tratamento favorável à parte negligente.

Todavia, muito embora o mérito do critério utilizado pelo Código anterior, o qual efetivamente se mostrou valioso na vida prática, a experiência ainda registrava situações excepcionais, nas quais a tarefa de escolher o recurso a ser interposto se mostrava difícil. Veja-se, por ilustração, o caso da sentença falimentar e a interpretação do art. 100 da Lei de Recuperação Judicial.[132] A primeira hipótese era tão complexa que eminentes doutrinadores, como os professores André Fernandes Esteves e Celiana Diehl Ruas, ensinavam que "o recurso interposto contra a decisão que decreta a falência é, procedimentalmente, um agravo de instrumento e, materialmente, um apelo, em razão da relevância da decisão recorrida. Desta forma, o agravo de instrumento pode ser compreendido como um recurso de apelação".[133] Tantas outras polêmicas poderiam ser apresentadas. Essas discussões geram indevida apreensão ao jurisdicionado, pois ele não tem como adivinhar qual será o entendimento do julgador de seu recurso.

Percebendo incoerências no discurso do Código anterior, Humberto Theodoro Junior demonstrou que "a pretensa singeleza não era completa e, em muitos casos, não passava de aparente".[134] E apontou equívocos, tais como as "sentenças" presentes nos juízos divisórios (arts. 958 e 1.053, § 2º), nas questões incidentais de adjudicação, remição de bens (715, § 2º e 780), suspeição e impedimento dos peritos etc. Tais questões geravam dúvidas na hora de apresentação dos recursos. Em casos tais, poderia o Tribunal conhecer recurso que, no seu entendimento, se apresentava incorreto?

Para regular esse fenômeno, o diploma de 1939, dispunha, no art. 810, ser possível ao julgador conhecer de recurso erroneamente interposto, desde que ausentes a má-fé ou o erro grosseiro. Adotava-se, então, o princípio da fungibilidade – ou a técnica do "recurso indiferente" mencionada pelo Alfredo Buzaid na exposição de motivos de Código de 1973. Livrava-se, assim, a

---

[131] Item 33 da Exposição de Motivos ao Projeto do Código de Processo Civil de 1973.

[132] Reza o dispositivo que "da decisão que decreta a falência cabe agravo, e da sentença que julga improcedente o pedido cabe apelação".

[133] Sentença Falimentar e Recursos Cabíveis: interpretação do art. 100 da Lei 11.101/2005, p. 178. *Revista Jurídica Empresarial*, v. 14.

[134] O Princípio da Fungibilidade Recursal, p. 1. In *Informativo Incijur*, v. 57.

parte do risco – injusto – de ter sua sorte condicionada à convicção pessoal do julgador quanto ao recurso adequado.

Em sentido semelhante, o Código de Processo Penal, no art. 579, admite o aproveitamento de recurso equivocado, desde que ausente a má-fé do recorrente. Balanceando os valores comumente envolvidos na discussão criminal, concluiu o legislador que a própria administração da Justiça poderia ser afetada pelas escolhas indevidas no tocante ao meio de impugnação da decisão.[135] E, ato contínuo, determinou ao juiz, reconhecendo a impropriedade do recurso interposto pela parte, facultar seu processamento de acordo com o rito do recurso cabível.[136]

O Novo CPC não dedicou norma específica sobre a matéria. Contudo, é possível resgatar a fungibilidade a partir dos influxos da Constituição e da própria teoria das nulidades, como medida de bom Direito.[137] De um lado, amplia-se a perspectiva de proteção da confiança do jurisdicionado frente às escolhas excessivamente discricionárias dos Poderes Públicos, livrando-lhe de injustificados desgostos. Por outro, valorizam-se os escopos da jurisdição, fortalecendo o contraditório judicial.

O Supremo Tribunal Federal, em histórica decisão de matéria processual, reconheceu a vigência do princípio da fungibilidade no ordenamento processual pós-1973. Apreciando o Recurso Extraordinário nº 91.157, asseverou o Min. Xavier de Albuquerque que "o princípio da fungibilidade subsiste no sistema do Código de Processo Civil de 1973, a despeito de não haver esta reproduzida norma semelhante ao art. 810 do estatuto processual de 1939". Fundamentando sua posição, o Ministro ressaltou a preocupação com os aspectos formais atinentes, aduzindo ser "irrelevante, para mim, que o vigente Código de Processo Civil não haja reproduzido regra semelhante à do art. 810 do estatuto anterior, pois a fungibilidade dos recursos constitui desdobramento de princípio científico superior, que é o da conversão dos atos processuais. Nada obsta, portanto, a que, não havendo má-fé nem erro grosseiro, e estando satisfeitos os demais requisitos formais, inclusive o relativo ao prazo, seja conhecido como sendo o adequado, o recurso inadequado porventura interposto pela parte".

Com razão, a circunstância da parte, na visão do julgador, equivocar-se na apresentação de seu recurso não deve, em linha de princípio, impedir a

---

[135] Prescreve o art. 579, CPP: "Salvo a hipótese de má-fé, a parte não será prejudicada pela interposição de um recurso por outro. Parágrafo único. Se o juiz, desde logo, reconhecer a impropriedade do recurso interposto pela parte, mandará processá-lo de acordo com o rito do recurso cabível".

[136] Também a justiça trabalhista vem admitindo o aproveitamento da fungibilidade. Nesse sentido, o magistério de Carlos Henrique Bezerra Leite na obra *Curso de Direito Processual do Trabalho*, p. 507. 3. ed. São Paulo: LTr, 2005.

[137] É correta a posição de Humberto Theodoro Junior: "o direito processual moderno assenta-se sobre princípios que atuam independentmemente de normas explícitas nos textos legais", alcança a conclusão: "o princípio da fungibilidade dos recursos, mesmo sem previsão expressa do Código de Processo Civil atual, figura dentre seus princípios gerais. Decorre, sobretudo, do conceito funcional dos atos que compõem o processo e do princípio expresso da instrumentalidade das formas, que o Código adota como fundamental à sua sistemática de nulidades". *Op. cit.*, p. 5.

apreciação da pretensão deduzida, desde que inexista erro grosseiro. Solução contrária afrontaria o postulado constitucional de livre acesso à justiça.

Assentada a premissa, conclui-se que o principal requisito para o aproveitamento da fungibilidade em matéria recursal reside na existência de dúvida objetiva quanto ao recurso correto. A dúvida objetiva é aquela que se encontra a partir do cotejo das fontes jurígenas: a lei, a jurisprudência, os tratados, a doutrina, etc. Quando as fontes apontarem para solução uniforme, descabe a fungibilidade. Se houver divergência, aplica-se a fungibilidade. O direito processual, não custa lembrar, deve ser elaborado e aplicado em favor da parte.

Com a entrada em vigor do Novo CPC e a unificação dos prazos recursais em 15 dias, a discussão relativa ao prazo menor (frequente sob a égide do diploma de 1973) tende a perder o seu interesse prático. Em edições anteriores, manifestamos a nossa opinião no sentido contrário à exigência do prazo menor, afinal o processo não deve ser compreendido como um fenômeno lotérico, de modo a permitir que a sorte do jurisdicionado dependa do convencimento pessoal do julgador quanto ao recurso cabível. O acesso à justiça justifica o aproveitamento da fungibilidade.[138]

Desta forma, detectada a polêmica pela análise das fontes jurígenas, deve o recurso ser conhecido, sob pena de denegação de Justiça e ofensa às garantias constitucionais das partes (contraditório, em especial). Esta orientação merece ainda mais destaque nos primeiros meses e anos de aplicação do Novo CPC, momento que é propício aos erros escusáveis dos jurisdicionados.

Uma situação que frequentemente gera dificuldade aos operadores reside na identificação do recurso cabível contra a decisão que julga a primeira fase da ação de exigir contas.[139] Muitos Tribunais afirmam que "a decisão que julga procedente a primeira fase da ação de prestação de contas deve ser atacada pelo recurso de apelação".[140] Entretanto, pondera a Ministra Nancy Andrighi que "o ato judicial que encerra a primeira fase da ação de exigir contas possuirá, a depender de seu conteúdo, diferentes naturezas jurídicas: se julgada procedente a primeira fase da ação de exigir contas, o ato judicial será decisão interlocutória com conteúdo de decisão parcial de mérito, impugnável por agravo de instrumento; se julgada improcedente a primeira fase da

[138] Justifica Daniel Mitidiero a fungibilidade como uma decorrência do processo civil de perfil cooperativo: "Converte-se o recurso interposto no recurso cabível, tendo em conta a possibilidade de pré-exclusão de vícios de forma pela invocação do cumprimento da finalidade e do não prejuízo. Há aí evidente cooperação do órgão jurisdicional com o recorrente à vista da obtenção da justiça no caso concreto". *Colaboração no processo civil*: pressupostos sociais, lógicos e éticos. São Paulo: RT, 2009, p. 151.

[139] Na nossa visão, é correta a posição de Rodrigo Ustarroz Cantali e Gabriel Rodrigues de Freitas no artigo: "Agravo de instrumento é o recurso cabível na primeira fase da ação de exigir contas". Disponível em <https://www.conjur.com.br/2017-mar-16/agravo-instrumento-cabivel-fase-acao-exigir-contas>. Acesso em 29.04.2019.

[140] TJRS, AI 70079560645, 11. C.C., Rel. Des. Guinther Spode, j. 27.02.2019.

ação de exigir contas ou se extinto o processo sem a resolução de seu mérito, o ato judicial será sentença, impugnável por apelação".[141]

Nessas situações nebulosas, é imperiosa a aplicação do princípio da fungibilidade, sob pena de denegação de justiça e violação ao devido processo legal.[142]

2.8. Princípio da motivação (dialeticidade)

Como salienta Michele Taruffo, o princípio da motivação cumpre importantes funções internas e externas ao processo: facilitar a impugnação do provimento e a análise do recurso, legitimar o exercício do poder, controlar da atividade estatal, formar jurisprudência, etc.[143]

No plano legal, a exigência de competente fundamentação do recurso é contemplada em inúmeros dispositivos do CPC, como se vê, por ilustração, do art. 932, que autoriza a decisão monocrática quando o recorrente não impugnar "especificamente os fundamentos da decisão". Em sentido semelhante, o art. 1.021, § 1°, que versa sobre o agravo interno mas que traduz uma exigência geral do sistema: "na petição de agravo interno, o recorrente impugnará especificadamente os fundamentos da decisão agravada".

No direito comparado, interessante paralelo é observado com o Código argentino, que, em seu art. 265, enfatiza a necessidade de o recorrente explorar "la critica concreta y razonada de las partes del fallo que el apelante considere equivocadas", sendo expresso no sentido de que "no bastará remitirse a presentaciones anteriores". Fora de qualquer dúvida, aplica-se tal orientação ao direito brasileiro.

Com efeito, o direito processual extrai consequências do princípio da motivação. A fim de que o recurso atinja seu escopo dentro do processo, é necessário que a parte prejudicada exponha as razões de sua inconformidade com a decisão proferida. E mais, deve o recorrente criticar o provimento merecedor de reparo, com o objetivo de convencer a instância revisora acerca de seus erros. Em linha de princípio, podem ser utilizados todos os argumentos que o recorrente considere plausíveis, para demonstrar o desacerto da pronúncia, desde que não haja significativa inovação dentro do processo. Tanto erros de julgamento, quanto os de procedimento, podem ser destacados, na busca da invalidação ou correção do provimento vergastado.

Com tal diretiva, fica claro que o ordenamento não se contenta com a mera insatisfação da parte para instrumentalizar seu direito de recorrer. Cumpre-lhe, ademais de referir o desacerto da decisão, desenvolver adequada

[141] REsp 1746337/RS, 3. T., Rel. Min. Nancy Andrighi, j. 09.04.2019. DJe 12.04.2019.

[142] Pela fungibilidade: TJRS, AC 70078108800, 12. C.C., Rel. Desa. Ana Lúcia Carvalho Pinto Vieira Rebout, j. 14.03.2019; TJRS, AC 70075963801, 16. C.C., Rel. Des. Cláudia Maria Hardt, j. 31.01.2019.

[143] Breve resumo de suas grandes ideias é encontrado em artigo publicado na *Revista Gênesis*, v. 31, p. 177-185, sob o título La Motivazione della Sentenza.

fundamentação, pautada pelos vícios que, na sua opinião, acometem a decisão. Essa é a tônica do discurso recursal: a demonstração de que a decisão recorrida, em algum momento, desviou-se dos fatos relevantes da causa ou afastou o bom direito, merecendo, correção.

De tal ilação decorre importante consequência. No momento em que inexistir saudável comunicação entre a decisão recorrida e as razões recursais, a própria impugnação perderá sua razão de ser. Recorrer significa também controlar o exercício do poder jurisdicional, materializado na decisão. Se a parte, em vez de enfrentar os argumentos esposados pelo provimento recorrido, simplesmente discorre sobre pontos abstratos desvinculados do julgado discutido, não haverá razão para se avaliar o mérito do recurso, pois a sua finalidade terá sido desvirtuada. Restará ao órgão judicante declarar a inadmissibilidade do recurso, pelo vício de motivação.[144]

Realizando um paralelo com o princípio da demanda, assim como o autor em sua petição inicial deve trazer a causa de pedir e o pedido, o recorrente, na sua empreitada, deve registrar os fundamentos de seu pedido. Em contrapartida, embora seja lícito ao recorrido, em sede de contrarrazões, agregar outros dados importantes para o julgamento, o seu trabalho primordial será o de valorizar a decisão recorrida, combatendo os argumentos trazidos pelo recorrente. Tal procedimento qualifica o trabalho judicial, municiando o julgador com suficientes elementos para a tomada de posição.

Dentro desse contexto, consideramos inviável, a fim de superar a exigência de motivação recursal, a mera transcrição de trechos de petições pretéritas, por mais interessantes que sejam, uma vez que a função do recurso é criticar uma decisão concreta, e não reiterar abstratamente sem a devida concreção pontos de vistas explorados anteriormente no processo, afastados pela resolução. Como bem pondera Ângelo Maraninchi Giannakos, "se apresenta absolutamente indispensável que a irresignação combata os aspectos sentenciais conflitantes aos interesses do apelante, destacando, dentre outras possibilidades, por exemplo, por qual razão o Julgador avaliou inadequadamente a prova, ou ainda, entendeu dar aos fatos, interpretação diversa da realidade dos autos. Desse modo, inexistente o combate nas presentes razões de recurso, inviável que desse se conheça".[145] Presumem-se que as manifestações anteriores tenham sido veiculadas em razão de outros atos processuais – que não a decisão recorrida – de sorte que sua repetição em nada auxilia a análise da correção do provimento atual.

Dessa forma, inexistindo fundamentação competente no recurso, haverá óbice ao seu conhecimento.

---

[144] A este respeito, assinala Araken de Assis "deve existir simetria entre o decidido e o alegado no recurso, ou seja, motivação pertinente. Ademais, as razões carecem de atualidade, à vista do ato impugnado, devendo 'profligar os argumentos deste, insubstituíveis (as razões) pela simples referência a atos processuais anteriores'." Condições de admissibilidade dos recursos cíveis. In: *Doutrina e prática do processo civil contemporâneo*. São Paulo: RT, 2001.

[145] AC 70019689330, 15ª C.C., TJRS, Des. Rel. Angelo Maraninchi Giannakos, j. 29/08/2007.

2.9. Princípio da voluntariedade (desistência e renúncia)

Uma das manifestações do princípio dispositivo em sede recursal observa-se na garantia de que ninguém será constrangido a interpor qualquer meio de irresignação. E mais, caso algum recurso tenha sido interposto, poderá o recorrente, a qualquer tempo, desistir de sua apreciação (caso, evidentemente, ele ainda não esteja julgado). O princípio da voluntariedade é um dos corolários do princípio dispositivo, em sede recursal.

O Direito, por mais nobres que sejam os motivos, não deve (e nem pode) exigir que o cidadão se envolva em discussão judicial. A posição inicial do Estado-juiz é de inércia, e somente será alterada quando houver a devida provocação do interessado. Ao autor, apresentando sua pretensão, cabe formatar o objeto litigioso. E ao juiz caberá decidir a lide atentando para a proteção aos bens da vida invocados.

No âmbito dos recursos, idêntico posicionamento é verificado. Por mais injusta ou ilegal que tenha sido a decisão proferida, a parte atingida está livre para aceitá-la, pois, melhor do que ninguém, sabe o que lhe convém. Daí a ilação no sentido de que o destino do recurso está sempre subordinado ao interesse da parte sucumbente.

Avançando nessa linha, seguem-se outras conclusões. Se a parte é livre para se valer ou não do recurso, que nada mais é do que um benefício que o ordenamento concede aos jurisdicionados, também à parte caberá o direito de renúncia ou de desistência.

A desistência poderá ser requerida a qualquer tempo, desde que antes da apreciação do recurso. Desimporta a anuência do recorrido ou dos litisconsortes. Justifica-se tal posição, uma vez que, sendo o recurso um meio para melhorar a situação do recorrente, sua desistência em nada prejudicará os demais sujeitos do processo (vedação da reforma para pior). Ao contrário, colaborará para que uma solução mais célere seja alcançada. Nem sequer é necessária a homologação, contentando-se o direito com a mera declaração judicial de extinção do procedimento recursal, sem qualquer carga constitutiva.[146]

A situação é completamente diversa da desistência da ação, pois o efeito desta última é a extinção do processo sem resolução de mérito, o que permite ao autor apresentar idêntica demanda no futuro, turbando novamente a esfera jurídica do réu. Todas as partes possuem direito a uma sentença de mérito,

---

[146] Acertada a conclusão de José Carlos Barbosa Moreira, apoiada no art. 158 do CPC/73: "o órgão judicial, tomando conhecimento da desistência do recurso e verificando-lhe a regularidade, simplesmente declarará extinto o procedimento recursal, podendo acontecer, no entanto, que o feito haja de prosseguir em razão da existência de outro recurso contra a mesma decisão, ou por ser interlocutória aquela que se tinha recorrido. (...) A diferença em relação às hipóteses de ato dependente de homologação reside em que, nestas, o pronunciamento judicial tem natureza constitutiva, acrescenta algo de novo, e é ele que desencadeia a produção dos efeitos, ao passo que, aqui, toda a eficácia remonta à desistência, cabendo tão somente ao juiz ou ao tribunal apurar se a manifestação de vontade foi regular e – através de pronunciamento meramente declaratório, certificar os efeitos já operados". *Comentários*... 12. ed., p. 334.

daí a exigência, prevista no ordenamento, de que também o réu concorde com a desistência da ação.[147] Não se confundem, portanto, estas situações distintas.

A manifestação de desistência do recurso determina o trânsito em julgado da sentença, caso inexistam outros recursos pendentes de apreciação. Após desistir da impugnação, não será dado à parte lançar mão de outro recurso, em face da ocorrência da preclusão consumativa.[148] Ela já havia validamente apresentado o recurso que julgou cabível, de modo que, tendo desistido, por razões que somente lhe dizem respeito, observará a preclusão ou o trânsito em julgado da decisão, a depender de sua natureza, se interlocutória ou sentença.

O máximo que poderá o desistente postular é a desconstituição do ato, através da comprovação das causas invalidantes previstas na lei civil (erro, dolo, coação, estado de perigo, etc.). Semelhante raciocínio vale para a renúncia, a qual é exercitável mediante exclusivo juízo de conveniência do interessado.[149]

Este é o regramento geral, que possui agora de forma positivada uma importante exceção, visualizada no julgamento de recursos extraordinários e especiais repetitivos. Consoante o art. 998, em seu parágrafo único, "a desistência do recurso não impede a análise de questão cuja repercussão geral já tenha sido reconhecida e daquela objeto de julgamento de recursos extraordinários ou especiais repetitivos".

O debate que redundou na aprovação do texto acima teve origem no seio do Superior Tribunal de Justiça. Na ocasião, a Min. Nancy Andrighi colocou o tema nesses termos: "tomando-se este exemplo da suspensão dos processos, sobrevindo pedido de desistência do recurso representativo do incidente e deferido este, mediante a aplicação isolada do art. 501 do CPC, será atendido o interesse individual do recorrente que teve seu processo selecionado. Todavia, o direito individual à razoável duração do processo de todos os demais litigantes em processos com idêntica questão de direito será lesado, porque a suspensão terá gerado mais um prazo morto, adiando a decisão de mérito da lide. Não se pode olvidar outra grave consequência do deferimento de pedido de desistência puro e simples com base no art. 501 do CPC, que é a inevitável necessidade de selecionar novo processo que apresente a idêntica questão de direito, de ouvir os *amici curiae*, as partes interessadas e o Ministério Público, oficiar a todos os Tribunais do país, e determinar nova suspensão, sendo certo que a repetição deste complexo procedimento pode vir a ser infinitamente frustrado em face de sucessivos e incontáveis pedidos de desistência (...) entender que a desistência recursal impede o julgamento

---

[147] Quanto à diversidade de tratamento entre a desistência da ação e do recurso, AgResp nº 319894/SC, 2ª Turma, Rel. Min. Eliana Calmon, DJU: 01.03.2004, p. 154.

[148] A única exceção possível será visualizada com a alegação de que a desistência contemplou um vício, tal como dolo, coação, etc.

[149] Reza o art. 999: "A renúncia ao direito de recorrer independe da aceitação da outra parte. A renúncia ao direito de recorrer independe da aceitação da outra parte".

da idêntica questão de direito é entregar ao recorrente o poder de determinar ou manipular, arbitrariamente, a atividade jurisdicional que cumpre o dever constitucional do Superior Tribunal de Justiça, podendo ser caracterizado como verdadeiro atentado à dignidade da Justiça".[150]

De acordo com o art. 998, em seu parágrafo único, a desistência do recurso não impede a análise de questão cuja repercussão geral já tenha sido reconhecida e daquela objeto de julgamento de recursos extraordinários ou especiais repetitivos. Desta forma, entendemos que, diante da homologação da desistência, a decisão recorrida torna-se definitiva para as partes, que a ela se sujeitam. O acórdão a ser proferido pelo Superior Tribunal de Justiça ou pelo Supremo Tribunal Federal apreciará o tema jurídico em tese, a fim de formar a jurisprudência que será aplicada em outros casos.

Trata-se de uma interessante inovação. Resta saber se, com a vigência do CPC, a norma na prática facilitará a realização acordos que ocasionem a desistência dos recursos ou prejudicará a sua realização pelo fato de, doravante, a homologação da desistência não inviabilizar a apreciação da questão jurídica.

2.10. Princípio da consumação

No âmbito da principiologia dos recursos, é na consumação que o CPC produz importantes alterações.

O princípio da consumação decorre da preclusão. No momento em que o recorrente apresenta o recurso, exercendo validamente o direito de recorrer, já não mais poderá alterá-lo, complementá-lo ou corrigi-lo. Nem sequer poderá dele desistir para interpor outro. Todas essas proibições decorrem tradicionalmente da aplicação do princípio da consumação.

Com efeito, exige-se que o recorrente demonstre, no momento de interposição do recurso, o preenchimento de seus pressupostos de admissibilidade. Na vigência do Código de 1973, entendia a jurisprudência que era inviável a correção futura de seus defeitos, como regra geral. Didática era a lição do Min. Peçanha Martins, a este respeito: "com efeito, em nosso sistema processual vige o princípio da consumação, pelo que não se admite a juntada posterior de documentos essenciais à formação do agravo de instrumento. Assim, no momento do protocolo, o recurso tem que estar perfeito e acabado, razão pela qual deveria a agravante ter instruído estes autos com as peças necessárias à comprovação da tempestividade de seu recurso especial".[151] Este era um princípio extremamente caro ao Superior Tribunal de Justiça, o qual se mostrava rígido na sua ultrapassagem.[152] Inúmeros são os exemplos

[150] QO no REsp 1063343/RS, Corte Especial, Rel. Min. Nancy Andrighi. DJe: 04/06/2009.

[151] AgRg no Ag 688386/SP, 2ª Turma, DJ 14.11.2005, p. 265.

[152] É exemplo dessa orientação rígida o seguinte argumento: "A juntada da peça faltante pelo agravado na contra-minuta não corrige o erro do agravante. Ante o princípio da consumação, o traslado

colhidos na jurisprudência, como a exigência da demonstração do preparo no ato de interposição.[153]

Em homenagem ao acesso à justiça, o Novo CPC tratou de atenuar os rigorismos na aplicação do princípio da consumação. Conforme as premissas do CPC, inverte-se a regra, para se autorizar o recorrente a superar as condições de admissibilidade, quando possível a correção. Tratando das "incumbências do relator", o art. 932 determina que "antes de considerar inadmissível o recurso, o relator concederá o prazo de 5 (cinco) dias ao recorrente para que seja sanado vício ou complementada a documentação exigível".

A norma encontra-se situada no capítulo intitulado "ordem dos processos no Tribunal", de sorte que pode e deve ser aplicado por todos os Tribunais e em todos os recursos. Entretanto, para reforçar ainda mais esta posição, o Código oferece artigos específicos para limitar a aplicação do princípio da consumação em determinados recursos. É o caso do art. 1.017, § 3º, quando autoriza a juntada posterior das peças obrigatórias e facultativas do agravo de instrumento.[154]

No que toca ao recurso extraordinário e ao recurso especial, existe a previsão do art. 1.029, § 3º, assinalando que "o Supremo Tribunal Federal ou o Superior Tribunal de Justiça poderá desconsiderar vício formal de recurso tempestivo ou determinar sua correção, desde que não o repute grave". A comunidade acadêmica aguarda com ansiedade a posição dos Tribunais Superiores em relação à aplicação da norma e à identificação de vícios não graves.

Espera-se que algumas das orientações históricas das Cortes de Brasília que amparavam o não conhecimento dos recursos sejam revistas, tais como: o recolhimento do preparo em guia diversa daquela em vigor;[155] a presença nos autos do comprovante de agendamento de pagamento do preparo;[156] a falta de recolhimento das despesas de remessa e retorno dos autos";[157] o carimbo de protocolo ilegível;[158] a ausência de cópia do verso de alguma peça;[159] etc.

---

do agravo de instrumento considera-se feito e acabado no momento de sua apresentação em juízo, portanto qualquer colação posterior não pode ser aproveitada em benefício do agravante." AgRg no Ag 628954/SP, 6. T., Rel. Min. Quaglia Barbosa. DJ: 15/05/2006, p. 312.

[153] Já se vê, pela redação, que admitimos – em sentido contrário à jurisprudência majoritária do STJ – a comprovação serôdia do preparo, desde que realizado no prazo devido, em face do princípios da instrumentalidade e finalidade.

[154] Art. 1.017, 3º: "Na falta da cópia de qualquer peça ou no caso de algum outro vício que comprometa a admissibilidade do agravo de instrumento, deve o relator aplicar o disposto no art. 932, parágrafo único".

[155] AgRg no Ag 1.368.559/SC, Quarta Turma, Rel. Min. Raul Araújo, DJe de 21/3/2011.

[156] AgRg no AREsp 162.816, AP, relator o Ministro Sérgio Kukina, Dje de 15.04.2013.

[157] AgRg no AREsp 630.583/ES, 1. T., Rel. Min. Marga Tessler. DJe 10/04/2015.

[158] AgRg no Ag 1406354/SC, 3. T., Rel. Min. João Otávio de Noronha, j. 01/10/2013, DJe 07/10/2013.

[159] AgRg no Ag 1180730/PR, 2. T., Rel. Min. Mauro Campbell Marques, DJe 09/12/2011.

À luz do CPC, estas orientações históricas merecerão releitura, a fim de que o princípio da consumação seja corretamente aplicado e não sirva como injustificado óbice para a realização do modelo processual prezado pelo Estado constitucional.

2.11. Proibição da *reformatio in pejus*

Tendo em vista que a finalidade do recurso é melhorar a posição da parte sucumbente, natural que o direito se preocupe com a possibilidade de o próprio recorrente ter sua situação agravada com o novo julgamento. Este risco poderia até mesmo desestimular a interposição de recursos, o que prejudicaria, a um só tempo, o controle da atividade jurisdicional, o exercício da cidadania e a realização do livre acesso à justiça.

Para evitar essas perplexidades, o direito estabelece o princípio da não reforma para pior.[160] Ou seja, o julgamento da impugnação não pode agravar a situação do recorrente. Desta forma, em linha de princípio, haverá *reformatio in pejus* sempre que o tribunal se afastar dos limites demarcados pelo recurso, prejudicando a esfera do recorrente.

Ainda que o magistrado se dê conta de que a decisão recorrida em verdade foi injusta, ao beneficiar indevidamente o recorrente, a reforma do pronunciamento vergastado somente poderá ocorrer caso a parte interessada tenha recorrido.[161] É que, pela projeção do princípio dispositivo, a reforma da decisão somente ocorre em prol do recorrente, e não a seu desfavor.[162]

Com nitidez, observa-se a preocupação em se abolir a *reformatio in pejus* em sede civil, no enunciado 45 da Súmula do Superior Tribunal de Justiça, que veda ao Tribunal, em sede de reexame necessário, agravar a condenação imposta à Fazenda Pública.[163] Muito embora o reexame necessário não seja um recurso típico, mas sim um instituto semelhante, a razão da norma em tudo se alinha com as ideias retroapontadas.

---

[160] Extremamente didática é a lição de Sandro Marcelo Kozikoski: "veda-se que, por força do recurso interposto, ocorra uma majoração do resultado desfavorável imposto pela decisão recorrida. Ou seja, obsta-se que o julgamento do recurso importe num resultado exatamente contrário àquele pretendido pelo recorrente, consistente na obtenção de uma situação mais confortável. Em outras palavras, o princípio em questão veda que o órgão *ad quem* profira uma decisão pior aos interesses do recorrente, seja ela examinada do ponto de vista quantitativo, seja ela observada sob o prisma qualitativo". *Manual dos Recursos Cíveis*, p. 155.

[161] Ressalta a ministra Eliana Calmon a "impossibilidade de adequar o presente julgamento à decisão mais recente da Segunda Turma, em razão do *non reformatio in pejus*". AgRg nos EDcl no REsp 624921/RS. DJ: 05.12.2005, p. 288.

[162] Desta forma, "não obstante o novo entendimento adotado por este Relator, no caso concreto a decisão recorrida não pode ser alterada, sob pena de violação do princípio da *reformatio in pejus*, porquanto não houve irresignação recursal da parte adversa". AI 70035302603, 16. C.C., TJRS, Rel. para acórdão Des. Paulo Sérgio Scarparo, j. 10/06/2010.

[163] Tratando-se de reexame em prol da Fazenda, o que se impede é a *reformatio in pejus*, não porque o reexame representa recurso, mas antes, porque contraria a *ratio essendi* do instituto. REsp 744584/RJ, 1ª Turma, Rel. Min. Luiz Fux, DJ 28.11.2005, p. 228.

Também fora do processo judicial se observa a valorização da proibição da *reformatio in pejus*. Veja-se o exemplo presenciado diuturnamente pelos alunos. Com efeito, desde as primeiras séries do ensino fundamental até a vida universitária, é comum o pedido de revisão de prova. Na análise deste, não é raro o professor concluir que se equivocou ao atribuir o grau ao discente. Todavia, somente poderá corrigi-lo para melhorar a situação do estudante, e não reduzi-lo, muito embora constate a injustiça da nota elevada antes atribuída. Esta situação banal, aprendida desde a tenra idade, confirma a presença da regra na história do direito e está gravada em nossos corações.

Entretanto, deve ser destacado que, eventualmente, a atuação do Tribunal, no julgamento dos recursos, poderá gerar, concretamente, prejuízo ao recorrente, por força da aplicação do efeito translativo. Isto é, existem matérias que devem ser diagnosticadas e enfrentadas por todos os juízes, independentemente da provocação da parte. Na maior parte das vezes, essa atuação oficiosa é justificada pelo interesse público na administração da justiça. Em tais situações, a pronúncia da Corte atinge as partes e o resultado pode não ser o melhor para o recorrente. É o que ocorre, por ilustração, quando insatisfeito com o valor arbitrado a título de indenização, apela apenas o autor e o Tribunal verifica a sua ilegitimidade. Como resulado, o processo será extinto, de ofício, ainda que nenhuma das partes tenha levantado esta questão. Não há que se falar aqui da incidência do instituto da *non reformatio in pejus*.

3. Dos efeitos dos recursos

Assim como os princípios, os efeitos da interposição do recurso não podem ser arrolados exaustivamente. No entanto, a prática demonstra que, na imensa maioria dos casos, as discussões envolvem alguns efeitos específicos, os quais serão abordados no presente capítulo.

Desta forma, deve ficar desde logo registrado que existem outros efeitos no âmbito recursal, como ilustrativamente o regressivo (que irá viabilizar a eventual retratação pelo prolator da decisão guerreada) e o diferido (que irá postergar a análise do recurso para ulterior momento processual).[164] Estes e outros efeitos foram enfrentados em monografias específicas, para as quais se remete o leitor interessado.[165]

---

[164] Como anotam Felipe Scalabrin, Miguel do Nascimento Costa e Guilherme Antunes da Cunha: "o efeito regressivo é aquele que permite ao juízo a quo, uma vez interposto o recurso, retomar o conhecimento da matéria impugnada. Há quem considere o efeito regressivo meramente um reflexo do efeito devolutivo. É também denominado efeito de retratação. O efeito regressivo permite, em termos práticos, que quem proferiu a decisão exerça uma reanálise da questão." *Lições de Processo Civil*: Recursos, p. 78.

[165] BUENO, Cássio Scarpinella. Efeitos dos recursos. In: NERY JR., Nelson; WAMBIER, Teresa Arruda Alvim. *Aspectos polêmicos e atuais dos recursos cíveis e assuntos afins*. 10ª série. São Paulo: RT, 2006; DINAMARCO, Cândido Rangel. Os efeitos dos recursos. In: NERY JR., Nelson; WAMBIER, Teresa Arruda Alvim (coord.). *Aspectos polêmicos e atuais dos recursos cíveis de acordo com a Lei 10.532/2001*

3.1. Abertura do procedimento recursal e o retardamento das preclusões

A apresentação do recurso permite a inauguração de um novo procedimento, destinado ao rejulgamento da decisão impugnada pelo recorrente. Ao final do procedimento recursal, o órgão encarregado de reapreciar a matéria concluirá pela admissibilidade do meio e, eventualmente, se julgar procedente a inconformidade, poderá invalidar ou substituir o provimento atacado.

O procedimento recursal somente é iniciado diante do interesse da parte. Pertinente, a este respeito, a comparação de Cândido Rangel Dinamarco: "o ato de interpô-lo é a demanda inicial desse procedimento, tanto quanto no processo como um todo existe uma demanda; o conjunto composto pela petição de interposição e razões recursais desempenha, no novo procedimento, o mesmo papel que cabe à petição inicial do processo. Como todo procedimento, seu ato final é uma decisão judiciária, ordinariamente, um acórdão, salvo nos casos em que a lei determina o julgamento dos recursos por órgão singular".[166]

O recurso evita a preclusão, de modo que, enquanto ele não for definitivamente apreciado, a matéria nele discutida seguirá viva no processo, passível de reapreciação quando de seu julgamento. Caso nenhum recurso tivesse sido interposto, as definições judiciais tenderiam a se estabilizar para as partes, pela ocorrência da preclusão. Esta é uma regra geral, sujeita, entretanto, a uma longa série de exceções.[167] Daí se considerar um efeito relevante da interposição do recurso o retardamento da preclusão das questões debatidas.

No nosso direito, esta perspectiva foi amplamente enfrentada em sede doutrinária. Em uma das melhores obras acerca do tema, o mago da preclusão no direito processual, Fernando Rubin, postula a mitigação do formalismo que sempre animou a aplicação prática do instituto, em favor da realização dos direitos fundamentais envolvidos.[168] Nos seus estudos, o autor

– 5ª série. São Paulo: RT, 2002; ROSINHA, Martha Novo de Oliveira. *Efeitos dos recursos*: soluções efetivas com menor prejuízo à segurança jurídica. Porto Alegre: Livraria do Advogado, 2011.

[166] In: *Os efeitos dos recursos*, p. 112. No mesmo texto, o autor didática e corretamente aduz que "a interposição de um recurso instaura no processo um novo procedimento, o procedimento recursal, destinado a produção de novo julgamento sobre a matéria impugnada. O processo não se duplica nem se cria uma nova relação processual". *Op. cit.*, p. 106.

[167] É o caso, por exemplo, das decisões que são proferidas antes da citação da parte e que devem ser revistas, para retratação ou chancela, após o contraditório.

[168] *A preclusão na dinâmica do processo civil*. Porto Alegre: Livraria do Advogado, 2010. Uma de suas interessantes conclusões defende a correção dos erros materiais evidentes: "o *erro material* (do qual é espécie o erro de cálculo) configura-se, nos termos do art. 463, I, do CPC, um determinado vício na exteriorização (expressão) do julgamento, não no teor do julgamento em si (*erro lógico*, âmbito de cognição do Estado-juiz) daí por que se diz pode ser auferível numa vista de olhos, e modificado a qualquer tempo, mesmo após o trânsito em julgado da demanda. Tido como 'manifesto equívoco', é passível de retificação pela via dos embargos de declaração; meio recursal esse que, no entender de abalizada, mas ainda minoritária jurisprudência, também poderia ser utilizado, com efeitos infringentes, para colmatar outros evidentes erros de julgamento/; notadamente denominados 'erros de fato', de natureza de direito material, e os 'erros de procedimento', de natureza de direito processual".

afasta o rigorismo decorrente de uma aplicação cega da preclusão, para não ser comprometida a própria finalidade do direito processual: a melhor aplicação possível do direito, mirando a justiça.[169]

No mesmo norte, com amparo nas lições de Carlos Alberto Alvaro de Oliveira, assim se manifesta o professor Eduardo Scarparo: "a percepção puramente formal-processual ou técnica-processual deve ser desfeita, estando aí um dos aspectos mais determinantes para a compreensão das invalidades processuais. Afinal, o estudo do processo com atenção unicamente à técnica remete às mais atrasadas fases dessa disciplina. Não se deve manter formas por si, porque, 'repelida a forma pela forma, forma oca e vazia, a sua persistência ocorre apenas na medida de sua utilidade ou como fator de segurança, portanto apenas e quando ligada a algum conteúdo, a algum valor considerado importante'".[170]

Ainda nessa linha, Heitor Sica expõe a preocupação dos profissionais para o "complicado jogo" da preclusão: "um último ponto digno de menção e que influi no complicado jogo entre os princípios já referidos diz respeito ao fato de que a rigidez e preclusividade do sistema processual brasileiro já estão arraigadas na consciência jurídica nacional e no costume que inspira a prática forense diária. Aplica-se a preclusão em qualquer situação, mesmo quando expressamente a lei não a prevê, ou em situações que nada têm a ver com o instituto. Basta relembrar os exemplos colhidos na jurisprudência em que se vedou à parte a prática de determinado ato por ter supostamente havido preclusão lógica, ou a grande amplitude que assumiu o conceito de preclusão consumativa. Do mesmo modo, sabe-se que os advogados mostram-se muitíssimo preocupados que determinadas questões decididas pelo juiz podem ser consideradas (para esse último) preclusas e, dessarte, estáveis e imutáveis (e esse é um dos fatores que contribui para a enorme proliferação dos recursos de agravo). Isso decorre justamente da postura (assentada no costume) dos juízes em recusar-se a revisar questões incidentais acerca das quais não houve recurso da parte, mesmo quando o ordenamento deixa aberta tal possibilidade".[171]

De toda sorte, com a interposição do recurso, as questões decididas permanecem na espera de outro provimento. Poderão, assim, ser revisadas pela instância superior, quando identificado equívoco pelo Tribunal.

---

[169] Do mesmo autor, recomenda-se a leitura de: "As matérias não sujeitas à preclusão para o Estado-juiz", *Revista dialética de direito processual*, n. 122, p. 29-60, maio 2013; "Aplicação da coisa julgada material e da preclusão: semelhança quanto ao objeto das questões decididas e resistência diferenciada frente à lei nova processual", *Revista dialética de direito processual*, n. 119, p. 43-51, fev. 2013; "A preclusão entre o CPC/1973 e o projeto de novo CPC", *Revista jurídica*, v. 60, n. 422, p. 9-29, dez. 2012; "Preclusões de atos para o Estado-juiz no âmbito recursal: preclusão de instância, preclusão hierárquica e preclusão de questões atingindo o juízo superior", *Revista dialética de direito processual*, n. 114, p. 9-20, set. 2012.

[170] *As invalidades processuais civis na perspectiva do formalismo-valorativo*, Porto Alegre: Livraria do Advogado, 2013, p. 28.

[171] *Preclusão Processual Civil*. 2. ed. São Paulo: Atlas, 2008, p. 329.

Quanto ao Código de Processo Civil de 2015, a modificação mais sensível neste ponto diz respeito à impugnação das decisões interlocutórias. No Código anterior, existia o ônus da parte sucumbente em interpor agravo, sob pena de preclusão. No CPC, a regra inverteu-se, de sorte que a impugnação da interlocutória, quando não passível de agravo de instrumento, poderá ocorrer em momento posterior, quando da elaboração da apelação ou de suas contrarrazões, por força do art. 1009, § 1°, CPC. Trata-se, entretanto, de uma exceção do sistema.

3.2. Efeito devolutivo

Através do efeito devolutivo, determina-se que (de regra) outro órgão judicial reaprecie os temas suscitados pelo recorrente. Transfere-se a este órgão a competência para o rejulgamento da matéria impugnada. Compete ao recorrente delimitar quais os pontos que deseja reapreciação. Isto porque "a decisão pode ser impugnada no todo ou em parte (art. 1.002)".

Bastante didática no ponto é a lição do Humberto Theodoro Junior, pela qual, de regra, "nenhuma questão, depois de solucionada em juízo, pode ser novamente decidida, porque se forma em torno do pronunciamento jurisdicional a preclusão *pro judicato* (art. 471, *caput*), requisito necessário a que o processo caminhe sempre para frente, sem retrocesso, rumo à solução do litígio. O mecanismo dos recursos, porém, tem sempre a força de impedir a imediata ocorrência da preclusão, e, assim, pelo efeito devolutivo, inerente ao sistema, dá-se o restabelecimento do poder de apreciar a mesma questão, pelo mesmo órgão judicial que a proferiu ou por outro hierarquicamente superior. Não se pode, logicamente, conceber um recurso que não restabeleça, no todo ou em parte, a possibilidade de rejulgamento. E nisso consiste o denominado efeito devolutivo dos recursos".[172]

Pode-se sintetizar a regra geral na seguinte frase: o recurso devolve ao tribunal o conhecimento da matéria impugnada (*tantum devolutum quantum appellatum*). Efetivamente, é sobre a matéria criticada nas razões recursais que se desenvolverá ordinariamente o debate perante a instância revisora. Os capítulos da decisão porventura não enfrentados no recurso permanecem fora da discussão recursal, uma vez que cumpre a parte limitar o âmbito de devolutividade de seu recurso.[173] Desta forma, o efeito devolutivo adstringirá a

---

[172] *Curso de Direito Processual Civil*, v. 1, p. 616.

[173] Enrico Tullio Liebman "l'evoluzione storica ha portato al risultato che vengono devolute alla cognizione del giudice di secondo grado quelle sole parti della sentenza (quei soli capi) che furono oggetto d'appello (tantum devolutum quantum appellatum); il nuovo giudizio e in ipotesi un riforma della sentenza possono avenire dunque soltanto entro l'ambito dell'appello o degli appelli effettivamente proposti e soltanto a favore di colui o di coloro che li hanno proposti". *Manuale di diritto processuale civil*. 4. ed. Milano: Giuffrè, 1984, p. 300. (...) "come si è già detto, la sentenza dappello rappresenta um nuovo giudizio sulle domande decise in primo grado e costituisce perciò la nuova decisiona della causa. Ma nel caso d'un appello parziale, la decisione finale dovrà desumersi dalla combinazione della sentenza d'appello con quella parte della sentenza di primo grado che non fu

atividade do órgão revisor, impedindo a sua manifestação quanto aos pontos não suscitados pelo recorrente, evitando a ocorrência da *reformatio in pejus*.

O efeito devolutivo não deixa de colaborar com a efetividade do processo, na medida em que racionaliza o trabalho do juízo revisor, o qual centra suas atenções à matéria que foi adequadamente impugnada pelo recorrente.

A doutrina costuma identificar duas perspectivas do efeito devolutivo: extensão e profundidade. Pela primeira, aponta-se a parte da decisão que será rediscutida pelo órgão *ad quem*. A profundidade, de seu turno, relaciona-se com os argumentos que foram enfrentados pelo juízo *a quo* e que, agora, poderão ou não ser revistos pelo juízo revisor. A este respeito, é didática a lição de José Carlos Barbosa Moreira: "a exata configuração do efeito devolutivo é problema que se desdobra em dois: o primeiro concerne à extensão do efeito, o segundo à sua profundidade. Delimitar a extensão do efeito devolutivo é precisar o que se submete, por força do recurso, ao julgamento do órgão *ad quem*; medir-lhe a profundidade é determinar com que material há de trabalhar o órgão ad quem para julgar. A decisão apelada tem o seu objeto: pode haver julgado o mérito da causa (sentença definitiva), ou matéria preliminar ao exame do mérito (sentença terminativa). É necessário verificar se a decisão do tribunal cobrirá ou não área igual à coberta pela do juiz *a quo*. Encara-se aqui o problema, por assim dizer, em perspectiva horizontal. Por outro lado, a decisão apelada tem os seus fundamentos: o órgão de primeiro grau, para decidir, precisou naturalmente enfrentar e resolver questões, isto é, pontos duvidosos de fato e de direito, suscitados pelas partes ou apreciados *ex officio*. Cumpre averiguar se todas essas questões, ou nem todas, devem ser reexaminadas pelo Tribunal, para proceder, por sua vez, ao julgamento; ou ainda se, porventura, hão de ser examinadas questões que o órgão *a quo*, embora pudesse ou devesse apreciar, de fato não apreciou. Focaliza-se aqui o problema em perspectiva vertical".[174] A jurisprudência segue a lição.[175]

Em relação ao efeito devolutivo, à luz do CPC, uma das principais alterações reside na sua ampliação no recurso de apelação, pois, atualmente, tan-

---

oggetto dimpugnazione. L'appello infatti può essere totale o parziale, secondo che investa tutta la sentenza, oppure una sua parte (uno od alcuni capi); nel primo caso ripropode al giudice di secondo grado tutta la causa proposta in primo grado, nel secondo caso ripropone soltanto una parte di essa. Parte o capo di sentenza è ogni statuizione su un oggetto autonomo di domanda, tanto se pronunciata sulla sua ammissibilità, quanto se pronuncia sulla sua fondatezza".

[174] *Comentários*... 12. ed., p. 431.

[175] Sobre o tema, decidiu o STJ: "A extensão do efeito devolutivo na apelação limita a atividade cognitiva da Corte Revisora ao capítulo da sentença objeto da impugnação, demarcando o pedido recursal, conforme previsto no *caput* do artigo 515 do CPC/1973 e no artigo 1.013 do CPC/2015, segundo os quais 'a apelação devolverá ao tribunal o conhecimento da matéria impugnada', regra esta que traduz o princípio *tantum devolutum quantum appelatum*. Precedentes. 2. Segundo a jurisprudência desta Corte Superior, a profundidade do efeito devolutivo na apelação corresponde aos argumentos expostos para justificar o pedido ou a defesa, vale dizer, a causa de pedir ou o fato impeditivo, modificativo ou extintivo do direito do autor, sempre dentro do limite da matéria impugnada, segundo preconizam os § 1º e § 2º do artigo 515 do CPC/1973 e os § 1º e § 2º do artigo 1.013 do CPC/2015 (...)" EREsp 970.708/BA, CE, Rel. Min. Jorge Mussi, j. 20.09.2017. DJe 20.10.2017.

to o conteúdo das sentenças, quanto o das interlocutórias que não desafiam agravo de instrumento, poderão ser impugnados no apelo.

3.3. Efeito suspensivo

O efeito suspensivo retira, provisoriamente, a eficácia da decisão. Através dele, livra-se a parte de cumprir a decisão impugnada até que o órgão *ad quem* se manifeste. A sua concessão é precária e tem por escopo preservar o direito das partes, garantindo a utilidade do provimento jurisdicional futuro. Por decorrência, como regra geral, tanto pode ser concedido, quanto cassado, a qualquer momento, antes do julgamento do recurso.[176]

Com precisão, ensina o ilustre Cândido Rangel Dinamarco que "o efeito suspensivo, de que alguns recursos são dotados, consiste em impedir a pronta consumação dos efeitos de uma decisão interlocutória, sentença ou acórdão, até que seja julgado o recurso interposto. Esse efeito não incide sobre a decisão judicial recorrida, como ato processual sujeito a ser cassado e eventualmente substituído por outro, mas propriamente sobre os efeitos que eles se destinam a produzir. O recurso pode ter o efeito de obstar à eficácia natural de que os atos judiciais são, refreando sua natural tendência a produzir no processo ou no mundo exterior os efeitos indicados na parte dispositiva".[177]

O CPC/2015 estipulou, no art. 995, que os recursos não impedem a eficácia da decisão, salvo disposição legal ou decisão judicial em sentido diverso. É de se destacar que qualquer relator tem a atribuição de conceder medidas provisórias, para preservar o direito das partes. Assim, a eficácia de qualquer decisão pode ser suspensa, se da imediata produção de seus efeitos houver risco de dano grave, de difícil ou impossível reparação. Agrega o parágrafo único do artigo citado, é ônus do recorrente demonstrar, mediante argumentação convincente, "a probabilidade de provimento do recurso".[178]

Portanto, a outorga do efeito suspensivo deriva de duas fontes. Inicialmente, da lei, como no caso emblemático da apelação. Em outras situações, do Poder Judiciário, pois o direito atribui ao Relator a análise do caso concreto. É o que ocorre, todos os dias, na concessão do efeito suspensivo no recebi-

[176] Bem coloca o Dr. Valternei Melo de Souza que: "não se vislumbra motivos para não se exigir o imediato cumprimento da sentença caso o recurso eventualmente interposto seja desprovido de efeito suspensivo, inclusive com o acréscimo decorrente da multa prevista na lei. Esta, frise-se, incide ainda que a execução seja provisória, haja vista que sobrevindo eventual decisão que reforme o título, no todo ou em parte, o credor deverá indenizar o devedor (artigo 574, do Código de Processo Civil)." A multa do artigo 475-J: algumas questões. In: TESHEINER, José Maria Rosa *et al.* (coord.). *Instrumentos de coerção e outros temas de direito processual civil*: estudos em homenagem aos 25 anos de docência do Prof. Dr. Araken de Assis. Rio de Janeiro: Forense, 2007. p. 678.

[177] *Os Efeitos dos Recursos*, p. 136.

[178] Conforme o art. 995: "Os recursos não impedem a eficácia da decisão, salvo disposição legal ou decisão judicial em sentido diverso. Parágrafo único. A eficácia da decisão recorrida poderá ser suspensa por decisão do relator, se da imediata produção de seus efeitos houver risco de dano grave, de difícil ou impossível reparação, e ficar demonstrada a probabilidade de provimento do recurso".

mento do agravo de instrumento (art. 1019, CPC), quando demonstrado: (a) risco de dano grave, de difícil ou impossível reparação e (b) a probabilidade de provimento do recurso.[179]

Nessa tarefa, deve o magistrado ponderar os interesses e as partes envolvidas. A partir da visão globalizada do fenômeno, poderá o juiz concluir se, em cada caso concreto, a concessão do efeito suspensivo é conveniente, afinal de nada adianta transferir o risco de dano para a parte contrária.

Uma outra questão de interesse prático reside no chamado "efeito ativo". Com razão, a previsão do efeito suspensivo resolve o angustiante problema de restringir a eficácia da decisão atacada, protegendo o recorrente de danos graves, em decorrência de seu imediato cumprimento. Contudo, deixa sem solução o fenômeno inverso, no qual uma decisão de conteúdo negativo priva o jurisdicionado daquilo que imaginar ser devido. Nesses casos, a concessão de efeito suspensivo de nada adiantaria, pois a própria decisão atacada não possui efeito algum, logo não haveria como pretender retirar efeitos inexistentes.

Em face dessa realidade, objetivou-se desenvolver raciocínio inverso. Inicialmente, para justificar a atuação da Corte em sede recursal, ao outorgar provisoriamente o que fora postulado e denegado pelo juízo *a quo*, criou-se a contraditória figura do "efeito suspensivo ativo", que gozou de algum prestígio na doutrina e na jurisprudência.[180]

Com o tempo, passaram a ser utilizados os termos "antecipação de tutela recursal" (gênero) e "efeito ativo" (espécie), para descrever o fenômeno, no qual o relator concede provisoriamente aquilo que fora antes pleiteado e indeferido pela decisão recorrida.

Da análise dos contornos dos efeitos suspensivo e ativo, conclui-se que ambos podem ser enquadrados como espécie de um gênero mais amplo: a antecipação da tutela recursal. Com efeito, o tema da concessão de provimentos provisórios em sede recursal encontra boa analogia com a antecipação da tutela. Dentro dessa perspectiva, nada impede que o relator lance mão de decisões provisórias (quiçá liminares sem contraditório diante de urgência manifesta) para proteger o direito do recorrente até o julgamento do recurso ou nova deliberação.

---

[179] Dita o art. 1.019: "Recebido o agravo de instrumento no tribunal e distribuído imediatamente, se não for o caso de aplicação do art. 932, incisos III e IV, o relator, no prazo de 5 (cinco) dias: I – poderá atribuir efeito suspensivo ao recurso ou deferir, em antecipação de tutela, total ou parcialmente, a pretensão recursal, comunicando ao juiz sua decisão; II – ordenará a intimação do agravado pessoalmente, por carta com aviso de recebimento, quando não tiver procurador constituído, ou pelo Diário da Justiça ou por carta com aviso de recebimento dirigida ao seu advogado, para que responda no prazo de 15 (quinze) dias, facultando-lhe juntar a documentação que entender necessária ao julgamento do recurso; III – determinará a intimação do Ministério Público, preferencialmente por meio eletrônico, quando for o caso de sua intervenção, para que se manifeste no prazo de 15 (quinze) dias".

[180] Ilustrativamente: "Recurso provido para deferir liminar de arresto, ratificando o empréstimo de efeito suspensivo ativo ao Agravo de Instrumento". (TJPE. 2ª C.C Rel. Des. Cândido Saraiva de Moraes. AI 377927-1 0002755-27.2015.8.17.0000, j. 11.11.2015. DJE. 01.12.2015)

Nesse sentido, o CPC, de forma correta, utiliza preferencialmente as expressões "tutela provisória" (art. 932, II) ou "antecipação de tutela recursal" (art. 1.019, I), o que é absolutamente coerente.

3.4. Efeito expansivo

Outro efeito frequentemente observado diz respeito à projeção da decisão proferida no julgamento do recurso em relação aos terceiros do procedimento recursal ou aos atos processuais não diretamente impugnados. Como regra geral, apenas o recorrente e os recorridos serão atingidos pela pronúncia do Tribunal. Igualmente, é o ato impugnado que será revisto. Entretanto, haverá casos em que o direito ou a natureza determinam um maior alcance.

O efeito expansivo pode ser objetivo ou subjetivo.

Haverá efeito expansivo objetivo sempre que a decisão do recurso modificar uma parte do provimento recorrido que guarde relação de prejudicialidade com outros atos, ainda que não diretamente enfrentados na impugnação. Como corretamente salienta Giuseppe Tarzia, o "effetto espansivo interno" pressupõe que haja apenas a modificação parcial do julgado, induzindo a anulação de outras partes com ela ligadas por um nexo de dependência.[181] Sobrevivem, apenas, os capítulos autonômos, pois os que conflitam com o acertado em sede recursal devem se adequar, sob pena de o provimento final carecer de coerência. É o caso da decisão proferida em sede de agravo de instrumento que revoga a tutela provisória concedida e, ato contínuo, desmancha os atos processuais praticados com o objetivo de efetivá-la. Semelhante situação visualiza-se no provimento do apelo para julgar improcedente a investigação de paternidade, que terá como efeito normal a desconstituição da condenação em alimentos.

De outra banda, será visualizado o efeito expansivo subjetivo no momento em que o órgão judicial, provendo determinado recurso, influenciar esfera jurídica alheia a do recorrente e a do recorrido. Exemplo típico é a histórica previsão do art. 1005, CPC, acerca da possibilidade dos litisconsortes serem beneficiados pelo recurso de seus pares.[182] Digno de nota que, ao contrário do que o seu sentido literal possa indicar, apenas os litisconsortes unitários é que são automaticamente protegidos pela norma. É que, nessa espécie, o sistema tutela a isonomia, que seria ferida pelo oferecimento de respostas jurisdicionais contraditórias quanto à mesma relação de direito material. Tratando-se de litisconsórcios simples, em tese, a aplicação do art. 1005, CPC, deveria ocorrer de forma cautelosa, pois em linha de princípio é factível fracionar a decisão para oferecer resposta diversa aos sujeitos envol-

[181] *Lineamenti del nuovo processo di cognizione*, p. 219.

[182] Reza o art. 1.005, CPC: "O recurso interposto por um dos litisconsortes a todos aproveita, salvo se distintos ou opostos os seus interesses. Parágrafo único. Havendo solidariedade passiva, o recurso interposto por um devedor aproveitará aos outros quando as defesas opostas ao credor lhes forem comuns".

vidos, sem que se observe menosprezo à isonomia. A este respeito, sublinha Humberto Theodoro Junior a relevância da "necessidade lógico-jurídica de decisão uniforme da causa para todos os litisconsortes", razão pela qual "a regra se aplica, evidentemente, ao litisconsorte unitário apenas, porque nos demais casos não se justifica a comunicação de efeito do recurso aos colitigantes omissos, já que não se impõe a necessária uniformidade na disciplina da situação litigiosa".[183] Não era outra a conclusão de José Carlos Barbosa Moreira, ao apontar a vedação à "dualidade de regulamentações acerca da matéria" como o valor jurídico protegido pela norma instrumental.[184]

Dessa forma, fala-se em "efeito expansivo" para ilustrar a potencialidade do julgamento afetar interesses alheios aos das partes no recurso (ponto de vista subjetivo) ou atingir atos diversos daqueles diretamente impugnados (ponto de vista objetivo).

3.5. Efeito translativo

Fixada a regra geral prevista pelo efeito devolutivo, que limita a cognição da Corte ao objeto do recurso, decorre a consequência de que ao juízo *ad quem* não é dado se manifestar sobre outros pontos não suscitados pelas partes. Contudo, tal diretriz, presente na maioria dos julgamentos, sofre mitigações, quando, na análise do caso, o julgador se depara com matérias de ordem pública que o próprio ordenamento impõe apreciação *ex officio*.

Dentro desse contexto, surge o efeito translativo, a fim de justificar a possibilidade de que, ao apreciar determinado recurso, a Corte decida fora de seus limites iniciais, acerca de matéria não impugnada.[185] É o que ocorre quando o Tribunal identifica matéria de ordem pública a ser pronunciada (ilegitimidade manifesta de parte, ausência de interesse em agir, etc.). Nessas hipóteses, o órgão judicial extinguirá o processo.

O fenômeno é bem explicado em voto proferido pela Ministra Eliana Calmon: "cediço que, conforme expressa o brocardo *tantum devolutum quantum appellatum*, é permitido ao tribunal recursal apreciar somente as questões que forem ventiladas nas razões recursais ou nas contra-razões ao apelo, sendo-lhe defeso apreciar matérias não impugnadas. Entretanto, devido ao caráter excepcional de determinadas matérias, como, por exemplo, as constantes dos arts. 267, § 3º, e 301, § 4º, do CPC, pode o tribunal transcender à matéria

[183] *Curso de Direito Processual Civil*, p. 127.

[184] *Comentários*, v. 5, p. 381.

[185] Sérgio Cruz Arenhart e Luiz Guilherme Marinoni assim explicam o fenômeno: "se esses temas devem ser examinados pelo juízo em qualquer tempo e grau de jurisdição, eles certamente poderão ser apreciados quando da análise do recurso. O tribunal é autorizado a conhecer destes temas de ordem pública, ainda que não tenham sido ventilados, seja no juízo a quo, seja nas razões de recurso. Tais temas, então, não se submetem ao efeito devolutivo, e podem ser conhecidos pelo Tribunal sempre, em qualquer circunstância, bastando que tenha sido interposto recurso sobre alguma decisão da causa, e que esse recurso chegue a exame do juízo *ad quem*". *Manual do Processo de Conhecimento*. 4. ed., p. 523.

constante nas razões recursais e nas contra-razões, não se falando em julgamento *infra, ultra* ou *extra petita.* Sendo as matérias de ordem pública isentas de preclusão e podendo, inclusive, serem conhecidas de ofício pelo magistrado, admite-se que o tribunal possa sobre elas emitir juízo de valor, ainda que não tenham sido trazidas nas razões de apelação".[186]

Esse proceder encontra respaldo no art. 337, CPC, quando apresenta obstáculos à apreciação do mérito do processo. Dentre as causas impeditivas de tal análise, encontram-se a inexistência ou a nulidade da citação, a incompetência absoluta e a relativa, a inépcia da inicial, a perempção, litispendência, coisa julgada, conexão, incapacidade da parte, defeito de representação ou falta de autorização, ausência de legitimidade ou de interesse processual, etc. De todas as hipóteses apresentadas pelo art. 337, apenas a convenção de arbitragem e a incompetência relativa dependem de provocação do interessado. As demais devem ser conhecidas de ofício, consoante o § 5° do mesmo dispositivo.[187]

Presente qualquer das situações retroexpostas, concluindo pela impossibilidade de o processo cumprir sua função social, deve o julgador corrigir (se possível) ou extinguir a relação processual, ainda que nenhuma das partes tenha solicitado tal procedimento.

Nesses casos, a atuação oficiosa da Corte é autorizada pelo efeito translativo, o qual transfere o exercício da jurisdição para o órgão *ad quem*. Todavia, em sua realização, é fundamental a observância da garantia constitucional do contraditório. Do contrário, inexistindo debate prévio sobre a matéria, a tomada de decisão surpreenderia o recorrente e violaria a dimensão metodológica do contraditório. É neste sentido o alvitre de Fernando Rubin: "especialmente quanto às matérias de ordem pública, o julgador deve então sinalizar para qual tema pode vir a reconhecer *ex officio*, abrindo prazo para as partes se manifestarem a respeito desse novel possível encaminhamento".[188]

A este respeito, o Novo Código valoriza o contraditório e determina que as partes sejam ouvidas antes da tomada de qualquer decisão, como se vê da interpretação conjunta dos artigos 9° e 10.[189]

---

[186] STJ, 2ª Turma, REsp 655.479/RS, DJ: 31.05.2006, p. 248.

[187] Art. 337, § 5°, CPC: "Excetuadas a convenção de arbitragem e a incompetência relativa, o juiz conhecerá de ofício das matérias enumeradas neste artigo".

[188] RUBIN, Fernando. Efetividade *Versus* Segurança Jurídica: Cenários de Concretização de Dois Macroprincípios Processuais do Novo CPC. *Revista Jurídica*: órgão nacional de doutrina, jurisprudência, legislação e crítica judiciária. São Paulo, Ano 63, n° 452, p. 64. Junho de 2015.

[189] Assim preconiza o art. 9°: Não se proferirá decisão contra uma das partes sem que ela seja previamente ouvida. Parágrafo único. O disposto no caput não se aplica: I – à tutela provisória de urgência; II – às hipóteses de tutela da evidência previstas no art. 311, incisos II e III; III – à decisão prevista no art. 701". Complementa a ideia o art. 10: "O juiz não pode decidir, em grau algum de jurisdição, com base em fundamento a respeito do qual não se tenha dado às partes oportunidade de se manifestar, ainda que se trate de matéria sobre a qual deva decidir de ofício".

3.6. Efeito substitutivo

Foi observado que o primeiro efeito da interposição de um recurso é a inauguração de um novo procedimento dentro da relação processual, com o objetivo de instar o Judiciário a revisar a decisão recorrida. A matéria impugnada pelo recorrente, caso seu recurso seja conhecido, será reavaliada pelo Tribunal, que proferirá nova decisão sobre o tema. Refere Francesco Paolo Luiso que a natureza do apelo é alcançada quando ele propicia a reanálise do mérito da sentença, de sorte que "il giudice d'appello ha gli stessi poteri che aveva il giudice di primo grado, e ridecide delle stesse questioni già decise dal giudice di primo grado (purché, ovviamente, devolute in appello) operando una nuova valutazione di tutto il materiale istruttorio raccolto".[190]

Como ensina Araken de Assis, "em relação à finalidade do recurso, há três sistemas cabíveis: sistema de cassação, sistema da substituição e sistema intermediário. No sistema de cassação, o órgão *ad quem*, acolhendo as razões do recorrente, anula o provimento impugnado e remete a órgão inferior – o mesmo que proferiu o ato anulado, ou órgão diverso, mas de igual hierarquia – o processo, a fim de que outra decisão seja proferida, impedida a emissão de ato nos termos da decisão rejeitada. O sistema intermediário implica a anulação do provimento recorrido e a remessa do processo a órgão inferior, para que profira nova decisão, cujo conteúdo ficou predeterminado no órgão *ad quem*. E, conforme o sistema da *substituição*, o órgão *ad quem*, acolhendo o recurso, substitui o ato impugnado por outro de sua autoria, equivalente ao que deveria ter sido proferido pelo órgão *a quo* naquelas circunstâncias (em particular, quanto às questões de direito). Nos dois primeiros sistemas, o recurso assume função rescindente; no último, substitutiva. No sistema jurídico brasileiro, contudo, não há recurso que seja dotado, exclusivamente, da função rescindente. Às vezes, o julgamento de um recurso, a exemplo da apelação, implica a rescisão do provimento impugnado. E, não raro, o próprio recurso extraordinário, ao invés, substitui o acórdão impugnado. Logo, o efeito substitutivo é um traço constante nos recursos do art. 496. Lícito se figura defini-lo como a eliminação retroativa do ato objeto do recurso e a colocação, em seu lugar, de ato emanado do órgão *ad quem*".[191]

Portanto, quando o provimento da Corte incide sobre o mesmo tópico da decisão recorrida, afirma-se que há substituição do julgado, uma vez que, dentro do processo, deve existir apenas um pronunciamento final sobre cada ponto debatido. Pressupostos, então, da incidência do efeito substitutivo seriam o conhecimento do recurso e a análise de seu mérito. Correta ou equivocada a decisão tomada na apreciação do recurso, será este novo julgamento que irá valer para o direito.

---

[190] Prossegue o professor, referindo que: "cio è rilevante soprattutto per quanto attiene alla valutazione dell'attendibilità delle prove libere, alle presunzioni semplici e all'esercizio di poteri valutativi del giudice d'appello in ordine alle c.d. norme elastiche: tutte attività che il giudice di appello compie ex novo, com gli stessi poteri del giudice di primo grado". *Diritto Processuale Civile*, II, p. 384. 3. ed. Milano: Giuffrè, 2000.

[191] *Manual dos Recursos*. 6. ed. São Paulo: RT, 2014, p. 282.

Pode ocorrer, entretanto, que o órgão *ad quem* enfrente matéria distinta do conteúdo do ato decisório contestado ou nem sequer chegue a analisar o mérito do recurso. Basta, nesse sentido, a ausência de uma condição de admissibilidade para determinar o não conhecimento do recurso. Em outras hipóteses, a Corte, a pretexto de preservar o juízo natural, invalida a decisão e determina que outra seja proferida pelo juízo *a quo*. Nessas situações, não há como se falar em efeito substitutivo, pois não houve identidade de matérias.

Para a caracterização do efeito substitutivo, é necessária a análise de seu mérito, desimportando se, ao final desse procedimento, a decisão é mantida ou alterada, pelo êxito ou fracasso da insurgência. Isto não significa que os demais atos do processo, como a decisão recorrida, percam todo e qualquer valor. É possível – e ocorre frequentemente na prática – que, para a compreensão de um pronunciamento, outros devam ser analisados. É o que acontece quando uma decisão é mantida "por seus próprios fundamentos". A decisão final é a que manteve o provimento. Contudo, para compreendê-la, deve ser analisada a primeira, logicamente.

Para as partes, valerá a decisão proferida em grau de recurso, a qual, versando sobre o mesmo tema da decisão atacada, sobrepõe-se a esta. Para identificar esse fenômeno, a doutrina cunhou a expressão "efeito substitutivo", recepcionado pelo art. 1008 do CPC, quando reza que "o julgamento proferido pelo tribunal substituirá a decisão impugnada no que tiver sido objeto de recurso". Também é admissível, portanto, a substituição parcial.

Do julgamento em diante, haverá uma decisão a ser observada: aquela do recurso, a qual delimitará a futura realização do direito reconhecido.

4. Pressupostos de admissibilidade dos recursos

4.1. Questão preliminar: juízo de admissibilidade e juízo de mérito

Usualmente, o julgamento dos recursos é composto por dois momentos cruciais. Inicialmente, é realizado o "juízo de admissibilidade", cujo objetivo é concluir pela presença de todos os pressupostos impostos pelo direito para a análise das questões levantadas pelo recorrente (o "mérito recursal").

Como bem pontuam Friedrich Lent e Othmar Jauernig, "os pressupostos da admissibilidade correspondem aos pressupostos gerais do processo. Como na sua falta não pode seguir-se qualquer decisão de fundo da acção, também aqui na falta de admissibilidade não pode haver qualquer objeto do recurso; antes, este tem de ser rejeitado por inadmissível sem exame do seu objecto (ao contrário da rejeição por falta de fundamento após o exame do seu objecto)".[192] Agrega Trícia Navarro Cabral que "o controle dos requisitos de admissibilidade também se presta a inibir a interposição desmedida de recursos, além de atuar como forma de sanear os atos recursais e ainda de proteger e valorizar a sentença de primeiro grau".[193]

Caso o resultado desse provimento seja positivo (isto é: presentes os pressupostos de admissibilidade), passa-se a um segundo momento, de análise das críticas formuladas pelo recorrente (mérito recursal). Ao produto dessa primeira atividade, costumam-se apontar as expressões "recurso conhecido" ou "recurso não conhecido". Apenas quando o recurso é conhecido, é possível debater seu provimento ou desprovimento (ou seja: se a crítica do recorrente procede). Por conseguinte, é em tese possível – e acontece muito frequentemente – o conhecimento aliado ao desprovimento do recurso. Contudo, fenômeno inverso não é comum (provimento sem o conhecimento), sendo considerado uma anomalia.[194]

Lembra José Carlos Barbosa Moreira que a estipulação de requisitos de admissibilidade é fundamental para livrar o jurisdicionado (e o sistema) da insegurança. Um ordenamento idealizado, no qual não houvesse condição alguma de admissibilidade, traria o grave problema de deixar "indefinidamente em aberto a matéria que constitui objeto da impugnação". Ato contínuo, lamenta o volume de decisão de não conhecimento: "elas lembram refeições em que, após os aperitivos e os *hors d'oeuvre*, se despedissem os convidados sem o anunciado prato principal".[195]

Em face dessa realidade, é conveniente interpretar tais requisitos com grãos de sal, sob pena de se frustrar a aplicação do direito pela excessiva valorização do fetiche formalista. Cada pressuposto recursal possui em si uma finalidade, a qual de maneira expressa ou velada traduz uma garantia para o jurisdicionado. Quando esses objetivos são alcançados, sem ofender as legítimas expectativas das partes, nada impede que os vícios sejam desconsiderados, em nome da melhor aplicação do direito e da realização do efetivo acesso à Justiça.

Em nome do acesso à justiça, entendemos – contrariando a jurisprudência atualmente majoritária – que, diante de dúvidas quanto à ultrapassagem dos requisitos de admissibilidade, seja tutelado o recorrente, com o conhecimento do recurso. É de ser revista a orientação dos Tribunais, segundo a qual compete exclusivamente ao recorrente comprovar a superação das condições de admissibilidade, espancando toda e qualquer dúvida.

Felizmente o Novo Código se mostrou sensível ao tema e autorizou de forma expressa a regularização de irregularidades, mesmo após a interposi-

---

[192] *Direito Processual Civil*, p. 363.

[193] *Ordem pública processual*. Brasília: Gazeta Jurídica, 2015.

[194] No direito criminal há o interessante fenômeno do *habeas corpus ex officio*, indicando hipóteses nas quais o *habeas* impetrado não é conhecido, mas o julgador se convence de que o paciente merece ser amparado por alguma circunstância detectada no processo.

[195] *Restrições ilegítimas ao conhecimento dos recursos*, p. 40.

ção dos recursos. Consoante o art. 932, parágrafo único, incumbe ao relator determinar a sanação dos vícios, concedendo ao recorrente o prazo de 5 dias. Apenas quando impossível ou desatendido o comando judicial, estará autorizado a declarar a inadmissibilidade do recurso.

Neste capítulo, serão abordadas apenas as principais condições de admissibilidade.

4.2. Cabimento

O sistema brasileiro preconiza a utilização dos recursos, diante de situações pré-identificadas pelo direito. Não compete à parte criar um recurso, mas sim utilizá-lo, consoante os limites do ordenamento. Com a habitual correção, Araken de Assis analisa o cabimento por "dois ângulos distintos, mas complementares": a recorribilidade do ato e a propriedade do recurso interposto.[196] Ou seja, formulam-se duas indagações: (a) quanto ao ato judicial, é ele recorrível? (b) quanto ao recurso, trata-se do recurso adequado?

Ambas as perguntas devem receber respostas positivas para que ocorra o conhecimento. Auxilia na resposta o princípio da singularidade, na medida em que traz a regra geral pela qual contra cada resolução apenas um recurso pode ser manejado: justamente aquele previsto pelo ordenamento para a situação concreta.

Lamentavelmente, muitas vezes o jurisdicionado se depara com dúvidas acerca do recurso cabível, diante até mesmo do regramento legal confuso. Nessas hipóteses, como referido em capítulo anterior, é compulsória a aplicação do princípio da fungibilidade, para se garantir a ultrapassagem do requisito cabimento.[197]

4.3. Legitimidade

Reflexo das condições da ação no plano recursal é encontrado na exigência de que o procedimento recursal se desenvolva com partes legítimas. Tendo em vista que a legitimidade recursal é dada pela sucumbência, via de regra, estará legitimado ativamente o cidadão prejudicado pela decisão recorrida. De seu turno, o polo passivo será ocupado pela "parte vincitrice".[198] Essa é a legitimação comum.

---

[196] Condições de admissibilidade dos recursos cíveis. In: *Doutrina e Prática do Processo Civil Contemporâneo*. São Paulo: RT, 2000, p. 296.

[197] Uma interessante sugestão é dada por José Carlos Barbosa Moreira: constatando o erro justificável do jurisdicionado, cumpre ao magistrado de ofício remeter o recurso para o órgão perante o qual deveria ter sido realizado o protocolo, a fim de que este analise sua admissibilidade e, ato contínuo, com o juízo positivo, avance ao mérito. In: *Restrições Ilegítimas ao Conhecimento dos Recursos*, p. 44.

[198] Na lição de Marco Zanzucchi: "legittimato attivamente è chiunque, come parte' nel giudizio in cui è stata pronunciata la sentenza impugnata, è rimasto soccombente" (...) "leggitimato passiva-

Quanto ao tema, o art. 996 do CPC dispõe: "recurso pode ser interposto pela parte vencida, pelo terceiro prejudicado e pelo Ministério Público, como parte ou como fiscal da ordem jurídica".[199] Ou seja, o Ministério Público também pode recorrer quando atua na qualidade de fiscal da lei (*custos legis*), uma vez que presumido o interesse social em sua intervenção.[200]

Não apenas as partes ostentam legitimidade. Também os terceiros e sujeitos do processo (como o próprio juiz, o perito, etc.) têm excepcional legitimação. Como corretamente assinala o mestre de Uberlândia Wendel de Brito Lemos Teixeira, é diante dos incidentes de impedimento e suspeição, torna-se o juiz excepto, de sorte que a "arguição de impedimento é dirigida contra a pessoa física do Magistrado e não contra o Juízo ou órgão jurisdicional. A legitimidade passiva da exceção de impedimento é da pessoa física do julgador a quem se afirma impedida, o qual se transmuda para a figura de mera parte. É tão clara a transformação da figura do Julgador para a parte que o mesmo pode recorrer e ser condenado em custas, se tratando do 'único caso em que, no direito brasileiro, o Juiz deixa de ser terceiro para ser parte (limitadamente ao incidente)'".[201]

Outrossim, a doutrina vem assinalando que a sentença pode, eventualmente, atingir terceiros. É um fenômeno corriqueiro. Ensina Alvaro Paranhos Severo "que a sentença jurisdicional poderá, portanto, atingir a todos estes sujeitos, sejam eles partes ou terceiros, interessados juridicamente ou não. O que varia entre eles é a intensidade dos seus efeitos, conforme o grau de relação que possuírem com os elementos do processo".[202]

Justamente em face dessa "intensidade" dos efeitos e a posição em que o terceiro se encontre, no plano da realidade e do direito material, o sistema jurídico irá lhe permitir recorrer das decisões proferidas. O terceiro, ao ingressar no processo, deve demonstrar o seu interesse na causa. Diante de recursos, compete-lhe caracterizar o prejuízo suportado pela decisão judicial.[203]

---

mente è invece quegli, contro cui compete il diritto di impugnazione, ossia la parte vincitrice, e, nel caso della opposizione di terzo, entrambe le parti in causa". *Diritto Processuale Civile*, p. 196-197.

[199] Reza o art. 996: "O recurso pode ser interposto pela parte vencida, pelo terceiro prejudicado e pelo Ministério Público, como parte ou como fiscal da ordem jurídica. Parágrafo único. Cumpre ao terceiro demonstrar a possibilidade de a decisão sobre a relação jurídica submetida à apreciação judicial atingir direito de que se afirme titular ou que possa discutir em juízo como substituto processual".

[200] Objetivando orientar os Tribunais, o Superior Tribunal de Justiça editou a Súmula nº 99: "O Ministério Público tem legitimidade para recorrer no processo em que oficiou como fiscal da lei, ainda que não haja recurso da parte".

[201] *Inibições Processuais*: abstenção, impedimento e suspeição no processo civil, processo administrativo e arbitragem. Belo Horizonte: Del Rey, 2011.p. 113

[202] A coisa julgada no processo coletivo. In: *Direito & justiça*, Álvaro Vinícius Paranhos Severo, v. 39, n. 2, p. 253-262, jul./dez. Porto Alegre, 2013.

[203] Por ilustração: "... o recurso pode ser interposto pela parte vencida, pelo terceiro prejudicado ou pelo Ministério Público, cabendo ao terceiro, quando interpuser a irresignação na condição de prejudicado, demonstrar o nexo de interdependência entre seu interesse e a relação jurídica submetida à apreciação judicial, o que, in casu, não ocorreu". REsp 1520974/PE, 2. T., Rel. Min. Herman Benjamin, j. 28/04/2015. DJe 30/06/2015.

Em linha de princípio, o terceiro deve observar os mesmos requisitos de admissibilidade exigidos da parte, em especial a tempestividade.[204] Assinala o professor Diogo Rezende de Almeida a este respeito que "o terceiro tem à sua disposição os mesmos recursos disponibilizados às partes e deve preencher os mesmos requisitos de admissibilidade. Conquanto não seja intimado, como o são as partes, o terceiro deve se atentar para o prazo destinado àquelas. Passado esse prazo, o recurso do terceiro é intempestivo, mesmo que sua ciência da decisão se dê em momento posterior ao próprio término do prazo".[205]

Outro tópico interessante versa sobre a legitimidade recursal do advogado. Como se sabe, ainda que omissa a petição inicial ou a contestação quanto ao pedido de condenação do vencido nos ônus da sucumbência, o direito brasileiro impõe ao magistrado condenar o sucumbente ao pagamento de tal verba, utilizando os parâmetros do art. 85, CPC. A sentença condenará o vencido a pagar honorários ao advogado do vencedor. Encerrando intensos debates, o CPC determina que os honorários de sucumbência pertendem ao advogado e, desta forma, não são suscetíveis de compensação, conforme § 14 desse dispositivo.

A celeuma surge a partir de um arbitramento irrisório ou, ainda, quando nem sequer a condenação em honorários sucumbenciais é observada. Nessas hipóteses, o próprio advogado – que não é parte no processo – ostenta legitimidade para recorrer, afinal a verba reverterá em seu proveito. Consideramos que, nessas hipóteses, o recurso poder ser interposto pelo advogado ou pela parte, em nome de uma maior simplicidade.

É importante anotar a este respeito que o CPC, ao disciplinar a assistência judiciária gratuita, preconiza, em seu art. 99, § 5º, que o recurso que verse exclusivamente sobre valor de honorários de sucumbência fixados em favor do advogado de beneficiário estará sujeito a preparo, salvo se o próprio advogado demonstrar que tem direito à gratuidade. Trata-se de uma inovação do Código.

4.4. Interesse recursal

O interesse recursal decorre do famoso binômio idealizado por Enrico Tullio Liebman, como reconhece Marco Tullio Zanzucchi: "interesse che non è se non un particolare aspetto del generale interesse ad agire'".[206] Apenas

[204] Nesse sentido: "... Em respeito ao princípio da igualdade processual, devem ser observados pelo terceiro prejudicado os mesmos prazos recursais a que se submetem as demais partes do processo. Precedentes do Superior Tribunal de Justiça e do Supremo Tribunal Federal". AgRg no REsp 1532759/SC, 6. T., Rel. Min. Maria Thereza de Assis Moura, j. 18.08.2015. DJe 01.09.2015.

[205] *Recursos Cíveis*. Salvador: JusPodivm, 2019. p. 91.

[206] *Diritto Processuale Civile*, II, p. 185.

possui interesse juridicamente relevante a pessoa que tenha sido ofendida pela decisão impugnada.[207]

Nesse sentido, cumpre ao órgão judicial aferir se a análise do recurso mostra-se necessária e útil ao recorrente e, principalmente, se a decisão lhe ocasiona gravame.[208] Quando observado que determinado recurso não lhe trará a satisfação almejada, então deve ser abortado de pronto o caminho, evitando-se o prolongamento inútil de um procedimento fadado ao fracasso.[209] É o que ocorre quando a parte postula a consequência prática já concedida pela decisão vergastada[210] ou algo que poderia ser requerido em sede de contrarrazões.

A análise do interesse se dá desde o momento da interposição até o julgamento. Enquanto não julgado o recurso, a vida prossegue e com ela sucedem fatos que interferem na utilidade futura do provimento. Vários casos são observados na prática. Por ilustração, de nada adiantará discutir se uma parte – que vem a falecer enquanto pende de apreciação o recurso – merece receber medicamentos enquanto tramita o processo.[211] Enfim, importa verificar qual o resultado concreto da apreciação de um recurso, de acordo com a realidade do momento em que ele é julgado, e não apenas consoante os fatos então contemporâneos à sua interposição. Quando desaparece o interesse recursal, a jurisprudência costuma se valer da expressão "recurso prejudicado".

---

[207] "O interesse em recorrer é instituto ontologicamente semelhante ao interesse em agir como condição da ação e é mensurado à luz do benefício prático que o recurso pode proporcionar ao recorrente". EDcl nos EDcl nos EDcl no REsp 474.475/SP, 1. T., Rel. Min. Luiz Fux. DJE: 25.05.2010.

[208] Como corretamente explica Eduardo Couture, "nos regimos por el principio francés de que no hay nulidad sin gravamen o sin perjuicio. Y entonces pareceria a primera vista que lo que hay necesidad de saber es si la sentencia causa perjuicio, porque si no causa perjuicio el legislador le priva de la declaración de nulidad, y por eso habria que entrar directamente al examen del contenido de la sentencia. Sin embargo esta es una aparencia solamente...". *Procedimiento. Primer Curso*, p. 910.

[209] "A parte recorrente não restou sucumbente quanto à matéria impugnada, circunstância que caracteriza, portanto, a ausência de interesse recursal a justificar o conhecimento do apelo". AgRg no REsp 945.059/RS, 6. T., Rel. Min. Maria Thereza de Assis Moura. DJE: 15.03.2010.

[210] Ementa abstrata, porém elucidativa do fenômeno: "Processo civil. Interesse recursal. Ausência. Falta interesse ao recurso interposto quando a pretensão nele perseguida já foi satisfeita pelo julgado. Agravo regimental não conhecido". STJ, AGRESP 810369/RS, 3. T., DJ: 05.06.2006, p. 281. Do TJRS: "quando lhe é favorável a decisão interlocutória atacada, à parte-agravante, falece de interesse recursal", decisão monocrática do Des. Paulo Sérgio Scarparo no Agravo de Instrumento n. 70037180825, j. 23.06.2010.

[211] Por ilustração: "... Em consulta ao site do Tribunal Regional Federal da 4ª Região, constata-se que já foi proferida sentença nos autos da ação principal, extinguindo o processo sem julgamento do mérito, nos termos do art. 267, IV e IX, do CPC, em virtude do falecimento da autora (Evanir Terezinha de Souza Silva). 3. Comprovada a perda de objeto, não mais se verifica o interesse de agir por parte da embargante, considerando-se, assim, prejudicado o recurso. 4. Embargos de Declaração prejudicados". (EDcl no AgRg no REsp 1150550/SC, 2. T., Rel. Min. Herman Benjamin, j. 28.05.2013. DJe 03.06.2013)

4.5. Inexistência de fatos extintivos ou impeditivos (em especial: renúncia, aquiescência, a desistência e o adimplemento de multas)

A doutrina costuma apontar fatos que extinguem ou impedem o procedimento recursal.

Decorre do princípio da voluntariedade a ideia que nenhuma parte pode ser constrangida a inaugurar o procedimento recursal. Se ninguém é constrangido a recorrer, as partes podem renunciar ao direito de interpor um recurso, abreviando o trânsito em julgado.

A renúncia encontra base legal no art. 999, quando assim preconiza: "a renúncia ao direito de recorrer independe da aceitação da outra parte". Esta declaração, quando séria, vincula o declarante, de quem se espera um comportamento retilíneo.

Sobre este ponto, surge a interessante questão de se admitir a renúncia antes de se conhecer o teor da decisão e mesmo antes de sua prolação. Em outros termos: poderiam os litigantes, em audiência, renunciar ao recurso cabível contra a sentença que será proferida?

A solução proposta por José Carlos Barbosa Moreira é extremamente lógica: "renunciar ao direito de recorrer antes de proferida a decisão é renunciar a um direito que ainda não se tem, e, a rigor, nem sequer se sabe se nascerá – o que depende, como é intuitivo, do sentido em que se venha a pronunciar-se o órgão judicial (...) assim, a possibilidade de renunciar-se validamente apenas surge, ao nosso ver, no instante em que surge a possibilidade de interpor o recurso. O termo final é a própria interposição (depois da qual só cabe falar em desistência, não de renúncia), ou a ocorrência de qualquer fato que já torne inadmissível o recurso; o esgotamento *in albis* do prazo para interpô-lo, aquiescência à decisão recorrível, etc.".[212]

Semelhante argumento é utilizado pelo direito italiano para vedar a "acquiescenza preventiva". Entende-se que a aceitação da sentença somente é possível quando o direito de recorrer surge. A manifestação de vontade, portanto, deve ser subsequente ao surgimento do direito de recorrer.[213] No direito tedesco, a vedação ocorre pelo fato de que somente após a pronúncia "a parte pode dar-se conta se e em que medida foi vencida".[214]

No futuro, quiçá essa orientação seja modificada, admitindo-se a "renúncia prévia" em prol de outros valores prezados pelo sistema constitucional de garantias, como a segurança. Tal orientação, aliás, em casos excepcionais, já deveria ser aplicada, para evitar que jurisdicionados de má intenção ludibriem seus adversários com promessas de não recorrer contra acordos celebrados por livre e espontânea vontade etc.

---

[212] *Comentários ao CPC*. 12. ed., p. 343.

[213] Francesco Paolo Luiso. *Diritto Processuale Civile*, 3. ed. Milano: Giuffrè, 2000, p. 299.

[214] *Direito Processual Civil*, p. 368.

De toda sorte, esta matéria ainda deverá ser amadurecida. Fica a conclusão, no sentido de que, tendo havido a renúncia, antes de deduzida a inconformidade, haverá a impossibilidade de se avançar na análise do mérito da inconformidade. Detectado este fato extintivo do direito de recorrer, não será o recurso conhecido.

Outro fato que impede o conhecimento de um recurso é a aquiescência. Conforme o art. 1.000: "a parte que aceitar expressa ou tacitamente a decisão não poderá recorrer". O conceito legal está expresso no parágrafo único: "considera-se aceitação tácita a prática, sem nenhuma reserva, de ato incompatível com a vontade de recorrer".

Como observado, a aceitação pode-se dar de forma expressa ou tácita.[215] Esta última é valorada a partir do comportamento concludente da parte.[216] São exemplos de aceitação tácita a propositura de idêntica demanda na pendência de prazo recursal, o elogio sério da correção da decisão, a promessa pública de cumprimento do julgado, etc.

A doutrina civilista auxilia o direito processual na superação desses impasses. Há muito, colhem-se exemplos de aceitações analisadas pelo direito à luz de dados objetivos. Apenas por ilustração, o art. 1.805 do Código Civil infere a aceitação da herança pelo herdeiro que realiza atos próprios de sua condição.[217] O importante, nessas em tantas outras hipóteses, é tutelar a segurança jurídica, pela exigência de coerência comportamental (e a vedação do *venire contra factum proprium*, pois o agir de uma pessoa gera expectativas no declaratário).

Diante das hipóteses acima (renúncia e aquiescência), de regra, o recurso não chega a ser interposto, daí falar a doutrina em "causas extintivas do direito de recorrer". Ao lado delas, contudo, existência outras situações que impedem o conhecimento de um recurso já interposto. São comumente chamadas de causas impeditivas.

---

[215] Ensina Pontes de Miranda que "aceita-se, expressa ou tacitamente, o conteúdo da sentença (ou do acórdão), ou da decisão interlocutiva, de modo que tal atitude se há de interpretar como *renúncia tácita*. A aceitação é que pode ser expressa ou tácita. Se não houve renúncia e houve a aceitação, houve renúncia tácita, quer tenha sido expressa, quer tenha sido tácita a aceitação. A aceitação, expressa ou tácita, de modo nenhum se referia ao recurso, razão por que o art. 503 teve de cogitar da eficácia da aceitação no *plano recursal*." *Comentários ao Código de Processo Civil*, t. VII, Rio de Janeiro: Forense, 1975, p. 112.

[216] Também a doutrina italiana admite a aquiescência tácita, como se vê da lição de Francesco Paolo Luiso: "lacquiescenza che fa riferimento alla volontà della parte, consiste in una manifestazione ("acquiescenza risultante da accettazione espressa") espressa dalla volontà di accettare la sentenza o di rinunciare allimpugnazione. Lacquiescenza tacita si ha invece, quando la parte pone in essere atti incompatibili con la volontà di avvalersi delle impugnazione ammesse dalla legge". *Diritto Processuale Civil*, II, p. 297.

[217] Caio Mário da Silva Pereira apresenta um rol de situações: "administração, a alienação ou a oneração dos bens que integram a herança; a locação, reconstrução ou demolição de prédio; a propositura de ação; a cobrança de dívidas do espólio, o transporte de bens da herança para o domicílio do herdeiro; o exercício de ações próprias de herdeiro". Instituições de Direito Civil, v. VI, 17. ed. Rio de Janeiro: Forense, 2010, p. 44.

A desistência, estudada quando da análise do princípio da voluntariedade, é admitida a qualquer tempo e a sua homologação não se sujeita à anuência do recorrido ou dos litisconsortes, uma vez que seu efeito atinge diretamente o próprio desistente, sem prejudicar as demais partes do processo. Diferencia-se da renúncia, uma vez que esta ocorre antes do recurso ser interposto, ao passo que a desistência, para ser exercitada, necessita de um recurso pendente de julgamento.

Por fim, observa-se que por vezes o ordenamento, a fim de coibir o uso indevido do processo judicial, impõe sanções ao litigante infrator. Tais penalidades variam de intensidade: desde a leve multa em percentual sobre o valor da causa até a discutível proibição de falar nos autos.

No que interessa aos recursos, o sistema exige em algumas oportunidades que o recorrente adimpla multas aplicadas em face de anterior comportamento condenável. Sem o recolhimento prévio de tais penalidades, não é viável o conhecimento do recurso posterior.

O Novo Código de Processo Civil contempla o fenômeno em alguns de seus artigos. Dentre eles, vale destacar o art. 1.021, §§ 4º e 5º,[218] relativos ao agravo interno, bem como o art. 1.026, §§ 4º e 5º,[219] acerca dos embargos de declaração.

4.6. Tempestividade

Um dos temas mais complexos e de relevante interesse prático diz respeito à tempestividade. Inúmeras são as normas previstas no Novo Código e na jurisprudência para a aferição da tempestividade dos recursos.

Nesse sentido, uma das principais alterações foi cristalizada no art. 219: "na contagem de prazo em dias, estabelecido por lei ou pelo juiz, computar-se-ão somente os dias úteis".

A Ordem dos Advogados do Brasil considera esta inovação como uma "conquista da advocacia". O Dr. Cláudio Lamachia, então Presidente da OAB, a este respeito comemorou: "a advocacia pode celebrar mais uma conquista alcançada, expressamente prevista no art. 219 do novo Código de Processo

[218] Art. 1.021, § 4º Quando o agravo interno for declarado manifestamente inadmissível ou improcedente em votação unânime, o órgão colegiado, em decisão fundamentada, condenará o agravante a pagar ao agravado multa fixada entre um e cinco por cento do valor atualizado da causa. § 5º A interposição de qualquer outro recurso está condicionada ao depósito prévio do valor da multa prevista no § 4º, à exceção da Fazenda Pública e do beneficiário de gratuidade da justiça, que farão o pagamento ao final.

[219] Art. 1.026, § 4º Quando manifestamente protelatórios os embargos de declaração, o juiz ou o tribunal, em decisão fundamentada, condenará o embargante a pagar ao embargado multa não excedente a dois por cento sobre o valor atualizado da causa. § 5º Na reiteração de embargos de declaração manifestamente protelatórios, a multa será elevada a até dez por cento sobre o valor atualizado da causa, e a interposição de qualquer recurso ficará condicionada ao depósito prévio do valor da multa, à exceção da Fazenda Pública e do beneficiário de gratuidade da justiça, que a recolherão ao final.

Civil" afinal "apesar de ser a advocacia a maior beneficiada pelo novo dispositivo, juízes, peritos judiciais e todos aqueles que estejam sujeitos ao cumprimento de prazos processuais também serão favorecidos com o descanso nos fins de semana e feriados, vez que essas datas estão excluídas no cômputo do prazo. Nada mais justo que conferir à advocacia um direito constitucional já assegurado à maioria das profissões".[220]

Como regra geral, os atos processuais são publicados e daí inicia a contagem do prazo, "excluindo o dia do começo e incluindo o do vencimento" (art. 224).[221] Ou seja, publicada a decisão no dia 13, o dia um do prazo será o seguinte (se for dia útil, pois "os dias do começo e do vencimento do prazo serão protraídos para o primeiro dia útil seguinte, se coincidirem com dia em que o expediente forense for encerrado antes ou iniciado depois da hora normal ou houver indisponibilidade da comunicação eletrônica", cf. § 1°, art. 224, CPC).

Outrossim, é de se ter em mente a informatização do processo judicial e a utilização de Diários de Justiça Eletrônicos. Segundo o art. 4°, § 3°, da Lei 11.419/2006: "considera-se como data da publicação o primeiro dia útil seguinte ao da disponibilização da informação no Diário da Justiça eletrônico". Popularmente, os profissionais aludem à fórmula "D+1". Reconhecendo o sucesso das intimações eletrônicas, o CPC preconiza que elas sejam priorizadas, "sempre que possível" (art. 270). Esta regra foi mantida no art. 224, § 2°, CPC.

Distingue a norma dois momentos relevantes: a disponibilização da informação no *site* e a publicação, que é considerada apenas no dia seguinte. Por decorrência, o prazo é inaugurado no dia útil posterior à publicação.

Didática é a exposição da Min. Laurita Vaz: "disponibilizada a decisão no Diário de Justiça Eletrônico de 02/03/2009 (segunda-feira), considera-se como data de publicação o primeiro dia útil seguinte, 03/03/2009 (terça-feira), data também em que o ente público tomou ciência do provimento judicial e, portanto, o decurso do quinquídio legal – contado em dobro por se tratar da Fazenda Pública – teve início em 04/03/2009 (quarta-feira), expirando-se em 13/03/2009 (sexta-feira), sendo o presente recurso protocolizado em 16/03/2009 (segunda-feira)".

Atualmente, com os avanços do processo eletrônico nos Tribunais (que facilitam o acesso do operador e livram o meio ambiente de degradação), a intimação eletrônica é regra.

---

[220] *O Novo CPC, As conquistas da advocacia* (coords. Marcus Vinícius Furtado Coêlho *et alli*). Brasília: OAB, Conselho Federal, 2015, p. 97.

[221] Dispõe o art. 224: "Salvo disposição em contrário, os prazos serão contados excluindo o dia do começo e incluindo o dia do vencimento. § 1° Os dias do começo e do vencimento do prazo serão protraídos para o primeiro dia útil seguinte, se coincidirem com dia em que o expediente forense for encerrado antes ou iniciado depois da hora normal ou houver indisponibilidade da comunicação eletrônica. § 2° Considera-se como data de publicação o primeiro dia útil seguinte ao da disponibilização da informação no Diário da Justiça eletrônico. § 3° A contagem do prazo terá início no primeiro dia útil que seguir ao da publicação".

Mais específica a respeito do direito recursal é a previsão do art. 1.003, cuja redação é a seguinte: "O prazo para interposição de recurso conta-se da data em que os advogados, a sociedade de advogados, a Advocacia Pública, a Defensoria Pública ou o Ministério Público são intimados da decisão. § 1º Os sujeitos previstos no *caput* considerar-se-ão intimados em audiência quando nesta for proferida a decisão. § 2º Aplica-se o disposto no art. 231, incisos I a VI, ao prazo de interposição de recurso pelo réu contra decisão proferida anteriormente à citação. § 3º No prazo para interposição de recurso, a petição será protocolada em cartório ou conforme as normas de organização judiciária, ressalvado o disposto em regra especial. § 4º Para aferição da tempestividade do recurso remetido pelo correio, será considerada como data de interposição a data de postagem. § 5º Excetuados os embargos de declaração, o prazo para interpor os recursos e para responder-lhes é de 15 (quinze) dias. § 6º O recorrente comprovará a ocorrência de feriado local no ato de interposição do recurso".

Consoante o parágrafo quarto, a tempestividade do recurso remetido pelo correio deve ocorrer pela verificação da data de postagem e não da data de protocolo na Secretaria. Com efeito, o serviço prestado pelo Correio deve ser entusiasmado, especialmente à luz das dimensões continentais de nosso país e de muitos Estados.

A previsão do Código vai de encontro ao enunciado da Súmula 216, a qual preconiza que "a tempestividade de recurso interposto no Superior Tribunal de Justiça é aferida pelo registro no protocolo da secretaria e não pela data da entrega na agência do Correio".[222] Logo, este enunciado, que colide frontalmente com o CPC/2015, precisa ser cancelado. Contudo, durante o ano de 2019, a orientação permanecia sendo aplicada pelo STJ, especialmente quando do julgamento de recursos interpostos sob a égide do CPC/73.[223]

Outrossim, como se observa do parágrafo quinto, outra relevante alteração diz respeito aos prazos para a interposição dos recursos. Houve, no Novo Código, uma uniformização. Agora, todos os recursos devem ser interpostos no prazo de 15 dias úteis, com a exceção dos embargos de declaração cujo prazo permaneceu em 5 dias.

É de se lamentar, contudo, que o art. 1.003 tenha optado por exigir a prova do feriado local no ato de interposição do recurso. Trata-se de uma rara

[222] Por ilustração: AgRg nos EDcl no RCD no AREsp 400.453/MG, 4. T., Rel. Min. Luis Felipe Salomão, j. 16.12.2014. DJe 19.12.2014.

[223] "PROCESSUAL CIVIL. AGRAVO INTERNO NO RECURSO ESPECIAL. TEMPESTIVIDADE. AFERIÇÃO. DATA DO PROTOCOLO DA PETIÇÃO NO TRIBUNAL DE ORIGEM. SÚMULA 216/STJ. 1. A orientação desta Corte é no sentido de que a tempestividade do recurso interposto na vigência do CPC/1973, deve ser aferida pela data do protocolo da petição na Secretaria do Tribunal de origem, e não pela data da postagem na agência dos Correios, nos termos da Súmula 216 do STJ. 2. A Corte Especial do STJ passou a admitir, para fins de verificação da tempestividade recursal, a data do protocolo postal integrado, desde que haja previsão em norma local. No presente caso, o recurso especial foi protocolizado em 2014, quando vigia a Resolução 747/TJMG, que vedava o uso do protocolo postal para recursos dirigidos aos Tribunais Superiores. 3. Agravo interno não provido". AgInt no REsp 1703632/MG, 1. T., Rel. Min. Benedito Gonçalves, j. 11.12.2018. DJe 04.02.2019.

situação em que o CPC/2015 tornou-se mais formalista que o anterior, uma vez que a jurisprudência admitia a comprovação posterior, quando da interposição do Agravo Regimental.[224] Entretanto, a partir da nova redação, a jurisprudência passou a adotar a interpretação literal.[225] Seria o caso do Congresso Nacional agir para alterar o parágrafo sexto, em nome do acesso à justiça. Enquanto tal não sucede, a doutrina lamenta a posição defensiva das Cortes.[226]

Por fim, ainda há que se ter em mente orientações jurisprudenciais importantes, como a que determina a fluência do prazo a partir da demonstração de ciência inequívoca do ato judicial. São exemplos desta situação a retirada dos autos de cartório[227], o comparecimento espontâneo[228], a juntada de petições ou "pedidos de reconsideração" que evidenciem a ciência da decisão, etc.[229] Nesses casos, em que não há dúvidas quanto ao conhecimento do ato do juiz, torna-se lícita a aplicação da teoria da ciência inequívoca. Nos demais, não.

4.6.1. Aplicação do art. 229, CPC

Aspecto interessante – e que frequentemente enseja discussões – é a incidência do art. 229, CPC, que contempla com prazos dobrados os litisconsortes representados por diferentes procuradores.[230] O pressuposto genérico

---

[224] Essa realidade é assim descrita pelo Min. Herman Benjamin "Ocorre que a Corte Especial, no julgamento do AREsp 137.141/SE, Rel. Min. Antônio Carlos Ferreira, ocorrido no dia 19.9.2012, acompanhando o entendimento proferido pelo Supremo Tribunal Federal no AgRg no RE 626.358/MG, Rel. Min. Cezar Peluso, DJ 23.8.2012, modificou sua jurisprudência, passando a permitir a comprovação de feriado local ou suspensão dos prazos processuais não certificada nos autos em momento posterior à interposição do recurso na origem". (AgRg no AREsp 552.073/SP, 2ª T., Rel. Min. Herman Benjamin, j. 09.12.2014. DJe 16/12/2014)

[225] Nesse sentido: "A existência de feriado local deve ser comprovada no ato de interposição do recurso, nos termos do art. 1.003, § 6º, do CPC/2015. 3. Embargos de Declaração acolhidos parcialmente, sem efeitos modificativos". EDcl no AgInt no REsp 1700438/TO, 1ª T., Rel. Min. Benedito Gonçalves, j. 25.10.2018. DJe 05.11.2018.

[226] Por ilustração, a Jornada de Direito Processual (CJF) aprovou o enunciado n. 66: "Admite-se a correção da falta de comprovação do feriado local ou da suspensão do expediente forense, posteriormente à interposição do recurso, com fundamento no art. 932, parágrafo único, do CPC".

[227] REsp 591.250/RS, 4ª T., Rel. Min. Barros Monteiro.

[228] REsp 443.085/SP, 1ª T., Rel. Min. Teori Zavascki.

[229] Nesse sentido: "a intimação das partes acerca dos conteúdos decisórios é indispensável ao exercício da ampla defesa e do contraditório, pois somente com o conhecimento dos atos e dos termos do processo que cada litigante encontrará os meios necessários e legítimos à defesa de seus interesses. A parte que espontaneamente peticiona nos autos e por seu conteúdo revela sem sombra de dúvidas ter conhecimento do ato decisório prolatado, mas não publicado, tem ciência inequívoca para desde então interpor agravo de instrumento. Diante da consideração documentada nos autos originários, arguida e provada pela parte adversa em contrarrazões ao agravo de instrumento, efetivamente não há como afastar a ciência inequívoca da agravante sobre o conteúdo da decisão proferida.Na hipótese, a agravante manifestou textualmente a ciência do conteúdo decisório impugnado quatro meses antes da interposição do agravo de instrumento". REsp 1710498/CE, 3ª T., Rel. Min. Nancy Andrighi, j. 19.02.2019. DJe 22/02/2019.

[230] Art. 229, CPC: "Os litisconsortes que tiverem diferentes procuradores, de escritórios de advocacia distintos, terão prazos contados em dobro para todas as suas manifestações, em qualquer juízo ou

para a aplicação da norma é a diversidade de advogados em atuação a favor dos litisconsortes. O benefício tem ampla aplicação e ainda gera algumas discussões.

Inicialmente, deve ser destacado que, como regra, os prazos de contestação quando houver litisconsórcio, serão sempre dobrados, salvo quando o mesmo procurador represente ambas as partes ou quando ambos os procuradores atuem na mesma sociedade de advogados. Com efeito, não é razoável exigir que o jurisdicionado conte com a revelia alheia, a qual ocorre apenas excepcionalmente na vida judiciária. Por isso, a jurisprudência sublinha que "em caso de litisconsórcio entre dois corréus, o prazo deverá ser contado em dobro, mesmo que um deles seja revel, deixando de apresentar contestação".[231] Todavia, enquanto o réu revel não constituir procurador, deixará de incidir o art. 229, após o oferecimento da contestação, na linha do parágrafo primeiro desse dispositivo.[232]

Em relação às peculiaridades do procedimento instituído pelo art. 229, assinalam Rodrigo Mazzei e Tiago Figueiredo Gonçalves que "o prazo em dobro deve ser observado independentemente de requerimento de um dos litisconsortes, afastando, com isso, a possibilidade de interpretação que condicione a contagem em dobro à postulação prévia de um dos interessados. Por outro lado, cria a exceção para a regra da contagem em dobro dos prazos, afastando sua incidência das hipóteses em que os procuradores distintos são vinculados a um mesmo escritório de advocacia. Supera, com isso, interpretação que o STJ de há muito vem dando ao texto do art. 191 do CPC/1973 em vigor, no sentido de aplicá-lo de forma irrestrita, ainda que os procuradores diferentes atuem pelo mesmo escritório, na medida em que a redação atualmente em vigor não faz a distinção, pelo que não seria dado ao intérprete fazê-lo".[233]

No âmbito recursal, há questões problemáticas. Um exemplo é o debate quanto à sua incidência quando apenas um litisconsorte possui interesse recursal. Incidirá no caso o dispositivo ou o prazo será simples? A resposta passa pela análise dos hipotéticos efeitos da decisão e do interesse para dela recorrer. Se ela atingir ambos os litisconsortes, deve ser consagrado o prazo dobrado, ainda que apenas um deles venha a efetivamente impugná-la. Esta

---

tribunal, independentemente de requerimento. § 1º Cessa a contagem do prazo em dobro se, havendo apenas 2 (dois) réus, é oferecida defesa por apenas um deles. § 2º Não se aplica o disposto no caput aos processos em autos eletrônicos".

[231] AgRg no REsp 1344103/SP, 3ª T., Rel. Min. Sidnei Beneti, j. 23/10/2012. DJe 07/11/2012; REsp 713.367/SP, 1ª T., Rel. Min. Luiz Fux, j. 07.06.2005, DJ: 27.06.2005.

[232] Nesse sentido: "Não há incidência do prazo em dobro, previsto no art. 191 do Código de Processo Civil, na hipótese de réu revel" AgRg no AREsp 254.612/RS, Rel. Min. Ricardo Villas Boas Cueva, 3. T, j. 5/3/2013, DJe de 11.3.2013.; STJ, 4ª T., AgRg nos EDcl no AREsp 619164/RS. Rel. Min. Raul Araújo, j. 15.10.2015. Dje. 09.11.2015.

[233] GONÇALVES, Tiago Figueiredo; MAZZEI, Rodrigo. A Disciplina do Prazo em Dobro para Litisconsortes com diferentes Procuradores: Noções Gerais e Adotado CPC/2015. *Revista Jurídica*: órgão nacional de doutrina, jurisprudência, legislação e crítica judiciária. São Paulo, Ano 63, nº 449, p. 16-17. março de 2015.

é a conclusão da jurisprudência majoritária.[234] Entretanto, quando o interesse é de apenas uma das partes, não há sentido em se admitir a duplicação.

A este respeito, foi editado o Enunciado nº 641 da súmula do Supremo Tribunal Federal, que limita o aproveitamento do prazo em dobro às situações nas quais a decisão haja trazido sucumbência a todos os litisconsortes, pois "não se conta em dobro o prazo para recorrer, quando só um dos litisconsortes haja sucumbido".

Uma inovação a respeito do tema encontra-se no parágrafo segundo do art. 229. O artigo afasta a incidência do prazo dobrado aos processos eletrônicos, porquanto as partes possuem plenas condições de acessar os autos e defender os seus direitos. Consolida-se, portanto, a tendência visualizada no Superior Tribunal de Justiça, no sentido de se restringir o benefício legal com a entrada em vigor do Novo Código.[235]

Por fim, registre-se, na nossa visão, a incompatibilidade deste benefício com o rito do Juizado Especial Cível, uma vez que ofenderia alguns dos princípios da lei de regência, especialmente o da celeridade, da economia processual e, antes de tudo, da duração razoável do processo. Inaplicável, portanto, o prazo dobrado no Juizado Especial, quer estadual, quer federal, em nome da sistematização do ordenamento e da realização de outras garantias.[236]

4.6.2. A polêmica tese da intempestividade do recurso prematuro

Sob a égide do CPC/73, um dos temas mais polêmicos era a exigência, arquitetada pelos Tribunais Superiores, de ratificação dos recursos interpostos antes da publicação do acórdão dos embargos de declaração opostos pelo adversário.

Essa criação jurisprudencial foi idealizada na década de 2000, amparada em lição do Ministro Celso de Mello, pela qual "a intempestividade dos recursos tanto pode derivar de impugnações prematuras (que se antecipam à publicação dos acórdãos) quanto decorrer de oposições tardias (que se registram após o decurso dos prazos recursais). Em qualquer das duas situações – impugnação prematura ou oposição tardia –, a consequência de ordem pro-

---

[234] Dentre farta jurisprudência: "A contagem do prazo em dobro prevista no art. 191 do CPC para litisconsortes que tenham procuradores diversos não se aplica quando os demais litisconsortes não têm interesse ou legitimidade para recorrer da decisão". AgRg nos EDcl no Ag 1066149/SP, 4ª T., Rel. Min. Antonio Carlos Ferreira, j. 14.05.2013. DJe: 24.05.2013. AgRg no Ag 1317689/MG, 1. T., Rel. Min. Teori Zavascki. DJe: 11.10.2010.

[235] Nesse sentido: "o novo Código de Processo Civil, atento à necessidade de alteração legislativa, no parágrafo único do art. 229, ressalva a aplicação do prazo em dobro no processo eletrônico. 4. A inaplicabilidade do prazo em dobro para litisconsortes representados por diferentes procuradores em processo digital somente ocorrerá a partir da vigência do novo Código de Processo Civil". STJ, REsp 1488590/PR, 3ª T., Rel. Min. Ricardo Cueva, j. 14.04.2015. DJE. 23.04.15.

[236] Recentemente, no XXI Encontro/ES, o Forum Nacional dos Juizados Especiais (FONAJE) editou o entendimento nº 123: "O art. 191 do CPC não se aplica aos processos cíveis que tramitam perante o Juizado Especial".

cessual é uma só: o não conhecimento do recurso, por efeito de sua extemporânea interposição".[237]

Como se vê, em síntese, o debate gravitou em torno das consequências da interposição de um recurso especial ou extraordinário, antes de que a instância ordinária fosse definitivamente esgotada com o julgamento e a publicação do acórdão dos declaratórios interpostos pela parte contrária. Nessas condições, deveria ser reconhecida a tempestividade ao apelo extremo ou o recorrente necessitaria adotar outra medida para garantir o conhecimento de seu recurso, o qual muitas vezes era interposto sem a ciência de que a parte contrária embargara o mesmo acórdão recorrido?

A despeito de algumas decisões no sentido de que, quando inalterado o provimento atacado, deveria existir uma presunção de manutenção do interesse recursal, venceu por muitos anos corrente oposta. Os corretos argumentos do Min. Ari Pargendler e do Min. Teori Zavascki não sensibilizaram a maior parte dos julgadores da Corte. Considerava Pargendler que "a técnica do recurso especial não pode ser levada a tanta sofisticação, a ponto de chegarmos a não conhecer de nenhum recurso. A meu Juízo, a questão é simples: publicado o acórdão, a parte que não tiver o propósito de opor embargos de declaração já tem o direito de interpor o recurso. Ora, se a outra parte opuser embargos de declaração, duas situações se põem: primeiro, não há modificação do julgado; nesse caso, não há necessidade de reiteração, figura não prevista no código. Se houver a modificação, estará prejudicado o recurso, se não for interposto outro". De seu turno, o Min. Teori Zavascki identificava o problema gerado pela adoção de solução diversa: "na essência, uma parte vai ser prejudicada porque a outra precisou de esclarecimento e ela se deu por esclarecida. Então, ela ofereceu o seu recurso especial. E a outra, que precisava ainda se esclarecer, ofereceu embargos de declaração. Então, se entendemos que o recurso especial de quem interpôs em primeiro lugar, e tem necessidade de um esclarecimento, fica considerado intempestivo porque os embargos de declaração da outra parte ainda não foram julgados, isso é o mesmo que imputar a uma parte o prejuízo causado pela outra. Então, cada parte cuida do seu recurso; se não há necessidade de a outra parte aguardar o esclarecimento de que a outra pleiteou tanto que ela se encontra plenamente esclarecida, por isso que recorreu, não se pode considerar o seu recurso intempestivo".[238]

Contudo, o STJ editou o enunciado n. 418, de sua Súmula: "é inadmissível o recurso especial interposto antes da publicação do acórdão dos embargos de declaração, sem posterior ratificação". Era imperioso, portanto, que

[237] STF, AI 375124 AgR-ED/MG, Rel. Min. Celso de Mello, DJ: 28.06.2002.

[238] Voto vencido nos Embargos de Divergência, cuja ementa assim restou redigida: "PROCESSUAL CIVIL. RECURSO ESPECIAL. PREMATURO. ESGOTAMENTO DA INSTÂNCIA ORDINÁRIA. NÃO CONHECIMENTO. É prematura a interposição de recurso especial antes do julgamento dos embargos de declaração, momento em que ainda não esgotada a instância ordinária e que se encontra interrompido o lapso recursal. Recurso especial não conhecido". REsp 776265/SC, CE, Rel. p/acórdão Min. Cesar Asfor Rocha. DJ: 06.08.2007, p. 445.

o recorrente ratifique o recurso interposto, fazendo prova categórica da manutenção de seu interesse recursal, qualquer que tenha sido o resultado do julgamento dos declaratórios. Esta "ratificação" era invocada em uma mera petição.[239]

Esta orientação merecia forte crítica por parte da doutrina, como se vê de Adriana Pereira Franco: "aludido entendimento não é razoável, posto que penaliza a parte e o advogado diligentes, privilegiando o formalismo inútil em detrimento dos princípios da instrumentalidade das formas e da efetividade da tutela jurisdicional. Ora, através do Sistema Push, disponibilizado no *website* dos próprios Tribunais, o advogado pode acompanhar via Internet o andamento processual dos feitos em que atua. Nesse contexto, quando se deixa de conhecer um recurso prematuramente interposto por considerá-lo intempestivo, em verdade, está-se negando a própria modernização do Poder Judiciário, colocando-o em descrédito perante a sociedade".

Definitiva, em nosso sentir, a posição de José Carlos Barbosa Moreira quanto ao aproveitamento do recurso interposto antes do prazo: "ora, decisão existe, sim, desde que proferida – se emana de órgão colegiado, nem sequer é possível a modificação de voto, e menos ainda a do resultado, após a proclamação deste pelo presidente, o que se pode discutir é o momento inicial da eficácia. Mas, se o recorrente foi capaz de impugná-la, é sinal certo de que já lhe conhece o teor; por conseguinte, alcançada está a finalidade essencial do ato destinado a dar ciência do pronunciamento aos interessados – pelo menos no tocante a esse interessado. Não se descobre que prejuízo decorrerá da interposição antecipada para quem quer que seja. Ilegítima, pois, a restrição ao conhecimento do recurso".

Nas edições anteriores desta obra, criticamos o excesso de formalismo desta orientação, aduzindo que o correto seria dispensar a ratificação ou apenas exigi-la quando houvesse o acolhimento dos declaratórios e a modificação substancial do julgado, pois é natural que o interesse persista se desacolhidos ou não conhecidos os aclaratórios. Afirmamos igualmente que a consagração de um processo civil coerente à luz do acesso à justiça e da realização dos direitos fundamentais, era inadmissível que a desatenção a formas destituídas de fundamentos importassem automaticamente na perda do direito discutido.[240]

---

[239] "PROCESSUAL CIVIL. EMBARGOS DE DECLARAÇÃO. ALEGAÇÃO DE DESERÇÃO. INOCORRÊNCIA. COMPROVAÇÃO DO RECOLHIMENTO DAS CUSTAS. RECURSO ESPECIAL. RATIFICAÇÃO. 1. Acórdão embargado que não se manifestou sobre o alegado nas contrarrazões do recurso especial acerca da suposta ausência de preparo do apelo. 2. 'É inadmissível o recurso especial interposto antes da publicação do acórdão dos embargos de declaração, sem posterior ratificação' – Súmula n. 418/STJ. 3. A petição de ratificação apenas reitera as razões consignadas no recurso interposto, não havendo necessidade de recolhimento de novas custas ou de comprovação do preparo já efetuado quando da interposição do recurso. 4. Embargos de declaração acolhidos somente para esclarecer a decisão embargada sem, contudo, modificar o julgado". EDcl no REsp 1097930/RS, 4ª T, Rel. Min. João Otávio de Noronha. DJe: 01/07/2010.

[240] Marco Felix Jobim igualmente criticava a situação anterior: "algumas teorias jurídicas que têm tomado forma hoje nas academias estão sendo criadas pelo método recionalista, para que sejam

Em face desse excessivo rigor, surgiram, inicialmente em casos penais, decisões isoladas, afastando os óbices ao conhecimento dos recursos prematuramente interpostos, como o Recurso Extraordinário n. 680.371, de Relatoria do Min. Luiz Fux, no Supremo Tribunal Federal. Para o Relator: (a) os institutos jurídicos devem ser interpretados "do modo mais favorável ao acesso à justiça (art. 5º, XXXV, CRFB) e à efetividade dos direitos materiais"; (b) "a forma, se imposta rigidamente, sem dúvidas conduz ao perigo do arbítrio das leis, nos moldes do velho brocardo *dura lex, sed lex*"; (c) "as preclusões se destinam a permitir o regular e célere desenvolvimento do feito, por isso que não é possível penalizar a parte que age de boa-fé e contribui para o progresso da marcha processual com o não conhecimento do recurso, arriscando conferir o direito à parte que não faz jus em razão de um purismo formal injustificado"; (d) o formalismo desmesurado ignora a boa-fé processual que se exige de todos os sujeitos do processo, inclusive, e com maior razão, do Estado-Juiz, bem como se afasta da visão neoconstitucionalista do direito, cuja teoria proscreve o legicentrismo e o formalismo interpretativo na análise do sistema jurídico, desenvolvendo mecanismos para a efetividade dos princípios constitucionais que abarcam os valores mais caros à nossa sociedade"; (e) "a finalidade da publicação do acórdão de julgamento é dar ciência à parte do teor da decisão, de modo que a interposição anterior do recurso denota que o referido propósito foi atingido por outros meios. Penalizar a parte diligente, que contribuiu para a celeridade do processo, é contrariar a própria razão de ser dos prazos processuais e das preclusões: evitar que o processo se transforme em um retrocesso, sujeito a delongas desnecessárias", etc.[241]

A partir das críticas a orientação da Súmula 418, inclusive em julgados do próprio STJ[242], em muito boa hora o CPC/2015 estipulou no art. 1.024, § 5º: "se os embargos de declaração forem rejeitados ou não alterarem a conclusão do julgamento anterior, o recurso interposto pela outra parte antes da publicação do julgamento dos embargos de declaração será processado e julgado independentemente de ratificação".

Portanto, apenas nas raras hipóteses de alteração substancial do julgamento anterior, pelo acolhimento dos declaratórios, é que se poderá aventar a necessidade de ratificação, a partir da vigência do CPC.

---

depois experimentadas, sendo que, sem olharem para o horizonte fático no qual devem ser aplicadas, ou seja, o dia a dia forense, acabam nascendo para o esquecimento. No chão do Foro, as coisas chegam a patamares inimagináveis de descaso e afronta, em especial, àquilo que não poderia ser alvo de desrespeito: os princípios constitucionais". Cultura, escolas e fases metodológicas do processo, 2. ed. Porto Alegre: Livraria do Advogado, 2014, p. 131.

[241] É interessante observar a evolução, a partir da notícia publicada no site do STJ em 05.03.2010, dando conta: "proposta do ministro Luiz Fux aprovada por unanimidade pela Corte Especial do Superior Tribunal de Justiça tornou-se a Súmula 418 do STJ". Tal documento sintetiza o entendimento do Tribunal sobre o assunto. Diz o enunciado: "É inadmissível o recurso especial interposto antes da publicação do acórdão dos embargos de declaração, sem posterior ratificação". Disponível em <http://www.stj.jus.br/portal_stj/publicacao/engine.wsp?tmp.area=398&tmp.texto=96190>.

[242] REsp 1129215/DF, CE, Rel. Min. Luis Felipe Salomão, j. 16.09.2015. DJe 03.11.2015.

O resultado dessa evolução foi o cancelamento da Súmula 418/STJ em julho de 2016 e a criação da Súmula 579: "Não é necessário ratificar o recurso especial interposto na pendência do julgamento dos embargos de declaração, quando inalterado o resultado anterior".

Entretanto, considerando que existem milhares de Recursos Extraordinários e Especiais interpostos na vigência do CPC/73, ainda não julgados, a orientação antiga ainda não foi definitivamente sepultada.

4.6.3. O prazo dobrado do Ministério Público, da Advocacia Pública e da Defensoria Pública

O Novo CPC, na linha do diploma anterior (art. 188, CPC[243]), manteve o prazo em dobro para a interposição de recursos. Além da Advocacia Pública e do Ministério Público,[244] foram contemplados, expressamente, a Defensoria Pública, bem como aos "escritórios de prática jurídica das faculdades de Direito reconhecidas na forma da lei e às entidades que prestam assistência jurídica gratuita em razão de convênios firmados com a Defensoria Pública".

A previsão contempla uma exceção ao princípio da isonomia, razão pela qual ainda se discute, em sede doutrinária, a sua constitucionalidade. O próprio Supremo Tribunal Federal já enfrentou o tema, como informa Cristiane Rollin em artigo específico.[245] A Corte, por maioria de votos, considerou que a garantia não colide com a Carta Política, por não ultrapassar o limite da razoabilidade. Ficou vencido o Ministro Marco Aurélio, o qual considerou que o benefício desequilibraria as partes no processo, prejudicando o contraditório e a paridade de armas. Agregou o Ministro que "a origem, em si, da norma, todos conhecemos, está na visão segundo a qual o Estado não teria como defender-se, porque não organizado suficientemente, nas causas ajuizadas, nas causas em andamento. Isso já não pode mais ser afirmado nos dias de hoje, passados tantos anos para o Estado aparelhar-se e, então, situar-se no processo em condições de igualdade com o particular".[246]

Trata-se de um típico caso de inconstitucionalidade progressiva. Quando os benefícios foram criados (e então havia prazo em quádruplo para contestar e em dobro para recorrer), a realidade os justificava plenamente, em face da escassez de recursos humanos e tecnológicos. Com o passar do tempo, essas prerrogativas instituídas pela legislação infraconstitucional começaram sofrer críticas.

---

[243] Reza o art. 188: "Computar-se-á em quádruplo o prazo para contestar e em dobro para recorrer quando a parte for Fazenda Pública ou o Ministério Público".

[244] Em nosso sentir, o *Parquet* terá o benefício da norma quer na qualidade de *custos legis* ou *dominus litis*, pois o interesse tutelado pela norma não é do próprio Ministério Público, mas sim da coletividade, que se sente mais protegida com a possibilidade de sua ação mais efetiva.

[245] A Garantia da Igualdade no Processo Civil frente ao Interesse Público. In *As Garantias do Cidadão no Processo Civil*. Sérgio Gilberto Porto (Org.). Porto Alegre: Livraria do Advogado, 2004.

[246] Embargos de Divergência em RE 194.952-2/MG, Rel. Min. Ilmar Galvão. DJ: 19.04.2002.

Por ilustração, Rafael Sirangelo Belmonte de Abreu considera equivocada a posição do CPC. Em sua visão, "o argumento da falta de estruturação não mais se justifica, com raras as exceções no âmbito municipal. Como as consequências da inação ou mesmo da não apresentação de documentos são bastante graves, razões de ordem constitucional impõem a previsão de prazos diferenciados. Considerando-se que o escopo do processo é, mediante um debate amplo entre todos os sujeitos processuais, buscar a decisão mais aproximada de uma verdade possível com vistas à tutela dos direitos, não é justificada a previsão do art. 183, pois visa a proteger o contraditório (a ser desempenhado pelo ente), diante da pouca proximidade das estruturas de procuradoria aos órgãos administração, o que tendencialmente pode vir a impedir a obtenção de provas e, inclusive, da versão de fatos que eventualmente sejam passiveis de discussão. Essa justificativa, entretanto, não legitima prazos em dobro para recurso, especialmente aqueles das decisões definitivas, pois nesse momento processual o objeto litigioso já se estabilizou, não havendo mais espaço para alegações ou provas novas".[247]

Até a edição anterior desta obra, afirmávamos que o prazo em dobro para recorrer ainda poderia ser tido como razoável, em face do interesse público usualmente encontrado nas demandas que contam com a participação dessas Instituições e das relativas dificuldades que alguns entes encontram para a proteção da sociedade.[248] Contudo, o mesmo já não se podia dizer acerca do prazo em quádruplo para contestar, que era manifestamente exagerado. Felizmente, o Novo CPC aboliu o prazo em quádruplo para contestar, oferecendo maior paridade de armas. Em breve, chegará o dia em que a maior parte das Procuradorias terá a estrutura necessária para o fiel desempenho de suas funções. Então, será o momento de também abolir o prazo dobrado para recorrer.

Nesse interregno, devem ser aplicados os arts. 180, 183 e 186, CPC,[249] quando garantem o prazo dobrado para recorrer.[250]

---

[247] Igualdade e processo: posições processuais equilibradas e unidade do direito, p. 198. São Paulo: Revista dos Tibunais, 2015.

[248] Outra explicação tradicional é oferecida pelo professor Egas Moniz Dirceu de Aragão: "embora constitua regalia, que o Anteprojeto tencionava abolir, em verdade a Administração Pública depende de um complicado e emperrado mecanismo burocrático, que não funciona com a rapidez necessária a possibilitar a seus advogados contestarem no prazo normal de 15 dias. A coleta de documentos e demais informações, necessários à defesa do Estado, consome tempo e exige paciência (...) As mesmas dificuldades, conquanto amenizadas, se apresentam à hora de a Fazenda Pública recorrer, o que explica a duplicação, apenas, do prazo.". *Comentários ao CPC*, v. II, 9. ed., p. 108.

[249] Art. 180. O Ministério Público gozará de prazo em dobro para manifestar-se nos autos, que terá início a partir de sua intimação pessoal, nos termos do art. 183, § 1º. § 1º Findo o prazo para manifestação do Ministério Público sem o oferecimento de parecer, o juiz requisitará os autos e dará andamento ao processo. § 2º Não se aplica o benefício da contagem em dobro quando a lei estabelecer, de forma expressa, prazo próprio para o Ministério Público. (...) Art. 183. A União, os Estados, o Distrito Federal, os Municípios e suas respectivas autarquias e fundações de direito público gozarão de prazo em dobro para todas as suas manifestações processuais, cuja contagem terá início a partir da intimação pessoal. § 1º A intimação pessoal far-se-á por carga, remessa ou meio eletrônico. § 2º Não se aplica o benefício da contagem em dobro quando a lei estabelecer, de forma expressa, prazo próprio para o ente público. (...) Art. 186. A Defensoria Pública gozará de prazo em dobro para todas as suas manifestações pro-

Retornando ao tema em apreço, em que pese a clareza do dispositivo, algumas questões se colocam na vida prática dos profissionais, a começar pelo alcance do sentido normativo da expressão "Advocacia Pública". Tal termo englobaria toda a administração pública, quer direta, quer indireta? Ou haveria alguma limitação na exegese da norma?

Egas Moniz Dirceu de Aragão considera que "a rigor, as duas divisões da Administração Pública, deveriam gozar das mesmas regalias". Contudo, tendo em mira o Decreto-Lei nº 200/67, com as alterações introduzidas pelo Decreto-Lei nº 900/69, que qualifica os órgãos da Administração Pública Indireta, apenas as autarquias – que permanecem com a personalidade de direito público – poderiam ser aquinhoadas com o benefício. As empresas públicas e as sociedades de economia mista, por serem pessoas jurídicas de direito privado, não teriam a mesma prerrogativa.[251] Nelson Nery Junior alcança idêntica conclusão recorrendo ao Decreto-Lei nº 7.659/45.[252]

À luz do CPC, o benefício é garantido à União, aos Estados, ao Distrito Federal, aos Municípios e às suas respectivas autarquias e fundações de direito público. Logo, o critério anterior se mostrou correto, de sorte que o prazo ampliado é restrito às pessoas jurídicas de direito público. Por decorrência, as sociedades de economia mista, bem como as empresas públicas, não estão contempladas com a prerrogativa.[253]

---

cessuais. § 1º O prazo tem início com a intimação pessoal do defensor público, nos termos do art. 183, § 1º. § 2º A requerimento da Defensoria Pública, o juiz determinará a intimação pessoal da parte patrocinada quando o ato processual depender de providência ou informação que somente por ela possa ser realizada ou prestada. § 3º O disposto no caput aplica-se aos escritórios de prática jurídica das faculdades de Direito reconhecidas na forma da lei e às entidades que prestam assistência jurídica gratuita em razão de convênios firmados com a Defensoria Pública. § 4º Não se aplica o benefício da contagem em dobro quando a lei estabelecer, de forma expressa, prazo próprio para a Defensoria Pública.

[250] Há decisão do Superior Tribunal de Justiça autorizando o prazo em dobro no adesivo: "Processo Civil. Recurso Adesivo de pessoa jurídica de direito público que goza de prazo em dobro para interposição de qualquer recurso. Art. 188, CPC e art. 500, I, CPC, com a redação dada pela Lei nº 8.950/94. Recepção pela nova ordem Constitucional. Precedentes do Excelso Supremo Tribunal Federal. O art. 188 do Código de Processo Civil é expresso na admissão do prazo recursal em dobro para as pessoas jurídicas de direito público, embora não o faça para apresentação de contra-razões. Na verdade 'adesivo' é a modalidade de interposição do recurso, e não uma outra espécie recursal. Por isso, que o recurso do autor Município é 'recurso de apelação', na modalidade 'adesiva', e para sua interposição, como de qualquer outro recurso, goza do privilégio de interposição no prazo dobrado". REsp 171.543/RS, 2ª T., Rel. Min. Nancy Andrighi. DJ: 22.05.2000, p. 97.

[251] Op. cit. p. 109.

[252] *Princípios do Processo Civil na Constituição Federal*. 8. ed. São Paulo: RT, 2004, p. 84.

[253] No Superior Tribunal de Justiça, quanto às empresas públicas: "FGTS. CAIXA ECONÔMICA FEDERAL. ART. 188 DO CPC. INAPLICABILIDADE. 1. A Caixa Econômica Federal, por ser uma empresa pública, não possui a prerrogativa disposta no art. 188 do Código de Processo Civil, segundo o qual deve ser concedido prazo em dobro para recorrer e em quádruplo para contestar quando for parte a Fazenda Pública ou o Ministério Público. 2. Recurso especial improvido". REsp 760.706/RS, 2ª Turma, Rel. Min. João Otávio de Noronha. DJ: 05.12.2006, p. 256. Quanto às sociedades de economia mista: "A sociedade de economia mista, dotada de personalidade jurídica de direito privado, integrante da administração pública indireta, não possui prazo em dobro para recorrer porque não integra o conceito de Fazenda Pública. Inaplicabilidade do art. 188 do CPC". (AgRg no REsp 655497/RS, 1ª Turma, Rel. Min. Denise Arruda. DJ: 14.12.2006, p. 253)

4.6.4. Intimação da Advocacia Pública e do Ministério Público.

O CPC preconiza que a intimação da Advocacia Pública e do Ministério Público ocorra de forma pessoal, por carga, remessa ou meio eletrônico. Aparentemente, coloca fim a uma discussão frequente na vigência do Código anterior, qual seja a validade da intimação com recebimento dos autos no serviço administrativo destes órgãos. A questão era: quando começaria a contagem do prazo, da chegada dos autos à sede administrativa ou do efetivo recebimento dos autos pelo órgão do Ministério Público.

Discorreu sobre o tema o Min. Marco Aurélio: "dizer-se, sem previsão legal – e a tanto não equivale a intimação pessoal extensível ao Defensor Público –, que de nada adianta o recebimento formal do processo pelo setor administrativo do próprio órgão, do Ministério Público, mostra-se um privilégio descabido e, como todo privilégio, odioso, ferindo de morte o tratamento igualitário das partes, a isonomia, com total desprezo aos parâmetros do recurso, às preliminares deste, no que definido como um desdobramento da ação, como ônus processual, ou seja, meio sem o qual não é dado chegar a certo resultado. Assim sendo, o critério da oportunidade possui balizas rígidas inafastáveis pela parte, pouco importando a respeitabilidade de que goze no mundo do foro. Os tempos são outros, estando o Ministério Público suficientemente estruturado para agir a tempo e a modo, sem adoção de mecanismos à margem da ordem jurídica, adotando postura conflitante com o arcabouço normativo, potencializando a conveniência de cada qual dos integrantes, que passam a estabelecer, em drible nada exemplar, a oportunidade de detonação, de dar início ao peremptório – insista-se – prazo recursal. Com isso, o curso da dilação legal – e deixa de sê-lo, ao menos com a força cogente desejável – fica ao sabor da vontade de uma das partes, visão inconcebível, mitigando o objetivo que o justifica, ou seja, a característica de algo voltado à segurança jurídica do cidadão, da própria vida em sociedade. A defesa passa no cartório e fica ciente de que o processo está com vista ao Ministério Público, sem que isso se faça limitado no tempo. É a vista sem sujeição a prazo; é a vista a perder de vista. Não se pode levar a tanto a prerrogativa da intimação pessoal. Esta há de ser considerada como a distinguir-se da ficta, daquela decorrente da simples publicação de um ato no jornal oficial. Atende plenamente à citada prerrogativa a chegada do processo, devidamente formalizada, às dependências do Ministério Público, imaginando-se que o servidor público que passa o competente recibo esteja devidamente autorizado e que, a seguir, seja encaminhado o processo a quem de direito. Eis o enquadramento que mais corresponde aos anseios de justiça, à igualização que deve ser a tônica no tratamento das partes, sem subterfúgios, sem subjetividades acomodadoras, sem 'jeitinhos' que acabem por gerar enfoque contrário à sempre esperada isonomia. Dê-se ao artigo 798 do Código de Processo Penal interpretação consentânea com o sistema processual. Aliás, a intimação prevista na alínea *a* do § 5º desse artigo veio a merecer definição pedagógica com o advento da Lei Orgânica Nacional do Ministério Público. O inciso IV do artigo 41 da Lei nº 8.625/93 dispõe constituir prerrogativa do Ministério Público – e norma alguma encerra privilégio no sentido inadmissível da palavra – 'receber intimação pessoal em qualquer processo e grau de jurisdição, através (leia-se mediante) da entrega dos autos com vista', exatamente o que, na prática, ocorre, mas sem se conferir a finalidade própria. O Ministério Público – e não cabe interferir na organização administrativo-funcional existente – recebe o processo e, mesmo assim, ignora a eficácia do recebimento, armazenando-o para, futuramente, dizer da disposição de examiná-lo e de praticar o ato judicial que defina precise ser praticado".[254]

A orientação passou a ser adotada no Superior Tribunal de Justiça, ao argumento de que a intimação do Ministério Público "dos atos processuais, por meio da entrega dos autos com vista, considera-se realizada no momento do recebimento do processo pelo órgão, quando começa então a fluir o prazo para interposição de recurso, sendo irrelevantes, para esse fim, os trâmites internos aí realizados. Entendimento em sentido diverso, subordinando o início da fluência do prazo à aposição de 'ciente' pelo Promotor/Procurador, importaria deixar ao arbítrio de uma das partes a determinação do termo *a quo* do prazo".[255]

Nas edições anteriores, nos posicionamos pelo acerto dessa posição, que é fortalecida pela redação do CPC, art. 183, parágrafo primeiro.

4.6.5. Cômputo da tempestividade quando da interposição via fax

A interposição de recursos através do aparelho "fax símile" está em franco desuso no Brasil, em especial pela paulatina adoação do processo eletrônico e pelos convênios do Judiciário com os Correios. Contudo, é possível interpor recursos por essa modalidade, consoante a Lei nº 9.800/99, que regula o uso do fax para a prática de atos processuais.

Parte-se do pressuposto de que o jurisdicionado se torna responsável pela qualidade e fidelidade do material transmitido, e por sua entrega posterior ao órgão judiciário (art. 4º), de forma que, na ausência de perfeita concor-

[254] O precedente assim ficou ementado: "Direito instrumental. Organicidade. As balizas normativas instrumentais implicam segurança jurídica, liberdade em sentido maior. Previstas em textos imperativos, hão de ser respeitadas pelas partes, escapando ao critério da disposição. Intimação pessoal. Configuração. Contrapõe-se à intimação pessoal a intimação ficta, via publicação do ato no jornal oficial, não sendo o mandado judicial a única forma de implementá-la. Processo. Tratamento igualitário das partes. O tratamento igualitário das partes é a medula do devido processo legal, descabendo, na via interpretativa, afastá-lo, elastecendo prerrogativa constitucionalmente aceitável. Recurso. Prazo. Natureza. Os prazos recursais são peremptórios. Recurso. Prazo. Termo Inicial. Ministério Público. A entrega de processo em setor administrativo do Ministério Público, formalizada a carga pelo servidor, configura intimação direta, pessoal, cabendo tomar a data em que ocorrida como a da ciência da decisão judicial. Imprópria é a prática da colocação do processo em prateleira e a retirada à livre discrição do membro do Ministério Público, oportunidade na qual, de forma juridicamente irrelevante, apõe o 'ciente', com a finalidade de, somente então, considerar-se intimado e em curso o prazo recursal. Nova leitura do arcabouço normativo, revisando-se a jurisprudência predominante e observando-se princípios consagradores da paridade de armas". STF – HC 83255/SP, 1ª T., Rel. Min. Marco Aurélio, DJU de 12/03/2004.

[255] REsp 868.881/DF, 1ª Turma, Rel. Min. Teori Zavascki, DJ: 30.10.2006, p. 262.

dância entre o original remetido pelo *fac-símile* e aquele entregue em juízo, a lei inclusive prevê multa pela litigância de má-fé (art. 4°, parágrafo único).

Sua finalidade pode ser sintetizada pelo voto do Min. Luiz Fux: "a chegada de petições e documentos aos juízos ou tribunais por fax produz desde logo os efeitos que a entrega em cartório produziria, sendo dever dos auxiliares da Justiça dar andamento ao processo e devendo o juiz realizar os atos que realizaria à vista dos originais (Lei n° 9.800, de 26.5.2001, art. 3°). Se houver um pedido de tutela urgente, será despachado com urgência, sem se esperar pela chegada do original. É indispensável que a transmissão seja de boa qualidade, para ser compreensível, correndo a parte o risco por eventuais defeitos e dificuldades de leitura (tal é o significado da qualidade do material transmitido, exigida no art. 4° da lei especial). Cessa a eficácia dos atos realizados por essa via eletrônica, se não for atendido o requisito do prazo, instituído pelo art. 2°, *caput*, da lei especial, e que termina cinco dias depois do vencimento normal (infra, n° 44). Isso significa que a parte tem o ônus de fazer chegar o original nesse prazo, sob pena de a petição transmitida perder eficácia e, consequentemente, revogar-se o que a propósito se houver decidido. Se a petição transmitida por fax for um recurso, ele se reputará não interposto. Naturalmente, a consolidação da eficácia do ato transmitido eletronicamente dependerá não somente da observância do prazo mas também da fidelidade da transmissão ao original (infra n° 45)".[256]

Como observado, a lei estipula que a petição (seja em autos físicos ou eletrônicos) e os documentos originais sejam entregues em juízo em até cinco dias da data do término do prazo, conforme art. 2° da Lei n° 9.800/1999.[257]

4.6.6. A invalidade da intimação na pessoa do estagiário

Uma das figuras mais presentes no cotidiano forense é certamente o estagiário. Em não raras oportunidades, mercê de seu afinco na formação teórica e prática, o estudante da graduação acompanha a tramitação dos processos e inclusive auxilia os profissionais da advocacia na condução dos feitos, bem como os julgadores na elaboração de minutas de decisões.

A adoção da teoria da aparência, pelos Tribunais, em especial para se reconhecer a validade de citações de pessoas jurídicas realizadas na pessoa de funcionário diverso daquele que detém os poderes de representação da empresa, motivou discussão acerca da possibilidade de "ciência inequívoca" do advogado, quando o estagiário de seu escritório manifesta conhecimento de algum ato processual.

Um exemplo típico dessa discussão ocorre quando um estagiário, devidamente autorizado por profissional, extrai cópia dos autos. Alguns Tribu-

[256] AgRg naAR 3.577-PE, j. 13/6/2007.

[257] EDcl no AgRg no AREsp 543.680/MG, 3. T., Rel. Min. Ricardo Villas Boas Cueva, j. 15/10/2015. DJe 20.10.2015.

nais entendem que é possível adotar a teoria da ciência inequívoca e admite a relevância jurídica de atos praticados por estagiários.[258]

Data venia, a melhor interpretação deriva do próprio Estatuto da Ordem dos Advogados, o qual apenas autoriza o estagiário a auxiliar o profissional habilitado na prática dos atos. No direito brasileiro, a regra geral é clara no sentido de que não existe a autorização para que o ato processual seja praticado isoladamente pelo acadêmico. A atuação do estagiário se dá em sintonia com o § 2º do art. 3º da Lei nº 8.906/94, isto é: "em conjunto com o advogado e sob responsabilidade deste".

Ao se admitir a teoria da ciência inequívoca, deveríamos presumir que o advogado responsável pela condução do processo teve ciência do teor da decisão judicial no mesmo dia em que o estagiário extraiu a cópia, o que não parece ser verossímil. Na maior parte das vezes, esta comunicação ocorre alguns dias após, tornando impossível apontar, ao certo, quando ela se deu.

Logo, em nome da segurança jurídica, não deve ser aproveitada a teoria da aparência nessas hipóteses, sob pena de se oferecer ao estagiário um poder que a própria lei lhe veda.[259]

4.7. Adequada motivação (a dialeticidade)

Como visto no capítulo dedicado ao estudo dos princípios do sistema recursal, em linha de princípio, todos os recursos devem ser fundamentados (incidência do princípio da motivação). É que o recurso existe para atender

---

[258] Nesse sentido: "Agravo interno. Decisão Monocrática que negou seguimento ao Recurso de Agravo de Instrumento. Ausência de demonstração de impossibilidade de julgamento monocrático pelo relator. Inteligência do art. 557, *caput*, do CPC. Decisão em consonância com a jurisprudência dominante deste Tribunal. Suficiência. Agravo de Instrumento Intempestivo. Ciência inequívoca da decisão, ante a retirada dos autos em carga. Ato realizado pelo estagiário. Irrelevância. Decisão. Tribunal de Justiça do Estado do Paraná Mantida. Recurso Conhecido e não provido". TJPR – 14ª C.C 941108-5/01 – Maringá – Rel: Celso Jair Mainardi – Un. J. 22.08.2012; "Processo Civil. Pretensão de ver modificada a decisão monocrática, ratificada em embargos de declaração, que negou seguimento ao recurso de apelação manifestado pelo agravante, por intempestividade. Conclusão de que a retirada dos autos em carga, por estagiário autorizado pelo advogado constituído nos autos, configura ciência inequívoca da sentença e, como tal, hábil ao início do cômputo do prazo recursal. Decisão Mantida. Entendimento jurisprudencial pacífico deste Tribunal. Se a retirada dos autos em carga pelo advogado constituído nos autos configura ciência inequívoca da sentença para fins de início docômputo do prazo recursal, diferente não pode ser o entendimento para o estagiário de Direito, que realiza o ato em nome daquele, agindo como se fosse ele próprio. Entendimento em contrário importaria em violar o princípio da isonomia processual, favorecendo uma parte em detrimento da outra. Agravo Inominado conhecido e não provido". TJPR, 14ª C.C 753005-6/03-Goioerê, Rel: Edgard Fernando Barbosa – Un. J. 15.02.2012.

[259] AgRg no Ag 1297349/SP, 1. T., Rel. Min. Teori Zavascki. DJe: 01/07/2010. No mesmo sentido: "PROCESSUAL CIVIL. RECURSO ESPECIAL. ESTAGIÁRIO. RETIRADA DOS AUTOS. CIÊNCIA INEQUÍVOCA NÃO DEMONSTRADA. PRAZO RECURSAL. 1. Considerando o entendimento do STJ de que os atos praticados por estagiário de direito só são válidos quando realizados em conjunto com advogado regularmente constituído e não demonstrado, de forma inequívoca, que o advogado havia se certificado em cartório do teor da sentença, há de se considerar como termo inicial do prazo para interposição do recurso de apelação a data da publicação da decisão, nos termos do que dispõe o art. 236 do CPC. 2. Recurso especial provido". (REsp 510468/SP, 2ª T., Rel. João Otávio de Noronha. DJ: 07.02.2007, p. 275)

uma exigência da parte sucumbente, mas também para propiciar ao Judiciário controlar a qualidade de seus julgados. O procedimento recursal tem o seu êxito determinado pela adequada discussão quanto à correção dos argumentos trazidos pela decisão recorrida. De um lado, o recorrente irá criticá-lo, induzindo a Corte a preteri-los. De outro, estará o recorrido, esgrimindo as críticas levantadas pela parte sucumbente, na esperança de manter o julgado que lhe foi favorável.

Este contraditório sadio, quanto ao acerto ou equívoco da decisão, é que determina o sucesso da via recursal. Por decorrência, se a motivação do recurso se divorciar da fundamentação do provimento, o trabalho de análise também é comprometido.[260]

No Novo Código de Processo Civil, inúmeros dispositivos registram este pressuposto, aplicável a todos os recursos. Colha-se, por oportuno, o exemplo dos arts. 932, III (o Relator não conhecerá de recurso que não tenha impugnado especificamente os fundamentos da decisão recorrida), 1.021, § 1º (na petição de agravo interno, o recorrente impugnará especificadamente os fundamentos da decisão agravada), ou 1.042, § 1º (no agravo de admissão, sob pena de não conhecimento do agravo, incumbirá ao agravante demonstrar, de forma expressa: I – a intempestividade do recurso especial ou extraordinário sobrestado, quando o recurso fundar-se na hipótese do inciso I do *caput* deste artigo; II – a existência de distinção entre o caso em análise e o precedente invocado, quando a inadmissão do recurso fundar-se na existência de jurisprudência consolidada em sentido contrário à pretensão do recorrente).

Desde as edições anteriores, defendemos a existência desta específica condição de admissibilidade, uma vez que este método de debate propicia que as funções desempenhas pelos recursos no processo sejam atingidas, a saber: (a) permitir ao próprio Estado o controle da qualidade de seus julgados, com a colaboração das partes, (b) melhorar a situação do próprio interessado, com a análise das razões que o levam a insurgir-se frente à decisão, (c) formar a jurisprudência, etc.

A ausência de fundamentação, ou a motivação deficiente, leva ao não conhecimento do recurso, pela incidência de diversos enunciados, como o de nº 284 do Supremo Tribunal Federal: "é inadmissível o recurso extraordinário, quando a deficiência na sua fundamentação não permitir a exata com-

[260] Por ilustração: "AGRAVO INTERNO NO RECURSO ESPECIAL. DIREITO PROCESSUAL CIVIL. CONHECIMENTO DA APELAÇÃO. REPRODUÇÃO DAS RAZÕES DEDUZIDAS NA PETIÇÃO INICIAL. AUSÊNCIA DE IMPUGNAÇÃO DO ARGUMENTO REFERENTE À DECADÊNCIA. PRINCÍPIO DA DIALETICIDADE NÃO OBSERVADO. PRECEDENTES. AGRAVO INTERNO IMPROVIDO. 1. O recorrente deixou de observar as diretrizes fixadas pelo princípio da dialeticidade, como a indispensável pertinência temática entre as razões de decidir e os argumentos fornecidos pelo recurso para justificar o pedido de reforma do julgado combatido. 2. O acórdão adotou solução em consonância com o entendimento firmado nesta Corte no sentido de que, embora a mera reprodução da petição inicial nas razões de apelação não enseje, por si só, afronta ao princípio da dialeticidade, se a parte não impugna os fundamentos da sentença, não há como conhecer da apelação, por descumprimento do art. 514, II, do CPC/1973, atual art. 1.010, II, do CPC/2015. Incidência, no ponto, da Súmula 83/STJ. 3. Agravo interno improvido". AgInt no REsp 1735914/TO, 3ª T., Rel. Min. Marco Aurélio Bellizze, j. 07/08/2018. DJe 14/08/2018.

preensão da controvérsia".[261] Assinala a jurisprudência que não basta a mera crítica vaga da decisão recorrida, tampouco a transcrição de normas legais ou peças processuais pretéritas, reproduzindo-se os argumentos repelidos pelo provimento vergastado.[262] Situações como essas, conquanto presentes no cotidiano forense, levam ao não conhecimento do recurso, por vício de motivação imputável ao próprio interessado. Reiterada jurisprudência veda o conhecimento de recursos com fundamentação dissociada, discrepante ou divorciada da decisão vergastada.[263]

Nessa linha, é absolutamente correta a exigência de que as razões do recurso guardem estreita relação com o ato judicial impugnado, pois a própria finalidade dos recursos é permitir ao cidadão criticar os provimentos públicos. Visualizado o procedimento recursal, as razões recursais que transcrevem manifestação pretérita carecem de atualidade, tornando inepta a petição de insurgência.

4.8. Preparo no Novo Código de Processo Civil

Dentro da divisão de responsabilidades para a prestação da poder jurisdicional, cumpre aos cidadãos adiantarem as custas necessárias para o

[261] Nesse sentido: "Processual civil. Embargos de declaração. Art. 535 do CPC. Ausência dos pressupostos. Alínea a. Deficiência na fundamentação. Impossibilidade da exata compreensão da controvérsia. Aplicação da súmula 284/STF. Embargos de declaração rejeitados. I – Os embargos de declaração devem atender aos seus requisitos, quais sejam, suprir omissão, contradição ou obscuridade, não havendo qualquer um desses pressupostos, rejeitam-se os mesmos. II – A mera alusão ao malferimento de legislação federal, sem particularizar o gravame ou descompasso na sua aplicação, não enseja a abertura da via Especial. Desta forma, inviável a admissão do apelo com base na alínea a. Aplicável, à espécie, o verbete Sumular 284/STF, *verbis*: 'É inadmissível o recurso extraordinário, quando a deficiência na sua fundamentação não permitir a exata compreensão da controvérsia'. III – Embargos de declaração rejeitados". (STJ, 5ª T., Rel. Min. Gilson Dipp, Edcl no AgRg no Ag 657.201/RJ, j. 04.08.2005. DJ: 29.08.2005, p. 411)

[262] Elucidativo trecho de voto proferido pelo Min. Teori Zavascki no Recurso Especial nº 727.178/PR: "No que toca ao primeiro recurso especial interposto, a recorrente limitou-se a citar os dispositivos legais tidos por violados, sem, contudo, especificar como cada um teria sido ofendido pelo aresto atacado, aspecto que faz incidir, na espécie, o comando da Súmula 284/STF, a seguir transcrito: 'Súmula 284. É inadmissível o recurso extraordinário, quando a deficiência na sua fundamentação não permitir a exata compreensão da controvérsia'. Com efeito, a recorrente apenas indica no cabeçalho de um dos tópicos de sua peça recursal uma série de dispositivos tidos por violados sem, contudo, demonstrar como o acórdão recorrido teria negado vigência ou aplicado equivocadamente seus comandos legais, atendo-se apenas a citar precedentes e transcrever trechos de outros julgados que considera contrários ao entendimento adotado pelo Tribunal *a quo*".

[263] Nesse sentido: "Agravo de Instrumento. Necessidade de correlação entre as razões do recurso e a decisão agravada. Agravante que não aponta o desacerto praticado pelo magistrado. Ofensa ao princípio da Dialeticidade. Inteligência do art. 524, I e II, DO CPC. Ausência de regularidade formal. Recurso de Agravo de Intrumento que não ser conhece por ser manifestamente inadimissivel 1.Trata-se de Agravo de Instrumento sob nº 1.429.445-0, de Londrina – PR – 7ª Vara Cível, interposto da decisão que nos autos de nº 347/2008 rejeitou a impugnação ao cumprimento de sentença por entender que a matéria nela discutida já está preclusa. O agravante pugna pela reforma da decisão alegando excesso na execução, em razão de que há equívoco no cálculo realizado pelo Contador, homologado pelo Juízo.Requereu concessão de efeito suspensivo". (TJPR, 11. C.C. Rel. Des. Sigurd Roberto Bengtsson, AI 1429445-0, j. 29.09.2015. DJe 02.10.2015).

desenvolvimento da relação processual. Ao final, a sentença condenará o sucumbente a ressarcir o vitorioso. Esta é a regra geral do nosso modelo de custeio do Judiciário.

Àqueles que comprovam impossibilidade de sustento do processo, é oferecido o benefício da Assistência Judiciária Gratuita (Lei nº 1.060/50), que é uma das inúmeras manifestações do ideal constitucional de livre acesso à justiça. A amplitude da assistência jurídica é bem apreendida na lição do professor Angelo Giannakos "podemos considerar que esta determinação – assistência jurídica – além de estabelecer o ingresso em juízo, propõe também uma assistência preventiva pré-judiciaria. A assistência jurídica é o gênero, e a assistência judiciária é parte dela, compreendendo também à assistência pré-judiciaria e a extrajudicial ou extrajudiciária. Tanto assim é que a atual Constituição brasileira, em seu art. 5º, inciso LXXIV, prevê que o *O Estado prestará assistência judiciária.* Distingue-se justiça gratuita, que é a dispensa do pagamento das custas e taxa judiciária, e assistência judiciária, sendo esta a prestação gratuita de serviços da advocacia forense. A Constituição Federal garante aos hipossuficientes mais do que justiça gratuita e assistência judiciária que compreende a prestação de outros serviços de advocacia, como consultas, pareceres e assistência jurídica extrajudicial".[264]

Permanece a preocupação do direito com a realização do acesso à justiça no tópico dos recursos. A sua maioria exige preparo. Contudo, não é justo ou lícito que as pessoas tenham de se privar dos recursos necessários para uma sobrevivência digna, para custear a máquina judiciária. Daí a isenção de preparo, derivada da concessão da popular AJG.

Quanto ao preparo, ele foi alvo de novo regramento pelo CPC/2015. Atualmente, é disciplinado no art. 1.007, quando reza:

> No ato de interposição do recurso, o recorrente comprovará, quando exigido pela legislação pertinente, o respectivo preparo, inclusive porte de remessa e de retorno, sob pena de deserção. § 1º São dispensados de preparo, inclusive porte de remessa e de retorno, os recursos interpostos pelo Ministério Público, pela União, pelo Distrito Federal, pelos Estados, pelos Municípios, e respectivas autarquias, e pelos que gozam de isenção legal. § 2º A insuficiência no valor do preparo, inclusive porte de remessa e de retorno, implicará deserção se o recorrente, intimado na pessoa de seu advogado, não vier a supri-lo no prazo de 5 (cinco) dias. § 3º É dispensado o recolhimento do porte de remessa e de retorno no processo em autos eletrônicos. § 4º O recorrente que não comprovar, no ato de interposição do recurso, o recolhimento do preparo, inclusive porte de remessa e de retorno, será intimado, na pessoa de seu advogado, para realizar o recolhimento em dobro, sob pena de deserção. § 5º É vedada a complementação se houver insuficiência parcial do preparo, inclusive porte de remessa e de retorno, no recolhimento realizado na forma do § 4º. § 6º Provando o recorrente justo impedimento, o relator

[264] *Assistência judiciária no direito brasileiro.* Porto Alegre: Livraria do Advogado, 2008, p. 43.

relevará a pena de deserção, por decisão irrecorrível, fixando-lhe prazo de 5 (cinco) dias para efetuar o preparo. § 7º O equívoco no preenchimento da guia de custas não implicará a aplicação da pena de deserção, cabendo ao relator, na hipótese de dúvida quanto ao recolhimento, intimar o recorrente para sanar o vício no prazo de 5 (cinco) dias.

Em comum, observa-se uma atenuação do formalismo que historicamente envolve a matéria.[265] A alteração merece o nosso aplauso. Trata-se de um alívio para o jurisdicionado e seus procuradores. Em edições anteriores, havíamos alertado para o excesso de formalismo da prática judicial.

Podemos assim sintetizar as seguintes regras a respeito do tema: (1) a advocacia pública está dispensada do preparo, o que é salutar, em nossa visão; (2) quando insuficiente o preparo realizado, inclusive porte de remessa e de retorno, deve o recorrente ser intimado para em 5 dias complementá-lo, sob pena de deserção; (3) não é exigível o recolhimento do porte de remessa e de retorno no processo em autos eletrônicos; (4) mesmo que o recorrente não comprove a realização do preparo no ato de interposição, ele será intimado para realizá-lo em dobro, sob pena de deserção; (5) o benefício da complementação ou da realização em dobro só é oferecido em uma oportunidade; (6) provado "um justo impedimento", deve o magistrado oferecer 5 dias de prazo para a sua realização posterior; (7) meros equívocos no preenchimento de guias de custas não implica a aplicação da pena de deserção, mas sim a correção posterior do vício.

Indo ao encontro dessa perspectiva de livre acesso à justiça, o Superior Tribunal de Justiça editou o Enunciado nº 484 de sua Súmula: "admite-se que o preparo seja efetuado no primeiro dia útil subsequente, quando a interposição do recurso ocorrer após o encerramento do expediente bancário".

Uma inovação quanto ao tema do preparo reside no art. 99, § 5º, o qual preconiza que o própria advogado arque com o preparo, na hipótese do recurso versar exclusivamente sobre "honorários de sucumbência". Nessa situação, o benefício da AJG eventualmente concedido para a parte não eximirá o procurador de pagar as custas correspondentes, ressalvada a possibilidade do próprio advogado requerer a assistência judiciária em seu favor.[266]

---

[265] Por ilustração: "o recolhimento do preparo em guia diversa daquela prevista na resolução em vigor no momento da interposição do recurso conduz ao reconhecimento da deserção" (AgRg no Ag 1.368.559/SC, 4. T., Rel. Min. Raul Araújo, DJe de 21/3/2011; "não se pode considerar cumprido o requisito do art. 511 do CPC se não consta dos autos a guia do efetivo pagamento do porte de remessa e retorno do apelo especial, mas tão somente o comprovante do respectivo agendamento, que traz em si a advertência de que não representa a efetiva quitação da transação" (AgRg no AREsp 162.816, AP, relator o Ministro Sérgio Kukina. Dje: 15.04.2013); "Conforme a Súmula nº 187 do Superior Tribunal de Justiça, "é deserto o recurso interposto para o Superior Tribunal de Justiça quando o recorrente não recolhe, na origem, a importância das despesas de remessa e retorno dos autos". (AgRg no AREsp 630.583/ES, 1. T., Rel. Min. Marga Tessler. DJe 10/04/2015)

[266] Reza a norma: "Art. 99. O pedido de gratuidade da justiça pode ser formulado na petição inicial, na contestação, na petição para ingresso de terceiro no processo ou em recurso. (...) § 4º A assistência do requerente por advogado particular não impede a concessão de gratuidade da justiça. § 5º Na hipótese do § 4º, o recurso que verse exclusivamente sobre valor de honorários de sucumbência

Por fim, uma situação frequente em nossas Cortes ocorre quando a parte, após tomar conhecimento de decisão prejudicial a seus interesses, formula o requerimento de Assistência Judiciária Gratuita nas razões recursais. O tema foi disciplinado no CPC, em seu art. 99, § 7º: "requerida a concessão de gratuidade da justiça em recurso, o recorrente estará dispensado de comprovar o recolhimento do preparo, incumbindo ao relator, neste caso, apreciar o requerimento e, se indeferi-lo, fixar prazo para realização do recolhimento."

4.9. Regularidade formal (ainda: o recurso sem assinatura do advogado ou interposto por advogado sem procuração nos autos)

Ademais dos pressupostos acima analisados, convivem no sistema de admissibilidade dos recursos cíveis outros requisitos que também devem ser observados pela parte. Tarefa difícil, senão impossível, é enumerá-los exaustivamente, uma vez que a rubrica "regularidade formal" abriga extenso rol de condições a serem satisfeitas nos recursos.

Uma das hipóteses mais frequentes é a falta de procuração nos autos. Historicamente, as Cortes de Brasília resistem a admitir a correção do vício. Como assinala o Min. Roberto Barroso, "o Supremo Tribunal Federal possui jurisprudência pacífica no sentido de considerar inexistente o recurso não assinado pelo procurador do recorrente", ademais "é firme o entendimento desta Corte de que não é aplicável ao recurso extraordinário a norma inscrita no art. 13 do CPC.".[267] Não se trata de decisão isolada.[268]

Contudo, para a hipótese da falta de assinatura, o Supremo Tribunal Federal historicamente admitia a desconsideração do vício, quando inexistente dúvida acerca da autoria da peça.[269]

A posição do Superior Tribunal de Justiça é próxima. Inicialmente, por força da súmula n. 115, considera inexistente recurso interposto por advogado sem procuração nos autos. Esta orientação vem sendo mantida na vigên-

---

fixados em favor do advogado de beneficiário estará sujeito a preparo, salvo se o próprio advogado demonstrar que tem direito à gratuidade".

[267] STF AI 780441 AgR, 1. T., Rel. Min. Roberto Barroso, j. 22/10/2013. DJe-228, 19.11.2013, p. 20.11.2013.

[268] Trecho da ementa: "É pacífica a jurisprudência do Supremo Tribunal Federal no sentido de se considerar inexistente o recurso sem a assinatura original do advogado". STF, ARE 897577-AgR, 2. T., Rel. Dias Toffoli, j. 22.09.2015. DJe-210, 20.10.2015, p. 21-10-2015.

[269] Por ilustração: "AGRAVO REGIMENTAL. ALEGADA AUSÊNCIA DE ASSINATURA, FORMALIDADE ESSENCIAL À EXISTÊNCIA DO RECURSO EXTRAORDINÁRIO. No caso dos autos, as páginas da peça recursal se encontram rubricadas pelo procurador da recorrente. Demais disso, a falta de assinatura do recurso extraordinário ocorreu por evidente erro material. É que a peça foi escrita em papel timbrado do escritório do profissional da advocacia que, desde o início, oficiou no processo. Noutros termos, inexiste dúvida quanto à identificação do advogado que vinha atuando no feito, até mesmo pelo seu particularizado estilo redacional. Precedentes: AI 496.967-AgR, Relator Ministro Marco Aurélio; AI 519.125-AgR, Relator para o acórdão Ministro Gilmar Mendes. Agravo regimental desprovido". RE 363946 AgR, 1. T., Rel. Min. Carlos Britto, j. 28.11.2006. DJ 20.04.2007, p. 93, ement. 2272-02, p. 408.

cia do CPC/2015, o que consideramos absolutamente equivocado à luz do acesso à justiça e dos princípios que informam o "Código Fux".[270]

Em relação à "ausência de assinatura", na vigência do CPC/73, o STJ considerava um vício não sanável, que obstava o conhecimento dos recursos dirigidos a este Tribunal.[271]

Desde a primeira edição dessa obra, criticamos essa postura, especialmente quando inexiste dúvida séria quanto à autenticidade da peça. A falta de assinatura deveria ser considerada um vício passível de correção. Consoante o CPC, o advogado pode postular em juízo, sem procuração, para evitar a preclusão. Já foi assinalado na obra que uma das funções dos recursos é justamente retardar a preclusão, de sorte que a exceção legal milita em favor do recorrente.[272]

Felizmente, com a vigência do CPC/2015, surgem os primeiros julgados favoráveis a tese de intimação do advogado, para correção do vício.[273]

Um último tema merece atenção, qual seja a exigência da certificação digital, a qual é vista como um meio idôneo para garantir a autenticidade das peças. É de todo conveniente que os advogados dela se utilizem. Ela não se confunde com a assinatura digitalizada.[274]

---

[270] Por ilustração: "PROCESSUAL CIVIL E ADMINISTRATIVO. AGRAVO REGIMENTAL NO AGRAVO EM RECURSO ESPECIAL. RECURSO SUBSCRITO POR ADVOGADO SEM PROCURAÇÃO NOS AUTOS. INADMISSIBILIDADE DE REGULARIZAÇÃO POSTERIOR. APLICAÇÃO DA SÚMULA 115/STJ. AGRAVO REGIMENTAL DA SERVIDORA A QUE SE NEGA PROVIMENTO. 1. Verifica-se que o Advogado vinha atuando no processo nas instâncias de origem, o que configura, assim, hipótese de aplicação excepcional da teoria apud acta. 2. Entretanto, considerando a função constitucional desta Corte de uniformização da jurisprudência pátria, ressalvo o meu ponto de vista, para acompanhar o entendimento firmado por este Tribunal. 3. É inexistente, na instância especial, o recurso interposto por Advogado sem procuração nos autos. Aplicação da Súmula 115/STJ. Precedentes: AgInt no AREsp. 441.711/PE, Rel. Min. Gurgel de Faria, DJe 30.11.2016; AgInt no REsp. 1.640.358/RJ, Rel. Min. Regina Helena Costa, DJe 3.8.2017; AgInt no AREsp. 1.028.707/SP, Rel. Min. Og Fernandes, DJe 8.5.2017. 4. Agravo Regimental da Servidora a que se nega provimento". AgRg no AREsp 717.909/MT, 1. T., Rel. Min. Napoleão Nunes Maia Filho, j. 15.04.2019. DJe 22.04.2019.

[271] AgInt nos EDcl no REsp 1548052/PR, 1. T., Rel. Min. Benedito Gonçalves, j. 18.02.2019. DJe 20.02.2019. AgRg no AREsp 378.560/RJ, 6. T., Rel. Min. Rogério Schietti Cruz, j. 01/10/2015. DJe 27/10/2015.

[272] Quanto ao ponto, reza o art. 104, CPC: "O advogado não será admitido a postular em juízo sem procuração, salvo para evitar preclusão, decadência ou prescrição, ou para praticar ato considerado urgente. § 1° Nas hipóteses previstas no *caput*, o advogado deverá, independentemente de caução, exibir a procuração no prazo de 15 (quinze) dias, prorrogável por igual período por despacho do juiz. § 2° O ato não ratificado será considerado ineficaz relativamente àquele em cujo nome foi praticado, respondendo o advogado pelas despesas e por perdas e danos".

[273] Trecho da ementa: "PROCESSUAL CIVIL. AGRAVO INTERNO NO AGRAVO EM RECURSO ESPECIAL. RECURSO INTERPOSTO SEM ASSINATURA DO ADVOGADO SUBSCRITOR DA PETIÇÃO, NA VIGÊNCIA DO CPC/2015. AUSÊNCIA DA REGULARIZAÇÃO DA PETIÇÃO, APESAR DA INTIMAÇÃO PARA TANTO. NÃO CONHECIMENTO. SÚMULA 115 DO STJ. AGRAVO INTERNO IMPROVIDO". AgInt no AREsp 1275315/MG, 2. T., Rel. Min. Assusete Magalhães, j. 23.10.2018, DJe 30.10.2018.

[274] Nesse sentido: "A assinatura digitalizada – ou escaneada –, por se tratar de mera inserção de imagem em documento, não se confunde com a assinatura digital baseada em certificado digital emitido por Autoridade Certificadora credenciada, prevista no art. 1°, § 2°, III, *a*, da Lei n° 11.419/2006. Com efeito, a inserção de assinatura escaneada em determinado documento, obtida a partir de

O problema prático surge a partir do fato de que, até o momento, nem todos os advogados gozam da certificação digital. Muitos causídicos recorrem a conhecidos, com o fim de viabilizar o protocolo de peças eletrônicas. Nesses casos, embora a petição tenha sido redigida pelo advogado que possui procuração nos autos, ela é ao final protocolizada pelo colega que não possui. Nesses casos, o Superior Tribunal de Justiça historicamente exigia absoluta correspondência, porquanto a certificação digital é ato pessoal e intransferível, reputando assim inadmissíveis os recursos interpostos por profissionais sem procuração nos autos.[275] A situação torna-se ainda mais grave, com a incidência da Súmula 115 da Corte, a qual reputa inexistente o recurso interposto por advogado sem procuração nos autos, vício que, na visão da Corte, é insanável com a juntada posterior.

Em nosso sentir, trata-se de um formalismo exacerbado e que, neste momento histórico, deveria ser revisto. É fato que os profissionais estão ainda se habituando com o processo eletrônico e, muitas vezes, por não ter o conhecimento de orientações pontuais praticam atos com os olhos voltados aos processos físicos. Esta realidade deveria ser considerada e, a fim de viabilizar o acesso à justiça, é recomendável admitir a correção de vícios, quando estes não se mostrem graves.[276]

A este respeito, o Novo CPC preconiza nos artigos 932, parágrafo único, e 1029, parágrafo terceiro, o saneamento dos vícios, antes do decreto de inadmissibilidade, razão pela qual consideramos prudente a revisão da jurisprudência das Cortes acerca do destino dos recursos interpostos por advogados sem procuração nos autos ou quando ausente a assinatura.[277]

---

outro documento original, não confere nenhuma garantia quanto à sua autenticidade em relação ao signatário." AgRg no AREsp 471037/MG, 4. T. Rel. Min. Luis Felipe Salomão, j. 27.05.2014. DJe 03/06/2014.

[275] AgRg no AREsp 286.636/SP, 4. T., Rel. Min. Marco Buzzi, j. 13.10.2015. DJe 21/10/2015.

[276] Correta a seguinte orientação: "PROCESSUAL PENAL. AGRAVO REGIMENTAL NOS EMBARGOS DE DIVERGÊNCIA EM RECURSO ESPECIAL. PETIÇÃO ELETRÔNICA. ASSINATURA DIGITAL. SÚMULA 115/STJ. PARADIGMA EM *HABEAS CORPUS*. NÃO CABIMENTO. AGRAVO IMPROVIDO. 1. Se o advogado que assinou a petição eletrônica dos embargos de divergência não possui procuração ou substabelecimento nos autos e, embora intimado a regularizar a representação processual, quedou-se inerte, impõe-se a incidência da Súmula 115 do STJ, segundo a qual, Na instância especial é inexistente recurso interposto por advogado sem procuração nos autos. 2. É pacífica a orientação da Corte Especial no sentido de que o acórdão proferido em habeas corpus não é admitido como paradigma para fins de comprovação do dissídio jurisprudencial. 3. Agravo regimental improvido". AgRg nos EREsp 1509492/SP, 3. S., Rel. Min. Nefi Cordeiro, j. 12.09.2018. DJe 18.09.2018.

[277] Art. 932: "Incumbe ao relator: (...) Parágrafo único. Antes de considerar inadmissível o recurso, o relator concederá o prazo de 5 (cinco) dias ao recorrente para que seja sanado vício ou complementada a documentação exigível". Art. 1.029: "O recurso extraordinário e o recurso especial, nos casos previstos na Constituição Federal, serão interpostos perante o presidente ou o vice-presidente do tribunal recorrido, em petições distintas que conterão: (...) § 3º O Supremo Tribunal Federal ou o Superior Tribunal de Justiça poderá desconsiderar vício formal de recurso tempestivo ou determinar sua correção, desde que não o repute grave".

QUARTA PARTE
Recursos Ordinários

1. Apelação

1.1. Cabimento

A apelação, dentro do sistema brasileiro, é o recurso por excelência. Encontra-se presente tanto nos procedimentos civis, quanto nos criminais e até mesmo nos trabalhistas, embora nesta sede atenda por recurso ordinário.[278] Está igualmente presente na maioria dos sistemas estrangeiros.

Por ilustração, em um passeio aleatório por três continentes, verifica-se que o Código de Direito Processual da Província de Buenos Aires, admite o apelo nos arts. 242-253. *O Code de Procédure Civile et Administrative* argelino regula a apelação entre os arts. 332-338. Na Itália, o *appello* é previsto nos arts. 339-359. Em face de sua presença quase universal, consideramos o apelo como o símbolo dos recursos, o qual irá viabilizar o segundo grau de jurisdição à parte e provocar, através de um julgamento colegiado, a decisão definitiva na maior parte dos processos que tramitam em nosso país.

O ordenamento brasileiro, tradicionalmente, limita o cabimento da apelação para enfrentar as sentenças. Foi assim no CPC/39 e, especialmente, durante os mais de quarenta anos de vigência do CPC/73. Contudo, é bom ressaltar que, na ótica do CPC, é correto, em sede de preliminar do recurso, apontar a insurgência em relação às decisões interlocutórias que não foram objeto de agravo de instrumento. Nesse passo, sob a égide do atual CPC também as interlocutórias desafiam apelo. Abordaremos o fenômeno em tópico sucessivo, no qual discutiremos a ampliação do efeito devolutivo do apelo.

Como regra geral, o apelo tem lugar sempre que o procedimento perante o primeiro grau de jurisdição é finalizado, através da prolação de sentença. Em linha de princípio, desimporta que a sentença tenha avaliado o mérito da causa, uma vez que também as sentenças meramente terminativas (que se contentam em declarar a inadmissibilidade da tutela jurisdicional de mérito) devem ser impugnadas pela apelação. Por conseguinte, o fato da sentença ter analisado o mérito não é – por si só – relevante para a caracterização do recurso cabível.

---

[278] A posição de Carlos Henrique Bezerra Leite bem expressa essa corrente: "à luz da teoria geral do processo, pode-se dizer que o recurso ordinário previsto na CLT corresponde ao recurso de apelação tratada no Código de Processo Civil, na medida em que diversos aspectos são comuns a ambos". *Curso de Direito Processual do Trabalho*. 3. ed. São Paulo: LTr, 2005, p. 559.

Muito embora a relativa clareza do art. 1.009 ("da sentença cabe apelação"), na prática, existem algumas situações polêmicas. Visualiza-se, em determinados casos, a inaptidão do recurso para responder às exigências do sistema. Desta forma, encontram-se decisões proferidas no curso da tramitação em primeiro grau e que possuem a pretensão de definitividade própria da sentença, mas que desafiam agravo, em face da inaptidão do apelo para garantir a celeridade dos processos. Uma situação típica ocorre quando o juízo singular rejeita uma determinada defesa do réu, a qual – se reconhecida – extinguiria o feito (caso da prescrição, decadência, convenção de arbitragem, do pagamento, etc.). Se a decisão de primeiro grau, extiguisse o feito, o recurso cabível seria o apelo. Entretanto, ao afastar dita defesa, será admitido o agravo de instrumento, a fim de não ser perturbada a marcha processual em primeiro grau. Nessas hipóteses, não é propriamente a matéria que definirá o recurso cabível, mas sim a aptidão procedimental.

Existem, ainda, situações que confundem o operador. É o caso da eleição do recurso cabível diante do julgamento da exclusão de um litisconsorte do processo.[279] Suponha-se um exemplo trivial: proposta ação de indenização em face do Estado e do servidor causador do dano, diante de uma eventual pronúncia de ilegitimidade do funcionário e mantida a legitimação estatal (com a consequente instrução probatória), insurgindo-se qualquer das partes com tal decisão, indaga-se qual o recurso cabível.

Em sede jurisprudencial, exige-se o agravo de instrumento. Tal orientação é histórica. Considera o Superior Tribunal de Justiça, de forma majoritária, que a interposição de apelo consubstanciaria um erro grosseiro, o qual impediria a aplicação do princípio da fungibilidade.[280] É tímida a orientação (com a qual concordamos) no sentido de que, em nome do acesso a justiça, deveria ser reconhecida a fungibilidade nesses casos.[281]

Quanto ao tema, o CPC se posicionou de forma expressa, autorizando o agravo de instrumento (art. 1015, VII).[282] Trata-se de uma salutar previsão, na medida em que orienta a atuação dos procuradores, reduzindo o risco de que o processo seja definido por uma falha na eleição do recurso cabível.

Igualmente interessante é a discussão travada acerca do recurso cabível contra a decisão que aprecia parcela da causa. Figure-se o exemplo do "julgamento antecipado frente à parte incontroversa da demanda". Tal ato, *data*

[279] Corretamente, em favor do cabimento do Agravo de Instrumento: TJRS, AC 70020647517, 10. C.C., Des. Rel. Paulo Antônio Kretzmann, j. 03.11.2009.

[280] "Nos termos da jurisprudência desta Corte, o recurso cabível contra decisão que exclui litisconsorte é o agravo de instrumento, sendo considerado erro grosseiro o manejo da apelação. Precedentes. Incidência da Súmula nº 83 do STJ" AgInt no AREsp 1334137/RS, 3. T., Rel. Min. Moura Ribeiro, j. 03.12.2018. DJe 05.12.2018. No mesmo sentido: AgInt no AREsp 900.835/SP, 1. T., Rel. Min. Gurgel de Faria, j. 15.09.2016. DJe 26.10.2016.

[281] Admitindo a fungibilidade, REsp 113.443/PR, 4ª T., Rel. p/o Ac. Sálvio de Figueiredo Teixeira, DJ: 01.07.2004, p. 195.

[282] Art. 1.015. Cabe agravo de instrumento contra as decisões interlocutórias que versarem sobre: (...) VII – exclusão de litisconsorte.

venia, deve induzir a formação de coisa julgada material e (por que não?) desfazimento pela via da rescisória. Suponha-se um exemplo banal: diante de uma demanda de reparação de danos oriunda de um acidente de trânsito, o réu aceita a sua responsabilidade em reparar o dano material, mas contesta a ocorrência de dano moral. A pronúncia do juiz pela procedência em relação ao dano patrimonial terá conteúdo de sentença, porém deverá ser atacada pelo agravo de instrumento, justamente pela inaptidão do regime da apelação. Quanto ao ponto, o CPC, de forma pragmática, admitiu o agravo de instrumento, por força do art. 356[283], parágrafo quinto, combinado com o art. 1015, II.[284]

De toda sorte, esses e tantos outros temas podem ser enfrentados pelos Tribunais através do princípio da fungibilidade e da valorização do livre acesso à justiça. Caso fique demonstrada a existência de dúvida objetiva acerca de qual o recurso cabível, em face da dificuldade em se classificar o ato impugnado, é de todo conveniente a sua admissibilidade, ainda que com a ressalva da posição pessoal do magistrado.

1.2. A impugnação das interlocutórias mediante a apelação

Uma das principais alterações do CPC, no regime da apelação, encontra-se no art. 1.009, especialmente em seus parágrafos.[285] O artigo deve ser compreendido à luz das novas hipóteses de cabimento do agravo de instrumento, previstas no art. 1.015, CPC.

De um lado, o CPC limitou a utilização do agravo, alterando o regime de recorribilidade das interlocutórias, as quais são atacadas por agravo de instrumento (quando presentes as situações narradas no art. 1.015) ou então em momento posterior, no bojo da apelação (todas as interlocutórias que não estejam contempladas no rol aludido). Daí a previsão do parágrafo primeiro

---

[283] Art. 356: "O juiz decidirá parcialmente o mérito quando um ou mais dos pedidos formulados ou parcela deles: I – mostrar-se incontroverso; II – estiver em condições de imediato julgamento, nos termos do art. 355. § 1º A decisão que julgar parcialmente o mérito poderá reconhecer a existência de obrigação líquida ou ilíquida. § 2º A parte poderá liquidar ou executar, desde logo, a obrigação reconhecida na decisão que julgar parcialmente o mérito, independentemente de caução, ainda que haja recurso contra essa interposto. § 3º Na hipótese do § 2º, se houver trânsito em julgado da decisão, a execução será definitiva. § 4º A liquidação e o cumprimento da decisão que julgar parcialmente o mérito poderão ser processados em autos suplementares, a requerimento da parte ou a critério do juiz. § 5º A decisão proferida com base neste artigo é impugnável por agravo de instrumento".

[284] Art. 1.015. Cabe agravo de instrumento contra as decisões interlocutórias que versarem sobre: (...) II – mérito do processo.

[285] Art. 1.009: "Da sentença cabe apelação. § 1º As questões resolvidas na fase de conhecimento, se a decisão a seu respeito não comportar agravo de instrumento, não são cobertas pela preclusão e devem ser suscitadas em preliminar de apelação, eventualmente interposta contra a decisão final, ou nas contrarrazões. § 2º Se as questões referidas no § 1º forem suscitadas em contrarrazões, o recorrente será intimado para, em 15 (quinze) dias, manifestar-se a respeito delas. § 3º O disposto no caput deste artigo aplica-se mesmo quando as questões mencionadas no art. 1.015 integrarem capítulo da sentença".

do art. 1.009: "as questões resolvidas na fase de conhecimento, se a decisão a seu respeito não comportar agravo de instrumento, não são cobertas pela preclusão e devem ser suscitadas em preliminar de apelação, eventualmente interposta contra a decisão final, ou nas contrarrazões".

Ou seja, foi ampliado o efeito devolutivo da apelação, de sorte que o apelante deverá impugnar, além do conteúdo da sentença, eventualmente também as interlocutórias, destacando uma preliminar nas suas razões ou caso interesse seja do apelado, em suas contrarrazões.

Algumas peculiaridades surgem neste novo rito, especialmente diante da apelação por parte do apelado. Imagine-se o exemplo do julgamento antecipado da causa, com o indeferimento das provas requeridas pelas partes. Diante do recurso da parte sucumbente, deverá o apelado registrar, em suas contrarrazões, o seu direito à prova. Neste caso, trata-se de um requerimento subordinado e condicionado. O fenômeno é bem explicado por Leonardo Carneiro da Cunha e Fredie Didier Junior: "a apelação do vencedor, neste caso é um recurso *subordinado*. Ela seguirá o destino da apelação do vencido. Caso o vencido desista da apelação interposta ou essa não seja admissível, a apelação do vencedor perde o sentido: por ter sido o vencedor, o interesse recursal somente subsiste se a apelação do vencido for para frente. O sistema passa a ter duas espécies de recurso subordinado. Ao lado do tradicional recurso adesivo, regulado pelos parágrafos do art. 997, passa a existir a apelação subordinada interposta pelo vencedor. Estas espécies de recurso subordinado distinguem-se, basicamente, em dois aspectos: a) o recurso adesivo é cabível não apenas na apelação, mas também no recurso extraordinário e no recurso especial (art. 997, § 2º, II, CPC) – o recurso subordinado previsto no § 1º do art. 1.009 é apenas na apelação. b) o recurso adesivo pressupõe que tenha havido a sucumbência recíproca, o que não acontece na hipótese do § 1º do art. 1.009".[286] Agregam os autores: "cumpre destacar a segunda peculiaridade. Além de subordinada, a apelação do vencedor prevista no § 1º do art. 1.009 do CPC é condicionada. Isso significa que somente será examinada se a apelação do vencido for acolhida, afinal, repise-se, quem se vale dela é o vencedor, que somente perderá esta qualidade se a apelação do vencido originário for provida".[287] Consideramos correta a linha de raciocínio dos autores citados, embora admitamos que o debate seja trazido nas contrarrazões pela parte vencedora e não através de recurso próprio, pela ausência de interesse.

De toda sorte, haverá um fenômeno peculiar, pois o interesse recursal do vencedor apenas surgirá diante do eventual provimento da apelação do vencido. Daí o interesse em ser fixado um procedimento adequado para o julgamento de ambas as irresignações?

---

[286] Apelação contra decisão interlocutória não agravável: a apelação do vencido e a apelação subordinada do vencedor: duas novidades do CPC/2015, In *Novo CPC*: doutrina selecionada, v. 6: processos nos tribunais e meios de impugnação às decisões judiciais (Org. Lucas Buril de Macedo *et alli*), Salvador: Juspodivm, 2015, p. 518.

[287] Idem, p. 519.

Fredie Didier Junior e Leonardo Carneiro da Cunha propõem a seguinte ordem: "é preciso, então, definir o procedimento de votação destes dois recursos. Inicialmente, o tribunal examinará a apelação do vencido. Esta apelação pode ser para reformar ou invalidar a sentença. Se der provimento a apelação do vencido para reformar a sentença, o tribunal prosseguirá para examinar a apelação do vencedor. Provida a apelação do vencedor, a decisão sobre a apelação do vencido se resolve: a) a decisão interlocutória impugnada pelo vencedor será invalidada ou reformada pelo tribunal; b) o processo retornará ao momento em que ela havia sido proferida; c) a sentença não será substituída pela decisão que julgou a apelação do vencido, afinal o processo retrocederá a momento anterior a ela. A decisão sobre a apelação do vencido é, nesta hipótese, uma decisão sob condição legal resolutiva: dependerá da decisão que julgar a apelação do vencedor. Se der provimento a apelação do vencido para invalidar a sentença, o tribunal prosseguirá para examinar a apelação do vencedor. Provida a apelação do vencedor: a) a decisão interlocutória impugnada pelo vencedor será invalidada ou reformada pelo tribunal; b) o processo retornará ao momento em que ela havia sido proferida; c) a sentença não será substituída pela decisão que julgou a apelação do vencido, efeito que não decorre da decisão de invalidação. Neste caso, ambas as decisões convivem, mas prevalece, do ponto de vista prático, a decisão sobre a apelação do vencedor, pois se refere à decisão proferida em momento anterior, impondo a retomada do processo desde então".[288]

Outra solução seria adotar um raciocínio hipotético, na linha do vetusto agravo retido condicionado. Isto porque, sob a ótica do vencedor, embora a sentença lhe tenha sido favorável, não há garantia alguma quanto à sua manutenção. Nessas hipóteses, poder-se-ia postular a apreciação de sua inconformidade – veiculada em contrarrazões – apenas e tão somente quando a apelação de seu adversário fosse provida. Entretanto, antes de apreciar o mérito da inconformidade do vencedor, o relator – em juízo hipotético – deveria concluir pelo provimento da apelação do vencido.[289] Ou seja, se o Tribunal considerasse a apelação do vencido procedente, então não deveria julgá-la antes de apreciar os argumentos do vencedor em relação às interlocutórias. Mas se a apelação do vencido fosse tida como infundada, então desapareceria o interesse na apreciação das teses do vencedor. Daí a expressão: "apelação condicionada". Uma vantagem desta segunda solução seria evitar a redação de uma parte do acórdão inútil, na medida em que o provimento do apelo do vencido seria inócuo. A sua motivação, no plano fático, poderá ser relevante

---

[288] Apelação contra decisão interlocutória não agravável: a apelação do vencido e a apelação subordinada do vencedor: duas novidades do CPC/2015, In: *Novo CPC*: doutrina selecionada, v. 6: processos nos tribunais e meios de impugnação às decisões judiciais (Org. Lucas Buril de Macedo et alli), Salvador: Juspodivm, 2015, p. 521.

[289] Assevera Manuel Caetano Ferreira Filho: "analisa-se se o julgamento da apelação será favorável ao agravante: se o for, prejudicado ficará o agravo; na hipótese contrária, o agravo deverá ser julgado. Se for provido, anulado estará o processo a partir da decisão agravada; se for desprovido, a apelação será julgada, já com a certeza do seu provimento". In: *Comentários ao CPC*. São Paulo: RT, 2000, p. 215.

e até mesmo ser adotada no futuro, em outro pronunciamento. Contudo, sob o ponto de vista teórico, inexistiria vinculação. O risco reside no ponto de vista prático, pois muitos magistrados de primeiro grau, tomando ciência da fundamentação adotada pelo Tribunal para resolver o apelo do vencido, fatalmente adotariam-na, algo que pode ser tido como prejudicial ao contraditório.

Aguarda-se uma posição dos Tribunais a respeito do tema.

1.3. Particularidades da apelação contra as sentenças liminares

No sistema processual brasileiro, existem ao menos duas hipóteses que autorizam o magistrado a dispensar a citação do réu (e o contraditório) e a prolatar imediata sentença, logo no limiar do processo. São as hipóteses de "indeferimento da petição inicial" e de "improcedência liminar do pedido". Em comum, existe a convicção de que o processo, a recém iniciado, não outorgará qualquer vantagem ao autor. Em face de suas peculiaridades, analisaremos separadamente, cada qual.

Com efeito, ao receber a petição inicial, cumpre ao magistrado controlar a sua regularidade formal, o que se dá pela análise dos requisitos impostos pelo art. 319, bem como pela constatação de vícios que impeçam o exame do mérito da causa. Ou seja, deve o magistrado se certificar que a tutela jurisdicional é admissível.

Esta primeira posição do magistrado dentro do processo pode ter conteúdo positivo ou negativo. Se deferir a citação, presumivelmente, concluiu pela aptidão da exordial. Contudo, detectando empecilhos que coloquem em risco a utilidade da atividade jurisdicional, deve o magistrado ouvir o autor, permitindo a correção da peça. Caso o vício permaneça, então adotará a solução de extinguir o feito.[290]

Nessa hipótese específica, consoante o art. 331: "indeferida a petição inicial, o autor poderá apelar, facultado ao juiz, no prazo de 5 (cinco) dias, retratar-se. § 1º Se não houver retratação, o juiz mandará citar o réu para responder ao recurso. § 2º Sendo a sentença reformada pelo tribunal, o prazo para a contestação começará a correr da intimação do retorno dos autos, observado o disposto no art. 334. § 3º Não interposta a apelação, o réu será

[290] Arrola o art. 330 as seguintes hipóteses que à extinção liminar do processo: "A petição inicial será indeferida quando: I – for inepta; II – a parte for manifestamente ilegítima; III – o autor carecer de interesse processual; IV – não atendidas as prescrições dos arts. 106 e 321. § 1º Considera-se inepta a petição inicial quando: I – lhe faltar pedido ou causa de pedir; II – o pedido for indeterminado, ressalvadas as hipóteses legais em que se permite o pedido genérico; III – da narração dos fatos não decorrer logicamente a conclusão; IV – contiver pedidos incompatíveis entre si. § 2º Nas ações que tenham por objeto a revisão de obrigação decorrente de empréstimo, de financiamento ou de alienação de bens, o autor terá de, sob pena de inépcia, discriminar na petição inicial, dentre as obrigações contratuais, aquelas que pretende controverter, além de quantificar o valor incontroverso do débito. § 3º Na hipótese do § 2º, o valor incontroverso deverá continuar a ser pago no tempo e modo contratados.".

intimado do trânsito em julgado da sentença". Trata-se de uma apelação particular, não à toa regulada no art. 331, CPC, ou seja, bem distante das normas gerais previstas nos arts. 1.009 e ss.

Em relação ao Código anterior, observamos as seguintes mudanças: (1) o réu será citado para responder ao recurso (inexistia esta previsão no art. 296, CPC/1973); (2) caso provido o apelo, o prazo para a contestação "começará a correr da intimação do retorno dos autos" (no Código anterior, após o provimento, o réu era citado para contestar a demanda); (3) caso não seja interposta a apelação, o réu deverá ser intimado do trânsito em julgado da sentença (o Código anterior era omisso).

A outra hipótese legal de julgamento liminar, sem contraditório, reside no art. 332: "nas causas que dispensem a fase instrutória, o juiz, independentemente da citação do réu, julgará liminarmente improcedente o pedido que contrariar: I – enunciado de súmula do Supremo Tribunal Federal ou do Superior Tribunal de Justiça; II – acórdão proferido pelo Supremo Tribunal Federal ou pelo Superior Tribunal de Justiça em julgamento de recursos repetitivos; III – entendimento firmado em incidente de resolução de demandas repetitivas ou de assunção de competência; IV – enunciado de súmula de tribunal de justiça sobre direito local". Agrega o parágrafo primeiro: "o juiz também poderá julgar liminarmente improcedente o pedido se verificar, desde logo, a ocorrência de decadência ou de prescrição".

O objetivo do instituto é viabilizar a efetiva resolução das demandas cuja chance de êxito do autor é mínima, em face da jurisprudência contrária à sua pretensão. Não haveria razão para se prolongar uma relação processual cujo final é antevisto com boa dose de segurança, pela pré-existência de jurisprudência coerente e estável.[291]

O texto não alude às demandas frívolas, cuja resolução imediata também seria conveniente. O Jornal Britânico *The Times*, após um levantamento, apontou as 10 demandas mais absurdas no ano. Dentre elas, se encontravam as seguintes[292]: (a) pai que invoca a responsabilidade civil da emissora televisiva pelo fato de os filhos terem se tornado "vagabundos zapperos" e sua esposa adquirir sobrepeso (EUA); (b) esposa que demanda o marido pelo fato de ele padecer de ejaculação precoce, inviabilizando a plena fruição do ato sexual (Brasil); (c) Astróloga demanda NASA por perturbar o equilíbrio do mundo (Rússia); (d) jovem que processa o Estado para viabilizar a venda de sua alma na internet (China), dentre outras pérolas.

O magistrado Frederico Augusto Leopoldino Koehler vai além em sua crítica e afirma ter ocorrido um "retrocesso" em relação ao tema. Na sua vi-

---

[291] Ressalta Humberto Theodoro Junior à luz do CPC/73: "para evitar que os inúmeros processos sobre casos análogos forcem o percurso inútil de todo o iter procedimental, para desaguar, longo tempo mais tarde, num resultado já previsto, com total segurança, pelo juiz da causa, desde a propositura da demanda, o art. 285-A, muniu o juiz do poder de, antes da citação do réu, proferir a sentença de improcedência prima facie do pedido traduzido na inicial". *As novas reformas do CPC*, p. 15

[292] Disponível em: <http://www.20minutos.es/noticia/303768/0/demandas/mas/absurdas/>. Acesso em 10.02.2017.

são: "o CPC foi demasiadamente restritivo quanto às hipóteses de cabimento da improcedência liminar do pedido. Seria suficiente que o CPC vedasse o julgamento liminar de improcedência em contrariedade aos precedentes elencados no art. 332, não sendo proibido, no entanto, que o magistrado proferisse sentença liminar de improcedência sem que já existissem tais precedentes. Tal interpretação seria suficientemente equilibrada para, a um só tempo, proteger a integridade da jurisprudência e resguardar a resolução dos processos em tempo razoável. Não vemos sentido em aguardar todo o trâmite processual se o magistrado já tem posição firmada em caso que não necessite de dilação probatória se, ao final, mesmo sem a presença de nenhum dos precedentes indicados nos incisos do art. 332, poderá proferir a sentença de improcedência".[293]

Em que pesem os argumentos acima, consideramos que a opção do Novo CPC por vincular a sentença de improcedência liminar aos precedentes representa uma solução adequada para a maioria dos casos, pois oferece segurança suficiente quanto à estabilidade da sentença. Caso cada magistrado, nas demandas que versam "exclusivamente" sobre matéria jurídica, pudessem de plano proferir sentenças de improcedência, sem oferecer oportunidade ao réu de se manifestar, seria violado o contraditório, dentre outros princípios constitucionais.

A sentença que julga o mérito, dispensando a citação do réu, deve indicar com precisão a jurisprudência consolidada pelos Tribunais. Compreende-se esta determinação, na medida em que o jurisdicionado tem o direito de entender por quais razões o órgão judicial fez incidir o art. 332, facultando-lhe acesso aos precedentes invocados. A norma relaciona-se intimamente com o princípio da motivação das decisões judiciais (art. 93, IX, CF). Ou seja, deve o magistrado também explicitar os pontos que aproximam o julgado paradigma do caso em apreço (art. 489, CPC).

A lei brasileira não desampara, entretanto, o autor, que poderá apelar frente a tal provimento. Se a apelação for tempestiva, faculta-se a retratação, no prazo de 5 dias, algo que não é admitido no regime geral da apelação do arts. 1.009 e seguintes.[294] Quando ela ocorre, o juiz determinará a citação do réu, conforme § 4º. Quando ela não ocorrer, o juiz determinará a citação do réu para apresentar contrarrazões, no prazo de 15 (quinze) dias. Com tal providência, remetem-se os autos para a apreciação do recurso pelo Tribunal revisor. [295]

---

[293] As novidades do CPC com ralação à improcedência liminar do pedido (art. 285-A do CPC/73, atual art. 332 do CPC", In: *Novo CPC*: doutrina selecionada, v. 2: processo de conhecimento e disposições finais e transitórias. Coord. Fredie Didier Jr. Orgs. Lucas Buril de Macêdo, Ravi Peixoto, Alexandre Freire. Salvador: Juspodivm, 2015, p. 102 e 103.

[294] Nesse sentido, o Enunciado nº 68 da I Jornada de Direito Processual (CJF): "A intempestividade da apelação desautoriza o órgão a quo a proferir juízo positivo de retratação".

[295] Nessas situações, competirá ao Tribunal remunerar a atuação do advogado do réu, arbitrando a verba sucumbencial: "PROCESSUAL CIVIL. RECURSO ESPECIAL. EXECUÇÃO. INDEFERIMENTO DA INICIAL. CITAÇÃO DO EXECUTADO NA FASE DE APELAÇÃO. VERBA HONORÁRIA. CABIMENTO. ART. 85 DO CPC. 1. Indeferida a inicial, sem a citação ou o comparecimento espontâneo do executado, correta a sentença que não arbitrou honorários, dada a ausência de advogado

Também deve ser salientada a prudência pela qual o julgador da apelação deve enfrentar o recurso. Eventual provimento pela constatação de que a tese desenvolvida pelo juízo inferior é equivocada não pode sufocar o contraditório posterior, uma vez que a defesa propriamente dita ainda não foi apresentada. Logo, quando do retorno dos autos à origem, poderão ser trazidos argumentos que influenciem o convencimento do julgador de primeiro grau, quer por iniciativa do réu, quer pelo autor. Daí por que o provimento do apelo, mesmo em relação à matéria jurídica, não deve possuir ares de definitividade (afinal, trata-se ainda de uma decisão provisória, por excelência), não vinculando o juiz de primeiro grau.

1.4. Procedimento em primeiro grau de jurisdição

No modelo do CPC/2015, a participação do juiz de primeiro grau no processamento da apelação foi sensivelmente reduzida. Antes, no CPC/73, o juízo de primeiro grau, além de facilitar o acesso à justiça (recebendo o recurso), ainda realizava um primeiro exame (provisório) de admissibilidade. Quando positivo, cumpria-lhe selecionar os efeitos do apelo.

A situação muda com o Novo Código. Inicialmente, exige-se do apelante a interposição perante o juízo *a quo*, em petição na qual se encontrem os seguintes requisitos: (I) os nomes e a qualificação das partes; (II) a exposição do fato e do direito; (III) as razões do pedido de reforma ou de decretação de nulidade; (IV) o pedido de nova decisão (art. 1.010).

Nessa linha, no bojo do recurso, podem ser apontadas duas classes de vícios: de procedimento e de julgamento. O apelante, assim, tanto poderá se insurgir quanto à determinada falha no procedimento que culminou com a prolação da sentença (incluindo-se algum eventual vício formal no próprio ato impugnado), quanto a apreciação do mérito da causa. Todos os vícios, quer de injustiça na análise do mérito, quer de equívocos na realização do devido processo legal, são açambarcados pela apelação. A confirmação futura desses vícios poderá levar a desconstituição ou a reforma da sentença.

Ato contínuo à interposição, o apelado é intimado para apresentar contrarrazões no prazo de 15 (quinze) dias, admitindo-se a apelação adesiva, hipótese na qual o juiz intimará o apelante para apresentar contrarrazões (§§ 1º e 2º). Tal como o apelante, a parte recorrida pode se valer de ampla fundamentação para demonstrar o acerto da sentença.

Entretanto, no CPC, conforme o § 3º do art. 1.010, foi suprimido o primeiro exame de admissibilidade, pois "após as formalidades previstas nos

constituído nos autos. 2. Com a interposição de apelação e a integração do executado à relação processual, mediante a constituição de advogado e apresentação de contrarrazões, uma vez confirmada a sentença extintiva do processo, cabível o arbitramento de honorários em prol do advogado do vencedor (CPC, art. 85. §2). 3. Recurso especial provido". REsp 1753990/DF, 4. T., Rel. Min. Maria Isabel Gallotti, j. 09.10.2018. DJe 11.12.2018.

§§ 1º e 2º, os autos serão remetidos ao tribunal pelo juiz, independentemente de juízo de admissibilidade". Trata-se de uma alteração polêmica, afinal os recursos inadmissíveis serão igualmente dirigidos ao Tribunal. Na prática, esse exame, quando realizado na égide do CPC/73 era provisório e não raro "protocolar", sem a aferição *in concreto* dos pressupostos de admissibilidade. Daí a escolha legislativa.

1.5. O efeito suspensivo da apelação (art. 1.012)

O tema relativo ao efeito suspensivo da apelação é sempre tormentoso. Permanece inquietante a sábia lição de José Carlos Barbosa Moreira. Simplesmente, retirar do apelo o efeito suspensivo teria a "óbvia vantagem de tornar mais pronta a satisfação", porém, de outro lado, "aumentaria o risco de causar ao vencido detrimento que se mostrará injusto se depois se vier a verificar que o juízo *a quo* decidira mal". Em face desse eterno conflito (segurança *x* efetividade), seria conveniente a elaboração de um estudo estatístico sério, a fim de se "apurar a percentagem de sentenças que os tribunais, no julgamento da apelação, reformam ou anulam". Constatado resultado toleravelmente baixo, mostrar-se-ia útil a mudança legislativa. Contudo, caso demonstrado um alto número de reformas das decisões, retirar o efeito suspensivo do apelo em nada contribuiria para o aperfeiçoamento do sistema: "sem essa averiguação prévia, alteração radical do regime assemelhar-se-á a um tiro no escuro: pode até ser que atinja o alvo sem provocar dano indesejável, mas por mero acaso (...)".[296]

Após amplo debate, foi sancionado o CPC consagrando o efeito suspensivo da apelação. Houve intensa alteração no Congresso Nacional, quanto ao ponto, durante a sua tramitação. Ao final, manteve-se a orientação do Código anterior, com pontuais alterações.

Efetivamente, o CPC não se filiou a orientação de outros diplomas recentes, que estabeleceram a sensível limitação do efeito suspensivo. Dentre eles, se encontra o Estatuto da Criança e do Adolescente, quando, em seu art. 198, dispõe que o apelo possui apenas efeito devolutivo, porém autoriza o

[296] Eis a prudente e sempre oportuna lição do mestre carioca: "está em marcha, visivelmente, processo evolutivo que talvez acabe por transformar a exceção em regra, e vice-versa, ou, em possível alternativa, deixe ao órgão judicial resolver sobre a suspensão ou não dos efeitos da sentença – sentido em que aponta a nova redação dada ao art. 558, parágrafo único, pela Lei nº 9.139, privar a apelação do efeito suspensivo, sic et simpliciter, teria para o vencedor em primeiro grau a óbvia vantagem de tornar mais pronta a satisfação, por outro lado, aumentaria o risco de causar ao vencido detrimento que se mostrará injusto se depois se vier a verificar que o juízo a quo decidira mal. A aceleração tem seu preço e, para saber se no caso, ele é razoável ou excessivo, cumpriria apurar a percentagem de sentenças que os tribunais, no julgamento da apelação, reformam ou anulam. Sendo baixa, valerá a pena pagar o preço. Sendo alta, convirá pensar duas vezes, ou mais, antes de consumar a reforma. Sem essa averiguação prévia, alteração radical do regime assemelhar-se-á a um tiro no escuro: pode até ser que atinja o alvo sem provocar dano indesejável, mas por mero acaso...". *Comentários ao Código de Processo Civil*. 12. ed. Rio de Janeiro: Forense, 2005, p. 473.

juiz, "sempre que houver perigo de dano irreparável ou de difícil reparação", a agregar efeito suspensivo em caráter excepcional.

Também é o caso dos "minissistemas" que se encarregaram em municiar a sociedade com remédios destinados à tutela dos bens que lhe são mais caros: meio ambiente, patrimônio histórico e cultural, consumidores, erário. Dois desses exemplos são encontrados no Código de Defesa do Consumidor e na lei que regula a Ação Civil Pública. A Lei da Ação Civil Pública (7.347/85) dispõe, em seu art. 14, que compete ao juiz conferir efeito suspensivo aos recursos "para evitar dano irreparável a parte". Observa-se a quebra de um paradigma, pois nesses casos próprios da tutela coletiva, concede-se espaço ao juiz para analisar se, em cada caso específico, o efeito suspensivo é ou não aconselhável com vista à satisfação dos direitos em jogo. Caso o magistrado conclua que a pronta execução da sentença é medida que se impõe, a fim de preservar os bens jurídicos protegidos, deixará de receber o recurso com o efeito suspensivo. Contudo, se a execução imediata do julgado mostrar-se inadequada, em face da alta possibilidade de reforma ou pelo dano ocasionado ao destinatário, poderá ser concedido o efeito suspensivo.[297]

Comentando o sentido do art. 14 da Lei da Ação Civil Pública refere Herman Benjamin que "por se tratar de Ação Civil Pública, portanto, não se aplica a norma do art. 520 do CPC/1973 (art. 1.012/CPC/2015), uma vez que esta é regra geral em relação àquela, que é norma de caráter especial. A concessão do efeito suspensivo, em tais casos, somente ocorrerá em situações excepcionais, quando demonstrada a possibilidade de dano irreparável ao réu, conforme dispõe o art. 14 do referido diploma legal: 'O juiz poderá conferir efeito suspensivo aos recursos, para evitar dano irreparável à parte'".[298]

De toda sorte retornando ao CPC, inicialmente, o *caput* do art. 1.012 afirma que "a apelação terá efeito suspensivo". O efeito suspensivo, pois, decorre da lei. Após, são arroladas seis hipóteses nas quais a sentença produz efeito imediato, quando ela: (I) homologa divisão ou demarcação de terras; (II) condena a pagar alimentos; (III) extingue sem resolução do mérito ou julga improcedentes os embargos do executado; (IV) julga procedente o pedido de instituição de arbitragem; (V) confirma, concede ou revoga tutela provisória; (VI) decreta a interdição. Não se trata de um rol exaustivo, pois o próprio

[297] Rodolfo de Camargo Mancuso ressalta: "assim como o juiz concede ou não a tutela cautelar desde que, ao seu prudente arbítrio (= discricionaridade) estejam presentes certas circunstâncias (o *fumus boni juris*, o *periculum in mora*, o receio do dano irreparável à parte, a preocupação em assegurar a utilidade do provimento definitivo), também na Lei 7.347/85 o juiz receberá a apelação apenas no efeito devolutivo, quando sentir que só assim procedendo assegurará tutela eficaz ao interesse metaindividual objetivado". *Ação Civil Pública*, 9. ed. São Paulo: RT, 2004, p. 384. Prossegue: "ao bem exercer a faculdade concedida pelo citado art. 14, o juiz atende, a um tempo, dois interesses relevantes: a) o próprio valor social objetivado na ação, que ficará desprotegido, se a tutela dada pela sentença não pudesse ser desde logo implementada, ante o efeito suspensivo do recurso; b) torna remota a possibilidade do mandado de segurança, já que a própria norma em pauta confere ao julgador a escolha entre duas alternativas – efeito suspensivo ou efeito devolutivo – o que parece neutralizar a possível alegação de arbitrariedade em tal decisão". *Op. cit.*, p. 386. Concordamos com a valorização do papel judicial na escolha dos efeitos recursais adequados.

[298] REsp 1523385/PE, 2. T., Rel. Min. Herman Benjamin, j. 13.09.2016. DJe 07.10.2016.

caput assinala a existência de "outras hipóteses previstas em lei". Algumas dessas hipóteses são justificadas pela urgência do caso. Outras, pela alta probabilidade de manutenção do julgado.

O exemplo dos alimentos é emblemático. Aduzindo necessidade, o alimentando afirma não ser capaz de prover a sobrevivência digna. Se confirmar as suas alegações, e se demonstrar um vínculo jurídico que justifique a prestação pelo réu, terá a sua demanda acolhida. Em casos tais, prefere o ordenamento garantir, desde logo, a satisfação do autor a proteger o patrimônio do demandado, ainda que sempre exista a probabilidade de reversão da sentença. Os riscos são balanceados e alcança-se uma solução abstratamente razoável, presumindo-se que, na colisão entre os direitos, deva prevalecer o do pretensamente mais necessitado.[299]

Nesse sentido, nada impedirá que os alimentos concedidos em processo com ações cumuladas sejam atacados por recurso sem efeito suspensivo, e outros capítulos da sentença tenham a sua eficácia suspensa pela interposição de idêntico recurso. Frequente, nessa linha, o julgamento procedente de investigações de paternidade e pedido de alimentos. Enquanto o primeiro tópico da decisão aguardará a confirmação pelo Tribunal para produzir efeitos definitivos, o segundo bem jurídico será desde logo usufruído.[300]

Com base nesses contornos, indaga-se se deveria ser aplicado idêntico raciocínio à sentença que exonera o autor de prestar os alimentos? A apelação que ataca sentença proferida em ação exoneratória deveria ser recebida apenas no efeito devolutivo, por analogia, ou seria conveniente outorgar o efeito suspensivo? A jurisprudência ainda se divide, especialmente nos tribunais inferiores, encontrando-se julgados em um e outro sentido.[301]

O Tribunal de Justiça de Pernambuco já diagnosticou a "incongruência em se manter a parte exonerada no dever de pagar alimentos, a despeito de possuir sentença favorável". Tal opção "traria sensíveis prejuízos ao mesmo,

---

[299] Por ilustração: "A apelação interposta de sentença que condena à prestação de alimentos será recebida apenas no efeito devolutivo (art. 520, II, do CPC)." (AgRg no REsp 1236324/SP, 4. T., Rel. Min. Antonio Carlos Ferreira, j. 11/11/2014, DJe 14/11/2014)

[300] Nessa linha: "Agravo de Instrumento. Investigação de Paternidade c/c alimentos. Procedência. Apelação. Efeito devolutivo. Art. 520, inciso II, CPC. Recurso Improvido. Em havendo condenação alimentar, o recurso de apelação será recebido, apenas, no efeito devolutivo (inciso II do art. 520 do CPC)". TJMT, AI 37951/2002, 2ª C.Cív., Rel. Des. Benedito Pereira do Nascimento, j. 15.04.2003.

[301] No plano doutrinário, posicionam-se Gilberto Gomes Bruschi e Márcio Maidame no sentido de que a aplicação analógica deveria ser repudiada: "O inciso II do art. 1.012 do NCP, em perfeita simetria com o inciso II do art. 520 do CPC/73 prevê que a sentença que "condena a pagar alimentos" não é desafiada por recurso de apelação dotado de duplo efeito. Tratando-se de exceção que deve ser sempre interpretada restritivamente, somente a sentença condenatória à prestação de alimentos se enquadra no tipo legal, sendo que as demais alusivas à ação de alimentos não". *Novo CPC doutrina selecionada*, v.6: processos nos tribunais e meios de impugnação às decisões judiciais – Coordenador Geral DIDIER JR., Fredie – O Efeito Suspensivo e o Recurso de Apelação – do CPC/1973 ao Novo CPC, Salvador: Juspodivm, 2015, p. 527. O tema é complexo. Em sentido diverso: "a jurisprudência da Seção de Direito Privado pacificou-se no sentido de atribuir efeito devolutivo à apelação não importando se houve redução ou majoração dos alimentos" (AgRg nos EREsp n.1.138.898/PR, 2ª S. Rel. Min. João Otávio de Noronha, j. 25/05/2011. DJe 02/06/2011).

mormente porque os alimentos, como é cediço, são irrestituíveis".[302] Em sentido diverso, o Tribunal de Justiça do Rio Grande do Sul, a fim de proteger a parte teoricamente vulnerável, afirma em seus acórdãos: "majorados os alimentos deve ser o recurso recebido no duplo efeito",[303] bem como "o recurso de apelação interposto pelo alimentando contra sentença que, em ação de revisão de alimentos, reduz o valor da pensão alimentícia, deve ser recebido no efeito devolutivo e suspensivo".[304]

A jurisprudência histórica do Superior Tribunal de Justiça, de seu turno, embora reconhecendo "bons argumentos em contrário", externava posição no sentido de que, segundo o CPC/73 (art. 520, II, e Lei nº 5.478/68, art. 14), "a apelação que impugna sentença exonerativa de alimentos deve ser recebida em ambos os efeitos".[305] Em determinados julgados, a Corte afirmava que "a orientação jurisprudencial que prevalece nesta Corte é no sentido de que a apelação contra a sentença que determina a redução dos alimentos deve ser recebida também no efeito suspensivo, em obséquio ao princípio que privilegia o interesse dos menores em detrimento do direito dos adultos".[306]

Contudo, em outros julgados, o próprio Superior Tribunal de Justiça admitiu a recepção tão só no efeito devolutivo da apelação contra sentenças proferidas em ações revisionais e mesmo exonerativas, com o fim de valorizar a "convicção do juiz que, mais próximo das provas produzidas, pode avaliar com maior precisão as necessidades do alimentando conjugadas às possibilidades do alimentante, para uma adequada fixação ou até mesmo exoneração do encargo". A medida – de transferência da fonte do efeito suspensivo (*ex legis* para *ex judicius*) – evita a "potencial probabilidade de duplo dano ao

[302] Nesse sentido: "Processo Civil Apelação contra sentença que decreta a exoneração da prestação alimentícia. Efeitos. Art. 13 e 14 da Lei de Alimentos. Necessidade de se emprestar efeito meramente devolutivo. Incongruência em se manter a parte exonerada no dever de pagar alimentos, a despeito de possuir sentença favorável. Agravo improvido à unanimidade de votos". (TJPE, AI 102317-0, Rel. Des. Eloy D'Almeida Lins, DJPE 14.07.2004); "Agravo de Instrumento. Exoneração de alimentos. Mulher jovem e sem filhos. Recurso. Efeito meramente devolutivo. O recurso de Apelação aforado contra sentença que exonera o varão da obrigação de pensionar a ex-mulher, jovem e sem filhos, deve ser recebido apenas no efeito devolutivo. Recebendo o recurso em ambos os efeitos, estaríamos condenando o Alimentante Vencedor a continuar pagando os alimentos até o julgamento final do recurso, o que traria sensíveis prejuízos ao mesmo, mormente porque os alimentos, como é cediço, são irrestituíveis. Recurso improvido. Decisão por maioria". (TJPE – AI 67808-2 – Rel. Des. Eloy D'Almeida Lins – DJPE 05.12.2003)

[303] TJRS, 7ª C.C. Agravo nº 70062096649, Rel. Desa. Liselena Schifino Robles Ribeiro, j. 14/10/2014.

[304] TJRS, 7ª C.C., AI 70063173611, Rel. Des. Liselena Schifino Robles Ribeiro, j. 09.01.2015. Em sentido diverso: "Agravo de instrumento. Ação de exoneração de alimentos. Sentença de parcial procedência apelada. Efeitos da apelação.efeito suspensivo. Descabimento. Devido ao posicionamento defendido nesta Câmara, reconsidero o entendimento anterior, e concluo que da sentença que exonera em parte os alimentos cabe recurso apenas no efeito devolutivo, isso porque, alimentos fixados em sentença são provenientes do juízo de certeza, a partir de cognição plena. Deram provimento ao agravo de instrumento". (TJRS. A.I nº 70064802929, 8ª C.C., Rel: Alzir Felippe Schmitz, j. 16/07/2015)

[305] STJ, 4ª Turma, Recurso Especial nº 9393/SP, Rel. Min. Sálvio de Figueiredo Teixeira, j. 18.06.1991, DJ: 25.11.1991, p. 17079.

[306] AgRg no REsp 332.897/SP, 4. T., Rel. Min. Sálvio de Figueiredo Teixeira, j. 23.04.2002. DJ: 12.08.2002, p. 216.

alimentante", a saber: "(i) dano patrimonial, por continuar pagando a pensão alimentícia que a sentença reconhece por indevida e por não ter direito à devolução da quantia despendida, caso a sentença de redução do valor do pensionamento seja mantida, em razão do postulado da irrepetibilidade e (ii) dano pessoal, pois o provável inadimplemento ditado pela ausência de condições financeiras poderá levar o alimentante à prisão".[307]

Noutro caminho, julgados afirmam que "a jurisprudência desta Corte é pacífica no sentido de que a apelação deve ser recebida apenas no efeito devolutivo, quer tenha sido interposta contra sentença que determinou a majoração, redução ou exoneração de obrigação alimentícia".[308] No mesmo sentido, a Segunda Seção do Superior Tribunal de Justiça em importante precedente de 2011, fixou a tese pela qual deveria ser atribuído apenas o efeito devolutivo à apelação, não importando se houve redução ou majoração.[309]

Essa última orientação do Superior Tribunal de Justiça vai ao encontro da posição adotada desde a primeira edição desta obra, quando destacamos a necessidade do magistrado da causa eleger os efeitos em que recebe o recurso. Afirmávamos que a melhor solução consistiria em aproveitar a possibilidade de antecipação da tutela recursal. Com base no CPC, consideramos que a sentença terá imediata eficácia. Contudo, competirá ao Relator ordenar o feito, estabelecendo, em caráter excepcional, pela técnica da antecipação da tutela recursal, medidas provisórias, com vigência até o momento da apreciação do apelo pelo colegiado. Caso nesse exame superficial, o Relator se convença da verossimilhança da tese recursal, então poderá outorgar medidas provisórias.

Quer isto dizer que a aplicação do direito no ponto não se esgota na simples e mecânica incidência do inciso II do art. 1.011 para as ações de exoneração ou revisão de alimentos, pela inadequada simplificação de uma complexa realidade. Recomendável, portanto, a avaliação judicial dos efeitos projetados pela sentença na realidade concreta das partes, bem como as chances de êxito recursal.

Retornando as demais exceções previstas, observa-se a conveniência pela execução provisória quando extintos/improcedentes os embargos à execução. Nem haveria sentido em regramento distinto, pois atualmente os próprios embargos à execução, como regra, não geram a sua automática suspensão. Nesse contexto, condenar o provável credor a aguardar pela realização do duplo grau significaria privá-lo de parcela significativa de suas legítimas esperanças.

Outra hipótese incompatível com a outorga de efeito suspensivo decorre das situações urgentes e evidentes normadas pela sentença. Daí a previsão

---

307 REsp 595.209/MG, 3ª Turma, Rel. Min. Nancy Andrighi. DJ: 02.04.2007, p. 263.

308 AgRg no REsp 1138898/PR, Rel. Min. Sidnei Beneti. 3ª T. DJe: 25.11.2009.

309 "... A jurisprudência da Seção de Direito Privado pacificou-se no sentido de atribuir efeito devolutivo à apelação não importando se houve redução ou majoração dos alimentos". AgRg nos EREsp 1138898/PR, 2ª S., Rel. Min. João Otávio de Noronha, j. 25/05/2011, DJe 02/06/2011.

do inciso V ("confirma, concede ou revoga tutela provisória"), que deve ser interpretado teleologicamente, para se viabilizar a fruição do "direito evidente" ou se evitar a consumação de dano grave e de difícil reparação, afinal a sentença é produto da cognicação exauriente, como regra.[310]

O tema era bastante controverso no Código anterior, pois o vetusto art. 520 apenas aludia à sentença que confirmava a antecipação. A jurisprudência, contudo, já utilizava uma interpretação sistemática (assinalou o Min. Luiz Fux: "é que não se concilia com a ideia de efetividade, autoexecutoriedade e mandamentalidade das decisões judiciais, a sustação do comando que as mesmas encerram, posto presumiram situação de urgência a reclamar satisfatividade imediata").[311] Com efeito, de nada adiantaria ao autor ter o seu direito reconhecido na sentença, se o apelo do adversário automaticamente fosse capaz de suspender o capítulo da sentença que versava sobre a tutela antecipada.[312]

À luz do arcabouço legal, consideramos que qualquer dessas orientações pode ceder no caso concreto, a fim de preservar os direitos das partes e a efetividade da tutela jurisdicional. Ou seja, o Poder Judiciário estará autorizado, de forma excepcional, a emprestar efeito suspensivo ou retirá-lo, ainda que em sentido oposto ao prezado pela norma apontada. Nessas hipóteses, deve ser valorizado o princípio constitucional do livre e útil acesso à justiça, na medida em que o jurisdicionado tem o direito de conservar sua esfera jurídica e a fruição do direito que lhe será reconhecido no futuro. Realizada a ponderação dos direitos conflitantes no caso concreto, em circunstâncias excepcionais, apreciará o relator o caso concreto, através de juízos de probabilidade de êxito recursal (análise da verossimilhança) e, principalmente, pelo resultado concreto da decisão (risco de dano grave e de difícil reparação).[313] A preocupação, em casos tais, será facilitar, e não restringir, o acesso da parte à justiça.

O CPC apresenta os parágrafos terceiro e quarto para regular o fenômeno: "§ 3º O pedido de concessão de efeito suspensivo nas hipóteses do § 1º poderá ser formulado por requerimento dirigido ao: I – tribunal, no período compreendido entre a interposição da apelação e sua distribuição, ficando o relator designado para seu exame prevento para julgá-la; II – relator, se já distribuída a apelação; § 4º Nas hipóteses do § 1º, a eficácia da sentença po-

[310] Nesse sentido, o Enunciado nº 144, da Jornada de Direito Processual (CJF): "No caso de apelação, o deferimento de tutela provisória em sentença retira-lhe o efeito suspensivo referente ao capítulo atingido pela tutela".

[311] REsp 514409/SP, 1ª T. Rel. Luiz Fux. DJ: 09.12.2003, p. 228.

[312] Correta, a este respeito, a posição de Gustavo Vaz Salgado e José Henrique Mouta Araújo: "era, de fato, paradoxal admitir que uma medida antecipatória, que admite execução imediata (sujeita ao regime do art. 588 do CPC – execução provisória) tivesse a sua eficácia obstada pela simples interposição do recurso de apelação. Isso acabava a tornando inócua com a simples apresentação do recurso de apelação". *Recursos Cíveis*. Curitiba: Juruá, 2005, p. 60.

[313] Aderbal Amorim criticava a orientação estativa do art. 520, CPC/1973, a partir do "poder cautelar geral do juiz". In: *Recursos Cíveis Ordinários*. Porto Alegre: Livraria do Advogado, 2005, p. 91.

derá ser suspensa pelo relator se o apelante demonstrar a probabilidade de provimento do recurso ou se, sendo relevante a fundamentação, houver risco de dano grave ou de difícil reparação".[314]

O fenômeno foi bem explicado por Gilberto Bruschi e Márcio Manuel Maidame: "assim, o CPC regula, no próprio art. 1.012, quais os mecanismos de busca do efeito suspensivo *ope iudicis*, predispostos a tutelar o interesse daquele que pretende impedir a execução provisória da sentença. No CPC, tendo em vista que os procedimentos cautelares foram abolidos no CPC, grande novidade, traz o § 3º do art. 1.012 do CPC, no tocante aos meios de obtenção do efeito suspensivo por força judicial, em hipóteses que a lei impõe somente efeito devolutivo ao recurso de apelação, o recorrente tem dois caminhos processuais a seguir. Na fase inicial de recepção do recurso de apelação, de acordo com o inc. I do § 3º do art. 1.012 do CPC, está previsto que o recorrente deverá formular pedido de efeito suspensivo diretamente ao 'tribunal, no período compreendido entre a interposição da apelação e sua distribuição'. Estabelece, ainda, o inc. I do § 3º do art. 1.012 do CPC que o relator designado para o exame de efeito suspensivo, torna-se prevento para julgar a própria apelação, posteriormente. No caso da apelação já ter sido distribuída, aplica-se o inc. II do § 3º do art. 1.012 do CPC, ou seja, o pedido será formulado ao próprio relator, como já era o adequado sob a égide do CPC/73". Os autores consideram que a providência não deve ser requerida na própria peça do recurso, pois o pleito não encontrará veículo para imediata apreciação. Daí a conveniência de se formular em petição apartada e de forma imediata à superior instância.[315]

Trata-se de inovação, quer em relação à competência (que será sempre do *juízo ad quem*),[316] quer em relação aos critérios que devem ser abordados para a concessão.

---

[314] Ensina Cristiana Pinto Ribeiro: "Nos casos excepcionais em que a apelação não possui efeito suspensivo, os §§ 3º e 4º do art. 1.012 preveem a possibilidade de o apelante formular pedido de concessão de efeito suspensivo diretamente no tribunal, por meio de petição autônoma. A eficácia da sentença poderá ser suspensa pelo relator se o apelante demonstrar a probabilidade de provimento do recurso (evidência), ou, sendo relevante a fundamentação, houver risco de dano grave ou de difícil reparação (urgência). Esse dispositivo está em consonância com o parágrafo único do art. 995 atinente a todas as modalidades recursais. O pedido de concessão de efeito suspensivo será dirigido ao tribunal, no período compreendido entra a interposição da apelação e a sua distribuição, ficando o relator designado para seu exame prevento para julgá-la, ou ao relator, quando já distribuída a apelação. Assim, compete exclusivamente ao tribunal a apreciação do pedido de concessão de efeito suspensivo nos casos em que a apelação não detém, em que pese a apelação seja interposta perante o juízo de primeiro grau.". Novo Código de Processo Civil Anotado – *Anotações aos artigos. 1.012 a 1.014*, p. 784. Porto Alegre: OAB/RS, 2015.

[315] O efeito suspensivo e o recurso de apelação – do CPC/1973 ao Novo CPC, In: *Novo CPC*: doutrina selecionada, v. 6: processos nos tribunais e meios de impugnação às decisões judiciais. (Coord. Fredie Didier Jr.; Org. Lucas Buril de Macêdo *et alli*), Salvador: Juspodvm, 2015, p. 536-537.

[316] Correta a posição de Gilberto Bruschi e Márcio Manuel Maidame: "tais tutelas provisórias, cuja apreciação serão exclusivamente do relator do recurso, que, também, acabará julgando-o por prevenção, impõem a tarefa de visualizar, mediante cognição sumária, a possibilidade de ser dado provimento ao recurso de apelação, o que, aliado ao perigo de dano ao recorrente, em virtude da demora no julgamento, tornar viável a concessão do efeito suspensivo originalmente inexistente". O

1.6. Efeito devolutivo (art. 1.013)

Como regra geral, apenas a matéria objeto da impugnação específica será analisada no julgamento do apelo. É o que decorre da interpretação do princípio de que "a apelação devolverá ao tribunal o conhecimento da matéria impugnada", inscrito no art. 1.013, *caput*, CPC.

Há, entretanto, uma série de exceções a esta regra geral. Já foi observado, em tópico anterior, que também as decisões interlocutórias podem ser alvo do apelo, no CPC. Também nessa linha de ampliação, agrega o § 1º do art. 1.013, CPC: "serão, porém, objeto de apreciação e julgamento pelo tribunal todas as questões suscitadas e discutidas no processo, ainda que não tenham sido solucionadas, desde que relativas ao capítulo impugnado".

Outrossim, existem matérias que o próprio direito impõe conhecimento oficioso, na medida em que não se sujeitam à livre disposição das partes (pressupostos processuais, condições da ação, etc.).[317] No sistema brasileiro, as matérias passíveis de consideração de ofício, em tese, não precluem para os magistrados, especialmente os de segundo grau, que podem reapreciá-las independentemente do pedido da parte interessada.[318]

O tema era bem explicado pela Ministra Nancy Andrighi, sob a égide do CPC/73: "entende-se a apelação, no sistema processual civil pátrio, como sendo o recurso por excelência, dotado de ampla cognição, possibilitando ao tribunal *ad quem* o reexame de toda a prova produzida no processo e a impugnação de ilegalidades ou injustiças na sentença, corrigindo-se *errores in judicando* e *errores in procedendo* porventura existentes", asseverando que "a devolutividade, na teoria dos recursos, importa em dizer que a matéria impugnada, e somente ela, será levada à nova apreciação pelo tribunal *ad quem*, ou seja, pode a corte revisora julgar apenas o que estiver contido nas razões

---

efeito suspensivo e o recurso de apelação – do CPC/1973 ao Novo CPC, In: *Novo CPC*: doutrina selecionada, v. 6: processos nos tribunais e meios de impugnação às decisões judiciais. (Coord. Fredie Didier Jr.; Org. Lucas Buril de Macêdo, Ravi Peixoto, Alexandre Freire *et alli*), Salvador: Juspodvm, 2015, p. 537.

[317] Daí o acerto da posição adotada pelo Min. Arnaldo Esteves Lima: "nos termos do art. 515 do CPC, a extensão do pedido devolutivo se mede pela impugnação feita pela parte nas razões do recurso. Em se tratando de matérias apreciáveis de ofício pelo juiz (condições da ação, pressupostos processuais, perempção, litispendência e coisa julgada – arts. 267, § 3º, e 301, § 4º, do CPC), mesmo que a parte não tenha provocado sua discussão na petição inicial ou na contestação (conforme se trate de autor ou de réu), podem tais matérias ser examinadas na segunda instância". (REsp 316.269/SP, 5ª Turma, Rel. Min. Arnaldo Esteves Lima. DJ: 09.10.2006, p. 337)

[318] Distinta, no ponto, a orientação italiana, como dá conta Francesco Paolo Luiso: "la necessità di riproporre le eccezioni e domande non accolte vale anche per le questioni rilevabili d'ufficio: queste, una volta che il guidice le abbia decise, non sono più rilevabili d'ufficio; se non sono riproposte al giudice dell'impugnazione, su di esse si forma il giudicato (..) la rilevabilità d'ufficio dele questioni di rito o di mérito va quindi limitata ala prima rilevazione; una volta rilevata, la questione rilevabiled'ufficio è decisa: essa perde così la sua caratteristica di rilevabilità d'ufficio e diventa un punto della sentenza di cui il giudice dell'impugnazione deve essere reinvestito: se non ne viene reinvestito, si forma il giudicato". LUISO, Francesco P. *Diritto Processuale Civile*: Il processo di Cognizione. 3. ed. Milano: Giuffrè Editore, 2000, p. 363.

da apelação interposta, obedecendo aos limites impostos no pedido de nova decisão (*tantum devolutum quantum appellatum*), vez que tal efeito deriva do princípio dispositivo". Todavia, "sendo as matérias de ordem pública isentas de preclusão e podendo, inclusive, serem conhecidas de ofício pelo magistrado, admite-se que o tribunal possa sobre elas emitir juízo de valor, ainda que não tenham sido trazidas nas razões de apelação".[319]

Além da tradicional hipótese acima, tendo em vista a importância prática da apelação, autoriza-se o Tribunal a conhecer de "todas as questões suscitadas e debatidas no processo, ainda que a sentença não as tenha julgado por inteiro", desde que relacionadas ao pedido.[320] Analisando tal expressão, o Superior Tribunal de Justiça, em voto proferido pelo Min. Castro Meira, admitiu que "o conhecimento do tribunal não se cinge às questões efetivamente resolvidas na instância inferior: abrange também as que poderiam tê-lo sidos como, por exemplo, aquelas que, não sendo examináveis de ofício, deixaram de ser apreciadas, a despeito de haverem sido suscitadas e discutidas pelas partes".[321]

Outra hipótese tradicional de alargamento do efeito devolutivo diz respeito à possibilidade de o Tribunal conhecer todos os fundamentos da demanda e da defesa, ainda que o juiz tenha acolhido parcela deles e silenciado quanto aos demais. Esta permissão tranquiliza a parte recorrida, a qual terá todas as suas causas de pedir ou defesas analisadas, por força do recurso do adversário. Nesse sentido, reza o parágrafo segundo do art. 1.013: "quando o pedido ou a defesa tiver mais de um fundamento e o juiz acolher apenas um deles, a apelação devolverá ao tribunal o conhecimento dos demais".

A redação dos parágrafos do art. 1.013 induz à conclusão de que o efeito devolutivo do apelo é enorme. Poderá o Tribunal, dentre outras potencialidades, (a) corrigir a motivação da sentença; (b) considerar todos os temas passíveis de conhecimento de ofício ou que foram tempestivamente pelo apelado; (c) valorar todos os fundamentos da ação e da defesa, para a tutela do recorrido, uma vez que ele não possui interesse recursal, etc.

De toda sorte, essa "profundidade" não deve servir de justificativa para a deficiência na redação do apelo ou para o renascimento de questões preclusas dentro do processo pelo comportamento anterior das partes.

1.7. Do procedimento perante o segundo grau de jurisdição

De acordo com o art. 1.011: "recebido o recurso de apelação no tribunal e distribuído imediatamente, o relator: I – decidi-lo-á monocraticamente

[319] Trecho do voto proferido no Recurso Especial nº REsp 655479/RS, julgado pela 2ª Turma, DJ: 31.05.2006, p. 248.

[320] Como observa Sandro Kozikoski: "há que se ressalvar que o órgão *ad quem* pode examinar todas as questões que foram suscitadas e debatidas perante o juízo *a quo* (CPC, art. 515, § 1º), mas não pode se pronunciar quando da elaboração do seu julgado, com respeito àquilo que não foi objeto do pedido de nova decisão". *Manual dos Recursos Cíveis*, p. 92.

[321] REsp n. 710.039/SP.

apenas nas hipóteses do art. 932, incisos III a V; II – se não for o caso de decisão monocrática, elaborará seu voto para julgamento do recurso pelo órgão colegiado".

Como se observa, o artigo merece análise conjunta com o art. 932, o qual versa sobre as incumbências do Relator: "art. 932. Incumbe ao relator: I – dirigir e ordenar o processo no tribunal, inclusive em relação à produção de prova, bem como, quando for o caso, homologar autocomposição das partes; II – apreciar o pedido de tutela provisória nos recursos e nos processos de competência originária do tribunal; III – não conhecer de recurso inadmissível, prejudicado ou que não tenha impugnado especificamente os fundamentos da decisão recorrida; IV – negar provimento a recurso que for contrário a: a) súmula do Supremo Tribunal Federal, do Superior Tribunal de Justiça ou do próprio tribunal; b) acórdão proferido pelo Supremo Tribunal Federal ou pelo Superior Tribunal de Justiça em julgamento de recursos repetitivos; c) entendimento firmado em incidente de resolução de demandas repetitivas ou de assunção de competência; V – depois de facultada a apresentação de contrarrazões, dar provimento ao recurso se a decisão recorrida for contrária a: a) súmula do Supremo Tribunal Federal, do Superior Tribunal de Justiça ou do próprio tribunal; b) acórdão proferido pelo Supremo Tribunal Federal ou pelo Superior Tribunal de Justiça em julgamento de recursos repetitivos; c) entendimento firmado em incidente de resolução de demandas repetitivas ou de assunção de competência; VI – decidir o incidente de desconsideração da personalidade jurídica, quando este for instaurado originariamente perante o tribunal; VII – determinar a intimação do Ministério Público, quando for o caso; VIII – exercer outras atribuições estabelecidas no regimento interno do tribunal".[322]

Conforme a opção do CPC, a monocrática no apelo tem limitado cabimento diante da incidência dos incisos III a V, do art. 932. São as hipóteses, acima narradas, de: (a) inadmissibilidade (tais como: recurso prejudicado ou que não tenha impugnado especificamente os fundamentos da decisão recorrida); (b) negativa de provimento, diante da tese recursal colidir com súmula do STF, STJ ou do próprio tribunal, bem como acórdãos proferidos pelo STF ou pelo STJ em julgamento de recursos repetitivos e, ainda, entendimentos firmados em incidente de resolução de demandas repetitivas ou de assunção de competência. Nessas hipóteses acima, o provimento monocrático vem em desfavor do recorrente.

Apenas na terceira hipótese de julgamento monocrático, prevista no art. 932, V, a pretensão recursal é acolhida. Neste caso, também compete ao Relator comparar a jurisprudência com a sentença. O provimento será outorgado, quando a sentença contrastar com: (a) súmula do STF, STJ ou do próprio tribunal; (b) acórdão proferido pelo STF ou pelo STJ, em julgamento de recursos

---

[322] Agrega o parágrafo único: "Antes de considerar inadmissível o recurso, o relator concederá o prazo de 5 (cinco) dias ao recorrente para que seja sanado vício ou complementada a documentação exigível".

repetitivos e (c) entendimento firmado em incidente de resolução de demandas repetitivas ou de assunção de competência.

Na prática de muitos Tribunais, entretanto, a decisão monocrática é proferida diuturnamente sem amparo nos incisos citados. Existe um costume, na maior parte dos Tribunais, de utilização da monocrática, quando consolidada no órgão colegiado determinada posição. Ou seja, na prática, mesmo que inexista "súmula" ou "precedente" do Tribunal Superior quanto ao tema, consideram os Relatores que a apreciação individual é aconselhável quando coerente com os pronunciamentos do seu próprio órgão colegiado. Este hábito, todavia, contraria a lei federal e pode ser contestado através de recurso especial.

Nessas situações, o Relator atua na qualidade de "porta-voz" do órgão colegiado. Primeiro, verificará a superação de todos os pressupostos de admissibilidade, ainda que de forma provisória (sujeita, portanto, à ulterior deliberação em sentido contrário), à luz do art. 932, III, CPC.

Quando não for o caso de monocrática, poderá conceder tutelas provisórias. A concessão dessas medidas irá depender, basicamente, do preenchimento de dois requisitos: (a) fundado receio de dano grave e de difícil reparação, diante do imediato cumprimento da decisão agravada ou (b) evidência do direito invocado e, certamente, relevância da fundamentação do apelante.

Qualquer que seja a decisão monocrática, terá cabimento o agravo interno, a ser interposto em 15 dias, como estudaremos em capítulo posterior. Ressalte-se que a conveniência deste agravo sempre foi discutida pela doutrina, pois, na prática, ele elimina a alegada vantagem da apreciação imediata monocrática.[323]

Não sendo o caso de julgamento monocrático, será colocado o recurso em pauta, a qual deve ser publicada com pelo menos 5 dias de antecedência, consoante o art. 935, CPC.[324]

1.8. Da aplicação da teoria da causa madura (art. 1.013, § 3°, CPC)

Depara-se frequentemente o Tribunal com sentenças que merecem invalidação. Nesses casos, enquanto algumas Cortes irão simplesmente des-

[323] Pondera Sérgio Cruz Arenhart: "se, todavia, esta foi, certamente, a primitiva ideia do legislador ao conceber aquela lei, dificilmente se poderá dizer que atingiu o resultado esperado. Observando a praxe forense, nota-se claramente que as reformas introduzidas – especialmente no que concerne ao tema aqui pesquisado – vêm sendo compreendidas como a introdução de mais um estágio na linha recursal, autorizando, agora, um primeiro recurso examinado pelo relator da impugnação e, posteriormente, pelo colegiado a quem, originária e anteriormente, tocaria conhecer do tempo. Neste contexto, e considerada a atual visão emprestada do instituto, conclui-se pela timidez da abrangência da inovação, a pôr em dúvida sua utilidade". *A nova postura do relator no julgamento dos recursos*, p. 37.

[324] Art. 935, CPC: "Entre a data de publicação da pauta e a da sessão de julgamento decorrerá, pelo menos, o prazo de 5 (cinco) dias, incluindo-se em nova pauta os processos que não tenham sido julgados, salvo aqueles cujo julgamento tiver sido expressamente adiado para a primeira sessão seguinte. § 1° Às partes será permitida vista dos autos em cartório após a publicação da pauta de julgamento. § 2° Afixar-se-á a pauta na entrada da sala em que se realizar a sessão de julgamento".

constituir a sentença e determinar o retorno dos autos para que outra seja proferida, existem juízes que preferem aproveitar a sessão de julgamento e analisar o mérito da causa, ainda que o primeiro grau não o tenha feito. Trata-se da aplicação da chamada "teoria da causa madura", admitida pelo STJ em importante julgamento.[325]

Esta situação sempre mereceu atenção da doutrina. Informa Cândido Rangel Dinamarco que já nas Ordenações do Reino encontrava-se semelhante questão: "e se for appellado de sentença interlocutória, e acharem que foi bem appellado, e que o appellante foi agravado pelo juiz, que assim o determinem; e não mandem o feito ao Juiz, de que foi appellado, mas vão por elle em diante, e o determinem finalmente, como acharem por Direito, salvo se o appellante e o appellado ambos o requererem, que se torne o feito á terra perante o juiz, de que foi appellado, porque então se tornará, e será assinado termo, a que vão lá seguir".[326]

Uma minirreforma realizada pela Lei nº 10.352/2001 introduzira um novo parágrafo ao art. 515 do CPC/73, com uma redação dúbia. Conforme o § 3º daquele artigo "nos casos de extinção do processo sem julgamento do mérito (art. 267), o Tribunal pode julgar desde logo a lide, se a causa versar exclusivamente questão de direito e estiver em condições de exato julgamento". E se a causa abordasse matéria fática? A interpretação literal indicava a impossibilidade de sua aplicação.[327]

A partir de uma interpretação sistemática, defendíamos que o Tribunal estaria autorizado a julgar o mérito da causa sempre que, em tese, pudesse também o juízo singular fazê-lo, sem a necessidade de outras providências, como a prática de distintos atos processuais (produção de provas, citação de litisconsortes, etc.). Desta forma, se a instrução da causa tivesse ocorrido de

---

[325] "Processo Civil. Prescrição afastada no 2º grau. Exame das demais questões no mesmo julgamento. Possibilidade, desde suficientemente debatida e instruída a causa. Divergência doutrinária e jurisprudencial. Exegese do art. 515, CPC. Precedentes do Tribunal de do Supremo Tribunal Federal. Lei n. 10.352/2001. Introdução do 3º do art. 515. Embargos Rejeitados. I – Reformando o tribunal a sentença que acolhera a preliminar de prescrição, não pode o mesmo ingressar no mérito propriamente dito, salvo quando suficientemente debatida e instruída a causa.II – Nesse caso, encontrando-se 'madura' a causa, é permitido ao órgão *ad quem* adentrar o mérito da controvérsia, julgando as demais questões, ainda que não apreciadas diretamente em primeiro grau. II – Nos termos do 3º do art. 515, CPC, introduzido pela Lei n.10.352/2001, 'o tribunal pode julgar desde logo a lide, se a causa versar questão exclusivamente de direito e estiver em condições de imediato julgamento'". EREsp. 89.240/RJ Rel. Min. Sálvio de Figueiredo Teixeira, DJe 10.03.2003.

[326] O efeito devolutivo da apelação e de outros recursos. In: *A nova era do processo civil brasileiro*. São Paulo: Malheiros, 2003, p. 161.

[327] Novamente com razão Cândido Rangel Dinamarco: "não foi feliz o legislador ao dar a impressão de formular mais uma exigência para a aplicação do novo parágrafo, qual seja a de que a causa verse questão exclusivamente de direito. Se imposta sem atenção ao sistema do Código de Processo Civil, essa aparente restrição poderia comprometer a utilidade da inovação, ao impedir o julgamento pelo tribunal quando houvesse questões de fato no processo, mas já estivessem elas suficientemente dirimidas pela prova produzida". *Op. cit.*, p. 165.

forma adequada, deveria o Tribunal apreciar o mérito no próprio julgamento da apelação, evitando-se, assim, inútil protelação.[328]

A redação do art. 515 do Código Anterior era defeituosa. Discutia-se inclusive a possibilidade de se aplicar o artigo de ofício, sem a provocação do interessado. De um lado, Flávio Cheim Jorge considerava "a melhor interpretação a que se chega é aquela que somente admite a incidência do julgamento do mérito (§ 3°) quando haja impugnação específica (*caput* do art. 515)".[329] Em sentido diverso, Rafael Severo de Lemos entendia "não se faz necessário qualquer pedido das partes para aplicação da regra do art. 515, § 3° do CPC".[330]

Defendíamos, nesse contexto, que a grande exigência para a aplicação do § 3° deveria ser o esgotamento da atividade instrutória do primeiro grau. Se, mesmo versando sobre fatos e direito, já tivessem sido produzidas as provas suficientes para aclarar a matéria fática, não haveria razão para se retroceder na marcha processual. Portanto, a expressão "causa exclusivamente de direito" deveria ser lida com tempero, com os olhos voltados para a finalidade da inovação.[331] Apontávamos, igualmente, para a conveniência de que ambas as partes fossem ouvidas previamente à aplicação da técnica de julgamento, evitando-se o "fator surpresa".

Desta forma, estariam preservados os dois centros de interesse da discussão judicial: (a) o interesse privado dos litigantes, através do respeito ao contraditório, bem como (b) o interesse público materializado na prestação jurisdicional efetiva e sem dilações indevidas.

O Novo Código tomou partido em seu art. 1.013, § 3, ao dispor: "se o processo estiver em condições de imediato julgamento, o tribunal deve

---

[328] Explica o fenômeno Cândido Rangel Dinamarco: "a decomposição analítica das pretensões do autor (pretensão ao julgamento do mérito, pretensão ao bem da vida) permite perceber que ocorre uma supressão de grau jurisdicional sempre que o tribunal destinatário da apelação interposta contra sentença terminativa (que se limitou a apreciar a primeira das pretensões, não se pronunciando sobre a segunda), reformar essa sentença e, dando um passo mais adiante, decidir também a segunda, que não fora objeto de julgamento pelo juiz (a pretensão ao bem da vida). Tradicionalmente, em casos assim cumpria ao tribunal, ao reformar a sentença terminativa, e, portanto, afirmar o direito do autor ao julgamento de meritis, devolver o processo ao grau inferior, para que sobre este se pronunciasse o juiz. Sempre foi assim no processo civil brasileiro de dois Códigos, assim é no processo penal do país e tal era um ditame do princípio do duplo grau de jurisdição, dogmaticamente plantado em todo o sistema – mas que agora a Reforma da Reforma ousa desafiar". O efeito devolutivo da apelação e de outros recursos. In: *A nova era do processo civil brasileiro*. São Paulo: Malheiros, 2003, p. 156.

[329] *A Nova Reforma Processual*, p. 148.

[330] *A teoria da causa madura e o artigo 515, § 3°, do Código de Processo Civil de 1973*. São Paulo: Ed. Ixtlan, 2014, p. 112. No mesmo sentido, Aderbal Amorim: "o novo preceito que estabelece competência ao tribunal para julgar a causa não julgada no grau inferior não está adstrito à pretensão do recorrente, mas a outro interesse inspirador da efetividade do processo". *Op. cit.*, p. 86.

[331] Também Luiz Augusto e Tereza Wambier com Garcia Medina ressaltam o interesse público no tópico: "não nos parece seja necessário pedido da parte para que incida o art. 515, § 3°. Pensamos que a agilidade e a celeridade dos processos é, sobretudo, de interesse público, e as partes devem, ao interpor a apelação, contar com essa possibilidade, que, de qualquer modo, lhes traria benefícios, já que não há interesse legítimo em que os processos sejam morosos!". *Breves Comentários à Nova Sistemática Processual Civil*, p. 271-2.

decidir desde logo o mérito quando: I – reformar sentença fundada no art. 485; II – decretar a nulidade da sentença por não ser ela congruente com os limites do pedido ou da causa de pedir; III – constatar a omissão no exame de um dos pedidos, hipótese em que poderá julgá-lo; IV – decretar a nulidade de sentença por falta de fundamentação. § 4º Quando reformar sentença que reconheça a decadência ou a prescrição, o tribunal, se possível, julgará o mérito, examinando as demais questões, sem determinar o retorno do processo ao juízo de primeiro grau".[332]

O Tribunal, portanto, deve apreciar o mérito da causa. Trata-se de um artigo voltado para a celeridade processual, razão pela qual ratificamos a posição de que é uma imposição e não uma mera possibilidade. Dispensa-se, assim, o requerimento da parte.

Quanto ao contraditório, pela incidência analógica do art. 10, consideramos prudente a oitiva prévia das partes acerca da aplicação do art. 1.013, § 3, por ato do Relator. O Código, nesse aspecto, reforça no plano legislativo a valorização do contraditório.

1.9. Do saneamento de nulidades através de diligências prévias ao julgamento e da instrução probatória no Tribunal (arts. 932 e 938, CPC)

A experiência demonstra inúmeros casos nos quais a ocorrência de vícios sanáveis somente é detectada quando do julgamento da causa em grau de apelação. Essas situações prejudicam a marcha normal do feito, pois os erros que deveriam ter sido consertados anteriormente agora impedem o Tribunal do exame final do litígio.

Impossível catalogar todas as nulidades passíveis de ocorrência no processo judicial. Algumas são graves, outras nem tanto. Pela frequência, destacam-se a preterição do litisconsorte necessário, a não realização de prova fundamental para o desate do processo, ausência de intimação para contrarrazões de determinado recurso, peças sem assinatura, etc.

Para regular essas situações, o Novo CPC preconiza que o Relator dirija e ordene o processo no Tribunal, inclusive em relação à produção de prova. Consoante o art. 932, I, incumbe ao relator "dirigir e ordenar o processo no tribunal, inclusive em relação à produção de prova, bem como, quando for o caso, homologar autocomposição das partes".

---

[332] Por ilustração: "Salienta-se que a aplicação do instituto da causa madura não fica obstada, mesmo na hipótese em que tenha sido extinto o processo com julgamento de mérito, em face do reconhecimento da decadência ou da prescrição pelo juízo primevo. Assim, afastada a decadência ou a prescrição pelo órgão judicante ad quem, estando o feito devidamente instruído e sendo a causa exclusivamente de direito, a princípio, não há impedimento para a aplicação do art. 515, § 3º, do CPC/1973 (art. 1.013, § 3º, do CPC/2015)". REsp 1758078/RN, 2. T., Rel. Min. Herman Benjamin, j. 25.09.2018. DJe 27.11.2018.

Complementam a matéria os parágrafos do art. 938, CPC, os quais expressamente autorizam o Relator (e o órgão competente) a sanar vícios, mediante a realização ou a renovação de atos, bem como converter o julgamento em diligências para a produção de prova necessária à correta apreciação da causa.[333]

A norma objetiva viabilizar o julgamento da causa pelo Tribunal, após a correção dos vícios ou a melhor instrução do feito, colaborando assim com a celeridade processual e a com a adequada aplicação do direito, tão almejadas pelas partes e pelo CPC.

1.10. A técnica de ampliação de julgamento (art. 942, CPC)

Outro aspecto que vem merecendo atenção por parte dos profissionais é a previsão do art. 942, segundo a qual "quando o resultado da apelação for não unânime, o julgamento terá prosseguimento em sessão a ser designada com a presença de outros julgadores, que serão convocados nos termos previamente definidos no regimento interno, em número suficiente para garantir a possibilidade de inversão do resultado inicial".[334]

Esta previsão inovadora ocupou o lugar dos Embargos Infringentes do Código revogado. Objetiva-se, em tese, que os casos considerados mais complexos e delicados sejam abordados por uma composição estendida. Após a prolação dos três primeiros votos, caso não haja unanimidade, são convocados Desembargadores, inclusive de outros órgãos fracionários, para o prosseguimento. Propicia-se, assim, outra análise do caso, com a possibilidade

[333] Reza o art. 938: "A questão preliminar suscitada no julgamento será decidida antes do mérito, deste não se conhecendo caso seja incompatível com a decisão. § 1º Constatada a ocorrência de vício sanável, inclusive aquele que possa ser conhecido de ofício, o relator determinará a realização ou a renovação do ato processual, no próprio tribunal ou em primeiro grau de jurisdição, intimadas as partes. § 2º Cumprida a diligência de que trata o § 1º, o relator, sempre que possível, prosseguirá no julgamento do recurso. § 3º Reconhecida a necessidade de produção de prova, o relator converterá o julgamento em diligência, que se realizará no tribunal ou em primeiro grau de jurisdição, decidindo-se o recurso após a conclusão da instrução. § 4º Quando não determinadas pelo relator, as providências indicadas nos §§ 1º e 3º poderão ser determinadas pelo órgão competente para julgamento do recurso".

[334] Íntegra do art. 942: "Quando o resultado da apelação for não unânime, o julgamento terá prosseguimento em sessão a ser designada com a presença de outros julgadores, que serão convocados nos termos previamente definidos no regimento interno, em número suficiente para garantir a possibilidade de inversão do resultado inicial, assegurado às partes e a eventuais terceiros o direito de sustentar oralmente suas razões perante os novos julgadores. § 1º Sendo possível, o prosseguimento do julgamento dar-se-á na mesma sessão, colhendo-se os votos de outros julgadores que porventura componham o órgão colegiado. § 2º Os julgadores que já tiverem votado poderão rever seus votos por ocasião do prosseguimento do julgamento. § 3º A técnica de julgamento prevista neste artigo aplica-se, igualmente, ao julgamento não unânime proferido em: I – ação rescisória, quando o resultado for a rescisão da sentença, devendo, nesse caso, seu prosseguimento ocorrer em órgão de maior composição previsto no regimento interno; II – agravo de instrumento, quando houver reforma da decisão que julgar parcialmente o mérito. § 4º Não se aplica o disposto neste artigo ao julgamento: I – do incidente de assunção de competência e ao de resolução de demandas repetitivas; II – da remessa necessária; III – não unânime proferido, nos tribunais, pelo plenário ou pela corte especial".

de reversão do julgamento primitivo. Permite-se, também que os Tribunais discutam a sua própria jurisprudência.

Quanto ao dispositivo, assinala Leonardo Carneiro da Cunha que "a regra aplica-se ao julgamento da apelação. Colhidos os votos e não havendo *resultado* unânime, não se encerra o julgamento. Este haverá de prosseguir em sessão a ser designada com a presença de outros julgadores, em número suficiente para garantir a possibilidade de inversão do resultado inicial. Com a colheita dos votos, e verificando-se não haver unanimidade, o julgamento não se encerra: há de prosseguir com novos membros. Tanto que não há lavratura de acórdão. Haverá, nos termos do próprio art. 942 do CPC, apenas prosseguimento da sessão, com a presença de novos julgadores, para que haja o encerramento do julgamento".[335]

Um tema bastante delicado a este respeito ocorre em face do direito intertemporal. Havia centenas, quiçá milhares, de julgamentos ocorridos na vigência do CPC/1973, cujos acórdãos apenas foram publicados na vigência do CPC/2015. Nessas hipóteses, em que o resultado é anunciado em sessão pública, porém o acórdão apenas é disponibilizado dias ou semanas após, ficava a dúvida: incidiria o regime revogado (e teria cabimento os embargos infringentes)? Ou então aplicar-se-ia a técnica da "ampliação de julgamento"?

Recentemente, foi divulgado acórdão do Superior Tribunal de Justiça pronunciando-se pela primeira opção. Destacou a Ministra Nancy Andrighi: "havendo diferença ontológica entre o recurso de embargos infringentes (art. 530 do CPC/73) e a técnica de julgamento consistente na ampliação de colegiado na hipótese de divergência (art. 942 do CPC/15), a fixação da data da intimação do acórdão pelo recorrido como elemento definidor do cabimento e do regime recursal aplicável resultaria em retroatividade da lei nova para apanhar ato jurídico que lhe é pretérito, o que não se admite a teor do art. 14 do CPC/15, motivo pelo qual o cabimento e o regime recursal devem ser regidos, na hipótese, pela lei vigente ao tempo da proclamação do resultado do julgamento".[336]

Na nossa opinião, está correta a posição acima, pois o direito de recorrer nasce da sucumbência, que é conhecida quando da proclamação do resultado do julgamento. O fato do acórdão ser publicado em outra oportunidade é relevante sob a ótica da contagem do prazo para o protocolo da eventual impugnação. Contudo, o direito a recorrer é anterior. Daí o acerto, na nossa visão, dessa orientação da Terceira Turma.

Outra questão polêmica em face do art. 942 diz respeito a sua incidência quando o acórdão confirma, por maioria, uma sentença. Sob a égide do

---

[335] O julgamento ampliado do colegiado em caso de divergência (CPC, art. 942) e as repercussões práticas da definição de sua natureza jurídica. Disponível em <https://www.migalhas.com.br/dePeso/16,MI253284,101048-O+julgamento+ampliado+do+colegiado+em+caso+de+divergencia+CPC+art+942>. Acesso em outubro de 2018.

[336] REsp 1720309/RJ, 3. T., Rel. Min. Nancy Andrighi, j. 07.08.2018. DJe 09.08.2018.

CPC/1973, não haveria espaço para os embargos infringentes. E sob a ótica do CPC/2015, este mesmo requisito seria coerente com o sistema?

Quanto ao tema, em uma das principais manifestações até o momento, a Terceira Turma do Superior Tribunal de Justiça decidiu que, nos recursos de apelação, a técnica de julgamento ampliado deve ser utilizada tanto nos casos em que há reforma da sentença quanto nas vezes em que a sentença é mantida, desde que a decisão não seja unânime. Foi adotada a seguinte conclusão: "a incidência do art. 942, *caput*, do CPC/2015 não se restringe aos casos de reforma da sentença de mérito, tendo em vista a literalidade da disposição legal, que não estabelece nenhuma restrição semelhante ao regime dos extintos embargos infringentes".[337]

Não apenas na apelação ocorre a técnica de ampliação de julgamento. Conforme o § 3º, também em sede de ação rescisória, quando o resultado for a rescisão da sentença, bem como no caso de agravo de instrumento, quando houver reforma da decisão que julgar parcialmente o mérito.[338]

Por fim, em homenagem ao juízo natural, caso embargado o acórdão proferido pela composição colegiada, o julgamento dos aclaratórios deve ocorrer com a composição ampliada, igualmente.[339]

2. Agravo de Instrumento

2.1. A recorribilidade das interlocutórias

Ao longo do procedimento, são praticados diversos atos pelo magistrado. Alguns, pela ausência de conteúdo decisório relevante (despachos), pouco interesse despertam às partes. Outros, pelo fato de oferecerem vantagem para um dos litigantes – e naturalmente prejuízo ao concorrente – merecem maior atenção (interlocutórias e sentenças).

Nessas situações, o Direito enfrenta um dilema: prestigiar a decisão individual (propiciando maior celeridade) ou permitir a sua impugnação, para que outros magistrados revisem o acerto da decisão (em nome de maior segurança)?

Argumenta-se, de um lado, que um processo mais concentrado reduziria a propagação de decisões interlocutórias, uma vez que, em tese, do magistrado exigir-se-ia maior esforço no ato de sentenciar, quando, então,

[337] REsp 1762236/SP, Rel. Min. Marco Bellizze, Rel. para acórdão Min. Ricardo Cueva, j. 19.02.2019, DJe 15/03/2019.

[338] Conforme Enunciado n. 63 da Jornada de Direito Processual do Conselho da Justiça Federal: "a técnica de que trata o art. 942, § 3º, I, do CPC aplica-se à hipótese de rescisão parcial do julgado".

[339] Nesse sentido, o Enunciado nº 137 da II Jornada de Direito Processual Civil: "Se o recurso do qual se originou a decisão embargada comportou a aplicação da técnica do art. 942 do CPC, os declaratórios eventualmente opostos serão julgados com a composição ampliada".

apreciaria todas as questões relevantes. É o que ocorre no modelo do Juizado Especial, no qual, após a realização de uma audiência de conciliação e de outra para a instrução da causa, sobrevém sentença. De outra banda, caso o modelo processual preveja maior atuação judicial na condução do feito, com a prolação de decisões provisórias e outras destinadas a prevenir ou corrigir irregularidades, haverá uma tendência a se tolerar interlocutórias e, por decorrência, os meios de sua impugnação. Daí se afirmar que o sistema recursal, em grande medida, reflete o modelo processual, valendo, no ponto, a precisa metáfora de José Carlos Barbosa Moreira: "a copa da árvore sempre revela algo do solo em que mergulham as raízes".[340]

Cada sistema processual realiza as suas escolhas. A professora Ana Laura González Poittevin realizou amplo estudo comparativo com o modelo uruguaio.[341] O direito uruguaio, ilustrativamente, admite a prolação de "sentencias interlocutorias" e "sentencias definitivas". As primeiras resolvem questões conexas ou vinculadas à questão principal. Já a segunda espécie define a causa. Qualquer delas é passível de recurso, pois "a regra geral do direito uruguaio é a impugnação das decisões".[342] O recurso de "reposición" é interposto perante o próprio juízo *a quo*, para a revisão de erros "de menor transcendência, sem a necessidade de complexa tramitação ou intervenção de órgãos superiores".[343] Já o recurso de "apelación", cabível contra as sentenças definitivas de primeira instância e as sentenças interlocutórias, provoca a atuação imediata do juízo *ad quem*. Na prática, o segundo é o mais utilizado. Todavia, no modelo francês, como informa o mestre Eduardo Chemale Selistre Peña, a regra é inversa: "na realidade, em França, não há recurso generalizado para decisões interlocutórias. Em princípio, estas se apresentam irrecorríveis".[344]

Enfim, os modelos processuais respondem às exigências culturais. Nosso sistema também tomou posição, a partir do confronto de argumentos distintos.

Sob a égide do Código de Processo Civil de 1939, o cabimento do Agravo de Instrumento era disciplinado pelo art. 842, o qual arrolava expressamente as hipóteses de admissão do recurso.[345] É interessante observar que, dentre

---

[340] *Comentários*, p. 488.

[341] *Recorribilidade das decisões interlocutórias*: uma comparação do direito brasileiro com outros ordenamentos. Curitiba: Juruá, 2008.

[342] *Op. cit.*, p. 70.

[343] *Op. cit.*, p. 76.

[344] *O Recurso de Agravo como meio de impugnação das decisões interlocutórias de primeiro grau*. Porto Alegre: Livraria do Advogado, 2008, p. 36.

[345] Art. 842. Além dos casos em que a lei expressamente o permite, dar-se-á agravo de instrumento das decisões: I, que não admitirem a intervenção de terceiro na causa; II, que julgarem a exceção de incompetência; III, que denegarem ou concederem medidas requeridas como preparatórias da ação; IV, que não concederem vista para embargos de terceiros, ou que os julgarem; IV – que receberem ou rejeitarem "in limine" os embargos de terceiro. V, que denegarem ou revogarem o benefício de gratuidade. VI, que ordenarem a prisão; VII, que nomearem ou destituírem inventariante, tutor, curador, testamenteiro ou liquidante; VIII, que arbitrarem, ou deixarem de arbitrar a remuneração dos liquidantes ou a vintena dos testamenteiros; IX, que denegarem a apelação, inclusive de terceiro

as hipóteses típicas de cabimento do recurso, naquele Código, estão muitas situações que hoje foram contempladas no art. 1.015, CPC/2015, em especial as decisões proferidas na fase de execução e de cumprimento de sentença. O CPC/39 admitia, ainda, os agravos de petição e nos autos do processo.[346]

Contudo, a situação foi alterada durante a maior parte da vigência do CPC/73, no qual a regra era a ampla recorribilidade das interlocutórias, através de agravo. No plano abstrato, todas as decisões proferidas pelo juízo singular desafiavam o agravo, o qual possuía duas espécies: o de instrumento e o retido (o qual inclusive admitia interposição oral em audiência[347]), este último banido pelo CPC/2015.

Entretanto, na realidade, já se sentia a necessidade de limitar a utilização do agravo de instrumento. Por isso, em especial a partir da década de 1990, houve uma série de reformas, que mudaram os contornos "dos agravos" então existentes, sem oferecer uma resposta que a Comissão responsável pela edição do Novo CPC tenha julgado satisfatória.[348] Não à toa, o doutrinador

---

prejudicado, a julgarem deserta, ou a relevarem da deserção; X, que decidirem a respeito de erro de conta ou de cálculo; XI, que concederem, ou não, a adjudicação, ou a remissão de bens; XII, que anularem a arrematação, adjudicação, ou remissão cujos efeitos legais já se tenham produzido; XIII, que admitirem, ou não, o concurso de credores, ou ordenarem a inclusão ou exclusão de créditos; XIV, que julgarem, ou não, prestadas as contas; (Redação dada pelo Decreto-Lei nº 4.565, de 1942). (Suprimido pelo Decreto-Lei nº 8.570, de 1946). XV, que julgarem os processos de que tratam os Títulos XV a XXII do Livro V, ou os respectivos incidentes, ressalvadas as exceções expressas; XVI, que negarem alimentos provisionais; XVII, que, sem caução idônea, ou independentemente de sentença anterior, autorizarem a entrega de dinheiro ou quaisquer outros bens, ou a alienação, hipoteca, permuta, subrogação ou arrendamento de bens.

[346] Art. 846. Salvo os casos expressos de agravo de instrumento, admitir-se-á agravo de petição, que se processará nos próprios autos, das decisões que impliquem a terminação do processo principal, sem lhe resolverem o mérito; Art. 851. Caberá agravo no auto do processo das decisões: I – que julgarem improcedentes as exceções de litispendência e coisa julgada; II – que não admitirem a prova requerida ou cercearem, de qualquer forma, a defesa do interessado; III – que concederem, na pendência da lide, medidas preventivas; IV – que considerarem, ou não, saneado o processo, ressalvando-se, quanto à última hipótese o disposto no art. 846. Art. 852. O agravo no auto do processo, reduzido a termo, poderá ser interposto verbalmente ou por petição em que se mencionem a decisão agravada e as razões de sua ilegalidade, afim de que dela conheça, como preliminar, o Tribunal Superior, por ocasião do Julgamento da apelação (arts. 876 a 878).

[347] Art. 523, CPC/73: "Na modalidade de agravo retido o agravante requererá que o tribunal dele conheça, preliminarmente, por ocasião do julgamento da apelação. § 3o Das decisões interlocutórias proferidas na audiência de instrução e julgamento caberá agravo na forma retida, devendo ser interposto oral e imediatamente, bem como constar do respectivo termo (art. 457), nele expostas sucintamente as razões do agravante".

[348] É interessante a observação da professora Teresa Arruda Alvim Wambier a este respeito: "pois bem: dos 72 artigos, se nossas contas estão corretas, só 30 (menos da metde, portanto) – os arts. 499, 501, 502, 503, 504, 505, 507, 509, 510, 512, 513, 515, 517, 520, 530, 534, 547, 548, 549, 552, 553, 554, 555, 556, 559, 560, 561, 562, 564 e 565- conservam o teor original; todos os restantes foram atingidos, em tal ou qual medida, e alguns mais de uma vez, pelas sucessivas modificações que o texto codificados sofreu, a partir da Lei 8.038, de 28.05.1990. Em nenhum outro título do estatuto processual se concentrou com tanta intensidade o fogo da artilharia reformadora". WAMBIER, Teresa Arruda Alvim. O Novo Recurso, Na Perspectiva Do Amplo Acesso À Justiça, Garantido Pela Constituição Federal, In: *Processo e Constituição*: Estudos em Homenagem ao Professor José Carlos Barbosa Moreira. São Paulo: RT, 2006, p. 1080.

Heitor Vitor Sica comparava o agravo ao mito de Prometeu, visto que ele, embora ameaçado, sempre ressurgia.[349]

Há vantagens decorrentes da limitação da recorribilidade das decisões interlocutórias. Em primeiro lugar, o processo deixa de ser perturbado, com a abertura de uma nova fase (procedimento recursal). Por decorrência, sem tais obstruções, em tese, alcançar-se-ia a solução definitiva da causa em espaço de tempo mais razoável. Alega-se, igualmente, que inúmeros recursos inúteis seriam evitados, uma vez que a parte prejudicada por uma decisão pontual poderia, ao fim, ter sua pretensão acolhida. Haveria, portanto, optmização da atividade jurisdicional. Essas vantagens, concretas por certo, são especialmente valorizadas na justiça trabalhista[350] e em alguma medida foram recepcionadas pelo Novo CPC.

Todavia, tais argumentos, conquanto corretos do ponto de vista abstrato, podem ser contestados. Basta considerar a real possibilidade de uma decisão interlocutória produzir dano grave e de difícil reparação ao litigante que, ao final do processo, poderá ser considerado merecedor da tutela. Lesões desse naipe ofuscariam o ideal de livre e efetivo acesso à Justiça. As nulidades, em vez de serem apreciadas e prontamente sanadas, manter-se-iam íntegras, ameaçando todo o trabalho realizado pelos sujeitos: processos seriam instruídos perante juízos incompetentes, o direito de produzir prova relevante seria definitivamente analisado após a sentença, etc.

Dentro desses dois polos, situa-se a discussão acerca da conveniência em se admitir a impugnação das decisões interlocutórias. Restringi-la, em nome da efetividade ou maior celeridade do feito, ou admiti-la, resguardando a segurança?

No modelo do CPC/2015, ao contrário do anterior, consagra-se o princípio de que as interlocutórias são irrecorríveis. Isto porque nem todas as interlocutórias admitem imediato enfrentamento recursal. Na realidade, a maior parte das decisões apenas poderá ser atacada, após a prolação da futura sentença, caso a parte prejudicada, em momento futuro, assim deseje.

O Novo CPC, rompendo com a tradição, não recepcionou o agravo retido. Apenas admitiu a interposição de Agravo de Instrumento, em hipóteses expressamente previstas em lei. A contrapartida para a eliminação do agravo retido é a ausência de preclusão para as decisões interlocutórias, pois as questões resolvidas por outras decisões interlocutórias proferidas antes da

---

349 Interessantes apontamentos históricos são observados no texto de Heitor Vitor de Sica, cujo título é sugestivo: O agravo e o mito de Prometeu: considerações obre a Lei 11.187/2005. In: *Aspectos polêmicos e atuais dos recursos cíveis*, série 9. São Paulo: RT, 2006.

350 As Dras. Mariângela Milhoranza, Gabriela André e Fernanda dos Santos Macedo debruçam-se com afinco ao estudo da recorribilidade na justiça trabalhista, valendo citar dois de seus textos: Novas observações sobre o princípio da irrecorribilidade das decisões interlocutórias na justiça do trabalho. *Justiça do Trabalho*, v. 27, n. 321, p. 40-47, set., 2010; A (in)constitucionalidade da irrecorribilidade das decisões interlocutórias na justiça do trabalho. *Justiça do Trabalho*, v. 27, n. 218, p. 52-63, jun. 2010.

sentença não ficam acobertadas pela preclusão podendo ser impugnadas pela parte, em preliminar, nas razões ou nas contrarrazões de apelação.

A este respeito, vale a pena transcrever trecho da "exposição de motivos", elaborada pela Comissão, acerca do papel do "novo agravo" no sistema: "desapareceu o agravo retido, tendo, correlatamente, alterado-se o regime das preclusões. Todas as decisões anteriores à sentença podem ser impugnadas na apelação. Ressalte-se que, na verdade, o que se modificou, nesse particular, foi exclusivamente o momento da impugnação, pois essas decisões, de que se recorria, no sistema anterior, por meio de agravo retido, só eram mesmo alteradas ou mantidas quando o agravo era julgado, como preliminar de apelação. Com o novo regime, o momento de julgamento será o mesmo; não o da impugnação. O agravo de instrumento ficou mantido para as hipóteses de concessão, ou não, de tutela de urgência; para as interlocutórias de mérito, para as interlocutórias proferidas na execução (e no cumprimento de sentença) e para todos os demais casos a respeito dos quais houver previsão legal expressa".[351]

No presente capítulo, discutiremos o regramento do agravo de instrumento, o qual é dirigido ao Tribunal de Justiça ou ao Tribunal Regional Federal, de sorte que o seu processamento, "em tese", não impede a continuação do feito em primeiro grau.

2.2. Hipóteses de cabimento do Agravo no CPC

Na vigência do CPC/73, cumpria ao advogado, inicialmente, deliberar pela conveniência de interposição do agravo de instrumento em face de qualquer decisão interlocutória. Toda decisão que causasse dano grave e de difícil reparação era passível de agravo de instrumento. Contudo, uma vez interposto, a escolha do procurador se submetia ao crivo do Relator, o qual poderia admitir a via instrumental ou convertê-lo em agravo retido, que foi abolido no CPC/2015. Essa era, em síntese, a interpretação majoritária dos arts. 522 e 527 do CPC/73. A comunidade estava adaptada com esse procedimento.

Em nossa opinião, a escolha do Novo CPC, no ponto, foi equivocada. Partiu o legislador do pressuposto de que é possível indicar de antemão todas as situações nas quais o recurso adequado é o agravo de instrumento. Nessa linha, o Novo CPC apresenta um rol de hipóteses que autorizam o manejo do agravo de instrumento, em seu art. 1.015. Vale transcrever o dispositivo para a melhor colocação do tema:

> Art. 1.015. Cabe agravo de instrumento contra as decisões interlocutórias que versarem sobre:
>
> I – tutelas provisórias;
>
> II – mérito do processo;

[351] Disponível em <http://www.senado.gov.br/senado/novocpc/pdf/Anteprojeto.pdf>. Acesso em 25.01.2011.

III – rejeição da alegação de convenção de arbitragem;
IV – incidente de desconsideração da personalidade jurídica;
V – rejeição do pedido de gratuidade da justiça ou acolhimento do pedido de sua revogação;
VI – exibição ou posse de documento ou coisa;
VII – exclusão de litisconsorte;
VIII – rejeição do pedido de limitação do litisconsórcio;
IX – admissão ou inadmissão de intervenção de terceiros;
X – concessão, modificação ou revogação do efeito suspensivo aos embargos à execução;
XI – redistribuição do ônus da prova nos termos do art. 373, § 1º;
XII – (vetado);
XIII – outros casos expressamente referidos em lei.
Parágrafo único. Também caberá agravo de instrumento contra decisões interlocutórias proferidas na fase de liquidação de sentença ou de cumprimento de sentença, no processo de execução e no processo de inventário.

Ou seja, deve o jurisdicionado encaixar o seu recurso em uma destas hipóteses de cabimento, sob pena de seu agravo não ser recebido pelo Relator. Caso a decisão interlocutória não se amolde aos tipos previstos, não há espaço para impugnação imediata.

Quanto ao rol, algumas ponderações são importantes. A hipótese do primeiro inciso ("tutela provisória") deve englobar, além do reexame dos requisitos autorizadores das medidas provisórias (verossimilhança, risco de dano, prova inequívoca, etc.) também o modo, o prazo, as técnicas de efetivação, eventual dispensa ou exigência de garantias para o seu cumprimento. [352] A Jornada de Direito Processual foi além e admitiu o Agravo, quando o magistrado posterga a análise do requerimento de tutela provisória.[353]

O segundo inciso versa sobre o "mérito do processo". Contempla quer as hipóteses em que ocorre o julgamento fracionado do mérito do processo, quer em situações em que o magistrado rejeita uma defesa equiparada a de mérito do réu, como é o caso, por exemplo, da prescrição.

O art. 1.015, XI, alude à redistribuição do ônus da prova e omite a hipótese frequente de incidência do Código de Defesa do Consumidor de "inversão do ônus da prova". Seria possível encaixar essa segunda situação naquela

[352] Nesse sentido: "o conceito de 'decisão interlocutória que versa sobre tutela provisória' abrange as decisões que examinam a presença ou não dos pressupostos que justificam o deferimento, indeferimento, revogação ou alteração da tutela provisória e, também, as decisões que dizem respeito ao prazo e ao modo de cumprimento da tutela, a adequação, suficiência, proporcionalidade ou razoabilidade da técnica de efetiva da tutela provisória e, ainda, a necessidade ou dispensa de garantias para a concessão, revogação ou alteração da tutela provisória". REsp 1752049/PR, 3ª T., Rel. Min. Nancy Andrighi, j. 12.03.2019. DJe 15.03.2019.

[353] Enunciado nº 70: "é agravável o pronunciamento judicial que postergar a análise de pedido de tutela provisória ou condicioná-la a qualquer exigência".

hipótese de cabimento? Consideramos que sim, pois tanto a dinamização do *onus probandi* do CPC/2015 (art. 373, § 1º, do CPC/15), quanto à realização do direito à inversão do *onus probandi* (art. 6º, VIII, do CDC) excepcionam a regra geral prevista no art. 373, I e II, CPC/15, segundo a qual ao autor compete comprovar os fatos constitutivos de seu direito e ao réu, os fatos que inibem o reconhecimento. Logo, a *ratio* é comum: viabilizar a ambas as partes o conhecimento da matéria que será objeto de prova e a quem competirá o *onus probandi*, livrando ambas as partes de surpresas quando da apreciação da causa".[354] Os mesmos argumentos justificam a admissibilidade do agravo de instrumento contra a decisão interlocutória que rejeita o requerimento de inversão do ônus da prova.

De seu turno, a previsão do parágrafo único do art. 1.015, CPC, vem sendo corretamente aplicada nos procedimentos de recuperação judicial.[355] Considera o STJ possível a aplicação do parágrafo único do art. 1.015, CPC, às decisões proferidas em processos de recuperação judicial que coloquem em risco a sobrevida da empresa. Na origem, o parágrafo fora idealizado para as situações corriqueiras na execução civil, nas quais, em face da impossibilidade de se aguardar análise de apelação (raramente cabível), recomenda-se a atuação imediata do Tribunal.[356]

A partir da vigência do CPC/2015, defendeu a doutrina majoritária que o rol teria natureza taxativa. Por ilustração, Marco Felix Jobim e Fabrício de Farias Carvalho: "considerando a opção do legislador pela remoção da chamada "cláusula de abertura" do artigo 522 contida no CPC/73, que permite a recorribilidade de qualquer decisão interlocutória, desde que demonstrada a sua potencialidade para causar à parte lesão grave e de difícil reparação, como já defendido acima, acredita-se que o rol trazido pelo CPC é taxativo, *numerus clausus*, resgatando, dessa forma, a sistemática adotada pelo CPC/1939 e claramente objetivando a limitação do número destes recursos em tramitação nos tribunais".[357] Na análise da vigência do Novo CPC, em seu primeiro ano, observou-se uma tendência dos Tribunais a prestigiarem a redação fechada do texto, evitando a aplicação de técnicas de interpretação que levassem a algum resultado diverso da análise literal do texto.

Por decorrência, na linha do quanto preconizado no art. 1015, CPC, a jurisprudência majoritária inadmite a utilização do agravo de instrumento

---

[354] Nesse sentido: REsp 1729110/CE, 3. T., Rel. Min. Nancy Andrighi, j. 02/04/2019, DJe 04/04/2019.

[355] O Enunciado nº 69 da Jornada de Direito Processual Civil admitiu o cabimento: "A hipótese do art. 1.015, parágrafo único, do CPC abrange os processos concursais, de falência e recuperação".

[356] Nesse sentido, o Enunciado nº 71 da Jornada de Direito Civil: "É cabível o recurso de agravo de instrumento contra a decisão que indefere o pedido de atribuição de efeito suspensivo a Embargos à Execução, nos termos do art. 1.015, X, do CPC". E o Enunciado nº 145: "O recurso cabível contra a decisão que julga a liquidação de sentença é o Agravo de Instrumento".

[357] A disciplina dos agravos no Novo Código de Processo Civil. In: *Novo CPC*: doutrina selecionada, v. 6: processos nos tribunais e meios de impugnação às decisões judiciais. (Coord. Fredie Didier Jr.; Orgs. Lucas Buril de Macêdo, Ravi Peixoto, Alexandre Freire *et alli*), Salvador: Juspodivm, 2015, p. 638.

em situações alheias ao rol, tais como: (a) decisão interlocutória que rejeita a defesa de ilegitimidade de parte;[358] (b) indeferimento de provas;[359] (c) adiantamento de honorários periciais;[360] dentre tantas outras hipóteses.

Foi uma mudança significativa, que procurou oferecer maior destaque à fonte legislativa em detrimento da fonte jurisprudencial, o que – na nossa visão – não deixa de ser curioso, à luz da premissa do Novo CPC de valorizar o papel dos Tribunais.

A redação final foi muito polêmica e alvo de críticas. Outras matérias igualmente mereceriam imediata impugnação, como a definição da competência. Se a rejeição da alegação da convenção de arbitragem desafia agravo de instrumento, a mesma *ratio* deveria ser invocada para se viabilizar o conhecimento dos agravos que pretendem discutir normas de competência. Figure-se o exemplo didático, no qual o juiz de Uruguaiana/RS declina a sua competência, ordenando a remessa dos autos ao Foro de Manacapuru/AM. Considerando os aproximadamente 4.500 km de distância, é bem provável que muitos jurisdicionados prefiram abdicar da defesa de seus direitos a enfrentar o deslocamento para acessar o Judiciário. Dessa forma, como medida de preservação do acesso à Justiça, seria correto propiciar, nesses casos ao menos, a reapreciação da decisão que define a competência, através do conhecimento do agravo de instrumento, mediante interpretação analógica.[361]

Outra situação delicada, na visão de alguns doutrinadores, reside no indeferimento de provas. Fernando Rubin salienta que também esta hipótese deveria ter sido contemplada.[362] O mesmo autor aponta a contradição, pois se

---

[358] REsp 1701917/RJ, 2. T., Rel. Min. Herman Benjamin, j. 24.10.2017. DJe 19.12.2017.

[359] Por exemplo: "o não cabimento de agravo de instrumento em face da decisão que indefere o pedido de produção de prova já constituía regra desde a vigência da Lei n. 11.187/2005 que, reformando o CPC/1973, previu o agravo retido como recurso cabível, não havendo motivos para que se altere o posicionamento em razão do advento do CPC/2015 que, extinguindo o agravo retido, levou suas matérias para preliminar de apelação. Deste modo, sem adentrar à discussão a respeito da taxatividade ou não do rol previsto no art. 1.015, do CPC/2015, compreende-se que o caso concreto (decisão que indefere a produção de prova pericial – perícia técnica contábil) não comporta agravo de instrumento, havendo que ser levado a exame em preliminar de apelação (art. 1.009, § 1°, do CPC/2015)". REsp 1729794/SP, 2. T., Rel. Min. Mauro Campbell Marques, j. 03.05.2018. DJe 09.05.2018. No mesmo sentido : TJRS, 16. C.C., AI 70071881080, Rel. Des. Ana Maria Nedel Scalzilli, j. 26.04.2017; TJRS, AI 70071727341, 7. C.C., Rel. Des. Jorge Luís Dall'Agnol, j. 22.02.2017; TJRS, 20ª C.C., AI 70073133753, Rel. Des. Glênio José Wasserstein Hekman, j. 28.03.2017.

[360] REsp 1740305/SP, 2ª T., Rel. Min. Herman Benjamin, j. 14.08.2018. DJe 26.11.2018.

[361] No mesmo sentido, a posição de Leonardo Carneiro da Cunha e Fredie Didier Junior: "adotada a interpretação literal, não se admitindo agravo de instrumento contra decisão que trate de competência, nem contra decisão que nega eficácia a negócio jurídico processual (para dar dois exemplos, explicados no exame do inciso III do art. 1.015 do CPC), haverá o uso anômalo e excessivo do mandado de segurança, cujo prazo é bem mais elástico que o do agravo de instrumento. Se, diversamente, se adota a interpretação extensiva para permitir o agravo de instrumento, haverá menos problemas no âmbito dos tribunais, não os congestionando com mandados de segurança contra atos judiciais". *Curso de Direito Processual Civil*. 13. ed. Salvador: Juspodivm, 2016, p. 212.

[362] Afirma o mago da preclusão: "diante do cenário processo-constitucional em que se visualiza o direito fundamental da parte de provar, entendemos equivocada a versão final conferida ao agravo de instrumento no art. 1.015 da Lei n° 13.105/2015, desestimulando inclusive para que se desenvolva

na fase de execução a decisão que indefere perícia é alvo de agravo, porém na fase de conhecimento não...[363]

A questão ganhou projeção nacional, quando, em novembro de 2017, o Ministro Luis Felipe Salomão, na qualidade de Relator, proferiu voto defendendo a interpretação analógica do rol, asseverando que: "Apesar de não previsto expressamente no rol do art. 1.015 do CPC/2015, a decisão interlocutória relacionada à definição de competência continua desafiando recurso de agravo de instrumento, por uma interpretação analógica ou extensiva da norma contida no inciso III do art. 1.015 do CPC/2015, já que ambas possuem a mesma ratio –, qual seja, afastar o juízo incompetente para a causa, permitindo que o juízo natural e adequado julgue a demanda".[364]

A divergência jurisprudencial diante da multiplicidade de processos envolvendo o mesmo tema motivou uma afetação específica, pelo Superior Tribunal de Justiça para se aferir a natureza do rol e a melhor técnica de sua interpretação. O acórdão foi publicado em dezembro de 2018, tendo a Corte Especial adotado a seguinte tese: "o rol do art. 1.015 do CPC é de taxatividade mitigada, por isso admite a interposição de agravo de instrumento quando verificada a urgência decorrente da inutilidade do julgamento da questão no recurso de apelação".

A ementa do polêmico julgamento foi assim redigida:

> RECURSO ESPECIAL REPRESENTATIVO DE CONTROVÉRSIA. DIREITO PROCESSUAL CIVIL. NATUREZA JURÍDICA DO ROL DO ART. 1.015 DO CPC/2015. IMPUGNAÇÃO IMEDIATA DE DECISÕES INTERLOCUTÓRIAS NÃO PREVISTAS NOS INCISOS DO REFERIDO DISPOSITIVO LEGAL. POSSIBILIDADE. TAXATIVIDADE MITIGADA. EXCEPCIONALIDADE DA IMPUGNAÇÃO FORA DAS HIPÓTESES PREVISTAS EM LEI. REQUISITOS. 1- O propósito do presente recurso especial, processado e julgado sob o rito dos recursos repetitivos, é definir a natureza jurídica do rol do art. 1.015 do CPC/15 e verificar

---

uma cultura no meio jurídico pátrio e na magistratura brasileira de que a prova é importante para todos os participantes na relação jurídica processual (a prova não é destinada exclusivamente ao juiz!), sendo que o seu indeferimento deve ser medida absolutamente excepcional e sujeita à célere revisão – até para que não se crie problemas procedimentais sérios na hipótese de indeferimento de meio de prova que venha a ser reformado pelo Tribunal em momento muito remoto". Cabimento do agravo de instrumento em matéria probatória: crítica ao texto final do Novo CPC. In: *Novo CPC* doutrina selecionada, v. 6: processos nos tribunais e meios de impugnação às decisões judiciais. (Coord. Fredie Didier Jr.; Orgs. Lucas Buril de Macêdo, Ravi Peixoto *et alli*), Salvador: Juspodivm, 2015 , p. 623.

[363] *O Novo Código de Processo Civil*: da construção de um novo modelo processual às principais linhas estruturantes da Lei nº 13.105/2015. Porto Alegre: Magister, 2016, p. 173.

[364] REsp 1679909/RS, 4ª T., Rel. Min. Luis Felipe Salomão, j. 14.11.2017. DJe 01.02.2018. No mesmo sentido: "AGRAVO INTERNO NO RECURSO ESPECIAL. PRODUÇÃO ANTECIPADA DE PROVAS. COMPETÊNCIA. AGRAVO DE INSTRUMENTO. ART. 1.015 DO CPC/15. INTERPRETAÇÃO EXTENSIVA. AGRAVO NÃO PROVIDO. 1. É cabível agravo de instrumento para impugnação de decisão interlocutória que decide sobre competência, conferindo-se interpretação analógica ou extensiva ao inciso III do art. 1.015 do CPC/2015. 2. Agravo interno não provido". AgInt no AREsp 1309300/SP, 4. T., Rel. Min. Lázaro Guimarães, j. 18.09.2018. DJe 27.09.2018. No mesmo sentido: REsp 1711953/MG, 4. Tª, Rel. Min. Lázaro Guimarães, j. 02.08.2018. DJe 10.08.2018.

a possibilidade de sua interpretação extensiva, analógica ou exemplificativa, a fim de admitir a interposição de agravo de instrumento contra decisão interlocutória que verse sobre hipóteses não expressamente previstas nos incisos do referido dispositivo legal. 2- Ao restringir a recorribilidade das decisões interlocutórias proferidas na fase de conhecimento do procedimento comum e dos procedimentos especiais, exceção feita ao inventário, pretendeu o legislador salvaguardar apenas as "situações que, realmente, não podem aguardar rediscussão futura em eventual recurso de apelação". 3- A enunciação, em rol pretensamente exaustivo, das hipóteses em que o agravo de instrumento seria cabível revela-se, na esteira da majoritária doutrina e jurisprudência, insuficiente e em desconformidade com as normas fundamentais do processo civil, na medida em que sobrevivem questões urgentes fora da lista do art. 1.015 do CPC e que tornam inviável a interpretação de que o referido rol seria absolutamente taxativo e que deveria ser lido de modo restritivo. 4- A tese de que o rol do art. 1.015 do CPC seria taxativo, mas admitiria interpretações extensivas ou analógicas, mostra-se igualmente ineficaz para a conferir ao referido dispositivo uma interpretação em sintonia com as normas fundamentais do processo civil, seja porque ainda remanescerão hipóteses em que não será possível extrair o cabimento do agravo das situações enunciadas no rol, seja porque o uso da interpretação extensiva ou da analogia pode desnaturar a essência de institutos jurídicos ontologicamente distintos. 5- A tese de que o rol do art. 1.015 do CPC seria meramente exemplificativo, por sua vez, resultaria na repristinação do regime recursal das interlocutórias que vigorava no CPC/73 e que fora conscientemente modificado pelo legislador do novo CPC, de modo que estaria o Poder Judiciário, nessa hipótese, substituindo a atividade e a vontade expressamente externada pelo Poder Legislativo. 6- Assim, nos termos do art. 1.036 e seguintes do CPC/2015, fixa-se a seguinte tese jurídica: O rol do art. 1.015 do CPC é de taxatividade mitigada, por isso admite a interposição de agravo de instrumento quando verificada a urgência decorrente da inutilidade do julgamento da questão no recurso de apelação. 7- Embora não haja risco de as partes que confiaram na absoluta taxatividade com interpretação restritiva serem surpreendidas pela tese jurídica firmada neste recurso especial repetitivo, eis que somente se cogitará de preclusão nas hipóteses em que o recurso eventualmente interposto pela parte tenha sido admitido pelo Tribunal, estabelece-se neste ato um regime de transição que modula os efeitos da presente decisão, a fim de que a tese jurídica somente seja aplicável às decisões interlocutórias proferidas após a publicação do presente acórdão. 8- Na hipótese, dá-se provimento em parte ao recurso especial para determinar ao TJ/MT que, observados os demais pressupostos de admissibilidade, conheça e dê regular prosseguimento ao agravo de instrumento no que tange à competência. 9- Recurso especial conhecido e provido.[365]

[365] REsp 1704520/MT, CE, Rel. Min. Nancy Andrighi, j. 05.12.2018. DJe 19.12.2018.

Portanto, de uma maneira surpreendente, em nossa visão, o Superior Tribunal de Justiça passou a tolerar a interposição do Agravo de Instrumento em situações não expressamente previstas no rol do art. 1.015, CPC. Cumprirá ao interessado, contudo, convencer o Relator acerca da "a urgência decorrente da inutilidade do julgamento da questão no recurso de apelação". Trata-se de um critério jurisprudencial adotado, segundo os Ministros que votaram nesse sentido, para preservar o conjunto dos princípios constitucionais e processuais.

No que toca a fase de cumprimento de sentença e de execução, é interessante observar que as defesas do devedor são analisadas pelo segundo grau de jurisdição a partir de um critério pragmático, qual seja o efeito do julgamento da objeção de pré-executividade, embargos do devedor ou impugnação na relação processual. Se a causa for extinta, será admissível a apelação. Se a procedência for parcial ou considerada improcedente a defesa, terá lugar o agravo de instrumento, conforme se vê de didática ementa do Superior Tribunal de Justiça:

> RECURSO ESPECIAL. PROCESSUAL CIVIL. RECURSOS. CPC/2015. DECISÃO QUE ENCERRA FASE PROCESSUAL. SENTENÇA, CONTESTADA POR APELAÇÃO. DECISÕES INTERLOCUTÓRIAS PROFERIDAS NA FASE EXECUTIVA, SEM EXTINÇÃO DA EXECUÇÃO. AGRAVO DE INSTRUMENTO. 1. Dispõe o parágrafo único do art.1015 do CPC/2015 que caberá agravo de instrumento contra decisões interlocutórias proferidas na fase de liquidação de sentença ou de cumprimento de sentença, no processo de execução e no processo de inventário. Por sua vez, o art. 1.009, do mesmo diploma, informa que caberá apelação em caso de "sentença". 2. Na sistemática processual atual, dois são os critérios para a definição de "sentença": (I) conteúdo equivalente a uma das situações previstas nos arts. 485 ou 489 do CPC/2015; e (II) determinação do encerramento de uma das fases do processo, conhecimento ou execução. 3. Acerca dos meios de satisfação do direito, sabe-se que o processo de execução será o adequado para as situações em que houver título extrajudicial (art. 771, CPC/2015) e, nos demais casos, ocorrerá numa fase posterior à sentença, denominada cumprimento de sentença (art. 513, CPC/2015), no bojo do qual será processada a impugnação oferecida pelo executado. 4. A impugnação ao cumprimento de sentença se resolverá a partir de pronunciamento judicial, que pode ser sentença ou decisão interlocutória, a depender de seu conteúdo e efeito: se extinguir a execução, será sentença, conforme o citado artigo 203, § 1°, parte final; caso contrário, será decisão interlocutória, conforme art. 203, § 2°, CPC/2015. 5. A execução será extinta sempre que o executado obtiver, por qualquer meio, a supressão total da dívida (art. 924, CPC/2015), que ocorrerá com o reconhecimento de que não há obrigação a ser exigida, seja porque adimplido o débito, seja pelo reconhecimento de que ele não existe ou se extinguiu. 6. No sistema regido pelo NCPC, o recurso cabível da decisão que acolhe impugnação ao cumprimento de sentença e extingue a execução é a apelação. As decisões que acolherem parcial-

mente a impugnação ou a ela negarem provimento, por não acarretarem a extinção da fase executiva em andamento, tem natureza jurídica de decisão interlocutória, sendo o agravo de instrumento o recurso adequado ao seu enfrentamento. 7. Não evidenciado o caráter protelatório dos embargos de declaração, impõe-se a inaplicabilidade da multa prevista no § 2º do art. 1.026 do CPC/2015. Incidência da Súmula nº 98/STJ. 8. Recurso especial provido.[366]

De outra banda, ainda é tolerado o mandado de segurança (ou outro remédio jurídico semelhante) diante de decisões que se mostrem irrecorríveis e que gerem riscos concretos de dano grave e de difícil reparação. Pelo menos, as ditas decisões teratológicas serão revistas com a utilização do *mandamus*, conforme autorizado pela jurisprudência do Superior Tribunal de Justiça.[367]

2.3. Formas de interposição do Agravo (art. 1.017, § 2º, CPC)

O § 2º do art. 1.017, CPC, explicita os meios de interposição do agravo. Reza o dispositivo:

No prazo do recurso, o agravo será interposto por:

I – protocolo realizado diretamente no tribunal competente para julgá-lo;

II – protocolo realizado na própria comarca, seção ou subseção judiciárias;

III – postagem, sob registro, com aviso de recebimento;

IV – transmissão de dados tipo fac-símile, nos termos da lei;

V – outra forma prevista em lei.

Fora de qualquer dúvida, quer pela utilização do procedimento eletrônico, quer pelo hábito dos operadores, a normal interposição do recurso ocorre diretamente no Tribunal. É de resto a maneira mais expedita. Alguns

---

[366] REsp 1698344/MG, 4. T., Rel. Min. Luis Felipe Salomão, j. 22/05/2018. DJe 01/08/2018.

[367] Ilustrativa ementa: "PROCESSUAL CIVIL. NÃO CABIMENTO DO MANDADO DE SEGURANÇA CONTRA DECISÃO INTERLOCUTÓRIA. ARTS. 1009, § 1º, E 1015 DO CPC/2015. 1. A jurisprudência do Superior Tribunal de Justiça é de que o Mandado de Segurança não pode ser utilizado como sucedâneo recursal, sendo descabido o seu manejo contra ato judicial recorrível. 2. Na hipótese dos autos, ainda que do ato judicial tido como coator, na nova sistemática do CPC/2015, não caiba o recurso previsto no art.1.015, nos exatos termos do art. 1.009, § 1º, as questões decididas na fase de conhecimento que não comportarem Agravo de Instrumento não são cobertas pela preclusão e devem ser suscitadas em preliminar de Apelação, ou nas contrarrazões, incidindo, portanto, o teor da Súmula 267/STF: 'Não cabe mandado de segurança contra ato judicial passível de recurso ou correição'. 3. Ademais, como ressaltado, a jurisprudência desta Corte é assente no sentido de que o Mandado de Segurança contra ato judicial é medida excepcional, admissível somente nas hipóteses em que se verifica de plano decisão teratológica, ilegal ou abusiva, contra a qual não caiba recurso. 4. Na presente hipótese, o impetrante insurge-se contra decisão do juízo da 3ª Vara Cível da Comarca de Jacareí-SP que determinou que os honorários periciais fossem depositados pela Fazenda Pública do Estado de São Paulo. Não se verifica, no particular, caráter abusivo ou teratológico do comando judicial impugnado, tampouco a prova pré-constituída do direito líquido e certo necessário à concessão do mandamus. 5. Recurso em Mandado de Segurança não provido". (RMS 54.969/SP, 2ª T., Rel. Min. Herman Benjamin, j. 10.10.2017. DJe 23.10.2017.

Tribunais exigem a interposição eletrônica, circunstância que acaba inibindo o aproveitamento das vantagens desse rol.[368]

Com efeito, a principal novidade, em nossa opinião, reside no segundo inciso, quando autoriza ao agravante interpor o recurso na própria comarca, contando com o Poder Judiciário para a remessa ao Tribunal. Trata-se de uma medida sadia, em nome do acesso à justiça e que beneficiará os litigantes que residem longe da sede dos Tribunais. Alguns Estados da Federação, a estrutura do Judiciário já permite o protocolo integrado. Em outros, será necessário rever procedimentos.

Quando interposto via correio, conforme expressa autorização legal, o correto é considerar como data de interposição a de postagem, e não de efetivo protocolo na Secretaria do Tribunal. Incide no ponto o art. 1.003, § 4º, CPC ("para aferição da tempestividade do recurso remetido pelo correio, será considerada como data de interposição a data de postagem").[369]

Assinale-se que, uma vez interposto por fax, considera o Superior Tribunal de Justiça suficiente a indicação dos documentos que serão remetidos via correio. Não é necessário transmiti-los todos, via *fac-símile*. O argumento é sintetizado pela Min. Nancy Andrighi que "a Lei 9.800/99 não disciplina nem o dever nem a faculdade do advogado, ao usar o protocolo via *fac-simile*, transmitir, além da petição de razões do recurso, cópia dos documentos que o instruem. Por isso a aplicação da nova lei exige interpretação que deve ser orientada pelas diretrizes que levaram o legislador a editá-la, agregando-lhe os princípios gerais do direito. Observados os motivos e a finalidade da referida lei, que devem ser preservados acima de tudo, apontam-se as seguintes razões que justificam a desnecessidade da petição do recurso vir acompanhada de todos os documentos, que chegarão ao Tribunal na forma original: primeiro, não há prejuízo para a defesa do recorrido, porque só será intimado para contra-arrazoar após a juntada dos originais aos autos; segundo, o recurso remetido por fac-simile deverá indicar o rol dos documentos que o acompanham e é vedado ao recorrente fazer qualquer alteração ao juntar os originais; terceiro, evita-se um congestionamento no trabalho da secretaria dos gabinetes nos fóruns e tribunais, que terão de disponibilizar um funcionário para montar os autos do recurso, especialmente quando o recurso vier acompanhado de muitos documentos; quarto, evita-se discussão de disparidade de documentos enviados, com documentos recebidos; quinto, evita-se

---

[368] O correto seria o Tribunal admitir a interposição em qualquer modalidasde do art. 1.017 e, se for o caso, digitalizar a petição do jurisdicionado.

[369] Em edições anteriores, criticamos decisões que exigiam a chegada do recurso ao Tribunal destinatário, dentro do prazo legal, sob pena de inadmissibilidade. *Data venia*, essa posição pecava justamente por ofender o contraditório que a parte tem direito, afinal o jurisdicionado via seu prazo reduzido (de 10 dias no Código anterior ou de 15, no atual) para, quem sabe, 4 ou 5 dias, na medida em que tinha de postar o recurso com suficiente antecedência. Isso sem falar na ilegal assunção do risco de falha no serviço, que lhe acarretaria fracasso. Nesse sentido: REsp 636.272/SP. DJ: 28.02.2005, p. 226. Na mesma linha: "é tempestivo o agravo de instrumento postado no correio sob registro com aviso de recebimento, dentro do prazo legal (art. 525, § 2º, do CPC)". REsp 716.173/SP, 4ª T., Rel. Min. Barros Monteiro. DJ: 24.10.2005, p. 345.

o congestionamento nos próprios aparelhos de fax disponíveis para recepção do protocolo; sexto e principal argumento: é vedado ao intérprete da lei editada para facilitar o acesso ao Judiciário, fixar restrições, criar obstáculos, eleger modos que dificultem sua aplicação".[370]

2.4. Dos documentos que devem instruir o Agravo

O Novo CPC amplia o rol dos documentos que, obrigatoriamente, devem instruir o agravo. De acordo com o art. 1.017, a petição de agravo de instrumento será instruída, necessariamente, com as seguintes cópias: (1) petição inicial; (2) contestação; (3) petição que ensejou a decisão agravada; (4) a própria decisão agravada; (5) certidão da respectiva intimação ou outro documento oficial que comprove a tempestividade e (6) das procurações outorgadas aos advogados do agravante e do agravado.[371] Na hipótese de processo eletrônico, consoante § 5°, do art. 1017, dispensa-se a juntada da documentação.

Em nossa opinião, inclusive alguns destes documentos podem ser dispensados, quando a sua "finalidade essencial" for atingida. É a hipótese da dispensa da certidão de intimação naqueles casos em que é manifesta a tempestividade do recurso, v. g. quando transcorrido menos de 15 dias entre a prolação da interlocutória e a apresentação do recurso.[372]

Autoriza o Novo CPC a declaração de inexistência de qualquer dos documentos referidos no inciso I, feita pelo advogado do agravante, sob pena de sua responsabilidade pessoal, valorizando a classe dos advogados e reduzindo a burocracia.

No regime do Novo CPC, ao contrário do Código anterior, o descumprimento do preceito não gera o automático não conhecimento do recurso. Havia, até 2016, intenso prestígio do formalismo em relação ao agravo. Olvidava-se a célebre metáfora de Rudolf von Jhering, pela qual "o formalismo é o irmão gêmeo da liberdade e o inimigo jurado do arbítrio". Fora dessas premissas, o formalismo presente no direito processual tende a tornar-se ana-

---

[370] Corte Especial, REsp 901556/SP, Rel. Min. Nancy Andrighi. DJE: 03.11.2008. No mesmo sentido: AgInt no REsp 1417850/ES, 1. T., Rel. Min. Sergio Kukina, j. 17.08.2017. DJe 25.08.2017.

[371] No ponto, a jurisprudência do Superior Tribunal de Justiça na aplicação do CPC/73 era rigorosa, com a exigência da juntada da "cadeia de substabelecimentos": "A jurisprudência desta Corte é pacífica no sentido de que a ausência das peças obrigatórias de que trata o art. 525, I do CPC (dentre as quais se inclui a cópia da cadeia de substabelecimentos) importa em não conhecimento do recurso". EREsp 1056295/RJ, Corte Especial, Rel. Min. Eliana Calmon. DJe: 25/08/2010. No mesmo sentido: AgRg no AREsp 840.607/PR, 4. T., Rel. Min. Marco Buzzi, j. 27.02.2018. DJe 05.03.2018.

[372] Solução contrária privilegiaria irracionalmente a forma, valendo no ponto a correta advertência de Carlos Alberto Alvaro de Oliveira: "há de ser rejeitado com veemência o formalismo oco e vazio, que desconhece o concreto e deixa de fazer justiça. A organização do processo e sua ordem, por sua vez, também não são destituídos de conteúdo. Ordem pela ordem não tem significado. Assim, se o juiz preservar as garantias das partes, vedado não lhe é adotar um ponto de vista mais maleável, adaptando o direito e o sistema ao caso, quando necessário, para vencer o formalismo, obstaculizador da justiça na hipótese concreta". *Op. cit.*, p. 213.

crônico, não raro sinônimo de opressão, ao afastar o jurisdicionado ilegitimamente da Justiça.

A esse respeito, comemora Alexandre Freitas Câmara o combate do CPC à jurisprudência defensiva de alguns Tribunais: "o que se percebe é uma nítida tendência à formalização, isto é, ao combate ao formalismo exarcebado. E isto é perfeitamente compatível com a tradição do direito processual brasileiro, o qual há muito tempo acolhe, sem qualquer divergência acerca do ponto, o assim chamado 'princípio da instrumentalidade das formas'. E a grande vantagem que se pode extrair do novo sistema é que ele inviabiliza a chamada 'jurisprudência defensiva', a qual se manifesta através da criação, pelos tribunais, de exigências e requisitos formais para a admissibilidade do recurso, em verdadeiro – e constitucionalmente ilegítimo – exercício de função legislativa pelos órgãos jurisdicionais. Basta lembrar a tendência, que durante algum tempo predominou nos tribunais, de se decidir pela inadmissibilidade de agravo de instrumento no caso em que o agravante deixasse de juntar peça que, não sendo obrigatória, o relator reputasse indispensável para a compreensão do caso, sem que se desse oportunidade ao recorrente de corrigir o vício. É, pois, bastante positivo o fato de que o novo CPC abraça essa tendência à instrumentalidade das formas e à maximização das oportunidades de resolução do mérito".[373]

Nesse sentido, a partir da vigência do Novo CPC, autoriza-se que a parte seja intimada para complementar a documentação obrigatória. Consoante o art. 1.017, § 3º, "na falta da cópia de qualquer peça ou no caso de algum outro vício que comprometa a admissibilidade do agravo de instrumento, deve o relator aplicar o disposto no art. 932, parágrafo único". Esta opção é muito mais coerente com o ideal de livre e efetivo acesso à justiça.

Ultrapassados os documentos tidos como "obrigatórios", a lei ainda aponta que o recurso poderá ser "facultativamente" instruído "com outras peças que o agravante entender úteis". Quanto ao ponto, é ainda mais latente a possibilidade de posterior complementação, pois o que parece útil à parte nem sempre o é para o julgador.

Por fim, deve ser registrado que a paulatina introdução do processo eletrônico nos Tribunais da Federação facilitará bastante a formação do agravo.

2.5. Poderes do Relator

Cumpre ao Relator se posicionar quanto ao recurso. O fenômeno é inicialmente descrito no art. 1.019, CPC:

> Art. 1.019. Recebido o agravo de instrumento no tribunal e distribuído imediatamente, se não for o caso de aplicação do art. 932, incisos III e IV, o relator, no prazo de 5 (cinco) dias:

---

[373] Do agravo de instrumento no novo Código de Processo Civil. In: *Desvendando o Novo CPC*. (Orgs. Darci Guimarães Ribeiro, Marco Félix Jobim *et alli*), Porto Alegre: Livraria do Advogado, 2015, p. 11-12.

I – poderá atribuir efeito suspensivo ao recurso ou deferir, em antecipação de tutela, total ou parcialmente, a pretensão recursal, comunicando ao juiz sua decisão;

II – ordenará a intimação do agravado pessoalmente, por carta com aviso de recebimento, quando não tiver procurador constituído, ou pelo Diário da Justiça ou por carta com aviso de recebimento dirigida ao seu advogado, para que responda no prazo de 15 (quinze) dias, facultando-lhe juntar a documentação que entender necessária ao julgamento do recurso;

III – determinará a intimação do Ministério Público, preferencialmente por meio eletrônico, quando for o caso de sua intervenção, para que se manifeste no prazo de 15 (quinze) dias.

Como expressamente referido, o artigo merece análise conjunta com o art. 932, o qual versa sobre as incumbências do Relator:

Art. 932. Incumbe ao relator:

I – dirigir e ordenar o processo no tribunal, inclusive em relação à produção de prova, bem como, quando for o caso, homologar autocomposição das partes;

II – apreciar o pedido de tutela provisória nos recursos e nos processos de competência originária do tribunal;

III – não conhecer de recurso inadmissível, prejudicado ou que não tenha impugnado especificamente os fundamentos da decisão recorrida;

IV – negar provimento a recurso que for contrário a:

a) súmula do Supremo Tribunal Federal, do Superior Tribunal de Justiça ou do próprio tribunal;

b) acórdão proferido pelo Supremo Tribunal Federal ou pelo Superior Tribunal de Justiça em julgamento de recursos repetitivos;

c) entendimento firmado em incidente de resolução de demandas repetitivas ou de assunção de competência;

V – depois de facultada a apresentação de contrarrazões, dar provimento ao recurso se a decisão recorrida for contrária a:

a) súmula do Supremo Tribunal Federal, do Superior Tribunal de Justiça ou do próprio tribunal;

b) acórdão proferido pelo Supremo Tribunal Federal ou pelo Superior Tribunal de Justiça em julgamento de recursos repetitivos;

c) entendimento firmado em incidente de resolução de demandas repetitivas ou de assunção de competência;

VI – decidir o incidente de desconsideração da personalidade jurídica, quando este for instaurado originariamente perante o tribunal;

VII – determinar a intimação do Ministério Público, quando for o caso;

VIII – exercer outras atribuições estabelecidas no regimento interno do tribunal.

Parágrafo único. Antes de considerar inadmissível o recurso, o relator concederá o prazo de 5 (cinco) dias ao recorrente para que seja sanado vício ou complementada a documentação exigível.

De forma sistemática, consideramos que, inicialmente, deve o Relator, na qualidade de "porta-voz" do órgão colegiado, aferir as condições de admissibilidade, em especial o seu cabimento na situação em tela.

Caso ultrapassada esta fase introdutória, então devem ser cotejados os argumentos do agravante com a jurisprudência consolidada, autorizando a lei que o desprovimento do recurso ocorra de forma monocrática, caso a decisão agravada esteja secundada por: "a) súmula do Supremo Tribunal Federal, do Superior Tribunal de Justiça ou do próprio tribunal; b) acórdão proferido pelo Supremo Tribunal Federal ou pelo Superior Tribunal de Justiça em julgamento de recursos repetitivos; c) entendimento firmado em incidente de resolução de demandas repetitivas ou de assunção de competência".

Ultrapassada essa fase, deverá ser analisado eventual requerimento de antecipação de tutela recursal formulado pelo agravante. Existindo chance razoável de provimento do agravo e risco de dano grave e de difícil reparação, diante do cumprimento imediato da decisão agravada, deve o Relator proferir decisão provisória a fim de proteger o recorrente. Como dito, a concessão dessas medidas irá depender, basicamente, do preenchimento de dois requisitos: (a) fundado receio de dano grave e de difícil reparação, diante do imediato cumprimento da decisão agravada e (b) relevância da fundamentação do recorrente.

Após ter afastado o risco de dano, em atenção ao contraditório, ordenará o Relator a intimação da parte agravada para que responda no prazo de 15 dias, facultando-lhe juntar a documentação que entender necessária ao julgamento do recurso. Quando houver razão que justifique a participação do Ministério Público, então deverá ser intimado o seu presentante, para que se manifeste ao julgamento do recurso.

Apenas depois de facultada a apresentação de contrarrazões, compete ao Relator dar provimento ao recurso se a decisão recorrida for contrária a: (a) súmula do Supremo Tribunal Federal, do Superior Tribunal de Justiça ou do próprio tribunal; (b) acórdão proferido pelo Supremo Tribunal Federal ou pelo Superior Tribunal de Justiça em julgamento de recursos repetitivos; (c) entendimento firmado em incidente de resolução de demandas repetitivas ou de assunção de competência.

O Novo Código encerra uma polêmica jurisprudencial e doutrinária, quanto ao ponto. Reza o art. 932, V: "depois de facultada a apresentação de contrarrazões, dar provimento ao recurso". Prestigia-se o contraditório preventivo, evitando que a parte agravada seja surpreendida pela decisão judicial que lhe é desfavorável, sem ter a mínima chance de influenciar concretamente o convencimento do Relator.

Na identificação desta solução adotada pelo Código, teve grande mérito o Min. Teori Zavascki. É dele a orientação sufragada pelo Superior Tribunal de Justiça, na década de 2000, pela prévia intimação do agravado em relação à decisão monocrática. Assinalava o professor Teori Zavascki, em importante precedente: "é que a intimação do recorrido para apresentar contra-razões está incorporada ao nosso sistema como procedimento padrão em qualquer recurso, inclusive no de agravo de instrumento (CPC, art. 527, V). Trata-se de procedimento natural de preservação do princípio do contraditório, cuja dispensa não pode ser admitida sem uma causa justificável. Observe-se que a norma processual não dispensa essa intimação, a não ser na hipótese do *caput* do art. 557 do CPC, ou seja, quando o relator liminarmente nega seguimento ao recurso (art. 527, I). Mas para essa hipótese, há uma óbvia razão justificadora: a parte recorrida fica beneficiada com a decisão. O mesmo, todavia, não ocorre quando o relator acolhe o recurso, dando-lhe provimento (art. 557, § 1º-A). Aqui, não há como justificar a falta de intimação e, consequentemente, o comprometimento do princípio do contraditório, em prejuízo do agravado. Nem mesmo a alegação de urgência justifica a falta. Para circunstâncias urgentes o relator dispõe de meios específicos e mais apropriados, que preservam os direitos constitucionais dos litigantes: 'atribuir efeito suspensivo ao recurso (art. 558), ou deferir, em antecipação da tutela, total ou parcialmente, a pretensão recursal' (CPC, art. 525, III)".[374]

O CPC/73 era omisso em relação ao ponto. Mas a doutrina manifestava-se pelo respeito ao contraditório.[375]

Ultimadas esss providências, restaria incluir o agravo em pauta, para a deliberação do Colegiado, o que, conforme o art. 1.020, deveria ocorrer "em prazo não superior a 1 (um) mês da intimação do agravado". Na prática, o Judiciário aparentemente não está aparelhado para adimplir esta promessa de celeridade.

2.6. Juízo de retratação e a exegese do art. 1.018, CPC

O agravo de instrumento faculta a retratação por parte do juízo *ad quo*. Para instrumentalizá-la, cumpre ao agravante, no prazo de três dias a contar da interposição, informá-lo da interposição do recurso. Nesta oportunidade, deve ser juntada, aos autos do processo, cópia da petição do agravo de instrumento e do comprovante de sua interposição, assim como a relação dos documentos que instruíram o recurso (art. 1.018, CPC). Não há necessidade de juntada de todas as peças que instruíram o recurso, pela razão de que elas já se encontram nos autos. Contenta-se o sistema com a mera indicação.[376]

---

374 REsp 892320/RS, 1. T., Rel. Min. Teori Albino Zavascki. DJ 23.04.2007, p. 240. No mesmo sentido: EREsp nº 1.038.844/PR, 1. S., Rel. Min. Teori Albino Zavascki. DJe 20.10.2008.

375 Ana Laura Gonzalez Poittevin. Recorribilidade das Decisões Interlocutórias, p. 40; Luís Henrique Barbante Franzé. Agravo – Frente aos Pronunciamentos de Primeiro Grau no Processo Civil. 6. ed. Curitiba: Juruá, 2009.

376 Já era assim no regime do Código anterior: "O art. 526 do CPC exige apenas que a parte junte, em primeiro grau, cópia do agravo de instrumento interposto e da respectiva relação de documen-

Dirige-se a imposição para tutelar duas situações. Primeiramente, serve para a retratação do magistrado. Se ela ocorre, o agravo é declarado prejudicado, podendo o outrora recorrido agravar da nova decisão. Outra função do aviso é facilitar o acesso do agravado às razões recursais, evitando que ele tenha de se dirigir ao Tribunal. Presume-se que o recorrido esteja mais próximo do juízo *ad quo*, onde poderá se cientificar dos termos do recurso.

Quando os autos são eletrônicos, o Novo Código dispensa o agravante de postular a juntada, na medida em que é garantido o acesso *on line* a todos os atos do processo. Pondera a Ministra Nancy Andrighi que "em se tratando de autos eletrônicos em primeiro e segundo graus de jurisdição, com os avanços tecnológicos, espera-se que a integração dos sistemas processuais realize comunicações automáticas e viabilize a plena ciência das informações da demanda por todos os sujeitos envolvidos no litígio, inclusive o magistrado".[377]

Muito se discutiu acerca das consequências pelo descumprimento da norma.[378] Embora alguns Desembargadores abordem o tema de ofício, é ônus do agravado demonstrá-lo, a partir de prova idônea.[379] O CPC/2015 segue, no ponto, a previsão do vetusto art. 526, CPC/73, o qual também considerava que o descumprimento deveria ser arguido e adequadamente comprovado pelo agravado, no prazo das contrarrazões.[380] Quando silente o agravado, ocorre a preclusão.

---

tos. A juntada de cópia das peças que acompanharam o recurso não é disposta em lei e, portanto, não pode ser exigida pelo intérprete. O processo civil deve ser visto como sistema que favoreça, na maior medida possível, um julgamento quanto ao mérito da causa, sempre respeitado o princípio da paridade de armas. Assim, o intérprete deve evitar a criação de óbices que não estejam dispostos expressamente em lei. A decretação de nulidades processuais deve ser excepcional". REsp 944040/RS, 3. T., Rel. Min. Nancy Andrighi, DJe: 07/06/2010.

[377] REsp 1749958/RS, 3. T., Rel. Min. Nancy Andrighi, j. 18.09.2018. DJe 21.09.2018.

[378] Alexandre Freitas Câmara, por ilustração, considera que o prejuízo ao agravado deve ser demonstrado, adotando posição que facilita o acesso à justiça por parte do agravante: "Tenho para mim que se mantém válida posição que sustento, há muitos anos, em relação à interpretação do disposto no art. 526, e seu parágrafo único, do Código de Processo Civil de 1973. É que, a meu juízo, não bastará ao agravado alegar e provar que a comunicação a que se refere o art. 1.015 do texto projetado não foi feita. Será, também, necessária a prova de que isso tenha causado ao recorrido algum prejuízo, isto é, que se tenha dificultado o exercício, pelo recorrido, de seu direito de defesa. É que aqui se está diante de um vício formal que não pode ser reconhecido de ofício, o que – a meu sentir – atrai o disposto no 280, § 1º, do novo CPC. Assim, tendo sido o recorrido capaz de apresentar, sem qualquer prejuízo, suas contrarrazões, não haverá motivo para que se reconheça a irregularidade de forma do agravo de instrumento, ainda que não tenha sido comunicado ao juízo de primeiro grau que o recurso havia sido interposto". Do agravo de instrumento no novo Código de Processo Civil. In: *Desvendando o Novo CPC*. (Orgs. Darci Guimarães Ribeiro, Marco Félix Jobim *et alli*), Porto Alegre: Livraria do Advogado, 2015, p. 13.

[379] Ademais, "a comprovação de negativa de exigência do previsto no art. 526 do Código de Processo Civil/1973 (art. 1.018, § 2º, do Código de Processo Civil/2015) pode ser realizada por outros meios que não a certidão cartorária". AgInt nos EDcl no AREsp 1270271/RS, Rel. Min. Maria Isabel Gallotti, j. 09.10.2018. DJe 23.10.2018.

[380] Muito bem lançada a posição de Ana Laura Gonzalez Poittevin: "note-se que é o agravado quem deve arguir e provar que o agravante preencheu os requisitos, não podendo o juiz fazê-lo de ofício. Na falta de previsão expressa da lei, o agravado deverá alegar o descumprimento do art. 526 em

A novidade em relação ao Código anterior reside na dispensa da juntada caso os autos sejam eletrônicos. A matéria é regulada de forma confusa no CPC, em seu art. 1.018:

> O agravante poderá requerer a juntada, aos autos do processo, de cópia da petição do agravo de instrumento, do comprovante de sua interposição e da relação dos documentos que instruíram o recurso. § 1º Se o juiz comunicar que reformou inteiramente a decisão, o relator considerará prejudicado o agravo de instrumento. § 2º Não sendo eletrônicos os autos, o agravante tomará a providência prevista no caput, no prazo de 3 (três) dias a contar da interposição do agravo de instrumento. § 3º O descumprimento da exigência de que trata o § 2º, desde que arguido e provado pelo agravado, importa inadmissibilidade do agravo de instrumento.

De forma contraditória, o *caput* indica uma mera possibilidade ("o agravante poderá requerer a juntada"). Entretanto, o § 3º assinala que o "descumprimento da exigência de que trata o § 2º, desde que arguido e provado pelo agravado, importa inadmissibilidade do agravo de instrumento". Ou seja, aparentemente, há um ônus, porquanto o descumprimento pode levar à inadmissibilidade do recurso.

Esta contradição foi percebida pela doutrina. Quanto ao tema, destaca o mestre Marco Félix Jobim: "até o momento está-se falando do artigo 1.018 e §§ 1º e 2º, sendo que parece que o legislador escorregou ao redigir o § 3º do referido artigo e explica-se a razão: I. no *caput* do artigo 1.018 usa o verbo poder e não dever do agravante em juntar os documentos para o juízo de retratação para, após, no § 3º, afirmar que é uma exigência e o não cumprimento acarreta em inadmissibilidade do recurso e II. Contraria o disposto no artigo 932, parágrafo único do CPC e ao próprio espírito que norteia o texto processual de não sobrevalorizar as formalidades, preferindo-se, quando der, o resultado do mérito das questões levantas em juízo."[382]

Portanto, diante da celeuma, convém aos operadores, para evitar surpresas, adotar o mesmo comportamento do Código anterior, isto é, informar ao primeiro grau acerca dos agravos interpostos, com a juntada do comprovante de interposição e da relação dos documentos que instruíram o recurso, quando os autos do processo forem físicos.

Sobre o tema, já decidiu o STJ que "a melhor interpretação do alcance da norma contida no § 2º do art. 1.018 do NCPC, considerando-se a possibilidade de ainda se ter autos físicos em algumas Comarcas e Tribunais pátrios,

---

sua resposta ao agravo, pois é a única oportunidade que o Tribunal lhe abre para falar nos autos". *Recorribilidade das Decisões Interlocutórias*, p. 38.

[381] Nesse sentido: "Todavia, na hipótese do art. 1.018, a inadmissibilidade do agravo de instrumento ocorre somente se arguida e provada pelo agravado em contrarrazões, pois o ônus do agravante em tomar referida providência tem prazo assinalado na própria lei, isto é, 'três dias a contar da interposição do agravo de instrumento' (§ 2º)". REsp 1749958/RS, 3ª T., Rel. Min. Nancy Andrighi, j. 18.09.2018. DJe 21.09.2018.

[382] JOBIM, Marco Félix. Anotações aos artigos. 1.015 a 1.020. In: *Novo Código de Processo Civil Anotado*. Porto Alegre: OAB/RS, 2015, p. 794.

parece ser a de que, se ambos tramitarem na forma eletrônica, na primeira instância e no TJ, não terá o agravante a obrigação de juntar a cópia do inconformismo na origem".[383]

3. Agravo Interno

3.1. Cabimento e função do Agravo Interno (art. 1.021, CPC)

Foi observado que o ordenamento brasileiro tolera e em certa medida até mesmo entusiasma a atuação monocrática dos relatores, perseguindo o objetivo da celeridade processual. Quando identificado um recurso manifestamente inadmissível, improcedente ou mesmo que mereça ser provido, a partir do confronto com a jurisprudência consolidada, o art. 932, CPC, preconiza a decisão unipessoal.

Entretanto, o mesmo Código que autoriza a monocrática igualmente prevê um novo "recurso" contra estas decisões. Trata-se do agravo interno, o qual é dirigido ao órgão competente para a análise do recurso, cujo trânsito foi obstruído pela atuação monocrática. Historicamente, muitos Tribunais ainda o denominam regimental, em alusão à sua eventual regulação nos regimentos internos.[384] Os advogados, de seu turno, não raro de valem das expressões "agravo legal" ou, popularmente, "agravinho". Enfim, qualquer que seja a nomenclatura no ponto utilizada, o fenômeno é específico: um meio de impugnar a decisão unipessoal do relator que, na visão da parte, possui vícios.

Pela singeleza de seu regramento, este agravo interno, interposto no prazo de 15 dias, *data venia*, mais parece um meio de se ressuscitar o recurso anterior do que propriamente uma nova irresignação. Nesse ponto, é correta a posição de Sérgio Cruz Arenhart: "o presente agravo constitui apenas maneira de devolver ao colegiado competência que originalmente sempre lhe pertenceu, por isso mesmo, não pode constituir recurso novo, assemelhando-se, neste ponto, substancialmente ao agravo do que trata o art. 544. De fato, tanto numa espécie quanto na outra, o que se tem é um recurso destinado a certo órgão, cujo seguimento se vê obstado pela intervenção de alguém (o relator, no caso aqui investigado, ou o presidente do tribunal *a quo*, no outro caso). Em ambos os casos, o agravo apenas desobstrui a via normal do recurso, permitindo a fluência adequada da irresignação. A figura, portanto, não se apresenta como medida recursal nova, mas como singelo meio de fazer retornar ao órgão plúrimo atribuição que já era sua – dado que não era lícito ao relator julgar, naquela espécie, isoladamente o recurso".[385]

[383] REsp 1708609/PR, 3ª T., Rel. Min. Moura Ribeiro, j. 21.08.2018. DJe 24.08.2018.

[384] A nomenclatura ainda é utilizada nos acórdãos, especialmente na seara penal: "nos termos do art. 258 do Regimento Interno do Superior Tribunal de Justiça – RISTJ, é cabível agravo regimental contra decisão monocrática". AgRg no AgRg nos EDcl no AREsp 986.083/BA, 5ª T., Rel. Min. Joel Ilan Paciornik, j. 06.04.2017. DJe 20.04.2017.

[385] Op. cit., p. 52.

Na prática, nos juízos de segundo grau, apresenta-se raro o seu provimento, de sorte que os advogados dele se valem na maior parte das vezes para esgotar a instância ordinária e viabilizar o acesso à instância especial. Entretanto, em determinadas situações, o seu provimento é decisivo para corrigir falhas de julgamento. Não é raro encontrar casos, nos Tribunais de Apelação e nos Tribunais Superiores, de manifestas injustiças corrigidas pelo agravo interno.

De seu turno, o procedimento também é peculiar. No regime do Código revogado, nem mesmo eram toleradas as contrarrazões, circunstância que foi modificada no Novo CPC, em favor do princípio constitucional do contraditório. Tampouco costuma ser admitida a sustentação oral, a qual seria autorizada, caso o recurso de apelação, extraordinário ou especial tivesse apreciação colegiada.

Ciente de sua importância no cotidiano forense, o CPC contemplou o agravo interno, em seu art. 1.021:

> Contra decisão proferida pelo relator caberá agravo interno para o respectivo órgão colegiado, observadas, quanto ao processamento, as regras do regimento interno do tribunal.
>
> § 1º Na petição de agravo interno, o recorrente impugnará especificadamente os fundamentos da decisão agravada.
>
> § 2º O agravo será dirigido ao relator, que intimará o agravado para manifestar-se sobre o recurso no prazo de 15 (quinze) dias, ao final do qual, não havendo retratação, o relator levá-lo-á a julgamento pelo órgão colegiado, com inclusão em pauta.
>
> § 3º É vedado ao relator limitar-se à reprodução dos fundamentos da decisão agravada para julgar improcedente o agravo interno.
>
> § 4º Quando o agravo interno for declarado manifestamente inadmissível ou improcedente em votação unânime, o órgão colegiado, em decisão fundamentada, condenará o agravante a pagar ao agravado multa fixada entre um e cinco por cento do valor atualizado da causa.
>
> § 5º A interposição de qualquer outro recurso está condicionada ao depósito prévio do valor da multa prevista no § 4º, à exceção da Fazenda Pública e do beneficiário de gratuidade da justiça, que farão o pagamento ao final.

Em que pese estar regulado em apenas um artigo, dando a entender que seria uma matéria singela, o procedimento para o julgamento deste recurso ainda registra pontos importantes, assinalados no próximo tópico.

3.2. Abordagem do procedimento do Agravo Interno

Como os demais recursos, o agravo interno é deduzido segundo o juízo de conveniência da parte que se depara com uma decisão monocrática contrária aos seus interesses. Ao contrário do Código anterior que indicava o prazo de 5 dias para a sua interposição, em face da uniformização prevista no CPC, admite-se a insurgência em 15 dias.

De outra banda, a simples irresignação do recorrente não é suficiente para instrumentalizar a atuação do colegiado ("agravo interno"). Cumpre ao recorrente, nesse passo, na petição de agravo interno, impugnar especificadamente os fundamentos da decisão agravada, de sorte que o seu principal ônus será criticar o provimento monocrático. Em face do princípio da dialeticidade, deve o agravante destacar argumentos fáticos e jurídicos que demonstrem o equívoco da decisão unipessoal, abordando todos os fundamentos que a embasam.[386]

Igual responsabilidade pesará sobre o Relator, o qual, segundo o § 3º do art. 1.021, CPC, não poderá simplesmente reproduzir o teor da decisão monocrática, ainda que para "evitar a tautologia" (afirma-se no artigo: "é vedado ao relator limitar-se à reprodução dos fundamentos da decisão agravada para julgar improcedente o agravo interno").

Uma vez recebido o agravo, ao contrário do CPC/73, preconiza o § 2º da norma em comento que o agravado seja intimado para se manifestar sobre o recurso no prazo de 15 (quinze) dias, ao final do qual, não havendo retratação, o relator levá-lo-á a julgamento pelo órgão colegiado, com inclusão em pauta. As contrarrazões são positivas, na nossa visão, quer por viabilizar o conhecimento dos autos do processo pelo agravado e a sua efetiva possibilidade de participar da formação do provimento jurisdicional, quer por uniformizar o procedimento dos recursos.

Outra positiva inovação do CPC reside na necessidade deste recurso ser incluído em pauta, permitindo que os interessados, em especial as partes e os seus procuradores possam presenciar a sessão de julgamento. À luz do Código anterior, em face da omissão quanto ao tema, alguns Tribunais simplesmente colocavam o recurso "em mesa" para julgamento, inviabilizando a presença dos interessados, em face da ausência de um mínimo de antecedência. Aplaude-se o Novo CPC, quanto ao ponto.

Discute-se, por fim, o efeito do provimento deste agravo. Seria mais razoável avançar e julgar o mérito do recurso cujo seguimento foi negado? Ou simplesmente determinar o trânsito daquele e o futuro ingresso na pauta de julgamentos? Há argumentos razoáveis em favor de ambas as respostas.

De um lado, poderíamos afirmar que a avaliação imediata do recurso cujo trânsito foi indevidamente negado colabora com a celeridade do processo. Aproveitar-se-ia uma sessão de julgamento, com a mesma composição,

---

[386] Nesse sentido: "AGRAVO INTERNO NO AGRAVO (ART. 1.042 DO NCPC). DECISÃO DA PRESIDÊNCIA DO STJ QUE NÃO CONHECEU O RECLAMO – IRRESIGNAÇÃO DO RÉU. 1. Razões do agravo interno que não impugnam especificamente os fundamentos invocados na decisão agravada, nos termos do art. 1.021, § 1º, do CPC/2015. Em razão do princípio da dialeticidade, deve o agravante demonstrar de modo fundamentado o desacerto do decisum hostilizado. Aplicação da Súmula 182/STJ: 'É inviável o agravo do art. 545 do CPC[73] que deixa de atacar especificamente os fundamentos da decisão agravada'. 2. Agravo interno não conhecido". (AgInt no AREsp 955.098/PI, 4ª T., Rel. Min. Marco Buzzi, j. 06.04.2017. DJe 19.04.2017)

para se tratar de ambos os recursos. De outro, poderia ser aventado que a retomada do procedimento padrão do recurso por equívoco apreciado monocraticamente melhor conserva as expectativas das partes, em especial diante da previsão de sustentação oral em determinados casos.

O Novo CPC tenta harmonizar as pretensões envolvidas, admitindo a técnica da decisão monocrática, almejando a celeridade. Diante da relevância do caso em análise, poderia o Tribunal admitir a sustentação, aplicando por analogia a previsão do art. 1.042, § 5º: "o agravo poderá ser julgado, conforme o caso, conjuntamente com o recurso especial ou extraordinário, assegurada, neste caso, sustentação oral, observando-se, ainda, o disposto no regimento interno do tribunal respectivo".

3.3. Um tema delicado: a multa pelo agravo interno manifestamente inadmissível ou improcedente

O Novo CPC também admite que, diante de um julgamento unânime, o agravante seja apenado com uma multa, amparada no § 4º: "quando o agravo interno for declarado manifestamente inadmissível ou improcedente em votação unânime, o órgão colegiado, em decisão fundamentada, condenará o agravante a pagar ao agravado multa fixada entre um e cinco por cento do valor atualizado da causa". Ademais, conforme o § 5º, "a interposição de qualquer outro recurso está condicionada ao depósito prévio do valor da multa prevista no § 4º, à exceção da Fazenda Pública e do beneficiário de gratuidade da justiça, que farão o pagamento ao final".

A imposição da multa é justificada pela necessidade de se coibir a litigância temerária, a qual, via de regra, simplesmente almeja protelar uma decisão final. Bem pondera a Ministra Nancy Andrighi que a litigância de má-fé "nada mais é que uma forma de abuso do direito, e, portanto, só se concretiza quando demonstrado que a parte se vale do direito de recorrer, não para ver a reforma, invalidação ou integração da decisão impugnada, mas para postergar ou perturbar o resultado do processo".[387]

Entretanto, na medida em que a litigância proba é a regra e a litigância de má fé a exceção, consideramos que a aplicação da multa pela interposição de agravo deve ser vista com reserva.

Com toda a razão, procuradores costumam registrar a sua insatisfação com o risco de seus constituintes suportarem a multa, uma vez que o Relator do agravo terá a tendência de considerar a sua decisão monocrática como "manifestamente" correta, ao passo que a insurgência tende a ser vista como "infundada".

A situação torna-se mais grave, na medida em que a futura interposição de recurso especial ou de extraordinário dependerá do exaurimento da instância, o qual depende da interposição do agravo, visto que não cabe especial

[387] REsp 1381655/SC, 3. T., Rel. Min. Nancy Andrighi, j. 13.08.2013. DJe 06/11/2013.

ou extraordinário em face de decisões monocráticas.[388] Ou seja, a parte que pretende ver apreciada uma sua alegação de malferimento à legislação, pelas Cortes de Brasília, deverá interpor o agravo interno e suportar o risco de uma eventual multa...

Exatamente pelo risco de se ofuscar a atuação dos procuradores, a jurisprudência majoritária "não admite a imposição de multa por litigância de má-fé na seara penal, por considerar que sua aplicação constitui analogia in malam partem, sem contar que a imposição de tal multa não prevista expressamente no Processo Penal, implicaria em prejuízo para o réu na medida em que inibiria a atuação do defensor".[389]

Dentro desse contexto, consideramos que a multa apenas deva ser aplicada quando indiscutível o intuito protelatório. De forma alguma estará autorizada uma imposição automática de multa pelo mero desprovimento do recurso.[390]

Nessa linha, é de ser elogiada a pequena alteração do texto, dando conta da exigência de decisão unânime.[391] Em edições anteriores, ainda sob o enfoque do CPC/73, o qual era omisso quanto ao ponto, assinalamos a incoerência de ser imputada multa pela litigância temerária em decisões por maioria. Se algum dos julgadores não está convicto do intuito temerário do agravante, o ordenamento deveria admitir a presunção de boa-fé da parte, e não o contrário. Em boa hora, portanto, houve a modificação legal.

4. Embargos de Declaração

4.1. Natureza e finalidade dos embargos de declaração

Muito embora os Embargos de Declaração se encontrem arrolados dentre os recursos cíveis (art. 994, IV, CPC) e disciplinados em capítulo específico

[388] É pacífica, quanto ao tema, a jurisprudência: "não se conhece do recurso especial aviado de apelação decidida de forma unipessoal", em face da inexistência de exaurimento das vias ordinárias. AgInt no AREsp 931.690/RO, 3. T., Rel. Min. Moura Ribeiro, j. 13/09/2016, DJe 22/09/2016.

[389] AgRg nos EDcl nos EAREsp 316.129/SC, 3ª S., Rel. Min. Reynaldo da Fonseca, j. 25/05/2016, DJe 01/06/2016.

[390] Nesse sentido: "A aplicação da multa prevista no § 4º do art. 1.021 do CPC/2015 não é automática, não se tratando de mera decorrência lógica do não provimento do agravo interno em votação unânime. A condenação do agravante ao pagamento da aludida multa, a ser analisada em cada caso concreto, em decisão fundamentada, pressupõe que o agravo interno mostre-se manifestamente inadmissível ou que sua improcedência seja de tal forma evidente que a simples interposição do recurso possa ser tida, de plano, como abusiva ou protelatória, o que, contudo, não ocorreu na hipótese examinada". AgInt no AREsp 1030790/DF, 3ª T., Rel. Min. Marco Aurélio Bellizze, j. 06.04.2017. DJe 18.04.2017.

[391] A mudança foi percebida pela mestre Roberta Scalzilli: "outra alteração relevante situa-se no § 4º do artigo 1.021 do Novo CPC 2015 e diz respeito à condenação do agravante pelo órgão colegiado, em decisão fundamentada, ao pagamento de uma multa fixada entre um e cinco por cento do valor atualizado da causa ao agravado, quando o agravo interno for declarado manifestamente inadmissível ou improcedente em votação unânime. No regramento anterior está multa já existia, sendo, no entanto, pouco utilizada, agora a nova redação impõe a exigência de votação unânime." Anotações ao artigo. 1.021. In: *Código de Processo Civil Anotado*. Porto Alegre: OAB/RS, 2015, p. 796.

deste mesmo título (arts. 1.022 a 1.026)[392], fundadas razões criticam a técnica utilizada pelo legislador, uma vez que tal "meio de impugnação" possui algumas peculiaridades que o distinguem, nitidamente, de um recurso comum.

Com efeito, o objetivo precípuo dos recursos é propiciar a reforma das decisões. Quem interpõe um recurso, busca a reapreciação dos provimentos não com a finalidade de colaborar com a evolução do sistema jurídico, mas sim para obter uma solução que melhor atenda ao seu próprio interesse. Entretanto, ao menos em tese, esse raciocínio não é perfeitamente aplicável ao regime dos declaratórios, pois a sua finalidade principal é purificar o julgado, através do saneamento dos vícios que comprometam a sua inteligibilidade, e não rejulgar a causa em favor do embargante.[393] Por tal razão, afirmamos que os aclaratórios objetivam garantir a integral resposta jurisdicional às partes, isenta de vícios, pela autorização ao próprio órgão julgador de aprimorar a sua decisão.

Trata-se do chamado efeito integrativo, bem explicado na precisa lição do Min. José Delgado, "a função dos aclaratórios é integrativa, tendo por escopo afastar do *decisum* qualquer omissão prejudicial à solução da lide, não permitir a obscuridade identificada e extinguir contradição entre a premissa argumentada e a conclusão assumida. Não é ambiente para a revisitação do mérito da decisão, resumindo-se em complementá-la, afastando-lhe vícios de compreensão".[394]

Portanto, trata-se de recurso de fundamentação vinculanda, a exigir do embargante a invocação e a demonstração de omissão, contradição, obscuridade ou erro material (consoante art. 1.022, CPC).

O direito comparado possui mecanismos semelhantes para aprimorar a decisão judicial. No Uruguai, são admitidos os recursos de "aclaración" e de "ampliación". Ambos semelhantes aos declaratórios brasileiros. O art. 244, 1, aponta para a sua finalidade: "aclarar algun concepto oscuro o palabras dudosas" do provimento judicial. Com o "recurso de ampliación", pronuncia-se o magistrado sobre "algun punto esencial que se hubiere omitido". Ambas as impugnações podem ser oferecidas verbalmente, quando formuladas em audiência ou diligência específica (p. ex. inspeção judicial).

Em face dessa realidade, em que o prolator da decisão impugnada aprecia a crítica do jurisdicionado, sem oferecer contraditório e alterar o resultado prático de sua pronúncia, contesta-se a natureza recursal dos embargos.[395]

---

[392] CPC, art. 994: "São cabíveis os seguintes recursos: (...) IV – embargos de declaração".

[393] Dentre farta jurisprudência: "... no caso concreto, não se constata o vício alegado pela parte embargante, que busca rediscutir matéria devidamente examinada e rejeitada pela decisão embargada, o que é inviável no âmbito do recurso declaratório...". EDcl no AgInt no REsp 1560919/SC, 4. T., Rel. Min. Lázaro Guimarães, Rel. p/Acórdão Min. Antonio Carlos Ferreira, j. 24.04.2018. DJe 04.06.2018.

[394] EDcl no REsp 715804/RS, DJ 19.09.2005, p. 211.

[395] O debate acerca da natureza dos declaratórios também é verificado no Uruguay, como se vê da lição de Eduardo Couture: "el legislador no ha instituido la aclaración ni la ampliación como recursos. Pero Gallinal, en una conclusion verdaderamente feliz, considera que estas dos situciones de los

Nosso Código preferiu admiti-la, arrolando os declaratórios no art. 994, IV. Bem poderia tê-lo feito em capítulo distinto, como naquele dedicado à sentença, como, aliás, discretamente consta no art. 494.[396] A discussão, desta forma, perde muito de sua utilidade, embora conserve importância acadêmica.[397]

4.2. Decisões passíveis de embargos de declaração

O Novo CPC encerrou celeuma existente sob a égide do CPC/73, acerca do cabimento dos embargos de declaração em relação às decisões interlocutórias e outras unipessoais. Como é sabido, o CPC/73, em seu art. 535, em sua literalidade, apenas admitia o cabimento frente às sentenças e aos acórdãos.[398]

Essa orientação literal, contudo, era criticável à luz do direito fundamental do cidadão de receber do Estado uma prestação jurisdicional adequada. Com razão, a Constituição assegura a fundamentação das decisões (art. 93, IX), o que se dá com a apreciação clara e integral dos pontos colocados ao conhecimento judicial, em homenagem ao devido processo legal. No Novo CPC, existe uma grande preocupação em garantir ao jurisdicionado uma motivação constitucionalmente adequada (art. 489, CPC) Como, então, conciliar esse direito fundamental com o regramento dos declaratórios?

Não se pode negar que as dúvidas surjam a partir da visualização de obscuridades, contradições e mesmo omissões, em todo e qualquer ato decisório. A realidade atesta que também as interlocutórias e os julgados monocráticos frequentemente portam tais vícios, a despeito da boa intenção e da qualidade do magistrado prolator. Se tais decisões não pudessem ser corrigidas, o ordenamento infraconstitucional estaria limitando o alcance dos princípios constitucionais do processo, frustrando o cidadão de receber uma prestação jurisdicional inteligível e completa. Esta é principal razão pela qual

---

arts. 486 y 487 sob verdaderos recursos. En este sentido, la aclaración tiende a corregir la oscuridad de la sentencia. El legislador ha querido que la sentencia sea clara, que sea intelegible. Se la sentencia no lo es, se ha dictado por medios distintos de los queridos por el legislador y permite que la parte pida la aclaración corrigiendo el vicio. En cuanto a la ampliación (art. 487) tiende a corregir la omisión de la sentencia por acto del mismo juez". *Primer Curso*, v. III, p. 876.

[396] Art. 494, CPC: "Publicada a sentença, o juiz só poderá alterá-la: I – para corrigir-lhe, de ofício ou a requerimento da parte, inexatidões materiais ou erros de cálculo; II – por meio de embargos de declaração. Publicada a sentença, o juiz só poderá alterá-la: I – para lhe corrigir, de ofício ou a requerimento da parte, inexatidões materiais, ou lhe retificar erros de cálculo; II – por meio de embargos de declaração".

[397] Cândido Rangel Dinamarco editou interessante trabalho sobre o tema, com o sugestivo título: "Embargos de Declaração como Recurso". In: *Nova Era do Processo Civil*. São Paulo: Malheiros. Nessa linha: TJCE, ED 0476134-61.2000.8.06.0001, 4ª C.C., Rel. Des. Heráclito Vieira de Sousa Neto, j. 16.12.2015. Data de registro: 16.12.2015.

[398] Base legal do CPC/73: "Art. 535: Cabem embargos de declaração quando: I – houver, na sentença ou no acórdão, obscuridade ou contradição; II – for omitido ponto sobre o qual devia pronunciar-se o juiz ou tribunal".

defendemos que quaisquer decisões, ponham ou não fim ao processo, possam ser embargadas.

Em sede doutrinária, assim se pronunciava José Carlos Barbosa Moreira, sob a égide do Código anterior: "na realidade, tanto antes quanto depois da reforma, qualquer decisão judicial comporta embargos de declaração: é inconcebível que fiquem sem remédio a obscuridade, a contradição ou a omissão existente no pronunciamento, não raro a comprometer até a possibilidade prática de cumpri-lo".[399]

No plano jurisprudencial, como bem asseverou o Min. Sálvio de Figueiredo Teixeira, no julgado que pacificou a questão no seio do Superior Tribunal de Justiça, a interpretação literal do antigo art. 535, CPC, atritava "com a sistemática que deriva do próprio ordenamento processual", frustrando a legítima expectativa do jurisdicionado em obter um provimento claro e completo.[400] Dessa forma, todas as decisões judiciais são passíveis de embargos, a fim de se consagrar a fundamentação constitucionalmente tutelado, pois é direito da parte livrar o provimento de omissões denegatórias de justiça, bem como obscuridades e contradições que desacreditam a prestação jurisdicional. Daí a valia da admissão dos embargos contra todos os atos judiciais.[401]

Em boa hora, o CPC autorizou os embargos de declaração "contra qualquer decisão judicial", consoante o art. 1.022. Excepcionalmente, o art. 1.026, § 4°, impede o conhecimento de embargos, quando os dois anteriormente interpostos são tidos por protelatórios.[402]

Por decorrência, espera-se que os Tribunais revisem as suas orientações que colidem com o novo texto, muito especialmente em relação ao cabimento dos embargos de declaração contra as decisões que analisam a admissibilidade de recursos extraordinários e especiais.[403] Com efeito, muito embora encontrem-se pronúncias corretas do STJ admitindo o cabimento dos decla-

---

[399] *Comentários ao Código de Processo Civil*. v. 5, 8. ed. rev. e ampl. Rio de Janeiro: Forense, 1999, p. 535.

[400] EREsp n° 159317/DF, Rel. Min. Sálvio de Figueiredo Teixeira, DJ de 26.04.1999.

[401] Nesse sentido: "a regra estabelecida no art. 535 do Código de Processo Civil deve ser interpretada de maneira ampla, buscando atender à finalidade do processo e a efetiva prestação da jurisdição, preservados o contraditório e a ampla defesa. Assim, em havendo obscuridade, omissão ou contradição em provimento jurisdicional, ainda que por via de decisão singular interlocutória, são cabíveis os embargos de declaração, que objetivam expungir da decisão os vícios que eventualmente impeçam ou prejudiquem a sua perfeita aplicação". REsp 788597/MG, 1ª T., Rel. Min. José Delgado. DJ: 22/05/2006, p. 168.

[402] Reza o paragráfo quarto: "não serão admitidos novos embargos de declaração se os 2 (dois) anteriores houverem sido considerados protelatórios".

[403] "Agravo Regimental em Agravo de Instrumento. Decisão que não admite o recurso extraordinário. Oposição de embargos de declaração. Recurso incabível. Agravo de instrumento intempestivo. I – Não cabem embargos de declaração da decisão que não admite o recurso extraordinário. II – Recurso incabível não tem o efeito de suspender o prazo recursal. III – Agravo regimental improvido". STF; AgRg no AI 588.190-1/RJ, Rel. Min. Ricardo Lewandowski. DJ: 08.06.2007. No STJ: "É entendimento desta Corte Superior que o agravo é o único recurso cabível contra decisão que nega seguimento a recursos excepcionais...". AgRg nos EDcl no AREsp 638.013/RJ, 4. T., Rel. Min. Raul Araújo, j. 06/10/2015, DJe 27/10/2015) No mesmo sentido: AgRg no AREsp 269.123/DF, 1. T., Rel. Min. Olindo Menezes, j. 10/11/2015. DJe 20/11/2015.

ratórios em relação às decisões dos Tribunais de Origem na admissibilidade do Recurso Especial, ainda existe indevida resistência da Corte em admitir dita recorribilidade, como se vê de julgados recentes.[404]

Recentemente, a Jornada de Direito Processual Civil (CJF) aprovou o Enunciado nº 75: "cabem embargos declaratórios contra decisão que não admite recurso especial ou extraordinário, no tribunal de origem ou no tribunal superior, com a consequente interrupção do prazo recursal".

Aguarda-se, assim, uma pronúncia decisiva das Cortes de Brasília pela admissão dos declaratórios também em relação às decisões dos Tribunais de Origem, na análise dos recursos extraordinários.

4.3. Os quatro fundamentos do Novo Código de Processo Civil

É sabido que os embargos de declaração não podem abrigar toda e qualquer fundamentação. Ao contrário, a sua admissibilidade depende da alegada ocorrência de um dos quatro vícios apontados pelo art. 1.022: omissão, contradição, obscuridade e também o erro material. Sua motivação é vinculada, portanto.

Em comum, todas as situações transmitem a dúvida ao leitor. Interpretando a decisão, não se consegue formar uma conclusão segura daquilo que fora decidido, de sorte que a efetivação do direito é ameaçada. Quer pela omissão de um ponto importante, quer pela ocorrência de obscuridade ou de contradição interna, o julgado não cumpre adequadamente sua missão, ocasionando perplexidade no jurisdicionado. É essa perplexidade que deve ser dissipada pelo acolhimento dos declaratórios.

Em décadas passadas, o nosso ordenamento previa a interposição dos embargos também na hipótese de dúvida. Contudo, tendo em vista que a dúvida se apresentava como um resultado da ocorrência dos demais vícios, optou o legislador por suprimi-la das hipóteses de cabimento.[405] Essa postura, em nosso sentir, não impede que a dúvida seja enfrentada pelos embargos,

[404] Em sentido favorável: "A circunstância de ser cabível Agravo de Instrumento não afasta a possibilidade do pedido de declaração. Se a decisão for omissa, obscura ou contraditória, necessário que as deficiências sejam sanadas até para que seja possível exercer com amplitude o direito de pedir-lhe a reforma". (AgRg no Ag 22207/RS, Rel. Min. Cláudio Santos, Rel. p/ Acórdão Min. Eduardo Ribeiro, 3ª T., j. 20/10/1992, DJ: 05/04/1993, p. 5836). Em sentido contrário: "... acórdão recorrido que está em consonância com decisão nos Embargos de Divergência no Agravo em Recurso Especial 275.615/SP, da relatoria do Ministro Ari Pargendler, que, consolidando jurisprudência dominante sobre o tema, entendeu que os Embargos de Declaração opostos contra a decisão que, no Tribunal de origem, nega seguimento a Recurso Especial não interrompem o prazo para a interposição do Agravo previsto no art. 544 do Código de Processo Civil. 3. A aplicação desse posicionamento tem sido excetuado apenas em casos excepcionais, assim caracterizadas as hipóteses de erro material ou em situações em que a fundamentação da decisão atacada é tão genérica que a utilização do Agravo fica inviabilizada...". EAg 1341818/RS, 2ª S., Rel. Min. Napoleão Nunes Maia Filho, j. 07.12.2016. DJe 14.12.2016.

[405] O CPC/73, ao lado das três hipóteses de cabimento, trazia ainda uma quarta: a dúvida. Esta última foi suprimida pela Lei 8.950, acertadamente. Ensina José Carlos Barbosa Moreira: "a dúvida que pode ocorrer estará em quem, ouvindo ou lendo o teor da decisão, não logre apreender-lhe bem o sentido. Mas isso acontecerá quando o órgão judicial não haja expressado em termos inequívocos o

desde que o embargante demonstre concretamente a sua causa, apontando, então, a obscuridade, contradição, erro material ou ausência de provimento explícito quanto a tema necessário ao julgamento.

A obscuridade transmite a ideia de pouca clareza na exposição das ideias. O provimento, em face da incorreção, mostra-se obscuro, dificultando (ou impossibilitando) o trabalho de interpretação. Embora una, a decisão obscura permite que cada parte a interprete de acordo com os seus próprios interesses e oferece dificuldade para o próprio Poder Judiciário executá-la. Logo, os declaratórios se prestam para aclará-la, a fim de permitir que todas as partes e outros magistrados que atuarão no processo consigam identificar o seu resultado concreto, bem como as razões que lhe determinaram.

De seu turno, a omissão diz respeito ao dever estatal de oferecer a integral prestação jurisdicional. Cumprindo ao magistrado enfrentar os pedidos e requerimentos formulados pelas partes, a prestação jurisdicional somente será efetiva quando fundamentadamente acolhidos ou afastados os argumentos trazidos pelos jurisdicionados. É direito do cidadão receber uma resposta integral do Estado em face dos argumentos expendidos, mormente porque o provimento irá afetar sua esfera de direitos. Caso ao juiz fosse dado silenciar sobre as questões relevantes trazidas pelas partes, a garantia constitucional do contraditório tornar-se-ia sem qualquer valia. Assim, identificado um ponto omisso no julgado, caberão os declaratórios para supri-lo, colaborando inclusive para a pronta sanação da nulidade.

Sintetiza o cabimento dos embargos de declaração a seguinte lição da Ministra Regina Helena Costa: "é omisso o julgado que deixa de analisar as questões essenciais ao julgamento da lide, suscitadas oportunamente pela parte, quando o seu acolhimento pode, em tese, levar a resultado diverso do proclamado".[406]

Frequentemente, diante da omissão dos Tribunais, são manejados Recursos Especiais para se resgatar a inteligência do art. 1.022, CPC. Normalmente, a jurisprudência do Superior Tribunal de Justiça condiciona o provimento do recurso à superação dos seguintes requisitos: "(a) que a questão supostamente omitida tenha sido invocada na apelação, no agravo ou nas contrarrazões a estes recursos, ou, ainda, que se cuide de matéria de ordem pública a ser examinada de ofício, a qualquer tempo, pelas instâncias ordinárias; (b) a oposição de aclaratórios para indicar à Corte local a necessidade de sanar a omissão em relação ao ponto; (c) que a tese omitida seja fundamental à conclusão do julgado e, se examinada, poderá conduzir a anulação ou reforma do julgado; (d) a inexistência de outro fundamento autônomo, suficiente para manter o acórdão".[407]

---

seu pensamento. Logo, a dúvida será uma conseqüência da obscuridade ou da contradição que se observe no julgado". *Comentários*, p. 537.

[406] AgInt no REsp 1706259/RJ, 1ª T., Rel. Min. Regina Helena Costa, j. 12.06.2018. DJe 19.06.2018.

[407] EDcl no AgInt no REsp 1688047/AM, 2ª T., Rel. Min. Mauro Campbell Marques, j. 08.11.2018. DJe 19.11.2018.

Já com a ideia de contradição, o Código imagina preservar a decisão de argumentos ou resultados contraditórios ou, na correta expressão de José Carlos Barbosa Moreira, de "proposições entre si inconciliáveis". A contradição, para contaminar o julgado, deve-se dar internamente à decisão. Isto é, da leitura do próprio julgado se conclui que ele é contraditório, não guardando uma linha reta de raciocínio. Não se trata de contraditar o julgado frente à prova dos autos, ou argumentos ignorados pelo decisor, mas sim de demonstrar que a própria decisão carece de lógica, pois, da exposição dos motivos, não decorre conclusão segura.

Daí a propriedade da expressão "contradição interna" para apresentar o vício que é identificado apenas e tão somente com a leitura do julgado, e não com sua eventual comparação a outros atos (como determinada prova coligida, cujo resultado discrepa do julgamento, ou mesmo sólidos argumentos dando conta do equívoco judicial). Para corrigir "contradições externas" (da decisão embargada com outros atos processuais) haverá outro recurso cabível.[408] Nessa linha, atesta a jurisprudência: "os vícios de contradição e obscuridade a serem suscitados em sede de embargos de declaração devem ser internos, inseridos na própria decisão embargada".[409]

Por fim, o novo Código contempla o erro material, o qual já vinha sendo admitido na prática, inclusive para a correção de manifestos *errores*, tais como: questões atinentes à regularidade formal dos recursos,[410] aplicação indevida de súmulas,[411] premissas equivocadas que poderiam gerar posterior tumulto processual.[412] Ou seja, sob a rubrica dos erros materiais, eram corrigidos erros de julgamento que se mostravam graves, na ótica dos julgadores.

Dentro desse contexto é que se dá o manejo dos embargos.

4.4. Pedido de reconsideração

Em que pese a ausência de previsão legal, a prática registra inúmeros "pedidos de reconsideração". Muitos são os motivos que levam a parte a

[408] Nesse sentido: "A contradição que autoriza o manejo dos embargos é somente a interna ao acórdão, verificada entre os fundamentos que o alicerçam e a conclusão. A contradição externa, observada entre o julgado recorrido e dispositivo legal, não satisfaz a exigência do art. 535 do CPC para efeito de acolhimento dos aclaratórios." (TJAC – ED 0001169-38.2011.8.01.0000, Tribunal Pleno, Comarca de Rio Branco, Rel. Des. Eva Evangelista de Araujo Souza, Dje 26/11/2011).

[409] EDcl no AgInt no AgRg no REsp 1350192/RJ, 4. T., Rel. Min. Lazaro Guimarães, j. 03.05.2018. DJe 08.05.2018.

[410] Por ilustração: "Embargos de declaração. Embargos de declaração. Ocorrência de erro material recurso especial interposto por meio de petição eletrônica. Desnecessidade de assinatura física. Conversão do feito em recurso especial para análise da controvérsia." (...) EDcl no AgInt nos EDcl no AREsp 785.727/MG, 2. T., Rel. Min. Herman Benjamin, j. 06.12.2016. DJe 19/12/2016.

[411] EDcl no AgRg no Ag 1424462/BA, 1. T., Rel. Min. Regina Helena Costa, j. 07.04.2015. DJe 13/04/2015.

[412] EDcl na PET no AREsp 377.518/PE, 4. T, Rel. Min. Raúl Araújo, j. 01.12.2015, DJe 16/12/2015.

fazer uso desse expediente. Alguns plenamente justificáveis (p. ex. formação tardia do contraditório, aporte aos autos de documentos novos, etc.), outros nem tanto (idealização sem amparo legal de novo juízo de mérito, forma alternativa de retardar o processo, etc.).

Contudo, ainda que presente na prática, o pedido de reconsideração não se confunde com os embargos de declaração, os quais são manejados de acordo com a expressa previsão do Código. A parte que pretere o caminho dos embargos, por mais nobre que seja sua intenção, não poderá contar com os benefícios que a sua interposição lhe ensejaria, a começar pela interrupção do prazo para outros recursos.[413] O mesmo raciocínio é aplicado por alguns julgadores diante de "pedidos de reconsideração travestidos em embargos de declaração".[414] Não se trata de posição majoritária, mas que deve ser sopesada pelo jurisdicionado para evitar surpresas desagradáveis.[415] Nessas hipóteses, o prazo para se deduzir o recurso conta-se da intimação da decisão que poderia ter sido embargada, e não do pronunciamento que deixa de conhecer do pedido de reconsideração.[416]

---

[413] Por exemplo: "o acórdão recorrido decidiu em harmonia com a jurisprudência desta eg. Corte Superior quando não conheceu do agravo de instrumento lá interposto por intempestividade, pois o pedido de reconsideração não interrompeu o prazo para interposição do recurso cabível." (AgRg nos EDcl no AREsp 607.870/RJ, 3ª T., Rel. Min. Moura Ribeiro, j. 24/05/2016, DJe 01/06/2016).

[414] Nesse sentido: "A jurisprudência do STJ firmou-se no sentido de que, opostos os embargos declaratórios com a finalidade de se obter a reconsideração da decisão recorrida, esses não interrompem o prazo para interposição de outros recursos" (AgRg no REsp 1.505.346/SP, Rel. Min. Marco Aurélio Bellizze, Terceira Turma, DJe 16/06/2015). 2. Agravo regimental a que se nega provimento." (AgRg no AREsp 709.854/RS, 2ª T., Rel. Min. Og Fernandes, j. 04.08.2015. DJe 19.08.2015).

[415] A linha majoritária é representada pela seguinte ementa: "PROCESSUAL CIVIL E TRIBUTÁRIO. AGRAVO INTERNO NO AGRAVO EM RECURSO ESPECIAL. EXECUÇÃO FISCAL. EMBARGOS DE DECLARAÇÃO. VIOLAÇÃO AO ART. 538 DO CPC/1973. INTERRUPÇÃO DO PRAZO PARA OUTROS RECURSOS. ACÓRDÃO QUE CONTRARIA O ENTENDIMENTO PACÍFICO DO STJ. 1. "1. Configura violação ao art. 538 do CPC o recebimento de embargos de declaração como mero 'pedido de reconsideração', ainda que contenham nítido pedido de efeitos infringentes. 2. Tal descabida mutação: a) não atende a nenhuma previsão legal, tampouco aos requisitos de aplicação do princípio da fungibilidade recursal; b) traz surpresa e insegurança jurídica ao jurisdicionado, pois, apesar de interposto tempestivamente o recurso cabível, ficará à mercê da subjetividade do magistrado; c) acarreta ao embargante grave sanção sem respaldo legal, qual seja a não interrupção de prazo para posteriores recursos, aniquilando o direito da parte embargante, o que supera a penalidade objetiva positivada no art. 538, parágrafo único, do CPC. 3. A única hipótese de os embargos de declaração, mesmo contendo pedido de efeitos modificativos, não interromperem o prazo para posteriores recursos é a de intempestividade, que conduz ao não conhecimento do recurso. (...) – REsp 1522347/ES, Rel. Min. Raul Araújo, Corte Especial, DJe de 16/12/2015. 2. Agravo interno não provido". (AgInt no AREsp 460.748/ES, 1ª T., Rel. Min. Benedito Gonçalves, j. 02/02/2017, DJe 16/02/2017)

[416] Por ilustração: "AGRAVO INTERNO NO AGRAVO EM RECURSO ESPECIAL. RECURSO ESPECIAL. INADMISSÃO. EMBARGOS DE DECLARAÇÃO. RECURSO INCABÍVEL. PRAZO RECURSAL. AUSÊNCIA DE INTERRUPÇÃO. AGRAVO INTEMPESTIVO. PRECEDENTES. 1. É pacífico o entendimento desta Corte Superior de que a interposição de recurso manifestamente incabível, como nas hipóteses de pedido de reconsideração ou embargos de declaração opostos à decisão de admissibilidade do recurso especial, não interrompe ou suspende o prazo para a interposição do recurso próprio. 2. Agravo interno não provido". AgInt no AREsp 929.737/SP, 3ª T., Rel. Min. Ricardo Villas Bôas Cueva, j. 07.02.2017. DJe 16.02.2017.

4.5. Questões procedimentais

Ao contrário dos demais recursos, que são interpostos em 15 dias, os embargos devem ser manejados dentro do exíguo prazo de 5 dias, a contar da ciência da decisão embargada.[417] São dirigidos ao próprio prolator da decisão, independendo de preparo, consoante a norma prevista no art. 1.023, CPC. A petição deve indicar com precisão o fundamento do recurso: omissão, contrariedade, contradição ou erro material, sob pena de inépcia.

A interposição se dá pela forma escrita, muito embora diplomas mais modernos admitam a sua interposição oral (p. ex. art. 49 da Lei dos Juizados Especiais Cíveis, de rara aplicação prática).[418] Seria, aliás, conveniente admitir a interposição oral, em especial quando manejado contra decisões proferidas em audiências.[419]

Inexiste previsão para contraditório em sede de embargos, uma vez que a unilateralidade do procedimento não acarreta prejuízo ao embargado, dada a impossibilidade de alteração substancial no julgado. Entretanto, como será observado em tópico posterior, o contraditório deverá ser garantido diante de risco na alteração do resultado.

Sugere o Código, no art. 1.024, § 1º, que os aclaratórios sejam rapidamente apreciados, instando o relator a colocá-lo na pauta da sessão subsequente. Mostra a experiência, contudo, que o volume de processos em cada gabinete impede o cumprimento desse prazo.

Essa preocupação com a celeridade vem motivando a apreciação monocrática dos declaratórios que são interpostos contra decisões dos colegiados.[420] Isto é, reputando-os manifestamente inadmissíveis ou improcedentes, relatores atuam como porta-vozes do seu órgão fracionário, imaginando colaborar com os seus colegas. No entanto, esta prática atenta contra o princípio

---

[417] "PROCESSUAL CIVIL. EMBARGOS DE DECLARAÇÃO NOS EMBARGOS DE DECLARAÇÃO NO PEDIDO DE RECONSIDERAÇÃO RECEBIDO COMO AGRAVO INTERNO NOS EMBARGOS DE DECLARAÇÃO NA PETIÇÃO NA RECLAMAÇÃO. RECURSO INTEMPESTIVO. INOBSERVÂNCIA DO PRAZO PREVISTO NO ART. 1.023 DO CPC DE 2015. EMBARGOS DE DECLARAÇÃO NÃO CONHECIDOS. 1. Nos termos dos arts. 219 e 1.023 do CPC/2015, o prazo para oposição de embargos de declaração é de cinco dias úteis. 2. Embargos de declaração não conhecidos". EDcl nos EDcl no RCD nos EDcl na PET na Rcl 32.221/DF, 2. T., Rel. Min. Luis Felipe Salomão, j. 22.02.2018. DJe 27/02/2018.

[418] Lei 9.099/95, art. 49: "Os embargos de declaração serão interpostos por escrito ou oralmente, no prazo de cinco dias, contados da ciência da decisão".

[419] O direito uruguaio admite a interposição do "recurso de aclaración" "a petición verbal de cualquiera de las partes formulada en audiencia o diligencia en que se pronuncie la providencia", na linha do art. 244.1.

[420] O problema inverso também existe, isto é, órgãos colegiados apreciando embargos opostos contra decisões unipessoais, o que gera uma série de problemas práticos: "O julgamento colegiado de aclaratórios opostos contra decisão monocrática configura erro de procedimento, fato que gera nulidade apenas relativa do processo, devendo a parte que se sentir prejudicada demonstrar, efetivamente, o prejuízo". AgRg no REsp 1231070/ES, CE, Rel. Min. Castro Meira, j. 03/10/2012, DJe: 10/10/2012.

do juiz natural.[421] O CPC/2015 determinou, no § 2º do art. 1.024, a apreciação colegiada *a contrario senso*: "quando os embargos de declaração forem opostos contra decisão de relator ou outra decisão unipessoal proferida em tribunal, o órgão prolator da decisão embargada decidi-los-á monocraticamente". Ou seja, o relator apenas poderá julgar monocraticamente os embargos, quando tiver proferido decisão unipessoal, pois será do colegiado a competência para a apreciação dos declaratórios contra os seus provimentos.[422]

Outra questão interessante reside na possibilidade de os declaratórios serem conhecidos como agravo interno. O CPC/73 era omisso. Entretanto, alguns Tribunais adotavam a prática, quando visualizam pedidos de reforma das decisões. Era um comportamento comum no Superior Tribunal de Justiça, para se propiciar celeridade, porém recebia críticas por parte da advocacia, na medida em que surpreendida a parte.[423] Tentando viabilizar o fenômeno, para colaborar com a celeridade dos processos, sem descurar das garantias das partes, o Novo CPC autorizou a conversão, desde que o recorrente seja previamente intimado para complementar a sua fundamentação, no prazo de cinco dias, conforme art. 1.024, parágrafo terceiro.[424]

Inexiste óbice para que a decisão dos embargos seja, de seu turno, embargada. Infelizmente, não há garantia alguma de que o novo provimento esteja isento de vícios, de sorte que a garantia constitucional de adequada fundamentação dos atos judiciais viabilizar a repropositura de embargos, para suprir as deficiências do julgamento dos embargos pretéritos. A hipótese é possível, conquanto excepcional, tendo sido sufragada pelo Pretório Excelso, no julgamento do Recurso Extraordinário nº 115.911.[425] Salienta-se que os vícios autorizadores dos segundos embargos de declaração devem estar presentes no acórdão dos declaratórios primitivos.

---

[421] O Superior Tribunal de Justiça, em discutível orientação, considera admissível a prática: "na assentada do dia 16.6.2010, a Corte Especial do STJ, no julgamento REsp 1.049.974/SP, de relatoria do Min. Luiz Fux, DJ 3.8.2010, submetido ao rito dos recursos repetitivos, consolidou o entendimento segundo o qual é possível a rejeição, monocrática pelo relator, dos embargos de declaração opostos contra decisão de órgão colegiado" (AgRg no REsp 1195301/SP, 2. T., Rel. Min. Humberto Martins, j. 24/08/2010. DJe 08/09/2010); (AgRg no AREsp 328.648/RJ, 4. T., Rel. Min. Luis Felipe Salomão, j. 05/11/2015. DJe 10/11/2015)

[422] Nesse sentido: STJ, CE, EREsp 332655/MA, Rel. Ministro Carlos Alberto Menezes Direito, Corte Especial. EDcl no AREsp 23.916/SP, 1. T., Rel. Min. Benedito Gonçalves, j. 08.05.2012. DJe: 14.05.2012.

[423] Por ilustração: "embargos de declaração recebidos como agravo interno, a teor do previsto no § 3º do art. 1024 do Novo Código de Processo Civil, uma vez que os aclaratórios não apontam nenhum vício no julgado, apenas expressam o inconformismo dos recorrentes" EDcl nos EAREsp 1070020/TO, CE, Rel. Min. Maria Thereza Assis Moura, j. 19/12/2017. DJe 06/02/2018.

[424] Art. 1.024. O juiz julgará os embargos em 5 (cinco) dias. § 3º O órgão julgador conhecerá dos embargos de declaração como agravo interno se entender ser este o recurso cabível, desde que determine previamente a intimação do recorrente para, no prazo de 5 (cinco) dias, complementar as razões recursais, de modo a ajustá-las às exigências do art. 1.021, § 1º.

[425] "Processual civil. Embargos de declaração. Cabíveis são embargos declaratórios de acórdão prolatado em idêntico recurso, se nele se aponta omissao, dúvida ou contradição. A rejeição pura e simples, por considerá-lo inadmissível, nega prestação jurisdicional. Recurso conhecido e provido". (STF, 2. T., RE 115911/SP, Rel. Carlos Madeira, j. 10.05.1988, data de publicação: DJ: 03.06.1988).

Quanto ao resultado, os embargos poderão ser conhecidos ou não, caso invocados pelo embargante os permissivos. Se conhecidos, poderão ser acolhidos, caso os magistrados se convençam da efetiva presença dos vícios elencados, ou desacolhidos, quando tal premissa não se confirmar. Por fim, a depender do resultado do acolhimento, atribuem-se (ou não) efeito modificativo, como será adiante observado.

4.6. Ausência de efeito suspensivo

O CPC/73 era omisso em relação ao efeito suspensivo dos declaratórios, o que motivava debates acadêmicos. Doutrinadores de escol, como José Carlos Barbosa Moreira, consideravam que "como os recursos em geral, salvo exceção expressa, os embargos de declaração mantêm em suspenso a eficácia da decisão recorrida".[426] Não sensibiliza tal corrente o fato da previsão do efeito suspensivo entusiasmar a litigância temerária, com o oferecimento de inúmeros embargos destituídos de fundamento, pois para coibir tais condutas o ordenamento prevê expressamente a possibilidade da multa.

Do ponto de vista científico (e abstrato), a solução não merecia críticas, afinal conserva coerência ímpar: como forçar o cumprimento de uma decisão considerada omissa, obscura, contraditória ou equivocada? Todavia, no plano concreto da vida, a sua aplicação gerava problemas: imagine o dano gerado diante uma interlocutória que ordene a internação hospitalar de um paciente, quando o cumprimento é postergado para após o julgamento dos declaratórios?

O Novo CPC, em seu art. 1.026, optou pela celeridade e afastou o efeito suspensivo.[427] Entretanto, autorizou, de forma excepcional, através do § 1º, que a eficácia da decisão monocrática ou colegiada possa ser suspensa pelo respectivo juiz ou relator, se demonstrada a probabilidade de provimento do recurso ou, sendo relevante a fundamentação, se houver risco de dano grave ou de difícil reparação.

A norma é bastante útil perante os Tribunais, pois, entre a oposição dos embargos de declaração e o seu efetivo julgamento, podem transcorrer alguns meses. Conveniente, assim, que o próprio relator outorgue o efeito suspensivo, quando presentes os requisitos legais, a fim de livrar o embargante de dano grave e irreparável diante do imediato cumprimento do julgado.

---

[426] *Comentários ao CPC*, v. 5, 12. ed., p. 563. Mais enfático é Manuel Caetano Ferreira Filho: "a interposição de embargos declaratórios suspende a eficácia da decisão embargada, mesmo que o recurso dela cabível não seja dotado do efeito suspensivo. Sucede que nenhuma regra existe que retire deste recurso o efeito suspensivo. Como sempre que a lei silencie ao recurso deve ser conferido o efeito suspensivo', a conclusão não pode ser outra que não a de que os embargos suspendem a eficácia da decisão embargada até que sejam julgados". *Comentários ao CPC*, v. 7, São Paulo: RT, 2000, p. 316.

[427] Art. 1.026, *caput*: "Os embargos de declaração não possuem efeito suspensivo e interrompem o prazo para a interposição de recurso".

4.7. Efeito interruptivo para a interposição de futuro recurso

Segundo o art. 1.026, CPC, a interposição dos embargos declaratórios interrompe o prazo para a interposição de outros recursos. O benefício se estende a ambas as partes, uma vez que, com o seu julgamento, poderá ocorrer mudança na fundamentação e eventualmente no resultado do julgado.

Tratando-se de interrupção, uma vez julgados os embargos e intimadas as partes de seu teor, o prazo para a interposição do futuro recurso é restituído integralmente às partes, desimportando quantos dias tenham transcorrido até a oposição dos embargos.

Outro ponto importante diz respeito à irrelevância dos embargos terem ou não sido conhecidos, pois geraria enorme insegurança ao jurisdicionado condicionar a interrupção ao resultado do julgamento. Portanto, a mera interposição já gera o efeito interruptivo.[428]

Esta é a regra geral do sistema. Contudo, existem exceções.

Quanto ao ponto, vale destacar a lição da Ministra Regina Helena Costa: "o prazo para a oposição dos embargos de declaração é comum a ambas as partes, esgotando-se tão logo decorrido o prazo de cinco dias contado da publicação do julgado; consequentemente, ainda que opostos embargos de declaração por uma das partes, o curso desse prazo não se interrompe para a parte adversa".[429] Ou seja, o fato do autor opor declaratórios não viabiliza a interrupção do prazo do réu para o protocolo do mesmo recurso.

Outra exceção relevante ocorre diante da apresentação intempestiva dos embargos.[430] É que, nessa hipótese, caso admitida a reabertura do prazo, jamais haveria como transitar uma decisão em julgado, uma vez que, em tese, a todo momento, seria possível ao interessado opor embargos, livrando-se da preclusão operada. A intempestividade do recurso, portanto, em linha de princípio, impede o benefício do efeito interruptivo.

Situação diversa ocorre em relação a parte embargada, a qual de regra não tem como adivinhar a intempestividade do recurso alheio. Portanto, é correta a ponderação do Min. Sidnei Beneti: "quanto ao embargante, os embargos de declaração intempestivos não interrompem o prazo para a interpo-

[428] Dentre farta jurisprudência, Recurso Especial nº 711.954/MG, Rel. Min. Castro Meira: "Processual Civil. Embargos de declaração. Prazo para interposição de recurso. Interrupção. Art. 538 do CPC. 1. A Corte Especial pacificou o entendimento no sentido de que os embargos de declaração, independentemente do resultado de seu julgamento, interrompem o prazo para oposição de recurso (EREsp 159.317/DF). 2. Recurso especial conhecido e provido".

[429] EDcl nos EDcl no AgInt na Rcl 31.639/RJ, 1. S., Rel. Min. Regina Helena Costa, j. 22.02.2018. DJe 28.02.2018.

[430] Sobre o tema: "(...) Esta Corte Superior possui entendimento de que a oposição de embargos de declaração intempestivos não suspende ou interrompe o prazo para a apresentação de outros recursos. 2. Agravo interno a que se nega provimento". AgInt no AREsp 1317385/SC, 4. T., Rel. Min. Raul Araújo, j. 27.11.2018. DJe 07.12.2018.

sição de novos recursos, mas interrompem, quanto ao embargado, que não tem como verificar de plano a referida intempestividade.[431]

4.8. Coibição do intuito protelatório através da aplicação de multa

Lamentavelmente, a possibilidade de toda e qualquer decisão judicial ser embargada, leva por vezes ao oferecimento de embargos destituídos de fundamento, opostos com o objetivo de simplesmente retardar as preclusões e, quem sabe, obstar a eficácia da decisão embargada. Esta realidade determinou a previsão legislativa no sentido de que, quando manifestamente protelatórios os embargos, deve o julgador aplicar uma multa.[432]

A conceituação do intuito "manifestamente protelatório" apresenta dificuldades, a começar pela necessidade de se perquirir o ânimo do recorrente. Em nosso sentir, é a partir de sua conduta objetiva que o magistrado deve fundamentar sua decisão. É imperioso que a decisão sancionadora indique, fundamentadamente, as razões pelas quais, em cada caso concreto, estaria caracterizada o intuito de procrastinar o feito. Este é, aliás, o pressuposto para a sua incidência. Recorde-se que quem protela adia, desnecessária e ilicitamente, a resolução do processo. Quando não houver este efeito, logicamente, não haverá espaço para a multa.

Embora omissa a lei, consideramos que a multa deva ser aplicada apenas em caso de unanimidade no julgamento. Caso qualquer dos julgadores não identifique o intuito protelatório do embargante, convém, em nome do acesso à justiça e do devido processo legal, afastar a sua aplicação. Alguns magistrados, por cautela, intimam a parte antes de sua incidência.[433]

No seio do Superior Tribunal de Justiça, proferido acórdão sob o rito dos recursos repetitivos, para estabelecer alguns critérios de definição do intuito protelatório. Trata-se do Tema 698, julgado em maio de 2014. A sua ementa oferece luzes ao debate e merece transcrição:

---

[431] "PROCESSUAL CIVIL. RECURSOS. PRESSUPOSTOS RECURSAIS. EMBARGOS DE DECLARAÇÃO INTEMPESTIVOS. INTERRUPÇÃO DO PRAZO PARA INTERPOSIÇÃO DE NOVOS RECURSOS. I – Quanto ao embargante, os embargos de declaração intempestivos não interrompem o prazo para a interposição de novos recursos, mas interrompem, quanto ao embargado, que não tem como verificar de plano a referida intempestividade. II – Recurso Especial provido". REsp 869.366/PR, 3. T., Rel. Min. Sidnei Beneti, j. 17.06.2010. DJe 30.06.2010.

[432] No CPC/73, a doutrina criticava o baixo patamar da multa, que a tornava pouco efetiva. Prescrevia o art. 538, parágrafo único: "quando manifestamente protelatórios os embargos, o juiz ou o tribunal, declarando que o são, condenará o embargante a pagar ao embargado multa não excedente de um por cento sobre o valor da causa. Na reiteração de embargos protelatórios, a multa é elevada a até dez por cento, ficando condicionada a interposição de qualquer outro recurso ao depósito do valor respectivo".

[433] Por exemplo: Por exemplo: "em razão dos embargos se mostrarem manifestamente protelatórios e da anterior advertência em relação a incidência do NCPC, deve ser aplicada a multa prevista em seu art. 1.026, § 2º, no percentual de 2% sobre o valor atualizado da causa". EDcl no AgInt no AREsp 1153336/SP, 3. T., Rel. Min. Moura Ribeiro, j. 05/06/2018, DJe 14/06/2018.

DIREITO PROCESSUAL CIVIL. RECURSO ESPECIAL. EMBARGOS DE DECLARAÇÃO. REDISCUSSÃO DA MATÉRIA. CARÁTER PROTELATÓRIO. MULTA DO ART. 538, PARÁGRAFO ÚNICO, DO CPC. APLICABILIDADE. RECURSO ESPECIAL REPETITIVO. ART. 543-C DO CÓDIGO DE PROCESSO CIVIL. IMPROVIMENTO DO RECURSO ESPECIAL REPRESENTATIVO DE CONTROVÉRSIA. TESE CONSOLIDADA. 1.- Para os efeitos do art. 543-C do Código de Processo Civil, fixa-se a seguinte tese: "Caracterizam-se como protelatórios os embargos de declaração que visam rediscutir matéria já apreciada e decidida pela Corte de origem em conformidade com súmula do STJ ou STF ou, ainda, precedente julgado pelo rito dos artigos 543-C e 543-B, do CPC". 2.- No caso concreto, houve manifestação adequada das instâncias ordinárias acerca dos pontos suscitados no recurso de apelação. Assim, os Embargos de Declaração interpostos com a finalidade de rediscutir o prazo prescricional aplicável ao caso, sob a ótica do princípio da isonomia, não buscavam sanar omissão, contradição ou obscuridade do julgado, requisitos indispensáveis para conhecimento do recurso com fundamento no art. 535 do Cód. Proc. Civil, mas rediscutir matéria já apreciada e julgada na Corte de origem, tratando-se, portanto, de recurso protelatório. 3.- Recurso Especial improvido: a) consolidando-se a tese supra, no regime do art. 543-C do Código de Processo Civil e da Resolução 08/2008 do Superior Tribunal de Justiça; b) no caso concreto, nega-se provimento ao Recurso Especial.[434]

Como se observa, a Corte considera que a oposição dos embargos de declaração que visem rediscutir matéria já apreciada e decidida pela Corte de origem em conformidade com súmula do STJ ou STF ou, ainda, precedente julgado pelo rito dos artigos 543-C e 543-B do CPC, deve ser tida como procrastinatória e coibida pela aplicação de multa. Como regra geral, o critério oferece segurança ao jurisdicionado, que pode se valer dos declaratórios nas demais situações, sem correr o risco de ser apenado por uma pretensa litigância temerária.

Situação diversa ocorre com os embargos manejados com o único propósito de prequestionar matéria que será objeto de recursos extraordinários. Sensibilizado pela necessidade de a parte esgotar as instâncias ordinárias, bem como demonstrar cabalmente o prequestionamento, o Superior Tribunal de Justiça editou o verbete nº 98, livrando os embargantes "com notório propósito de prequestionamento" da espada de Dâmocles.

No Novo CPC, preconizam os §§ 2º e 3º a aplicação da sanção, nos seguintes termos: "quando manifestamente protelatórios os embargos de declaração, o juiz ou o tribunal, em decisão fundamentada, condenará o embargante a pagar ao embargado multa não excedente a dois por cento sobre o valor atualizado da causa"; "na reiteração de embargos de declaração manifestamente protelatórios, a multa será elevada a até dez por cento sobre o valor atualizado da causa, e a interposição de qualquer recurso ficará condi-

[434] REsp 1410839/SC, 2. S., Rel. Min. Sidnei Beneti, j. 14/05/2014. DJe 22/05/2014.

cionada ao depósito prévio do valor da multa, à exceção da Fazenda Pública e do beneficiário de gratuidade da justiça, que a recolherão ao final".

Como se vê, a multa deve ser fixada em valor equivalente a até dois por cento "sobre o valor atualizado da causa". Embora em algumas situações ela seja insuficiente, quando aplicada de forma responsável, desempenha um papel pedagógico importante, afinal o litigante sério não deseja receber a pecha de ímprobo.

Vai nessa linha o alvitre de Marcelo Garcia da Cunha: "a condenação do embargante ao pagamento de multa devido à oposição de embargos declaratórios com manifesto intuito de procrastinação do processo encontra previsão no parágrafo único do artigo 538 do CPC de 1973. A multa, de acordo com o texto legal, não pode exceder a um por cento do valor da causa. Trata-se de medida tendente a chamar a atenção da parte para seu dever de atuar com boa-fé processual, princípio segundo o qual, conforme Fernando Pereira Rodrigues,[435] devem as partes pautar seus atos como pessoas de bem, com correção e lealdade e com respeito aos demais princípios do processo. Essa regra ressoa com maior intensidade no âmbito dos tribunais, aplicada para fazer frente ao ímpeto recursal do jurisdicionado, em que pese com escasso efeito prático em razão da insignificância, no comum dos casos, de sua quantificação monetária. Note-se que além do percentual da penalidade ser mínimo, a base de sua incidência revela-se defasada com o passar do tempo. O artigo 1.026, § 2º do Novo CPC mostra-se mais consentâneo com a realidade e por isso imprime maior efetividade À multa, ao elevar seu limite para dois por cento e ao estabelecer sua incidência não mais sobre o valor histórico, mas sobre o valor atualizado da causa".[436]

Contudo, existem julgados do STJ que, diagnosticando a insuficiência da multa cujo limite é de 2% sobre o valor atualizado da causa, fixam-na em valor certo.[437] Em nossa visão, não competiria ao Judiciário intervir, nesse caso, a pretexto de corrigir um equíloco do legislador, sob pena de gerar insegurança jurídica ao jurisdicionado, o qual será apenado de acordo com a posição de cada magistrado. O melhor caminho seria a revisão legislativa.

---

[435] *O novo processo civil*: os princípios estruturantes. Coimbra: Almedina, 2013, p. 247.

[436] CUNHA, Marcelo Garcia da. Anotações aos artigos. 1.022, 1.026. In: *Código de Processo Civil Anotado*. Porto Alegre: OAB/RS, 2015, p. 804-805.

[437] Por exemplo: "PROCESSUAL CIVIL. EMBARGOS DE DECLARAÇÃO. OMISSÃO. INOCORRÊNCIA. RECURSO PROTELATÓRIO. MULTA. CABIMENTO. 1. Os embargos de declaração têm ensejo quando há obscuridade, contradição, omissão ou erro material no julgado, a teor do disposto no art. 1.022 do CPC/2015. 2. O art. 1.026, § 2º, do CPC/2015 permite a aplicação de multa não excedente a dois por cento do valor atualizado da causa quando interpostos embargos de declaração reputados, fundamentadamente, manifestamente protelatórios. 3. Hipótese em que a embargante reiterou o teor dos argumentos deduzidos no agravo interno, sem explicitar nenhum dos vícios previstos no dispositivo supramencionado, razão por que se consideram protelatórios os presentes embargos. 4. Fixado o valor da causa em um mil reais, o percentual a incidir sobre esse quantum não atingirá o escopo pretendido no preceito sancionador, pelo que cabível o arbitramento daquela multa em R$ 2.000,00 (dois mil reais). 5. Embargos de declaração rejeitados, com imposição de multa". EDcl no AgInt no AREsp 1268706/MG, 1. T., Rel. Min. Gurgel de Faria, j. 25.10.2018. DJe 05.11.2018.

A reiteração de embargos protelatórios induz aplicação de nova multa, agora com o teto de 10%, dada a reincidência, sendo que "a interposição de qualquer recurso ficará condicionada ao depósito prévio do valor da multa, à exceção da Fazenda Pública e do beneficiário de gratuidade da justiça, que a recolherão ao final".[438]

Outro tema polêmico reside na consideração dos embargos procrastinatórios para o fim de interromper o prazo para a interposição de outros recursos. Embora caracterizado o intuito protelatório e aplicada a multa, não se pode retirar do embargante o benefício da interrupção do prazo para outros recursos. Solução em sentido contrário, por mais atraente, atualmente não encontra abrigo no ordenamento legal.

Quanto ao levantamento judicial pelo embargado, ele pode ocorrer de forma imediata, caso o embargante não devolva a matéria relativa à penalização em recurso próprio. Se impugnada, o adequado é aguardar a preclusão do tema, embora em tese possível o cumprimento provisório.[439]

4.9. Embargos prequestionadores

A praxe brasileira identificou uma figura típica dos declaratórios, quando destinados a viabilizar a futura atuação das Cortes Superiores, nos chamados "recursos extraordinários". A rubrica "embargos prequestionadores" explica esta classe de aclaratórios, a qual almeja instar a Corte de Origem a emitir juízo de valor quanto às normas legais que serão trabalhadas no recurso especial, extraordinário ou de revista.

Com o esgotamento da atividade dos Tribunais de Revisão, a atenção da parte se volta ao risco de incidência das Súmulas 356 ("O ponto omisso da decisão, sobre o qual não foram opostos embargos declaratórios, não pode ser objeto de recurso extraordinário, por faltar o requisito do prequestionamento") e 282 ("é inadmissível o recurso extraordinário quando não ventilada, na decisão recorrida, a questão federal suscitada") do Supremo Tribunal Federal, bem como a de nº 211 do Superior Tribunal de Justiça ("inadmissível recurso especial quanto à questão que, a despeito da oposição de embargos declaratórios, não foi apreciada pelo tribunal *a quo*").

E para evitar a incidência de tais enunciados é que são manejados os declaratórios, muitas vezes inclusive com intuito meramente acautelatório

[438] "A jurisprudência do STJ é firme no sentido de que o condicionamento da interposição de qualquer recurso ao depósito da multa do art. 538, parágrafo único, do CPC/1973 [correspondente ao § 3º do art. 1.026 do CPC/15] só é admissível quando se está diante da segunda interposição de embargos de declaração protelatórios, o que não ocorreu no presente caso. 2. Multa do art. 538, parágrafo único, do CPC/1973 [correspondente ao § 2º do art. 1.026 do CPC/15] que deve ser afastada quando não se caracteriza o intuito protelatório na oposição dos embargos de declaração". EDcl nos EDcl nos EDcl no AgRg no AgRg no AREsp 668.892/RJ, 4. T., Rel. Min. Luis Felipe Salomão, j. 02.10.2018. DJe 08.10.2018.

[439] Nesse sentido, pela espera do trânsito em julgado, a posição do professor Fabio Milman. *Improbidade processual*. Rio de Janeiro: Forense, 2007, p. 235.

(o prequestionamento explícito é sempre mais confortante do que o dito "implícito", cujos riscos desanimam os recorrentes). Daí a conveniência dos "embargos prequestionadores".

Se, por um lado, o acolhimento dos aclaratórios reconforta o embargante, é certo afirmar que o seu não conhecimento ameaça o alcance dos Tribunais Superiores. Nessa segunda hipótese, duas serão as alternativas do interessado. Ou apresenta novos declaratórios ou oferece o recurso especial, alegando que a Corte de Origem, ao não conhecer de seu recurso prequestionador, malferiu o art. 1.022, afinal esta norma garante o cabimento e o conhecimento dos embargos, diante de pressupostos legais, como a omissão relevante.

Há julgados do Supremo Tribunal Federal que trilhavam orientação mais coerente, em nosso sentir, permitindo a atuação do Pretório Excelso quando, a despeito da oposição dos declaratórios, a instância ordinária permanecia silente.[440] Trata-se do "prequestionamento ficto". Com efeito, se o cidadão cumpre com o seu papel, e apenas não consegue o prequestionamento pelo erro estatal, em linha de princípio não haveria razão para prejudicá-lo ainda mais, constrangendo-o a perda do processo ou a aguardar pela nova atuação do juízo inferior.[441]

O Novo CPC, aparentemente, consagrou o prequestionamento ficto, em seu art. 1.025, livrando o jurisdicionado do pesado encargo de suportar o custo pela falha do próprio Poder Judiciário: "consideram-se incluídos no acórdão os elementos que o embargante suscitou, para fins de pré-questionamento, ainda que os embargos de declaração sejam inadmitidos ou rejeitados, caso o tribunal superior considere existentes erro, omissão, contradição ou obscuridade".

No mesmo sentido, é a posição de José Miguel Garcia Medina: "o CPC/2015, assim, dentre as concepções possíveis de prequestionamento, adotou aquela então, preponderante no STF, por muito chamados de prequestionamento *ficto*. Resta, portanto, superado o entendimento retratado na Súmula 211 do STJ. É necessário, no entanto, que se reconheça que os embargos de declaração deveriam ter sido admitidos e providos, isso é, que o Tribunal *a quo*, ao não conhecer ou ao negar provimento aos embargos de declaração, errou, violando o art. 1.022 do CPC/2015".[442]

A teoria do prequestionamento ficto, todavia, colide com o enunciado da Súmula 211/STJ, a qual ainda não foi cancelada. A 2. Turma do STJ, em 2018, anunciou simpatia pela revisão deste enunciado: "buscando a consolidação das técnicas processuais estabelecidas pelo Código de Processo Civil de 2015, voltadas, essencialmente, à celeridade, à economia e à efetividade processuais, e revendo a abrangência da orientação fixada pelo enunciado n. 211 da Súmula do Superior Tribunal de Justiça, a Segunda Turma passa a admitir o

[440] RE 210.638-1/SP, Rel. Min. Sepúlveda Pertence, DJU: 19.06.1998.

[441] Interessantes referências jurisprudenciais são apresentadas em texto de Maria Cristina da Rosa Martinez, publicado na RJ 347, p. 65. Prequestionamento e Embargos de Declaração.

[442] *Direito Processual Civil Moderno*. São Paulo: RT, 2015, p. 1.251.

prequestionamento ficto, uma vez observadas as condições que emergem do disposto no art. 1.025 do referido diploma legal, sobretudo em relação à natureza da matéria e à competência desta Corte Superior".[443] É provável que nos próximos anos outras turmas adiram a este posicionamento.

Por fim, para livrar o jurisdicionado da ameaça da multa prevista no art. 1.026, CPC, o Superior Tribunal de Justiça considera, na linha da Súmula 98, que "embargos de declaração com notório propósito de prequestionamento não têm caráter protelatório". Desde que não sirva de escudo para proteger a chicana dentro do processo, o enunciado é salutar, na medida em que evita coação indevida ao embargante imbuído de propósitos lícitos.

4.10. Efeitos modificativos e a garantia do contraditório

Já se observou que o acolhimento dos embargos de declaração preenche a lacuna na decisão, corrige o erro material ou afasta a obscuridade ou contradição detectadas, sem, no entanto, afetar a conclusão do julgamento, que se mantém. Tal é o efeito integrativo, que permite ao julgador sanar seu próprio provimento, identificando os quatro vícios autorizadores do manejo do recurso (contradição, omissão, erro material ou obscuridade).

Todavia, em algumas oportunidades, o acolhimento do recurso pode afetar a própria conclusão do *decisum*, de modo que ele também deve ser alterado. Tal hipótese é excepcional, merecendo especial cautela do órgão judicial. Muito embora a regra seja o efeito integrativo, inexiste óbice para o aproveitamento, em casos especiais, do chamado efeito modificativo (ou infringente). Como bem salientou o Min. Sálvio de Figueiredo Teixeira, "a modificação de acórdão embargado, com efeito infringente do julgado, pressupõe o acolhimento do recurso em face de um dos vícios que ensejam a sua interposição".[444] Tal orientação colabora para a sanação dos vícios existentes nos julgados. Apresenta-se, portanto, salutar.[445]

Com razão, a jurisprudência registra diversas decisões, nas quais, a partir do afastamento dos vícios sinalizados nos embargos, houve a necessidade de se alterar o resultado do julgado.[446] O exemplo clássico surge da omissão acerca da apreciação de uma preliminar de admissibilidade da tutela juris-

---

[443] REsp 1667087/RS, 2. T., Rel. Min. Og Fernandes, j. 07.08.2018. DJe 13.08.2018.

[444] EDcl no AgRg no AG 327.262/MG, 4. T., Rel. Min. Sálvio de Figueiredo Teixeira, DJ: 04.02.2002, p. 388.

[445] No mesmo sentido: "... constatada a efetiva ocorrência de contradição e de error in procedendo que, uma vez sanado, leva à alteração das premissas do julgado, é possível a concessão do pretendido efeito infringente. 2. Comprovado o pagamento do preparo no ato de interposição do recurso, o só fato de não ter sido feito mediante guia denominada GRU é insuficiente para a aplicação da pena de deserção. 3. Embargos Declaratórios acolhidos, com efeitos modificativos". (EDcl no AgRg no AREsp 211.961/RJ, 1. T., Rel. Min. Sérgio Kukina, Rel. p/ Acórdão Min. Napoleão Nunes Maia Filho, j. 03.10.2013. DJe 19.12.2013)

[446] Também na seara trabalhista admite-se o efeito modificativo, como se vê da Súmula nº 278 do TST: "Embargos de Declaração. Omissão no Julgado. (mantida). Res. 121/2003, DJ 19, 20 e 21.11.2003.

dicional. Silenciando o órgão judicial acerca da existência dos pressupostos processuais (ou condições da ação, etc.), o provimento futuro que visa a eliminar tal omissão poderá importar na mudança do julgamento, caso seja confirmada a inadmissibilidade do juízo de mérito antes formulado. Imagine-se o exemplo no qual a Câmara tenha dado provimento à apelação, descurando a análise de sua tempestividade, expressamente requerida em contrarrazões. Eventual acolhimento de declaratórios sinalizadores de tal vício fatalmente alterará o resultado do julgamento. Suprindo a omissão, o relator deverá cambiar o *decisum*, mantendo a sentença, pelo não conhecimento do recurso, que antes, por engano, fora conhecido e provido.

No entanto, a jurisprudência, a par dessas hipóteses mais clássicas de outorga de efeito infringente aos declaratórios (reconhecimento de prescrição ou decadência, preliminares, etc.), vem ampliando o cabimento do recurso para corrigir erros graves de julgamento ou injustiças manifestas. No conflito entre a materialização da injustiça e a sua correção, observa-se tendência para ampliar o cabimento dos declaratórios, contribuindo para uma melhor administração da justiça. Servem os declaratórios, nessa linha, para a extirpação de vícios graves.[447]

É natural que essa atuação desagrade ao embargado, antes vitorioso. Contudo, como o processo cumpre função pública, para além da tutela das partes, em tese tal solução não repugna ao sistema.

Analisando o risco de o acolhimento dos embargos surpreender o jurisdicionado, Humberto Thedoro Junior historicamente enfatizou a incidência da garantia do contraditório. Embora admitindo a constitucionalidade do processamento unilateral dos embargos, quando o julgamento "mantiver-se no plano da pura aclaração da decisão embargada, sem nada acrescentar e nada diminuir", identificando possibilidade de ser afetado o resultado anterior e, por decorrência, prejuízo à parte antes vitoriosa, o autor exige o contraditório prévio. Com razão, se o "órgão judicante entender que para suprir a omissão ou eliminar a contradição terá de rejulgar questão já decidida, será indispensável a observância do pleno contraditório". Conclui seu raciocínio, sugerindo que os declaratórios, nessas hipóteses, sejam "recebidos simplesmente para proclamar que o julgado padece do vício acusado pelo embargante. Daí em diante o processamento do feito será reaberto para que

---

A natureza da omissão suprida pelo julgamento de embargos declaratórios pode ocasionar efeito modificativo no julgado".

[447] Nesse sentido: "Embargos Declaratórios. Contradição. Ocorrência de erro de fato. Efeito modificativo. 1. A contradição que viabiliza o uso de embargos declaratórios (CPC, art. 535, I) pode resultar da ocorrência de erro de fato, como tal entendido o resultante de decisão que, contra prova incontroversa, admite fato inexistente, ou considera inexistente fato efetivamente ocorrido, o que justifica inclusive juízo rescisório (CPC, art. 485, IX, § 1º). 2. Em tal situação, os embargos declaratórios não ataca o fundamento de fato utilizado pela decisão, o que caracterizaria mero pedido de reexame – portanto, envolvendo verdade material, ou mérito extraído de fato pelo julgador – mas ataca o erro de fato gerador de uma contradição com a verdade formal do processo. 3. Embargos de declaração acolhidos, com efeito infringente". EMD 70000845974, 1ª C.C., TJRS, Rel. Des. Irineu Mariani, j. 26.04.2000.

o julgamento se dê com observância do procedimento em contraditório comum. Por exemplo: em razão de omissão (erro material) um recurso não foi conhecido. Demonstrado o equívoco pelo recorrente, o Tribunal acolherá os embargos de declaração para invalidar o julgamento errôneo e determinará que, em seguida seja o recurso, antes não conhecido, processado em regular contraditório a fim de ser examinado e julgado pelo mérito. O que não será correto, em face da garantia do contraditório, será no próprio julgamento unilateral dos embargos de declaração prosseguir no suprimento do erro ou omissão, julgando desde logo, dentro dos declaratórios, a matéria do recurso antes não conhecido".[448]

É absoluta correta a posição do professor mineiro. Efetivamente, quando vislumbrada pelo órgão julgador a chance do acolhimento dos embargos modificar o julgado, deve ser assegurada para a parte embargada a possibilidade de se manifestar previamente ao julgamento. A garantia do contraditório deve incidir antes da tomada de decisão, como meio de diálogo entre as partes e o julgador, ou seja, um verdadeiro método de trabalho que ultrapassa a visão tradicional do contraditório, enquanto mera ciência de atos do processo e possibilidade de reação. Desta forma, o embargado auxilia o magistrado, alertando-o para a inadmissibilidade do "recurso", bem como para a ausência dos vícios nele apontados e qualquer outro tema que mereça ser levado em consideração. As partes, nessa linha, colaboram com a formação de um provimento mais legítimo.

Portanto, admitidas, excepcionalmente, as contrarrazões em sede de embargos de declaração, poderá a Corte reapreciar a causa, proferindo nova e diversa decisão. O importante, então, é alertar o embargado para o inesperado risco de alteração no julgado, a fim de que este, através de saudável contraditório, ilumine o debate com mais um ponto de vista. Desta forma, sob o influxo de ambos os litigantes, com a devida prudência e o bom-senso, poderá a Corte atuar.

A prática é historicamente prestigiada pelo Supremo Tribunal Federal, em homenagem ao contraditório e ao devido processo legal. Importante precedente a este respeito é observado no Recurso Extraordinário nº 250.396-7/RJ. O Min. Celso de Mello bem apreendeu a importância do tema, ao assinalar que "a legislação processual nada dispõe sobre a necessidade da prévia audiência do embargado, em caso de embargos de declaração com efeito modificativo. Essa providência, no entanto, impõe-se por efeito do princípio do devido processo legal. E é com fundamento neste postulado que o Supremo Tribunal Federal tem proclamado ser indispensável a prévia manifestação da parte embargada sobre os embargos de declaração, quando opostos com efeito modificativo".

Na mesma linha, foi o voto condutor, proferido pelo Ministro Marco Aurélio. Bastante didática sua colocação, ora reproduzida: "reiterados são

[448] Sentença. Impugnação e Aperfeiçoamento. Disponível no *site* do Tribunal de Justiça de Rondônia (www.tj.ro.gov.br). Acesso em 20.10.2005.

os pronunciamentos desta Corte no sentido de exigir-se a abertura de vista à parte contrária quando os embargos interpostos veiculem pedido de eficácia modificativa. No caso dos autos, o acórdão proferido por força do especial mostrou-se favorável ao ora recorrente, que alcançou o acolhimento do pleito visando a anular o processo por vício de atividade. Pois bem, protocolizados os embargos declaratórios de folha 681 a 687, buscando-se a reversão do quadro, não foi aberta vista ao ora recorrente e, aí, o Colegiado veio a acolhê-los para transformar o conhecimento e provimento do Especial em não conhecimento. O ora recorrente foi surpreendido com a decisão. Tinha a seu favor o pronunciamento primeiro, resultante do julgamento do recurso especial, quando recebeu a notícia da modificação. No particular, afigura-se passível de conhecimento este extraordinário, ante a colocação em plano secundário do preceito constitucional que dando amplitude maior ao princípio do contraditório, resultou na fixação de entendimento no sentido de, conduzindo os embargos declaratórios pedido de eficácia modificativa, cumpre sempre ouvir o embargado".

O Novo CPC consagra, no plano legislativo, esta orientação, asseverando no art. 1.024, § 4º: "Caso o acolhimento dos embargos de declaração implique modificação da decisão embargada, o embargado que já tiver interposto outro recurso contra a decisão originária tem o direito de complementar ou alterar suas razões, nos exatos limites da modificação, no prazo de 15 (quinze) dias, contado da intimação da decisão dos embargos de declaração".

Trata-se, novamente, de uma salutar inovação do "Novo CPC".

Quinta Parte

Dos Recursos ao Supremo Tribunal Federal e ao Superior Tribunal de Justiça

1. Sobre a nomenclatura "Recursos Extraordinários"

Muito embora doutrina qualificada entenda inexistir qualquer relevância prática ou teórica na tradicional classificação dos recursos entre ordinários e extraordinários, em nosso sentir, essa dicotomia, além de didática, permite a identificação de características e requisitos comuns às espécies de recursos que se filiam a cada gênero.[449]

Com efeito, os recursos dirigidos aos Tribunais Superiores, logicamente, são interpostos por pessoas animadas pelo desejo de ver reconhecido algum direito. Isto é inegável. Contudo, esses recursos são idealizados no sistema com fins específicos, a começar pela formação de jurisprudência estável, íntegra e coerente, capaz de guiar os Tribunais Inferiores na resolução dos casos. Portanto, em face dessa vocação diversa, os recursos de natureza extraordinária, como regra, somente serão admitidos frente a circunstâncias que vão para além da alegação de injustiça da decisão. Exigirão, dos interessados, ônus argumentativo quanto à importância de seu julgamento, para além do interesse das pessoas envolvidas, ou seja, com a consideração dos reflexos sociais, econômicos, jurídicos, políticos da decisão, bem como da possibilidade, concreta, de garantir a integridade do direito, a formação e a evolução da jurisprudência, dentre outros objetivos relevantes.

É por essa razão que, historicamente, a jurisprudência refere que tais recursos não se prestam ao mero rejulgamento da causa e ou à revisão, em linha de princípio, dos fatos soberanamente acertados. Prestar-se-iam, ao contrário, para a harmonização do direito na federação, mediante a adoção de julgamentos paradigmáticos, garantindo em última análise a igualdade de tratamento jurídico entre as pessoas. Serviriam, nesse sentido, como meio de valorização da norma jurisprudencial e do ideal federativo, guiando a solução dos Tribunais Inferiores aos casos futuros.

Os Tribunais de Cassação, conquanto justificados pela Revolução Francesa pelo escopo de garantir a "verdadeira vontade da lei" e pela natural

---

[449] José Carlos Barbosa Moreira rejeita qualquer relevância científica dessa classificação, no direito brasileiro: "diversa é a sistemática do ordenamento brasileiro, no qual a mencionada distinção não tem relevância teórica nem prática. Merece ela, em nossa opinião, ser arquivada para todo o sempre, além do mais, pelos equívocos que é capaz de gerar, e de fato tem gerado, mercê da constante e notável flutuação dos critérios doutrinariamente sugeridos para fundamentá-la". *Comentários ao CPC*, v. 5. 12. ed. Rio de Janeiro: Forense, 2005, p. 255.

desconfiança para com os juízes do *Ancien Régime*, foram assumindo no mundo ocidental um papel muito ativo na construção do Direito, especialmente pelas interpretações desenvolvidas em prol da fixação do sentido normativo das fontes abstratas.[450]

Inicialmente, como o próprio nome indica, *Cour de Cassation* limitava-se a cassar decisões[451], uma vez que, ligada ao Poder Legislativo, não poderia assumir a jurisdição da causa.[452] Na Constituição Francesa de 1791, fora disciplinada no "Chapitre V – Du Pouvoir Judiciaire", cujo art. 19 assim dispunha: "Il y aura pour tout le royaume un seul tribunal de cassation, établi auprès du Corps législatif. Il aura pour fonctions de prononcer – sur les demandes en cassation contre les jugements rendus en derniers ressort par les tribunaux; sur les demandes en renvoi d'un tribunal à un autre, pour cause de suspicion légitime ; sur les règlements de juges et les prises à partie contre un tribunal entier ".

Nessa concepção, competia a Corte prestar contas de sua atuação ao Poder Legislativo. Preconizava o art. 22, dessa Constituição, que anualmente uma delegação de 8 membros da Corte comparecesse perante o Poder Legislativo para apresentar as decisões tomadas, com o resumo dos casos e da lei que justificava a decisão.[453]

Como bem observa o professor Angel Latorre, em linha de princípio, esses Tribunais deveriam julgar apenas as questões de direito, uma vez que sua finalidade era justamente impedir que os Tribunais inferiores alterassem o genuíno sentido da lei, garantindo desta forma a aplicação uniforme no território nacional. Nesse ensino, ensina Yves Chartier que a sua principal missão foi, desde a origem: uniformizar a jurisprudência: "par rapport aux autres juridictions du même ordre, tribunaux et cours d'apple, la Cour de cassation présente deux originalitiés essentielles. D'une part, elle est unique: 'Il y a, pour toute la République, une seule Cour de cassation'. Ce caractère est essentiel: il répond à sa principale mission, qui a été, dès l'origine, une mission

[450] Assinala Francesco Paolo Luiso: "la Cassazione ha un'origine storica ben precisa; con le leggi rivoluzionare francesi si volle istituire un organo, al di fuori dell'ordinamento giudiziario e partecipante del potere legislativo, attraverso il quale controllare l'esatta interpretazione ed aplicazione, da parte del giudice, delle leggi emanate da fonti normative parlamentari". *Diritto Processuale Civile*: Il processo di Cognizione. 3. ed. Milano: Giuffrè, 2000, p. 393.

[451] Elucidativo a este respeito o art. 20, da Constituição de 1791: "En matière de cassation, le tribunal de cassation ne pourra jamais connaître du fond des affaires ; mais après avoir cassé le jugement qui aura été rendu sur une procédure dans laquelle les formes auront été violées, ou qui contiendra une contravention expresse à la loi, il renverra le fond du procès au tribunal qui doit en connaître".

[452] Prossegue Francesco Luiso: "L'origine storica faceva sí che le pronunce del tribunale di Cassazione (si chiamava cosi quando fu istituito) non avendo in origine natura di provvedimenti guirisdizionali, potevano avere solo un effetto annullatorio delle sentenze impugnate. La Corte di cassazione, lo dice il nome stesso, poteva 'cassare' le sentenze, non poteva in nessuna maniera sostituirle, ne incidere sull'attività guirisdizionale, perché era un organo al di fuori del potere guirisdizionale". *Op. cit.*, p. 393.

[453] Dispunha o art. 22: "Chaque année, le tribunal de cassation sera tenu d'envoyer à la barre du Corps législatif une députation de huit de ses membres, qui lui présenteront l'état des jugements rendus, à côté de chacun desquels seront la notice abrégée de l'affaire et le texte de la loi qui aura déterminé la décision".

d'unification de la jurisprudence, perslléelement à l' uniformisation du droit à laquelle procédait le législateur révolutionnaire. D'autre part, elle ne juge pas le parties au procès, mais les 'jugements', autrement dit decisions en dernier ressort. Elle est en effter appelée non à trancher les litiges, mais à dire si l'arrêt ou le jugement qui est l'objet d'une voie de recours 'extraordinaire' (qualifiée de 'pourvoi') devant elle, fait ou ne fait pas une exacte application de la loi: dans le premier cas, elle rejette le pourvoi, alors que, dans le second, elle casse la décision attaqué. Et, dans cette dernière hypothèse, sauf si exceptionnellement la cassation intervient sans renvoi, l'affaire doit alors âtre à nouveau jugée, et, à cet effet, soumise à l'examen d'autres juges. C'est en ce sens qu'il est habituel de dire que la Cour de cassation n'est pas un troisième degré de juridiction. Elle trouve son origine dans une loi des 27 novembrel décembre 1790. Celle-ci a en effeter institué un 'Tribunal de cassation', ayant pour mission 'd'annuler toutes procédures dans lesquelle les formes auront été violées et tout jugement qui contiendra une contravention expresse au texte de la loi'. C'est ce tribunal qui, em vertu d'un sénatus-consulte du 28 floréal na XII, est devenu la Cour de cassation".[454]

A ideia central era criar um órgão "estabilizador do Direito", pois a uniformização da jurisprudência traria uma série de benefícios. Daí a postura conservadora de seus membros, como diagnostica Yves Chartier: "la prudence a son prolongement dans un autre trait: *la constance*. Les magistrats de la Cour de cassation, qui sont des 'conservateurs' – les conservateurs de la loi – raisonnent naturellement dans une optique de confinuité, et non de rupture. À cette considération fondamentale s'en ajoute une autre, apparemment plus modeste, mais non moins importante en pratique: une jurisprudence mouvante crée l'incertitude chez les parties et leurs conseils. Elle insinue dans leurs esprits moins l'idée qu'ils ne sont pas certains de perdre, que celle qu'ils ont unde chance de gagner: même en présence d'une interpretation contraire d'un texte, les mauvais plaideurs sont dés lors prêts à forcer le destin parce qu'ils pensent qu'il peut se modifier. Laisser l'instabilité – qu'il faut distinguer de la notion d'évolution de la jurisprudence, et, a *fortiori*, de celle de revirement- s'instaurer, ce serairt encourager les recours, aggraver l'engorgement de la Cour de cassation, et par lá même aussi affecter la qualité dês arrêts, et par conséquent leur autorité. La spirale serair sans fin".[455]

Contudo, tanto na França, quanto na Espanha e nos demais países, com o passar do tempo, o Tribunal Supremo serviu não apenas para "estabilizar o direito", mas para desenvolvê-lo, haurindo das exigências sociais, a orientação para a formação da jurisprudência.[456] É interessante notar que o Superior Tribunal de Justiça se autodenomina um "Tribunal da Cidadania".

---

[454] *La Cour de Cassation*. 2. ed. Paris: Dalloz, 2001, p. 3.

[455] Idem, p. 117.

[456] Refere Angel Latorre que "(...) cuando bajo la Revolución Francesa se creó el 'Tribunal de Cassation', que es el antecedente inmediato de nuestro Tribunal Supremo y de los órganos análogos de otros países, se trataba de impedir alterar el genuíno sentido de la ley, es decir, como un médio de asegurar que la ley sería aplicada literalmente por igual en toda Francia. Por ello estos tribunales

Com razão, a previsão de uma Alta Corte com a missão de "dar a última palavra" em matéria constitucional (STF) ou infraconstitucional (STJ, TST, TSE), além de permitir o controle da atividade exercida pelos inúmeros Tribunais Regionais, solidifica a jurisprudência como fonte material do direito brasileiro. Quanto utilizadas com cautela e sapiência, as orientações traçadas pelos Tribunais Superiores, quer na forma de precedentes, quer na rigidez dos enunciados da súmula, findam por invadir todos os ramos do Direito, colaborando para o seu desenvolvimento e a sua aplicação uniforme em todo o território nacional.

De outra banda, repugna ao ideal federativo que cada Estado, aplicando normas dirigidas a todos os brasileiros – provenientes da Constituição e de leis elaboradas pela União – ofereça a casos semelhantes soluções discrepantes, o que desacredita a administração da justiça à luz das expectativas sociais. O cidadão, quer pernambucano, quer catarinense, quer estrangeiro em solo nacional, deveria contar com a isonomia de tratamento do Estado brasileiro, especialmente na aplicação do Direito pelo Poder Judiciário. Soa, no mínimo, estranho que determinado Estado da Federação, p. ex., considere inconstitucional determinada norma enquanto outro, debruçado sobre idêntica questão, alcance resultado distinto. Para superar essas questões, ponderando as diferentes soluções adotadas pelos Tribunais, sempre com o intuito de oferecer à comunidade geral um tratamento isonômico e constitucionalmente devido, é que se legitimam os Tribunais Superiores. E tal desiderato é perseguido pelos recursos de índole extraordinária.

Anota Rafael Belmonte de Abreu que "a jurisprudência contraditória e desordenada, em um mesmo momento histórico, atenta contra a garantia constitucional da igualdade. Tratamento diverso em casos iguais, sem as devidas diferenças relevantes, significa vulnerar frontalmente a igualdade, da mesma forma com que será afrontada no caso de aplicação do precedente sem consideração das diferenças substanciais do caso".[457]

O ideal de isonomia também se relaciona com a previsibilidade da resposta jurisdicional. A própria segurança jurídica seria atingida caso os juízes reiteradamente se afastassem das orientações jurisprudenciais. Sobre o tema, ensina a professora Marília Zanella Prates, à luz dos sistemas da *Common Law* que "um dos institutos mais importante é o *stare decisis,* ou a doutrina do precedente judicial. Basicamente, o instituto do *stare decisis* assegura que uma corte deve preservar e respeitar suas decisões prévias e as da corte

juzgan solo de las cuestiones de derecho, y solo puede recurrirse a ellos, tanto en Francia como en Espana, pretextando que los tribunales inferiores han vulnerado la ley o (em Espana) su interpretación jurisprudencial, no para discutir los hechos. La Idea era, por tanto, crear un órgano estabilizador del derecho. Pero tanto en Francia como en Espana y los demás paises, el Tribunal Supremo o su análogo han servido por fortuna para hacer evolucionar el Derecho al compás de las exigências sociales, y su mision unificadora la ha cumplido no solo y no tanto manteniendo la unidad em la aplicación de la ley, como imponiendo una orientación unitária al desarollo de la jurisprudencia." *Introducción al Derecho.* 16. ed. Barcelona: Ariel, 2000, p. 82.

[457] *Igualdade e processo*: posições processuais equilibradas e unidade do direito. São Paulo: RT, 2015, p. 238.

hierarquicamente superior. O objetivo deste instituto é uniformizar o entendimento jurisprudencial, de forma a tratar igualmente as pessoas. Assim, em casos análogos faticamente a questão de direito deve ser aplicada como em casos anteriores, mesmo que com partes totalmente diversas. A doutrina do *stare decisis* é explicada com base nas exigências de previsibilidade das relações jurídicas e de uniformidade da interpretação do Direito. Existem, no entanto, limites à aplicação do *stare decisis*. Em primeiro lugar, apenas as questões de direito decididas pela corte que tenham sido realmente necessárias para o julgamento de uma causa poderão ser precedentes para casos análogos futuros. Quaisquer outras informações sobre aplicação de determinada lei não terão força de *stare decisis*. Ademais, a doutrina do *stare decisis*, tal como aplicado nos Estados Unidos, é bem mais flexível do que na Inglaterra, flexibilidade essa que decorre da estrutura federativa dos Estados Unidos".[458]

Até poderia ser objetado que todo e qualquer tribunal tem a preocupação de construir jurisprudência firme e oferecer tratamento isonômico a todos os cidadãos. Todavia, seja pelas diferenças regionais (que obviamente influenciam também os juízes), seja pela necessidade de oferecer pronta e justa resposta às partes, sói acontecer que as preocupações retro expostas sejam observadas com menor intensidade nos Tribunais Regionais, pois seu ângulo de análise é distinto. No mais das vezes, os Tribunais Regionais têm os olhos voltados para a sua própria região, o que é absolutamente compreensível. Por isso, surge a previsão de uma Corte suprarregional apta a tomar conhecimento de todos os pontos de vistas exarados pelas diversas regiões do país e chancelar os posicionamentos mais adequados.

Nesse sentido se justificam os recursos que ostentam a missão de desenvolver o próprio Direito, tolhendo do cenário as decisões que com ele conflitem. Essa é uma das principais funções dos Tribunais Superiores, realizada a partir da análise dos recursos que até lá chegam.

2. A "fungibilidade" entre o Recurso Extraordinário e o Recurso Especial

Nessa toada, o antigo recurso extraordinário pode ser tido como a semente do recurso especial. E não raro, por força da transversalidade dos temas jurídicos, a matéria enfrentada em um recurso à luz da força normativa da Constituição Federal poderia igualmente ser abordada sob o enfoque da legislação infra-constitucional.

Pense-se a respeito das normas constitucionais que tutelam a família, por ilustração. É, em tese, possível resolver número considerável de casos a partir dos princípios constitucionais do direito de família ou de acordo com a legislação infraconstitucional.

[458] *A coisa julgada no direito comparado*: Brasil Estados Unidos. São Paulo: Juspodivm, 2013, p. 32.

Nessas e em tantas outras questões, muitas vezes os Tribunais Inferiores dispõem de relativa autonomia para escolher as normas aplicáveis para a resolução dos casos, o que gera algumas questões práticas importantes. É o que ocorre diante de discussões relativas à equiparação de direitos entre a união estável e o casamento, por exemplo. Ao analisar caso em que um Clube Social autorizada apenas a manutenção de divorciados no quadro de associados, sem reconhecer idêntico direito aos antigos companheiros, decidiu o Superior Tribunal de Justiça que "o espaço de autonomia privada garantido pela Constituição às associações não está imune à incidência dos princípios constitucionais que asseguram o respeito aos direitos fundamentais de seus associados e de terceiros (RE nº 201.819-8). A recusa de associação, no caso um clube esportivo, baseada exclusivamente em cláusula protetiva apenas a ex-cônjuge de sócio proprietário de título, excluindo o benefício a ex-companheiro, viola a isonomia e a proteção constitucional de todas as entidades familiares, tais como o casamento, a união estável e as famílias monoparentais". Ou seja, o STJ encontrou na Constituição Federal o fundamento para julgar o Recurso Especial.[459] Justifica-se esse fenômeno em nosso sentir como decorrência da constitucionalização do direito, que é bastante sentida em áreas como o direito de família.

Tradicionalmente, o jurisdicionado sucumbente interpõe simultaneamente o recurso especial e o recurso extraordinário, imaginando reduzir o risco de não conhecimento de suas impugnações. Desta forma, bastará que uma Corte de Brasília considere que a sua competência foi corretamente acionada, para conhecer da controvérsia. Entretanto, não raro, há uma divergência entre os Tribunais, de sorte que o STJ considera que a matéria de fundo é de índole constitucional e se dá por incompetente. Já o STF reputa o tema de caráter infraconstitucional e tampouco admite julgar o mérito do extraordinário.

Em casos tais, o CPC ofereceu uma importante inovação, quais sejam os arts. 1.032 e 1.033, os quais anunciam uma espécie de fungibilidade entre os recursos nos seguintes termos:

> Art. 1.032. Se o relator, no Superior Tribunal de Justiça, entender que o recurso especial versa sobre questão constitucional, deverá conceder prazo de 15 (quinze) dias para que o recorrente demonstre a existência de repercussão geral e se manifeste sobre a questão constitucional.
> Parágrafo único. Cumprida a diligência de que trata o caput, o relator remeterá o recurso ao Supremo Tribunal Federal, que, em juízo de admissibilidade, poderá devolvê-lo ao Superior Tribunal de Justiça.
> Art. 1.033. Se o Supremo Tribunal Federal considerar como reflexa a ofensa à Constituição afirmada no recurso extraordinário, por pressupor a revisão da interpretação de lei federal ou de tratado, remetê-lo-á ao Superior Tribunal de Justiça para julgamento como recurso especial.

Com esse regramento, em tese, o jurisdicionado estará protegido, pois, na hipótese do Relator considerar que o fenômeno deveria ser apreciado à luz

[459] REsp 1713426/PR, 3. T., Rel. Min. Ricardo Cueva, j. 04.06.2019. DJe 07.06.2019.

de normas que escapam de sua competência, antes de declarar inadmissível o recurso, deverá oportunizar a sua correção.

O fenômeno é bem apreendido por José Tadeu Neves Xavier: "cada uma das espécies de recursos excepcionais possui objeto específico. Porém nem sempre a decisão recorrida expõe com clareza a sua fundamentação normativa, em especial nos casos em que a matéria constitucional – sabidamente ampla e às vezes até difusa – é também apontada na fundamentação. Esta realidade se fez sentir na vigência do sistema do CPC de 1973, nas hipóteses em que ambas as Cortes Superiores eram chamadas para julgarem os recursos excepcionais interposto simultaneamente em relação à mesma decisão, dando oportunidade para que o STJ recusasse o recebimento do recurso especial, entendo ser caso de recurso extraordinário, sob o fundamento não ter havido violação direta de texto constitucional. Esta realidade, em última análise, representava negativa de prestação jurisdicional, o que é inadmissível em um Estado de Direito. Na sistemática recursal inserida pelo CPC foi inserido mecanismo apto a evitar esta nefasta situação, permitindo a conversão do recurso especial em recurso extraordinário e vice-versa. Se o Relator no STJ entender que o recurso especial versa sobre questão constitucional, deverá oportunizar que o recorrente demonstre a existência de repercussão geral e se manifeste sobre a questão constitucional, encaminhado-o posteriormente para o STF, que em juízo de admissibilidade poderá devolvê-lo ao STJ. Na mesma linha, se o STF considerar como reflexa a ofensa à Constituição, por pressupor a revisão da interpretação de lei federal ou de tratado, remeterá o recurso extraordinário do STJ, para ser julgado como recurso especial".[460]

Aplaudem a orientação do Novo CPC, Daniel Mitidiero, Luiz Guilherme Marinoni e Sérgio Cruz Arenhart. Segundo os eminentes autores, o Novo CPC "inova ao instituir *livre trânsito de recursos* entre o Supremo Tribunal Federal e o Superior Tribunal de Justiça. Se a pronúncia das Cortes Supremas justifica-se a fim de que se outorgue unidade ao direito, com o que a sua legitimidade está coarctada ao exercício da função de adequada interpretação do direito constitucional ou do direito federal, não há sentido algum em se deixar de conhecer recurso que efetivamente veicula questão que merece ser resolvida apenas porque foi endereçado equivocadamente".[461]

É importante assinalar que, assim como o recorrente tem o direito de ser intimado para complementar as suas razões, na hipótese do art. 1.032, por imperativo de isonomia e de contraditório, é direito do recorrido se manifestar quanto à preliminar de repercussão geral.[462]

---

[460] Anotações aos artigos. 1.029 a 1.034. In: *Código de Processo Civil Anotado*. Porto Alegre: OAB RS, 2015, p. 812-813.

[461] MARINONI, Luiz Guilherme; ARENHART, Sérgio Cruz; MITIDIERO, Daniel. *Novo curso de processo civil*: tutela dos direitos mediante procedimento comum, v. 2. São Paulo: RT, 2015, p. 549.

[462] Nesse sentido, o Enunciado nº 80, da Jornada de Direito Processual Civil (CJF): "quando o Supremo Tribunal Federal considerar como reflexa a ofensa à Constituição afirmada no recurso extraordinário, deverá, antes de remetê-lo ao Superior Tribunal de Justiça para julgamento como recurso

Contudo, a aplicação dos arts. 1.032 e 1.033 ainda é rara. Foram poucos os casos em que admitida a sua incidência. Em uma de suas primeiras manifestações, o Superior Tribunal de Justiça considerou que apenas quando não interposto o recurso extraordinário seria cogitável a aplicação do art. 1.032, CPC/2015.[463]

Esta mudança, portanto, foi positiva. Espera-se, com a maturação do CPC, ampla aplicação prática.

3. Dos pressupostos específicos de admissibilidade

Tanto o Recurso Extraordinário, quanto o Recurso Especial, possuem alguns requisitos específicos de admissibilidade. Neste ponto, destaca-se o "prequestionamento", bem como o "esgotamento de instância" com a "matéria decidida".

3.1. Prequestionamento

O requisito do "prequestionamento", já consagrado na experiência jurídica brasileira, impõe que as questões levantadas pelo recorrente, em grau extraordinário de jurisdição, tenham sido adequadamente discutidas pela instância ordinária previamente. E mais: que tenham sido enfrentadas pela decisão recorrida. A apresentação de novos pontos de vistas, bem como alegações inéditas dentro do processo, é, em linha de princípio, inviabilizada perante as Cortes Superiores, como medida de prestígio ao princípio do contraditório. Por isso, em linha de princípio, os Tribunais Superiores, historicamente, resistem em admitir a inovação recursal.

Embora a expressão "prequestionamento" não conste na Constituição Federal, ele é exigido nos recursos dirigidos a Brasília. Se o Tribunal Superior deve analisar o entendimento da Corte Regional, para, em um segundo momento, invalidá-lo, referendá-lo ou reformá-lo, é imprescindível que os fundamentos que permitiram alcançar a conclusão sejam conhecidos por todos os julgadores. O acórdão recorrido precisa emitir juízo de valor quanto ao papel desempenhado pela norma jurídica discutida.

O ideal é que a norma tenha sido expressamente enfrentada no acórdão, a fim de espancar qualquer dúvida quanto à sua incidência ou interpretação. Contudo, pode acontecer – e quiçá seja até o mais comum na prática – que o sentido normativo do dispositivo legal tenha sido debatido sem a sua expressa menção. Daí surgir a interessante figura do "prequestionamento

especial, conceder prazo de quinze dias para que as partes complementem suas razões e contrarrazões de recurso".

[463] AgInt no REsp 1726986/MG, 2. T., Rel. Min. Herman Benjamin, j. 06.11.2018. DJe 19.11.2018.

implícito" para viabilizar a atuação da Corte Superior.[464] É correta a posição do Ministro Napoleão Nunes Maia Filho, dando conta que "para satisfação do requisito do prequestionamento, entende-se que o seu cumprimento não está condicionado à menção expressa no julgado recorrido do dispositivo tido por violado, bastando ter sido a matéria jurídica, alvo de discussão no Apelo Nobre, previamente solucionada no acórdão vergastado".[465]

É ônus da parte instar a Corte a analisar os seus fundamentos, fáticos e jurídicos. A exigência do prequestionamento entusiasma o litigante a apresentar todos os seus argumentos, instando o pronunciamento de todos os juízes que com o caso tomam contato. A eventual omissão do magistrado no enfrentamento do tema suscitado autoriza o manejo dos embargos de declaração para complementar o julgado, pois as partes tem direito à jurisdição integral e à motivação dos julgados.

Como regra, caso o ponto levantado no recurso especial não tenha sido apreciado pela instância ordinária, inviável será a atuação da Corte Superior, por faltar o prequestionamento. Daí que, na dúvida, de todo conveniente a interposição prévia de Embargos Declaratórios, sob pena de aplicação da máxima do Min. Soares Munhoz, no julgamento do AI 83629/AgR/SP: "pouco importa o entendimento que o recorrente possa ter do mencionado requisito. O que lhe cabia fazer, e não fez, era sanar a pretendida omissão do acórdão, mediante a interposição de embargos de declaratórios".[466]

Ao menos dois enunciados aprovados em 1963 versam sobre o prequestionamento do recurso extraordinário, sendo diuturnamente aplicados, inclusive pelo Superior Tribunal de Justiça.[467] Prescreve o verbete nº 282 ser "inadmissível o recurso extraordinário, quando não ventilada, na decisão recorrida, a questão federal suscitada". Complementa a orientação o enunciado nº 356 quando assinala que o "o ponto omisso da decisão, sobre o qual não foram opostos embargos declaratórios, não pode ser objeto de recurso extraordinário, por faltar o requisito do prequestionamento".

Com efeito, como dito, quando o acórdão recorrido é omisso no enfrentamento do ponto constitucional que motivará a apresentação do extraordinário cumpre ao recorrente opor embargos de declaração, requerendo o suprimento do vício. Uma vez sanada a omissão, então haverá espaço para o extraordinário e/ou especial. Contudo, caso o Tribunal de origem persista no erro, deixando de prestar jurisdição, enfrentava o jurisdicionado uma séria dificuldade sob a égide do CPC/73. Exigia-se, especialmente o Superior

[464] Por ilustração: "o prequestionamento pode ser implícito, e é reconhecido sempre que as questões decididas na causa remetam o Tribunal às normas legais que o recurso especial diz contrariado". REsp 330.200/MG, 3. T., Rel. Min. Ari Pargendler. DJ: 01.10.2001, p. 213.

[465] REsp 1433635/RO, 1. T., Rel. Min. Napoleão Nunes Maia Filho, j. 25.03.2014. DJe 03.04.2014.

[466] DJ: 11.09.1981, p. 8790, ement. v. 1225-02, p. 656.

[467] Por ilustração: "O tema inserto no artigo 4º da Lei nº 4.595/64 não foi debatido pelo Tribunal a quo, deixando a recorrente de manejar embargos de declaração na origem para suprimir eventual omissão, o que atrai o impedimento das Súmulas nºs 282 e 356 do STF". AgRg no REsp 660253/RS, 2ª Turma, Rel. Min. Castro Meira, DJ 13.02.2006, p. 746.

Tribunal de Justiça, a interposição de um recurso no qual se discutisse a nulidade da decisão por falta de fundamentação. Somente após a correção deste vício e com o prequestionamento expresso estaria autorizada a discussão da matéria de fundo, em outro recurso. O adimplemento do ônus era penoso.[468]

Nesse contexto, ainda existe o enunciado 211 da Súmula do STJ, o qual afirma: "inadmissível recurso especial quanto à questão que, a despeito da oposição de embargos declaratórios, não foi apreciada pelo Tribunal *a quo*". Para o STJ, em sua visão tradicional, o fenômeno do "prequestionamento implícito" é distinto do "prequestionamento ficto". No primeiro, o conteúdo normativo do dispositivo legal apontado como violado é apreciado pelo acórdão recorrido, embora não tenha ocorrido a sua indicação numérica. Já em relação ao segundo, a Corte local silencia, deixando de conhecer dos declaratórios, quando em tese a omissão estava presente.[469]

Em sentido oposto, o CPC subscreve a tese do prequestionamento ficto, em seu art. 1.025: "consideram-se incluídos no acórdão os elementos que o embargante suscitou, para fins de pré-questionamento, ainda que os embargos de declaração sejam inadmitidos ou rejeitados, caso o tribunal superior considere existentes erro, omissão, contradição ou obscuridade".

Como assinalado no capítulo dedicado aos embargos de declaração, esperamos a revisão deste enunciado 211, diante da nova legislação.

Por fim, digno de nota que, ao contrário do CPC/73, o CPC contempla o termo "pré-questionamento" em dois artigos. Inicialmente, o art. 941, § 3º, admite a caracterização do pré-questionamento no voto vencido, tornando

---

[468] Por ilustração: "(...) 4. No caso concreto, o Tribunal de origem, mesmo com a interposição dos embargos de declaração, não se manifestou acerca dos referidos pontos suscitados. Desse modo, ao rejeitar os embargos declaratórios, deixando, contudo, de se pronunciar sobre as questões de fato neles suscitadas, o Tribunal de origem acabou por violar o art. 535 do Código de Processo Civil. 5. Embargos de declaração acolhidos, com efeitos infringentes, para afastar a aplicação da "Teoria do Fato Consumado", em razão do juízo de retratação oportunizado pelo art. 543-B, § 3º, do CPC. Porém, como na análise do recurso especial, apresentado por Simone Maciel Saqueto, não foi decidida a questão referente à violação do art. 535 do CPC, dou provimento ao recurso especial para decretar a nulidade do acórdão referente aos embargos declaratórios, determinando-se o retorno dos autos ao Tribunal de origem". (EDcl no AgRg no AgRg no REsp 1182102/RJ, Rel. Min. Reynaldo Soares da Fonseca, j. 03/12/2015. DJe 10/12/2015)

[469] Didático acórdão a respeito desta histórica distinção: "AGRAVO REGIMENTAL NO AGRAVO EM RECURSO ESPECIAL. BRASIL TELECOM. CONTRATO DE PARTICIPAÇÃO FINANCEIRA. OFERTA PÚBLICA. VIOLAÇÃO ART. 884 DO CÓDIGO CIVIL. AUSÊNCIA DE PREQUESTIONAMENTO. 1. A jurisprudência desta Corte Superior tem admitido a ocorrência do chamado 'prequestionamento implícito' quando o conteúdo normativo do dispositivo legal apontado como violado tenha sido apreciado e decidido pelo acórdão recorrido, ainda que não haja a indicação numérica do referido artigo legal. 2. Coisa diversa é o chamado "prequestionamento ficto", segundo o qual se considera prequestionada a matéria que apesar de não analisada pelo acórdão foi objeto da petição dos embargos de declaração interpostos, ainda que eles sejam rejeitados sem qualquer exame da tese, bastando constar da petição dos referidos declaratórios. 3. O Superior Tribunal de Justiça não admite o chamado 'prequestionamento ficto', ou seja, aquele segundo o qual, a oposição de embargos de declaração é suficiente ao suprimento do requisito do prequestionamento. 4. Agravo regimental não provido, com aplicação de multa". (AgRg no AREsp 385.897/RS, 4. T., Rel. Min. Luis Felipe Salomão, j. 10.12.2013. DJe 18.12.2013)

necessário o cancelamento da súmula 320/STJ.[470] Após, o art. 1.025, antes lembrado, também invoca o instituto, diante dos embargos de declaração.

3.2. Causa definitivamente julgada

A Constituição Federal somente admite a apreciação dos recursos extraordinários pelos Tribunais Superiores caso a atividade jurisdicional dos Tribunais locais tenha sido esgotada. A parte, antes de ascender às Cortes Superiores, deve rediscutir as decisões na instância ordinária, por todos os meios autorizados pelo Direito.

Essa conclusão é fruto da dicção constitucional. Tanto no regramento do recurso extraordinário (art. 102, III), quanto no do especial (art. 105, III), a redação é idêntica: "causas decididas em única ou última instância". Enquanto não preenchido este requisito, a irresignação deve-se ater à jurisdição ordinária.

O fundamental é que não exista possibilidade de se manejar outro recurso para atacar a decisão, de sorte que a matéria nela enfrentada tenha sido "definitivamente julgada". É possível, portanto, que um acórdão proferido em Agravo de Instrumento enfrente, com aspiração de definitividade, um tema relevante dentro do processo e torne admissível, assim, o recurso extraordinário/especial.[471]

É frequente, nos Tribunais da Federação, a prolação de decisão unipessoal. Estas pronúncias devem ser fustigadas através de agravo interno (art. 1.021). Apenas quando superado o debate, pela atuação definitiva do colegiado, tornar-se-á admissível a interposição de recursos extraordinários.

Ainda quanto à necessidade de exaustão da instância, situação idêntica é observada quando o recorrente objetiva reapreciação de decisão do Superior Tribunal de Justiça através de Recurso Extraordinário ao Supremo Tribunal Federal. Nessas hipóteses, é fundamental que todo o *iter* recursal do Superior tenha sido esgotado, sob pena de não conhecimento do Extraordinário. No tópico, ressalta-se a existência de julgados do Supremo Tribunal Federal vedando a interposição simultânea de Embargos de Divergência no Superior e Extraordinário ao Supremo, uma vez que a parte deveria, necessariamente, aguardar o exaurimento da atuação do Superior, o que se daria com o julgamento dos Embargos, para cumprir com o requisito constitucional da decisão de "última instância".[472]

---

[470] Reza o art. 941, § 3º: "O voto vencido será necessariamente declarado e considerado parte integrante do acórdão para todos os fins legais, inclusive de pré-questionamento". Esta redação ocasiona a necessidade de ser revista a súmula 320: "a questão federal somente ventilada no voto vencido não atende o requisito do prequestionamento.".

[471] Nessa linha, reza a súmula 86/STJ: "cabe recurso especial contra acordão proferido no julgamento de agravo de instrumento".

[472] Nesse sentido: "... Muito embora o recurso de embargos de divergência seja de natureza facultativa, se a parte opta por sua interposição, não pode, ao mesmo tempo, manejar recurso extraordinário. 2. Em uma tal hipótese, é mister aguardar-se o julgamento daquele recurso para, apenas então, vir a interpor esse outro, sob pena de ausência de esgotamento de instância e de violação do princípio da

Um tema atual que diz respeito ao esgotamento de instância é a interposição de recurso especial ou de extraordinário antes de julgados ou mesmo opostos os declaratórios pela parte contrária. O fenômeno é corriqueiro, uma vez que, como muitas vezes os prazos para as partes não são comuns (veja o exemplo da Fazenda Pública, Ministério Público, etc.), não raro um litigante deve interpor seu Extraordinário antes mesmo que o prazo de seu adversário para a oposição dos aclaratórios esteja vencido. No ponto, como destacado no tópico relativo à "interposição prematura" de recursos, incide a Súmula 579/STJ: "não é necessário ratificar o recurso especial interposto na pendência do julgamento dos embargos de declaração, quando inalterado o resultado anterior".

Por fim, deve ser registrado que, conforme remansosa jurisprudência do Supremo Tribunal Federal, descabe a interposição de recurso extraordinário contra acórdão proferido no âmbito de processo administrativo, pois "o recurso extraordinário pressupõe a existência de causa, decidida em única ou última instância por órgão do Poder Judiciário, no exercício de função jurisdicional".[473]

4. Características Comuns

4.1. Procedimento padrão

Tanto o recurso especial, quanto o extraordinário, são interpostos perante o presidente ou o vice-presidente do tribunal recorrido. As petições de interposição, além de comprovar a ultrapassagem de todos os requisitos de admissibilidade, devem conter, à luz do art. 1.029, CPC, "a exposição do fato e do direito", "a demonstração do cabimento do recurso interposto" e "as razões do pedido de reforma ou de invalidação da decisão recorrida".

O recurso, como dito, é interposto perante o Tribunal de Origem. Recebida a petição, é determinada a intimação do recorrido, abrindo-se-lhe vista para apresentar contrarrazões. Findo o prazo de 15 dias, com ou sem manifestação do recorrido, os autos seguem conclusos à Presidência ou Vice-Presidência para análise da admissão do recurso.

Durante a tramitação do Projeto Novo CPC, fora retirado este primeiro filtro de admissibilidade. E o CPC/2015 chegou a ser sancionado, dispondo que o recurso extraordinário e o recurso especial deveriam ser dirigidos a Brasília independentemente de análise de admissibilidade.[474] Contudo, hou-

unicidade recursal...". RE 524385 AgR, 1. T., Rel. Min. Dias Toffoli, j. 07.08.2012. DJe-167, 23.08.2012, p. 24.08.2012.

473 ARE 958311 AgR, 2. T., Rel. Rel. Min. Teori Zavascki, Relator p/ acórdão: Min. Gilmar Mendes. DJe-216, divulg. 09-10-2018, p. 10-10-2018.

474 Foi sancionado em março de 2015 o art. 1.030, com a seguinte redação (posteriormente alterada radicalmente): "Recebida a petição do recurso pela secretaria do tribunal, o recorrido será intimado para apresentar contrarrazões no prazo de 15 (quinze) dias, findo o qual os autos serão remetidos ao

ve reforma do texto legal, antes mesmo de sua entrada em vigor, atendendo-se a postulações dos próprios Tribunais Superiores.

Com a atual redação do art. 1.030, houve a sistematização do trabalho a ser desenvolvido pelos juízos de origem:

> Art. 1.030. Recebida a petição do recurso pela secretaria do tribunal, o recorrido será intimado para apresentar contrarrazões no prazo de 15 (quinze) dias, findo o qual os autos serão conclusos ao presidente ou ao vice-presidente do tribunal recorrido, que deverá:
>
> I – negar seguimento:
>
> a) a recurso extraordinário que discuta questão constitucional à qual o Supremo Tribunal Federal não tenha reconhecido a existência de repercussão geral ou a recurso extraordinário interposto contra acórdão que esteja em conformidade com entendimento do Supremo Tribunal Federal exarado no regime de repercussão geral;
>
> b) a recurso extraordinário ou a recurso especial interposto contra acórdão que esteja em conformidade com entendimento do Supremo Tribunal Federal ou do Superior Tribunal de Justiça, respectivamente, exarado no regime de julgamento de recursos repetitivos;
>
> II – encaminhar o processo ao órgão julgador para realização do juízo de retratação, se o acórdão recorrido divergir do entendimento do Supremo Tribunal Federal ou do Superior Tribunal de Justiça exarado, conforme o caso, nos regimes de repercussão geral ou de recursos repetitivos;
>
> III – sobrestar o recurso que versar sobre controvérsia de caráter repetitivo ainda não decidida pelo Supremo Tribunal Federal ou pelo Superior Tribunal de Justiça, conforme se trate de matéria constitucional ou infraconstitucional;
>
> IV – selecionar o recurso como representativo de controvérsia constitucional ou infraconstitucional, nos termos do § 6º do art. 1.036;
>
> V – realizar o juízo de admissibilidade e, se positivo, remeter o feito ao Supremo Tribunal Federal ou ao Superior Tribunal de Justiça, desde que:
>
> a) o recurso ainda não tenha sido submetido ao regime de repercussão geral ou de julgamento de recursos repetitivos;
>
> b) o recurso tenha sido selecionado como representativo da controvérsia; ou
>
> c) o tribunal recorrido tenha refutado o juízo de retratação.
>
> § 1º Da decisão de inadmissibilidade proferida com fundamento no inciso V caberá agravo ao tribunal superior, nos termos do art. 1.042.
>
> § 2º Da decisão proferida com fundamento nos incisos I e III caberá agravo interno, nos termos do art. 1.021.

Como se vê do próprio texto, exige-se que o Tribunal de Origem afira se a jurisprudência do Tribunal Superior já não se encontra pacificada quanto

---

respectivo tribunal superior. Parágrafo único. A remessa de que trata o caput dar-se-á independentemente de juízo de admissibilidade".

ao tema suscitado pelo recorrente, evitando a sua remessa, caso já tenha ocorrido a uniformização. Nesses casos, ao invés de ser aplicada a tese pela Corte Superior, deverá o próprio Tribunal de Origem atuar, quer pela negativa de seguimento do recurso estrito, quer pela via da retratação. Apenas quando resistente a Corte Local deverá, em caráter excepcional, ser remetido a Brasília o recurso para provável provimento.

Desta forma, quanto ao procedimento bipartido de análise da admissibilidade, observa-se a sua manutenção. Se o resultado desta análise é positivo, então a insurgência é remetida à Brasília. Contudo, se não se observa a concorrência dos pressupostos legais, a subida do recurso é evitada. Digno de nota que o Superior ou o Supremo não estão vinculados ao juízo emitido pelo tribunal local, pois na qualidade de juízes naturais do Especial e do Extraordinário revisam a sua admissibilidade: "o juízo provisório de admissibilidade do recurso especial realizado pelo Tribunal de origem não vincula o Superior Tribunal de Justiça, a quem compete a apreciação definitiva dos pressupostos desse recurso".[475]

De seu turno, a admissão pelo Tribunal Inferior do Extraordinário ou do Especial por um fundamento não inibe a Corte de conhecer das demais questões suscitadas, justamente pelo princípio do juiz natural. Em razão disso, apresenta-se suficiente o trabalho empreendido pelo tribunal local, a fim de visualizar o trânsito por qualquer das alíneas elencadas pelo recorrente, deixando inclusive de se pronunciar quanto as demais, uma vez que é irrelevante a admissão por todos ou por apenas alguns dos fundamentos. O fato é que o Tribunal Superior poderá conhecer por todos os demais invocados pelo recorrente e não apreciados pela Corte local ou mesmo reputar inadmissível o recurso, revisando a decisão do juízo *a quo*. Incide o verbete nº 528/STF: "se a decisão contiver partes autônomas, a admissão parcial, pelo presidente do tribunal *a quo*, de recurso extraordinário que, sobre qualquer delas se manifestar, não limitará a apreciação de todas pelo Supremo Tribunal Federal, independentemente de interposição de agravo de instrumento".

Caso haja a não admissão do recurso pelo tribunal local, poderá a parte se valer de agravo de admissão, em 15 dias, previsto no art. 1.042: "Cabe agravo contra decisão do presidente ou do vice-presidente do tribunal recorrido que inadmitir recurso extraordinário ou recurso especial, salvo quando fundada na aplicação de entendimento firmado em regime de repercussão geral ou em julgamento de recursos repetitivos".

Como será observado em capítulo próprio, a fundamentação deste recurso deverá corresponder ao que foi decidido. Tradicionalmente, postula-se nova análise da admissibilidade do Extraordinário ou do Especial denegado.

Este agravo é interposto ainda perante a instância de origem e de lá encaminhado ao Tribunal Superior competente. O trabalho do tribunal local limita-se à autuação do agravo, com a remessa à Brasília. Não lhe compete analisar a admissibilidade, e muito menos o mérito do agravo, sob pena de

---

[475] AgInt no AREsp 1310962/SP, 3. T., Rel. Min. Marco Aurélio Bellizze, j. 03.12.2018. DJe 06.12.2018.

subversão do sistema recursal.[476] A eventual usurpação de competência realizada pelo Tribunal de Origem, por mais nobres que sejam os motivos, rende reclamação ao Superior Tribunal de Justiça ou ao Supremo Tribunal Federal, conforme o caso, para o fim de conservar sua autoridade e sua competência constitucional.[477]

Ao apreciar o agravo, o relator do Superior ou Supremo poderá negar provimento ao recurso, mantendo assim a decisão da Corte de origem ou provê-lo, enfrentando – ato contínuo – os fundamentos do Recurso Especial. Na prática, é frequente a decisão do relator pela conversão do agravo em recurso especial quando num exame provisório conclui-se pela admissibilidade da tese.

Mais comum ainda é a decisão monocrática que lhe nega provimento, a partir da aplicação da jurisprudência dominante na Corte Superior. Este procedimento, na correta visão do Min. Cezar Peluso, "desvela o grau da autoridade que o ordenamento jurídico atribui, em nome da segurança jurídica, às súmulas e, posto que não sumulada, à jurisprudência dominante, sobretudo desta Corte, as quais não podem ser desrespeitadas nem controvertidas sem graves razões jurídicas capazes de lhes autorizar revisão ou reconsideração. De modo que o inconformismo sistemático, manifestado em recurso carente de fundamentos novos, não pode deixar de ser visto senão como abuso do poder recursal".[478]

Por fim, em tese, qualquer que seja o teor da decisão monocrática, caberá ainda agravo, a ser deduzido pela parte sucumbente, a fim de estar a manifestação do colegiado competente para o julgamento do recurso. Este agravo, que era popularmente conhecido como regimental (agora com o CPC/2015 foi denominado "interno"), permite que o colegiado controle o pronunciamento monocrático do relator, devendo conter, por isso, crítica precisa aos equívocos da decisão unipessoal, sob pena de ser tido como abusivo e protelatório. Veja-se a propósito observação do Min. Cezar Peluso no julgado acima citado: "recursos como este roubam à Corte, já notoriamente sobrecarregada, tempo precioso para cuidar de assuntos graves. A litigância de má-fé não é ofensiva apenas à parte adversa, mas também à dignidade do Tribunal e à alta função pública do processo".

---

[476] Exemplo: "... O agravo de instrumento interposto contra decisão que não admite recurso extraordinário não se submete a qualquer juízo de admissibilidade por parte da instância a quo. Precedentes...". Rcl 6770 AgR, Rel. Min. Cármen Lúcia, Tribunal Pleno, j. 24.06.2010. DJe-149, 12.08.2010, p. 13.08.2010, v. 2410-01, p. 209.

[477] Conserva atualidade: "Reclamação. Agravo de instrumento contra inadmissão de recurso especial. Indeferimento no Tribunal de Justiça. Usurpação de competência do Superior Tribunal de Justiça. 1. 'Para preservar a competência do Tribunal ou garantir a autoridade das suas decisões, caberá reclamação da parte interessada ou do Ministério Público.' (artigos 187 do Regimento Interno do Superior Tribunal de Justiça e 13 da Lei nº 8.038, de 28 de maio de 1990). 2. A competência para julgar agravo de instrumento interposto de decisão que inadmite recurso especial é do Superior Tribunal de Justiça, nos termos dos artigos 28, *caput*, da Lei nº 8.038/90 e 544, parágrafos 3º e 4º, do Código de Processo Civil (com redação anterior à edição da Lei nº 12.322/2010, vigente ao tempo da interposição do recurso). 3. Reclamação procedente". Rcl 5.135/RJ, 1. S., Rel. Min. Hamilton Carvalhido, j. 27.04.2011. DJe 09.05.2011.

[478] Trecho do voto proferido no julgamento do AgRg no AI 558.923, j. 03.10.2006.

4.2. Julgamento de recursos repetitivos

O atual Código valoriza a jurisprudência e prescreve que os Tribunais devem zelar pela estabilidade, integridade e coerência de suas posições (art. 926). Dentre os mecanismos idealizados para a uniformização dos julgados e para a racionalização da atividade dos magistrados, um dos mais importantes é o procedimento que leva a apreciação dos Recursos Extraordinários e Especiais repetitivos, cujas decisões tendem a ser reiteradas por todos os órgãos inferiores.

Quanto ao tema, o CPC dedica uma subseção ao julgamento dos Recursos Extraordinário e Especial Repetitivos (arts. 1.036-1.041). Como dito, este regramento é extremamente importante, pois disciplina a formação dos precedentes que deverão pautar as decisões de milhões de processos. Para formar o paradigma, ao invés de se colocar em pauta milhares de recursos sobre o mesmo tema de direito, o Judiciário encarrega-se de identificar aqueles que melhor representam a controvérsia de fundo.

Os Tribunais de Brasília vêm investindo pesadamente na maturação desse procedimento, o qual é visto como um meio efetivo de "combate à litigiosidade efetiva". O Ministro João Otávio de Noronha, antes de assumir o seu mandato de Presidente do STJ, assim de manifestou em artigo publicado na Folha de São Paulo: "Alinhado às diretrizes do CNJ, o STJ tem feito a articulação com as cortes de segundo grau para aprimorar a aplicação do sistema de precedentes do novo CPC, especialmente em relação ao recurso repetitivo – que permite dar solução simultânea a múltiplos processos e ainda evitar a recorribilidade inútil sobre questões já decididas. O tribunal, que liderou a implantação do processo eletrônico no Brasil, continua a investir em tecnologia para aumentar sua eficiência, e estou convencido de que a inteligência artificial trará expressivo ganho de tempo na tramitação dos feitos. No entanto – e a despeito da força vinculativa que a legislação pretendeu imprimir a determinados precedentes, como os fixados em julgamento de repetitivos –, todo esse esforço do STJ e dos tribunais sob sua jurisdição continuará rendendo abaixo do esperado se os magistrados não atentarem para a necessidade de seguir a orientação estabelecida na jurisprudência das cortes superiores".[479]

O desafio central deste procedimento é viabilizar a uniformização dos entendimentos divergentes sobre a mesma questão de direito, sem ferir o norte constitucional do contraditório e do acesso à justiça. Um primeiro momento decisivo reside na aferição da multiplicidade de processos envolvendo idêntica questão de direito e na eleição do recurso paradigma. Por isto, o § 6º do art. 1.036 prescreve: "somente podem ser selecionados recursos admissíveis que contenham abrangente argumentação e discussão a respeito da questão a ser decidida".

Inicialmente, tendo em conta que os recursos extraordinário e especial ainda são interpostos nos Estados de Origem, autoriza a lei, em seu § 1º, que

[479] Uma Justiça mais Racional. *Folha de São Paulo*, A.3, publicado em 27.08.2018.

o presidente ou o vice-presidente de Tribunal de Justiça ou de Tribunal Regional Federal selecione 2 (dois) ou mais recursos representativos da controvérsia, para encaminhamento à Corte de Brasília, para fins de afetação, determinando a suspensão do trâmite de todos os processos pendentes, individuais ou coletivos, que tramitem no Estado ou na Região. Já neste momento observa-se uma inovação, pois o CPC determina a suspensão dos processos na região sob jurisdição do Tribunal inferior até que a Corte de Brasília referende a sua posição.[480] Essa decisão de afetação será analisada pelo juiz natural, pois "a escolha feita pelo presidente ou vice-presidente do tribunal de justiça ou do tribunal regional federal não vinculará o relator no tribunal superior, que poderá selecionar outros recursos representativos da controvérsia", consoante o § 4º. Ocupando a cúpula do Judiciário, os Ministros possuem plenas condições de avaliar recursos oriundos de todo o território nacional, conhecendo assim pontos de vista de diversas Cortes.[481]

Já a decisão de afetação, quando proferida pelo relator, no tribunal superior (art. 1.037), tem o condão de suspender o processamento de todos os processos pendentes, individuais ou coletivos, que versem sobre a questão e tramitem no território nacional. Durante a suspensão, presume-se que os juízos inferiores, oferecerão o seu tempo e a sua atenção para causas singulares.

Pode ocorrer, entretanto, que a suspensão gere prejuízo ainda maior para os jurisdicionados. Nessas situações, as Cortes de Brasília, mediante decisão fundamentada, poderão afastar a suspensão prevista na lei, em atenção aos demais princípios constitucionais. Foi o que ocorreu, por exemplo, quando da análise da natureza do rol de cabimento do agravo de instrumento, momento em que o STJ considerou que seria prejudicial ao acesso à justiça ordenar a suspensão de milhares de recursos até o pronunciamento definitivo sobre a matéria.

Todas as partes envolvidas nos processos que serão sobrestados devem ser intimadas da decisão, a qual será proferida pelo juízo onde a causa se encontre.[482] Poderá a parte invocar distinção entre a questão a ser decidida no processo e aquela a ser julgada no recurso especial ou extraordinário afetado, requererendo o prosseguimento do seu processo.[483] Trata-se de uma das

---

[480] Caso a Corte de Brasília não reconheça a multiplicidade, incidirá o art. 1.037, § 1º: "Se, após receber os recursos selecionados pelo presidente ou pelo vice-presidente de tribunal de justiça ou de tribunal regional federal, não se proceder à afetação, o relator, no tribunal superior, comunicará o fato ao presidente ou ao vice-presidente que os houver enviado, para que seja revogada a decisão de suspensão referida no art. 1.036, § 1º".

[481] Art. 1.037, § 5º: "o relator em tribunal superior também poderá selecionar 2 (dois) ou mais recursos representativos da controvérsia para julgamento da questão de direito independentemente da iniciativa do presidente ou do vice-presidente do tribunal de origem".

[482] Art. 1.037, § 8º: "As partes deverão ser intimadas da decisão de suspensão de seu processo, a ser proferida pelo respectivo juiz ou relator quando informado da decisão a que se refere o inciso II do *caput*".

[483] Art. 1.037, § 9º: "Demonstrando distinção entre a questão a ser decidida no processo e aquela a ser julgada no recurso especial ou extraordinário afetado, a parte poderá requerer o prosseguimento do seu processo".

manifestações da técnica da distinção.[484] Dito requerimento será dirigido: "(I) – ao juiz, se o processo sobrestado estiver em primeiro grau; (II) ao relator, se o processo sobrestado estiver no tribunal de origem; (III) ao relator do acórdão recorrido, se for sobrestado recurso especial ou recurso extraordinário no tribunal de origem; (IV) ao relator, no tribunal superior, de recurso especial ou de recurso extraordinário cujo processamento houver sido sobrestado".[485] É direito da outra parte se manifestar quanto a este requerimento.[486] Prevê o § 12, uma vez reconhecida a distinção no caso o prosseguimento do processo.[487] Autoriza, ainda, o novo diploma agravo contra a decisão que resolver o requerimento, na modalidade de instrumento, se o processo estiver em primeiro grau ou interno, se a decisão for de relator.[488]

Nesse contexto, cumpre ao relator identificar com precisão a questão a ser submetida a julgamento, trabalho que se revela de suma importância, na medida em que os demais Tribunais da Federação deverão dar cumprimento ao que for decidido, sobrestando milhões de processos. Quando do julga-

[484] Trata-se do instituto da distinção, trabalhado em sede doutrinária à luz do "distinguishing" "após a decisão de afetação, as partes deverão ser intimadas (art. 1.037, § 8º) da suspensão de seu processo. Neste ponto, o Novo CPC traz importante novidade que vem corrigir um enorme defeito do sistema atual, pelo qual lutamos desde a tramitação do anteprojeto para ser incorporada ao sistema, e que foi absorvida durante sua tramitação na Câmara dos Deputados: o *distinguishing*. Se alguma das partes não concordar com a vinculação do seu caso àquela hipótese, terão agora um mecanismo de distinção: o § 9º do art. 1.037 prevê que a parte poderá requerer o prosseguimento do seu processo ao demonstrar distinção entre a questão a ser decidida no processo e aquela a ser julgada no recurso especial ou extraordinário afetado. O § 10 do art. 1.037 dispõe sobre o órgão competente para receber o requerimento: o juiz, se o processo sobrestado estiver em primeiro grau; o relator do TJ ou do TRF, se o processo sobrestado estiver no tribunal de origem; o relator do acórdão recorrido, também do TJ ou do TRF, se for sobrestado, no tribunal de origem, recurso especial ou extraordinário; o relator do recurso especial ou extraordinário, no tribunal superior, cujo processamento houver sido sobrestado. Se for reconhecida a "distinção", o próprio juiz/relator do caso dará prosseguimento ao processo, ou, se o caso sobrestado no tribunal de origem for um recurso extraordinário ou recurso especial, "o relator comunicará a decisão ao presidente ou ao vice-presidente que houver determinado o sobrestamento, para que o recurso especial ou o recurso extraordinário seja encaminhado ao respectivo tribunal superior, na forma do art. 1.030, parágrafo único" (§ 12 do art. 1.037)". THEODORO JÚNIOR, Humberto; NUNES, Dierle; BAHIA, Alexandre Melo Franco; PEDRON, Flávio Quinaud. *Novo CPC*: Fundamentos e sistematização. 2. ed. rev., atual. e ampl. Rio de Janeiro: Forense, 2015, p. 375.

[485] Art. 1.037, § 10: "O requerimento a que se refere o § 9º será dirigido: I – ao juiz, se o processo sobrestado estiver em primeiro grau; II – ao relator, se o processo sobrestado estiver no tribunal de origem; III – ao relator do acórdão recorrido, se for sobrestado recurso especial ou recurso extraordinário no tribunal de origem; IV – ao relator, no tribunal superior, de recurso especial ou de recurso extraordinário cujo processamento houver sido sobrestado".

[486] Art. 1.037, § 11: "A outra parte deverá ser ouvida sobre o requerimento a que se refere o § 9º, no prazo de 5 (cinco) dias".

[487] Art. 1.037, § 12: "Reconhecida a distinção no caso: I – dos incisos I, II e IV do § 10, o próprio juiz ou relator dará prosseguimento ao processo; II – do inciso III do § 10, o relator comunicará a decisão ao presidente ou ao vice-presidente que houver determinado o sobrestamento, para que o recurso especial ou o recurso extraordinário seja encaminhado ao respectivo tribunal superior, na forma do art. 1.030, parágrafo único".

[488] Art. 1.037, § 13: "Da decisão que resolver o requerimento a que se refere o § 9º caberá: I – agravo de instrumento, se o processo estiver em primeiro grau; II – agravo interno, se a decisão for de relator".

mento do paradigma, será vedado ao órgão colegiado decidir questão não delimitada na decisão de afetação.

Ultrapassada esta fase de seleção do paradigma e identificação da questão a ser enfrentada pela Corte, surge um segundo momento delicado, qual seja o de sua instrução e julgamento, em prazo razoável.[489]

É importante que o contraditório ocorra de forma intensa. Sob a perspectiva do recurso extraordinário e de sua intrínseca relação com o instituto da repercussão geral, acerta Taís Schilling Ferraz quanto à necessária consideração de todos os fundamentos constitucionais necessários para a formação do paradigma, ainda que não invocados pelo recorrente: "no mínimo o que estes julgamentos sugerem é que a repercussão geral provocou a ampliação dos limites de cognição das questões trazidas à decisão do STF em controle difuso de constitucionalidade, apontando para uma releitura do pressuposto específico do prequestionamento, originado da jurisprudência defensiva do STF no enfrentamento à chamada crise no recurso extraordinário. Mas daí não decorre a possibilidade de que mais recursos extraordinários – que antes eram obstados pela ausência do prequestionamento – tenham acesso à Corte Suprema. A mudança exerce-se muito mais sobre o controle difuso de constitucionalidade, que gradativamente torna-se mais objetivo, do que sobre seu principal veículo – o recurso extraordinário. A ideia, como até agora examinando, não é dar acesso ao STF a mais e mais recursos, mas permitir que, ao decidir questão constitucional, a Corte o faça da forma mais ampla possível, de maneira a gerar preceito largamente aplicável, ainda que, para tanto, ao formar o *leading case*, seja necessário avançar sobre fundamentos para além dos prequestionados no recurso extraordinário escolhido como paradigma".

Conclui a autora: "já tendo o Supremo Tribunal Federal assentado que a repercussão geral vincula-se à questão constitucional suscitada no recurso e não ao próprio recurso extraordinário, e prevendo a lei que o Relator 'poderá admitir manifestação de pessoas, órgãos ou entidades com interesse na controvérsia', é válido daí extrair que a decisão poderá estar assentada em fundamentos outros que não os trazidos no recurso extraordinário, desde que vinculados à mesma questão constitucional, sendo a amplitude dessa questão e não os limites da argumentação oferecida no recurso individual que informarão a extensão da ratio decidendi e dos respectivos efeitos sobre as ações individuais que versem sobre o mesmo tema".

[489] O arcabouço legal encontra-se no art. 1.037, § 4º: "Os recursos afetados deverão ser julgados no prazo de 1 (um) ano e terão preferência sobre os demais feitos, ressalvados os que envolvam réu preso e os pedidos de *habeas corpus*"; "§ 5º Não ocorrendo o julgamento no prazo de 1 (um) ano a contar da publicação da decisão de que trata o inciso I do *caput*, cessam automaticamente, em todo o território nacional, a afetação e a suspensão dos processos, que retomarão seu curso normal"; § 6º: "Ocorrendo a hipótese do § 5º, é permitido a outro relator do respectivo tribunal superior afetar 2 (dois) ou mais recursos representativos da controvérsia na forma do art. 1.036".

Portanto, é conveniente que a sociedade civil participe da construção do paradigma. Três relevantes meios de democratização do procedimento estão hoje previstos nos incisos do art. 1.038.[490]

Uma primeira forma de se resguardar o ideal democrático é a utilização da figura do *amicus curiae*. A sociedade civil, a partir de associações, sindicatos, federações e outros grupos organizados poderá participar do procedimento. Novos pontos de vista, inéditos nos autos, muitas vezes antagônicos, serão trazidos para consideração, permitindo a compreensão globalizada da controvérsia.

Uma boa sugestão invocada pela doutrina é a realização de audiência pública: "outra contribuição, para a maior amplitude de análise, será a de o relator determinar a realização de audiência pública para oitiva de depoimentos de pessoas com experiência e conhecimento da matéria. Esta possibilidade, utilizada discretamente na atualidade no STF e STJ, vem permitindo aos magistrados a otimização dos julgamentos dentro do lema: julgar bem, desde a primeira vez, para que se evitem rejulgamentos de casos idênticos em face da omissão na análise de argumentos. Em face dessas mudanças seria conveniente a adoção das sugestões empreendidas em outra sede "criação de centros de estudo e pesquisas, compostos de comissões temática de todas de especialistas preenchidas por assessores (por estudiosos e, até, por estagiários), com o objetivo de estudo de todos os fundamentos a serem considerados, inclusive com uma análise exaustiva de todos os julgados (desde o *leading case)* que feriram a(s) temática(s). A ideia seria de criação de verdadeiros relatórios (*reports*) a facilitar o trabalho de todas as assessorias, julgadores e, mesmo, advogados que trabalharão nos julgamentos. Em assim sendo, existiram subsídios especializados para cada grande matéria em debate, inclusive para promover críticas e aprimoramento das decisões."[491]

Nessas coordenadas, o acórdão paradigma almeja atingir toda a população e, em especial os recursos sobrestados. Nesse sentido, prevê o CPC a aplicação da tese sufragada, com a sua imediata aplicação quando do julgamento dos processos pendentes, com a inadmissão dos recursos que contrariarem-na ou a retratação dos órgãos inferiores, diante dos recursos sobrestados.[492]

Assim dispõe o art. 1.040:

---

[490] Reza o art. 1.038: "O relator poderá: I – solicitar ou admitir manifestação de pessoas, órgãos ou entidades com interesse na controvérsia, considerando a relevância da matéria e consoante dispuser o regimento interno; II – fixar data para, em audiência pública, ouvir depoimentos de pessoas com experiência e conhecimento na matéria, com a finalidade de instruir o procedimento; III – requisitar informações aos tribunais inferiores a respeito da controvérsia e, cumprida a diligência, intimará o Ministério Público para manifestar-se".

[491] NUNES, Dierle. Breves Comentários ao Novo Código de Processo Civil, pp. 2334 2335. (Coord. Teresa Arruda Alvim Wambier et alli). São Paulo: RT, 2015.

[492] Dispõe o art. 1.039: "Decididos os recursos afetados, os órgãos colegiados declararão prejudicados os demais recursos versando sobre idêntica controvérsia ou os decidirão aplicando a tese firmada. Parágrafo único. Negada a existência de repercussão geral no recurso extraordinário afetado, serão considerados automaticamente inadmitidos os recursos extraordinários cujo processamento tenha sido sobrestado".

Publicado o acórdão paradigma:

I – o presidente ou o vice-presidente do tribunal de origem negará seguimento aos recursos especiais ou extraordinários sobrestados na origem, se o acórdão recorrido coincidir com a orientação do tribunal superior;

II – o órgão que proferiu o acórdão recorrido, na origem, reexaminará o processo de competência originária, a remessa necessária ou o recurso anteriormente julgado, se o acórdão recorrido contrariar a orientação do tribunal superior;

III – os processos suspensos em primeiro e segundo graus de jurisdição retomarão o curso para julgamento e aplicação da tese firmada pelo tribunal superior;

IV – se os recursos versarem sobre questão relativa a prestação de serviço público objeto de concessão, permissão ou autorização, o resultado do julgamento será comunicado ao órgão, ao ente ou à agência reguladora competente para fiscalização da efetiva aplicação, por parte dos entes sujeitos a regulação, da tese adotada.

§ 1º A parte poderá desistir da ação em curso no primeiro grau de jurisdição, antes de proferida a sentença, se a questão nela discutida for idêntica à resolvida pelo recurso representativo da controvérsia.

§ 2º Se a desistência ocorrer antes de oferecida contestação, a parte ficará isenta do pagamento de custas e de honorários de sucumbência.

§ 3º A desistência apresentada nos termos do § 1º independe de consentimento do réu, ainda que apresentada contestação.

Na ótica do CPC, não há espaço para discricionariedade (ou rebeldia) por parte do Tribunal inferior, pois a tese fixada em julgamento de recurso repetitivo deve ser aplicada aos casos que estavam suspensos.

De toda sorte, estes são apenas alguns dos aspectos interessantes no julgamento de recursos especiais repetitivos. Restam em aberto outros pontos delicados, como, por ilustração, as Resoluções que vem sendo editadas pelos Tribunais para regular o procedimento.

4.3. Ausência de efeito suspensivo

No CPC/1973, havia previsão legal expressa: os recursos extraordinário e especial eram recebidos apenas no efeito devolutivo (art. 542, § 2º), o que viabilizava a execução provisória do acórdão de apelação.[493] Desta forma, muitos operadores promoviam a execução provisória.

[493] Rezava o art. 542: "Recebida a petição pela secretaria do tribunal, será intimado o recorrido, abrindo-se-lhe vista, para apresentar contra-razões. § 1º Findo esse prazo, serão os autos conclusos para admissão ou não do recurso, no prazo de 15 (quinze) dias, em decisão fundamentada. § 2º Os recursos extraordinário e especial serão recebidos no efeito devolutivo. § 3º O recurso extraordinário, ou o recurso especial, quando interpostos contra decisão interlocutória em processo de conhecimento, cautelar, ou embargos à execução ficará retido nos autos e somente será processado se o reiterar a parte, no prazo para a interposição do recurso contra a decisão final, ou para as contra-razões".

Entretanto, alegavam os executados que o cumprimento do acórdão, na pendência de julgamento do extraordinário ou especial, poderia acarretar danos sérios e de difícil reparação. Diante da omissão legal, a jurisprudência dos Tribunais Superiores passou, paulatinamente, a admitir o ajuizamento de medidas cautelares, com o fim de se outorgar efeito suspensivo a tais recursos, inclusive, em hipóteses excepcionais, quando ainda não interposto o recurso especial.[494] A questão motivou sérios debates, alguns deles ainda vivos pela atualidade do tema.[495]

Em julgamento paradigmático, o Min. Celso de Mello havia elencado os pressupostos exigidos pela Corte: "a concessão de medida cautelar, pelo Supremo Tribunal Federal, quando requerida com o objetivo de atribuir eficácia suspensiva a recurso extraordinário, exige, para viabilizar-se, a cumulativa observância dos seguintes pressupostos: (1) instauração da jurisdição cautelar do Supremo Tribunal Federal, motivada pela existência de juízo positivo de admissibilidade do recurso extraordinário, (2) viabilidade processual do recurso extraordinário, caracterizada, dentre outros requisitos, pelas notas da tempestividade, do prequestionamento explícito da matéria constitucional e da ocorrência de ofensa direta e imediata ao texto da Constituição, (3) plausibilidade jurídica da pretensão de direito material deduzida pela parte interessada e (4) ocorrência de situação configuradora de *periculum in mora*".[496]

No mesmo julgado, discorreu quanto às peculiaridades do procedimento perante o Supremo Tribunal de Federal: "a outorga de eficácia suspensiva a recurso extraordinário, em sede de procedimento cautelar, constitui provimento jurisdicional que se exaure em si mesmo, não dependendo, por tal motivo, da ulterior efetivação do ato citatório, posto que incabível, em tal hipótese, o oferecimento de contestação, eis que a providência cautelar em referência não guarda – enquanto mero incidente peculiar ao julgamento do apelo extremo – qualquer vinculação com o litígio subjacente à causa".

Esta construção foi parcialmente recepcionada pelo CPC/2015, o qual admitiu o requerimento de efeito suspensivo, no seu art. 1.029, § 5º, através de mera petição. Ou seja, houve uma facilitação procedimental e a definição expressa das competência para conhecimento do tema.

---

[494] Por ilustração: "A jurisprudência desta Corte admite, em situações excepcionais, a atribuição de efeito suspensivo a recursos especiais ainda não interpostos, 'desde que amplamente demonstrada a teratologia do aresto impugnado ou a manifesta contrariedade à orientação jurisprudencial pacífica deste Superior Tribunal de Justiça, aliado a um evidente risco de dano de difícil reparação' (AgRg na MC 21.782/RJ, 4. T., Rel. Min. Marco Buzzi. DJe 3/2/2014). 2. No caso em exame, a parte ora agravante não providenciou a juntada das peças indispensáveis à apreciação do pedido. Nesse contexto, não é possível examinar se o decisum proferido pela Corte de origem estaria em manifesto confronto com a jurisprudência do STJ ou, mesmo, se há nele traços de teratologia. 3. Agravo regimental desprovido". (AgRg na MC 22.949/RJ, 1. T., Rel. Min. Olindo Menezes, j. 10/11/2015. DJe 20/11/2015)

[495] Exatamente este foi o tema da dissertação de mestrado do professor Handel Martins Dias, defendida e aprovada com louvor perante a Universidade Federal do Rio Grande do Sul (UFRGS).

[496] Pet 2.705-QO, Rel. Min. Celso de Mello, DJ 20.05.05.

Na égide do CPC/73, havia uma bipartição de competência, a partir da incidência das sumulas 634 e 635 do Supremo Tribunal Federal.[497] A competência para conhecer do pedido era do Tribunal de Origem, caso ainda não tivesse havido o exame de admissibilidade do extraordinário.[498] Entretanto, se tal juízo já tivesse sido realizado, o próprio Supremo Tribunal Federal deliberava sobre a conveniência da cautela. Ambos os enunciados eram aplicados pelo Superior Tribunal de Justiça.[499] Considerando que as Cortes de Brasília são o juízo natural destes recursos, encontravam-se acórdãos concedendo as cautelares mesmo na pendência do exame de admissibilidade pelo Tribunal de Origem, em situações excepcionais.[500]

Na versão do CPC sancionada em março de 2015, o critério para se dividir a competência fora alterado. O pedido seria formulado "ao tribunal superior respectivo, no período compreendido entre a interposição do recurso e sua distribuição, ficando o relator designado para seu exame prevento para julgá-lo" (art. 1.029, § 5º). O Tribunal de Origem apenas se pronunciaria no caso de o recurso ter sido sobrestado".

Entretanto, a Lei 13.256/2016 alterou o parágrafo quinto do art. 1.029, oferecendo a seguinte redação:

> 5º O pedido de concessão de efeito suspensivo a recurso extraordinário ou a recurso especial poderá ser formulado por requerimento dirigido:
>
> I – ao tribunal superior respectivo, no período compreendido entre a publicação da decisão de admissão do recurso e sua distribuição, ficando o relator designado para seu exame prevento para julgá-lo;
>
> II – (revogado);
>
> III – ao presidente ou ao vice-presidente do tribunal recorrido, no período compreendido entre a interposição do recurso e a publicação da decisão de admissão do recurso, assim como no caso de o recurso ter sido sobrestado, nos termos do art. 1.037.

Portanto, a definição da competência irá depender da "publicação da decisão de admissão do recurso". A partir desse momento, o requerimento deverá ser formulado eletronicamente ao Tribunal Superior competente.

---

[497] Súmula 634/STF: "Não compete ao Supremo Tribunal Federal conceder medida cautelar para dar efeito suspensivo a recurso extraordinário que ainda não foi objeto de juízo de admissibilidade na origem"; Súmula 635/STF: "Cabe ao Presidente do Tribunal de origem decidir o pedido de medida cautelar em recurso extraordinário ainda pendente do seu juízo de admissibilidade".

[498] Preciosos dados históricos, bem como discursos, podem ser facilmente encontrados no *site* do Supremo (www.stf.gov.br). Na literatura, Gilmar Mendes oferece competente panorama histórico na obra Jurisdição Constitucional. São Paulo: Saraiva. Sobre a "crise do Supremo" e tentativas de superação, v. Rodolfo de Camargo Mancuso. *Recurso Extraordinário e Recurso Especial*. São Paulo: RT.

[499] Por ilustração: AgRg na MC 24.878/BA, 2ª T., Rel. Min. Og Fernandes, j. 27.10.2015. DJe 09.11.2015.

[500] Por ilustração: "... Em hipóteses excepcionais, quando verificada a possibilidade de êxito no apelo extremo e for visível o perigo da demora, tem sido admitida a apreciação de medida cautelar, ainda quando pendente o juízo de admissibilidade pelo Tribunal de origem. Precedentes..." AgRg na MC 24.861/GO, 4. T., Rel. Min. Marco Buzzi, j. 13.10.2015. DJe 21.10.2015.

4.4. Peculiaridades da "aplicação do direito à espécie" e da amplitude do efeito devolutivo

Uma das questões mais tormentosas para os operadores é a extensão do efeito devolutivo dos recursos excepcionais. Na prática, ela se revela muito complexa. Com efeito, ninguém duvida que, em linha de princípio, são as normas constitucionais ou federais abordadas pelo recorrente que devem ser interpretadas pela Corte Superior. Contudo, existem, ao lado dessas normas, tantas outras que precisam ser apreciadas para se alcançar o melhor julgamento para a causa.

Historicamente, o Supremo Tribunal Federal editou a súmula 456, a qual reza que "o Supremo Tribunal Federal, conhecendo o recurso extraordinário, *julgará a causa*, aplicando o direito à espécie".[501] Em sentido semelhante, dispõe o art. 255, III, § 5º, do Regimento Interno do Superior Tribunal de Justiça que "§ 5º No julgamento do recurso especial, verificar-se-á, preliminarmente, se o recurso é cabível. Decidida a preliminar pela negativa, a Turma não conhecerá do recurso; se pela afirmativa, julgará a causa, aplicando o direito à espécie, com observância da regra prevista no art. 10 do Código de Processo Civil.".

Qual o alcance dessas previsões?

Para ilustrar o problema, utilizaremos uma situação corriqueira no Foro. A parte recorrente invoca a contrariedade a determinado dispositivo constitucional ou infraconstitucional e, ao analisar o processo, o Ministro Relator reputa igualmente violadas outras normas, com relação direta com o mérito da causa. Poderia o Relator, apreciando o recurso pela contrariedade ao art. 51, aplicar também outro dispositivo legal, ainda que não citado pelos interessados?

Em nossa opinião, considerando o momento histórico de valorização da jurisprudência para a resolução dos casos, não se mostra razoável evitar a aplicação do melhor direito. É uma decorrência do brocardo *jura novit curia.* E que ganha nova força a partir da redação do art. 1.034, CPC:

> Art. 1.034. Admitido o recurso extraordinário ou o recurso especial, o Supremo Tribunal Federal ou o Superior Tribunal de Justiça julgará o processo, aplicando o direito.
>
> Parágrafo único. Admitido o recurso extraordinário ou o recurso especial por um fundamento, devolve-se ao tribunal superior o conhecimento dos demais fundamentos para a solução do capítulo impugnado.

Outra situação recorrente reside na avaliação de processos com distintas causas de pedir. Figure-se o exemplo do pedido de despejo formulado com

[501] É correta a análise do professor Teori Zavascki quando pontua que "o verbo conhecer foi empregado, nessa súmula (e assim também na referida norma regimental), com um sentido peculiar, que não corresponde ao comumente adotado em relação aos recursos ordinários. *Conhecer* não significa, ali, apenas superar positivamente os requisitos extrínsecos e intrínsecos de admissibilidade. O verbo é empregado, na verdade, com significado mais abrangente, para agregar também uma importante parcela de exame do próprio mérito recursal: a que diz respeito à existência ou não de violação à norma constitucional (ou, no caso do STJ, à norma federal)". Trecho de seu voto proferido no RE 346736 AgR-ED, 2. T., j. 04.06.2013. DJE: 18.06.2013.

amparo com duas causas de pedir (inadimplência e uso indevido do imóvel). Procedente o pedido, em face da caracterização do débito, haveria sentido em se admitir uma apelação por parte do autor para se rediscutir o uso? Provavelmente, não. Por isso a ampliação do efeito devolutivo do apelo, em favor do apelado, permite que o Tribunal conheça dos fundamentos da ação ou da defesa que eventualmente não tenham sido apreciados na sentença, por falta de utilidade. Garante-se assim a prestação jurisdicional integral. Todavia, supondo-se que o Tribunal mantenha a sentença e nada diga a respeito da segunda causa de pedir, poderá a parte sucumbente interpor Recurso Especial. Dentro desse exemplo didático, qual deveria ser o procedimento do Superior Tribunal de Justiça caso considerasse procedente o Recurso Especial deduzido com o único fundamento da inadimplência? Simplesmente, reformaria o acórdão e julgaria improcedente a demanda. Ou deveria, por algum meio, reconhecer o direito da parte recorrida em ter apreciada a sua segunda causa de pedir: o uso indevido. Este é outro grande drama do debate em torno do efeito devolutivo do Recurso Especial.

Que o jurisdicionado tenha direito à prestação jurisdicional completa não há dúvidas. A grande questão reside em definir a competência para a conclusão do julgamento, no sentido de identificar qual órgão judicial deva apreciar integralmente a causa, definindo as demais questões. Na lógica de uma Corte de Cassação, o mais correto seria devolver os autos à origem, a fim de que o Tribunal Regional analisasse amplamente as provas e as teses relevantes. Entretanto, não se pode ignorar o enorme preço a ser suportado pelo jurisdicionado, o qual deveria aguardar outros meses ou anos para ter a sua causa definitivamente apreciada. Na maior parte das vezes, os autos poderiam inclusive retornar ao próprio Tribunal Superior, a fim de que ele apreciasse outro recurso especial ou extraordinário interposto contra o novo acórdão proferido pela corte inferior. Assim, tendo em vista que nossos Tribunais Superiores também exercem juízo de revisão, não consideramos equivocada a orientação de alguns precedentes do Superior Tribunal de Justiça que apreciam imediatamente a causa em sua integralidade, permitindo a realização do princípio constitucional da duração razoável a do acesso à justiça.[502]

---

[502] Nesse sentido: "DIREITO PROCESSUAL CIVIL. APLICAÇÃO DO DIREITO À ESPÉCIE. ART. 257 DO RISTJ. CELERIDADE DA PRESTAÇÃO JURISDICIONAL. INEXISTÊNCIA DE SUPRESSÃO DE INSTÂNCIA. PREQUESTIONAMENTO. MITIGAÇÃO. EMBARGOS DE DIVERGÊNCIA NO RECURSO ESPECIAL. HARMONIA ENTRE DECISÃO EMBARGADA E ACÓRDÃOS PARADIGMAS. NÃO CONHECIMENTO. – Superado o juízo de admissibilidade, o recurso especial comporta efeito devolutivo amplo, o que implica o julgamento da causa e a aplicação do direito à espécie, nos termos do art. 257 do RISTJ, que procura dar efetividade à prestação jurisdicional, sem deixar de atender para o devido processo legal. – Na aplicação do direito à espécie o STJ poderá mitigar o requisito do prequestionamento, valendo-se de questões não apreciadas diretamente pelo 1º e 2º grau de jurisdição, tampouco ventiladas no recurso especial. Não há como limitar as funções deste Tribunal aos termos de um modelo restritivo de prestação jurisdicional, compatível apenas com uma eventual Corte de Cassação. A aplicação do direito à espécie também atende os ditames do art. 5º, LXXVIII, da CF, acelerando a outorga da tutela jurisdicional. Não há como conhecer dos embargos de divergência quando a decisão embargada encontra-se em harmonia com o entendimento contido nos acórdãos alçados a paradigma. Embargos de divergência não conhecidos." (EREsp 41.614/SP, Rel. Min. Nancy Andrighi, 2. S., j. 28.10.2009. DJe: 30.11.2009.)

Outro problema ainda mais frequente reside na possibilidade (ou não) do Tribunal Superior aplicar o direito que lhe pareça mais adequado, a despeito das normas incidentes não terem sido ventiladas no acórdão recorrido ou na argumentação das partes. Estaria preso o órgão julgador aos tradicionais requisitos de admissibilidade, em especial ao prequestionamento? Ou seria o caso de afastá-los para oferecer ao jurisdicionado a "melhor resposta" à luz do sistema jurídico?

Em sede doutrinária, há rico parecer do professor Antonio Dall'Agnol.[503] A sua conclusão, em favor de uma "causa de pedir aberta", no Recurso Extraordinário, a fim de garantir a primazia do direito constitucional, é amparada em argumentos encontrados nos votos dos Ministros da Corte reproduzidos no parecer: "ainda, porém, que se pretenda manter a praxe, o certo é que nem dela decorre que, acaso errôneo o fundamento do acórdão recorrido, atacado no RE, esteja o Supremo Tribunal jungido a dele conhecer e lhe dar provimento, ainda que entenda haver fundamento constitucional para manter-lhe o dispositivo, não obstante a errônea da motivação" (Min. Sepúlveda Pertence); "Senhor Presidente, acompanho o voto do eminente Relator por entender, convictamente, que o Supremo pode decidir com inovação de fundamento. Nada na Constituição, nada na lógica jurídica autoriza a inaplicabilidade do *iura novit curia* às decisões da Casa, em sede de recurso extraordinário. Não é a extraordinariedade do recurso que vai forçar o Supremo Tribunal Federal a restringir o seu próprio âmbito de apreciação da matéria" (Min. Carlos Ayres Britto); "Considero que interpretação restritiva quanto à profundidade do efeito devolutivo do extraordinário implica duas graves contradições, muito bem percebidas por S. Exa. A primeira é a contradição imediata com a função constitucional precípua do Supremo, que é a de velar pela mesma Constituição, na sua inteireza. Não é possível, sem renúncia a tal função, admitir que esta Corte esteja impedida de reconhecer a incidência de certa norma constitucional, sob o singelo fundamento de que não teria sido invocada nas razões ou nas contra-razões do recurso extraordinário. E a segunda, mais grave que a primeira, que já é gravíssima, parece-me ser a contradição com a ordem jurídica em si, porque não consigo conceber como o Supremo Tribunal Federal possa modificar o conteúdo de uma decisão, com base no argumento de que teria havido ofensa a determinada regra ou princípio constitucional, quando esteja claríssimo, nos autos, que esse mesmo conteúdo decisório deva subsistir pela aplicação de outra norma ou princípio constitucional, incidente sobre os fatos da causa. Noutras palavras, o Supremo Tribunal Federal estaria, em tal conjuntura, modificando o teor da decisão que reconhece estar conforme a Constituição!" (Min. Cezar Peluso); "(...) começamos a atribuir a função de vigência da Constituição pelo Supremo Tribunal Federal a uma vontade da parte, ou a uma conduta dos tribunais inferiores. Se os tribunais inferiores não fundamentaram assim, acabava tendo uma solução nitidamente contrá-

[503] Ação rescisória. Poderes do relator quanto à admissibilidade da inicial. Extensão e profundidade do efeito devolutivo no recurso especial. Compreensão do conceito dos obter dicta em nosso direito. *Revista jurídica*, Porto Alegre, v. 60, n. 412, p. 81-114, fev. 2012.

ria à Constituição, mas, como não tinha sido o fundamento, etc., terminava lesando aquilo que era a vigência plena da Constituição. E, aí, estamos caminhando para aproximar o recurso extraordinário de um recurso objetivo, como disse o Ministro Gilmar Mendes. Enfim, a questão começa agora. Aqui vem o problema que deve ficar muito claro também. Na medida em que abrimos esse leque, no sentido de podermos conhecer de recursos com fundamentos diversos, darmos provimento ou negarmos provimento, teremos uma função mais efetiva do Supremo no que diz respeito à vigência da Constituição. E o Ministro Carlos Velloso me advertia da avalanche que isso determinaria, o que contra-arrazoava objetivamente, aqui no canto, o nosso Ministro Decano" (Min. Nelson Jobim).

Nesse contexto, Antonio Dall'Agnol considera compreensível a posição majoritária da Corte em favor da aplicação do direito à espécie "afinal, caso o recurso extraordinário não viabilizasse a consideração das teses afastadas ou nem sequer enfrentadas, dada a existência de fundamento suficiente para a adoção da decisão recorrida, necessariamente deveria ser reconhecido interesse recursal à parte vitoriosa na instância ordinária. Tal conclusão, além de ir contra a inteligência do art. 499, CPC, ocasionaria uma *avalanche* (expressão do Ministro Nelson Jobim) de processos dirigidos ao Pretório Excelso".

O prequestionamento desses outros temas deve dispensado. Nesse sentido, manifesta-se o doutrinador: "não há sentido exigir-se, dentro desse contexto, o prequestionamento de matérias que apenas não foram enfrentadas expressamente, naquele determinado momento processual, pela ausência de utilidade. Com efeito, o requisito do prequestionamento, nas hipóteses em que o recorrido não possui interesse recursal, merece mitigação, sob pena de ser entusiasmado o manejo de embargos de declaração, para que o Tribunal de origem – já tendo emitido juízo favorável ao embargante – seja constrangido a enfrentar outros fundamentos que conduziriam ao mesmo resultado prático. Além de incoerente com o sistema, esta orientação seria ilegal, pela aplicação dos artigos 515 do CPC e 257 do Regimento Interno do Superior Tribunal de Justiça. A permissão para o enfrentamento de outros fundamentos, que levam à manutenção do julgado recorrido, é um fato de legitimação da prestação jurisdicional. Afinal, por um lado, oferece a garantia ao recorrido de que, a despeito da inexistência – ocasional – de interesse recursal, as suas legítimas pretensões serão analisadas. Por outro, quiçá ainda mais importante no que toca à administração da justiça, viabiliza a realização da missão constitucional do Superior Tribunal de Justiça, que não é propriamente um Tribunal de Cassação, autorizando-o a aplicar o melhor direito à espécie, o que, a todas as luzes, colabora, inclusive, com a celeridade da prestação jurisdicional. Como se observa, o papel reservado pela Constituição Federal ao recurso especial impõe que, após o seu conhecimento, sejam devolvidas ao Superior Tribunal de Justiça as matérias capazes de manter a decisão recorrida, sob pena de o Tribunal passar a admitir interesse recursal à parte vitoriosa – o que se ostenta absolutamente contraprodutivo, em face do excessivo número de recursos interpostos, além de ilegal pela incidência do art. 499, CPC".

A jurisprudência do Supremo Tribunal Federal registra primorosa decisão a este respeito. Trata-se do RE 346736 AGR-ED/DF.[504] Nele, o voto do Ministro Teori Zavascki bem apreende a complexidade do tema e alcança a melhor forma, em nossa visão, de conjugar as várias exigências contrapostas das partes e do sistema brasileiro. Como salientado pelo Relator, "em nosso sistema processual, os recursos extraordinários (o especial para o STJ e o extraordinário para o STF) não são recursos de pura *cassação*, assim considerados os que, quando providos, devolvem o julgamento da causa à instância de origem. Trata-se, sim, de recursos de *revisão*, a significar que o próprio órgão competente para o seu julgamento promoverá, quando for o caso, o julgamento da causa".

Logo, "admitida a sua natureza revisional, o julgamento do recurso do extraordinário (como também, *mutatis mutandis*, o do especial, no STJ) comporta, a rigor, três etapas sucessivas, cada uma delas subordinada à superação positiva da que lhe antecede: (a) a do juízo de admissibilidade, semelhante à dos recursos ordinários; (b) a do juízo sobre a alegação de ofensa a direito constitucional (que na terminologia da Súmula 456/STF compunha, conforme já registrado, o juízo de conhecimento); e, finalmente, se for o caso, (c) a da complementação do julgamento da causa. É técnica semelhante à do julgamento de ações rescisórias, nas quais também há, além do juízo sobre (a)

---

[504] Trecho da ementa: "... PROCESSUAL CIVIL. RECURSO EXTRAORDINÁRIO. NATUREZA REVISIONAL. TÉCNICA DE JULGAMENTO. DEMANDA COM MAIS DE UM FUNDAMENTO. ACOLHIMENTO DO RECURSO PARA AFASTAR UM DELES. INDISPENSABILIDADE DE APRECIAÇÃO DOS DEMAIS. SÚMULA 456/STF. 1. Em nosso sistema processual, o recurso extraordinário tem natureza revisional, e não de cassação, a significar que 'o Supremo Tribunal Federal, conhecendo o recurso extraordinário, julgará a causa, aplicando o direito à espécie' (Súmula 456). Conhecer, na linguagem da Súmula, significa não apenas superar positivamente os requisitos extrínsecos e intrínsecos de admissibilidade, mas também afirmar a existência de violação, pelo acórdão recorrido, da norma constitucional invocada pelo recorrente. 2. Sendo assim, o julgamento do recurso do extraordinário comporta, a rigor, três etapas sucessivas, cada uma delas subordinada à superação positiva da que lhe antecede: (a) a do juízo de admissibilidade, semelhante à dos recursos ordinários; (b) a do juízo sobre a alegação de ofensa a direito constitucional (que na terminologia da Súmula 456/STF também compõe o juízo de conhecimento); e, finalmente, se for o caso, (c) a do julgamento da causa, 'aplicando o direito à espécie'. 3. Esse 'julgamento da causa' consiste na apreciação de outros fundamentos que, invocados nas instâncias ordinárias, não compuseram o objeto do recurso extraordinário, mas que, "'conhecido' o recurso (vale dizer, acolhido o fundamento constitucional nele invocado pelo recorrente), passam a constituir matéria de apreciação inafastável, sob pena de não ficar completa a prestação jurisdicional. Nada impede que, em casos assim, o STF, ao invés de ele próprio desde logo 'julgar a causa, aplicando o direito à espécie', opte por remeter esse julgamento ao juízo recorrido, como frequentemente o faz. 4. No caso, a parte demandada invocou, em contestação, dois fundamentos aptos, cada um deles, a levar a um juízo de improcedência: (a) a inexistência do direito afirmado na inicial e (b) a prescrição da ação. Nas instâncias ordinárias, a improcedência foi reconhecida pelo primeiro fundamento, tornando desnecessário o exame do segundo. Todavia, em recurso extraordinário, o Tribunal afastou o fundamento adotado pelo acórdão recorrido, razão pela qual se impunha que, nos termos da Súmula 456, enfrentasse a questão prescricional, ou, pelo menos, que remetesse o respectivo exame ao tribunal recorrido. A falta dessa providência, que deixou inconclusa a prestação jurisdicional, importou omissão, sanável por embargos declaratórios. 5. Embargos de declaração acolhidos". (RE 346736 AgR-ED, Rel. Min. Min. Teori Zavascki, 2. T., j. 04/06/2013. DJe 18.06.2013).

pressupostos e condições da ação, (b) o juízo de rescisão propriamente dito e (c) o novo julgamento da causa, se for o caso (CPC, art. 494)".

Acerta o Ministro Teori Zavascki ao apontar que "esse 'julgamento da causa' consiste justamente na apreciação de outros fundamentos que, invocados pelas partes – seja para um juízo de procedência, seja para um juízo de improcedência –, não compuseram o objeto do recurso extraordinário, mas que, se 'conhecido' esse recurso (vale dizer, se acolhido o fundamento constitucional nele invocado pelo recorrente), passam a constitui matéria de apreciação inafastável, sob pena de não ficar completa a prestação jurisdicional. Irrelevante, para efeito desse julgamento, que a matéria residual tenha sido ou não prequestionada no acórdão recorrido, ou que tenha sido renovada em contrarrazões. O prequestionamento, com efeito, é requisito a ser demonstrado pelo recorrente, relativamente à questão constitucional posta no recurso. A esse requisito, todavia, não está submetida a parte recorrida, até porque, contra-arrazoar é faculdade, e não ônus processual. Ao direito da parte recorrida de ver apreciada, se for o caso, toda a matéria posta na demanda, corresponde um dever do Tribunal de examiná-la integralmente, mesmo sem provocação em contrarrazões, já que é essa a matéria que compõe o objeto do "julgamento da causa" a que se faz referência a Súmula 456/STF".

Como visto, o precedente dispensa a parte recorrida de agitar o tema em contrarrazões, afinal "contra-arrazoar é faculdade e, não, ônus processual do recorrido. Ora, se o STF, ao julgar o recurso extraordinário, acolher a tese desenvolvida pelo fisco, certamente não poderá, sob pena de deturpação do sistema, deixar em aberto o segundo fundamento da demanda, mesmo que se trate de matéria infraconstitucional ou que não tenha sido prequestionada. É que, tendo acolhido o fundamento constitucional invocado pelo recorrente (ou, no dizer da Súmula 456, tendo 'conhecido' o recurso), cumpre ao STF o dever indeclinável de 'julgar a causa, aplicando o direito à espécie'".

Por decorrência, "alarga-se, portanto, em casos tais, o âmbito horizontal de devolutividade do recurso extraordinário, para abranger todas as questões jurídicas submetidas à cognição do acórdão recorrido, mesmo as que, por desnecessário, não tenham sido por ele examinadas. Aplica-se, aqui, analogicamente, por inafastável imposição do sistema, o disposto no § 2º do art. 515 do CPC".

Na nossa visão, também em face do novo art. 1.034, ganha sustentação jurídica a corrente postula a suavização dos requisitos de admissibilidade, com o fito de viabilizar uma análise mais completa do direito na resolução do caso sub judice, cujo acórdão orientação para a resolução de outros casos semelhantes.[505]

[505] Reza o art. 1.034: "Admitido o recurso extraordinário ou o recurso especial, o Supremo Tribunal Federal ou o Superior Tribunal de Justiça julgará o processo, aplicando o direito. Parágrafo único. Admitido o recurso extraordinário ou o recurso especial por um fundamento, devolve-se ao tribunal superior o conhecimento dos demais fundamentos para a solução do capítulo impugnado".

4.5. Extensão da Súmula 735–STF e a recorribilidade das liminares

O Supremo Tribunal Federal, na sessão plenária de 26 de novembro de 2003, aprovou enunciado em sua Súmula no sentido de que "não cabe recurso extraordinário contra acórdão que defere medida liminar". Há um argumento lógico. Se as decisões provisórias podem ser revistas pelo juízo prolator, não se encaixariam no permissivo constitucional ("causas decididas em única ou última instância").[506]

Os precedentes, contudo, apontam outras razões. Esclarecedora sobre o tema a posição do Min. Sepúlveda Pertence no RE 263.038/PE: "há muitas décadas é firme no tribunal a admissibilidade do recurso extraordinário contra decisões interlocutórias nas quais, entretanto, se contenha, por força da preclusão consequente, a decisão definitiva da questão federal nas instâncias ordinárias (...) cuida-se, porém, de admissibilidade subordinada – como resulta da invariável jurisprudência de priscas eras e dos mestres recordados – à eficácia preclusiva da interlocutória relativamente à questão federal, constitucional ou ordinária, da qual se cogite. Ao contrário, se a puder rever a instância a quo no mesmo processo em que proferida – seja ele de que natureza for – dela não caberá recurso extraordinário, nem recurso especial, não porque seja interlocutória, mas por não ser definitiva (...) Falta, pois, à decisão recorrida – ao menos no tópico em que a impugna o recurso extraordinário – a qualificação da definitividade, que a faz susceptível de recurso extraordinário".

Na mesma linha, explica o Min. Marco Aurélio (AgrAg 245.703-2/SP): "a razão é muito simples: respeitado o preceito, o recurso extraordinário interposto, uma vez julgada a própria ação cautelar, ficará prejudicado. Por isso, declarei-o inadequado à espécie. A prevalecer a óptica da agravante e presente o predicado utilidade' determinar-se-á, de imediato, e, se for o caso, do recurso extraordinário. A liminar é decisão precária e efêmera que não desafia a recorribilidade extraordinária".[507] Por decorrência, a interposição do recurso extraordinário ou do recurso especial, diante de uma decisão provisória, tende a ser excluída.[508]

---

[506] "Agravo regimental no recurso extraordinário com agravo. Processual civil. Medida liminar ou tutela antecipada: ato decisório não definitivo. Súmula 735 do Supremo Tribunal Federal. Multa aplicada no percentual de 1%, conforme o § 4º do art. 1.021 do Código de Processo Civil. Agravo regimental ao qual se nega provimento". ARE 1125427 AgR, Tribunal Pleno, Rel. Min. Dias Toffoli, j. 17.09.2018. DJe-222: 17.10.2018, p. 18.10.2018.

[507] Obs: o Ministro referia-se ao art. 542, § 3º, CPC/73.

[508] Por ilustração: "AGRAVO REGIMENTAL EM RECURSO EXTRAORDINÁRIO COM AGRAVO. INCIDÊNCIA DA SÚMULA 735 DO STF. 1. A jurisprudência do STF consolidou o entendimento segundo o qual as decisões que concedem ou denegam antecipação de tutela, medidas cautelares ou provimentos liminares, passíveis de alteração no curso do processo principal, não configuram decisão de última instância a ensejar o cabimento de recurso extraordinário. Súmula 735 do STF. 2. Agravo regimental a que se nega provimento, com previsão de aplicação da multa prevista no art. 1.021, § 4º, do CPC. Inaplicável o art. 85, § 11, do CPC, visto que não houve fixação prévia de honorários advocatícios no presente feito". ARE 988731 AgR, 1. T., Rel. Min. Edson Fachin, j. 25.11.2016. DJE-260, divulgado em 06.12.2016, publicado em 07.12.2016. No mesmo sentido: RE 1135449 AgR, 1. T. Rel. Alexandre de Moraes, j. 26.10.2018. DJE 237, p. 08.11.2018.

Esta regra geral permite a solução da grande maioria dos casos. Contudo, deve admitir exceções com o efeito de se harmonizar com a interpretação desenvolvida pelas Cortes Superiores no sentido de que a retenção dos extraordinários contra as interlocutórias pode ser afastada em situações excepcionais em nome da economia processual, acesso à justiça e outros valores significativos do ordenamento.

No ponto, José Miguel Garcia Medina flexibiliza a aplicação do enunciado, a partir de uma interpretação sistemática. Conclui: "a revisão de liminares, assim, é, nos dias de hoje, atividade relevantíssima a ser desempenhada pelas Cortes Superiores, não, evidentemente, para averiguar se os fatos ocorreram de determinado modo (pois o reexame dos fatos não é função dos referidos tribunais, como vimos dizendo), mas para corrigir ou, se for o caso, certificar a correção de um dado entendimento jurídico".[509]

Pondera o professor Daisson Flach: "ao disciplinar a competência recursal do Tribunal, não está o texto constitucional restringido a atuação da corte à revisão de decisões definitivas. Se a Constituição impõe a construção de um processo justo e adequado às necessidades do direito material, determinando a estruturação de um sistema de tutela diferenciada que paulatinamente se afasta do modelo da ordinariedade, ampliando a disponibilidade de provimentos satisfativos ou cautelares fundados em verossimilhança, é evidente que não pode renunciar à principal via de controle dessa atividade, qual seja a fiscalização pelos tribunais superiores do exercício desse ampliado poder decisório. A orientação tomada pelo STJ traz como consequência, no limite, uma preocupante renúncia ao exercício da função paradigmática e construtiva do Tribunal, que consistiria em definir critérios de interpretação e operação do sistema de tutelas de consignação sumária."[510]

Com efeito, dentro de um cenário forense, no qual proliferam liminares satisfativas, que não raro se tornam definitivas pelo dano irreparável oriundo de sua concessão ou mesmo denegação, parece-nos fundamental admitir a ultrapassagem do enunciado sumular naqueles casos relevantes, nos quais se constate a incorreção na aplicação do direito, ainda que em sede de cognição provisória, para proteger a parte prejudicada. Obviamente, tal solução é de cunho excepcional e deve ser detalhadamente motivada, especialmente à luz do grande objetivo das Cortes Superiores, qual seja, guiar a comunidade para as interpretações – constitucionais ou infraconstitucionais – a serem observadas. É preservada, assim, a competência das Cortes Regionais e Estaduais para a apreciação dos fatos, não havendo o óbice da Súmula 7 do STJ.

Em sentido semelhante ao esposado no texto, manifestou-se o Min. Teori Zavascki: "relativamente ao recurso especial, não se pode afastar, de modo absoluto, a sua aptidão como meio de controle da legitimidade das decisões

[509] Variações recentes sobre os recursos extraordinário e especial – breves considerações, p. 1066. E salienta o risco concreto de perenização das decisões provisórias não corrigidas prontamente.

[510] *A verossimilhança no Processo Civil e sua aplicação prática* – Os juízos de verossimilhança na jurisprudência do STJ: Uma abordagem crítica à aplicação rasa das súmulas 735 do STF e 7 do STJ. São Paulo: RT, 2009, p. 146.

sobre medidas liminares, notadamente em casos em que o seu deferimento ou indeferimento importa ofensa direta às normas legais que disciplinam tais medidas. É o que ocorre, por exemplo, quando há antecipação de tutela nos casos em que a lei a proíbe ou quando, para o seu deferimento, não tiverem sido observados os procedimentos exigidos pelas normas processuais. Nesses casos, a decisão tem eficácia preclusiva – sendo, portanto, definitiva – quanto àquelas questões federais. Todavia, a exemplo do que ocorre com o recurso extraordinário, o âmbito da revisibilidade dessas decisões, por recurso especial, não pode ser extensivo aos pressupostos específicos da relevância do direito (*fumus boni iuris*) e do risco de dano (*periculum in mora*). Relativamente ao primeiro, porque não há, na decisão liminar, juízo definitivo e conclusivo das instâncias ordinárias sobre a questão federal que dá suporte ao direito afirmado; e relativamente ao segundo, porque há, ademais, a circunstância impeditiva decorrente da Súmula 7/STJ, uma vez que a existência ou não de risco de dano é matéria em geral relacionada com os fatos e as provas da causa. A invocação, por analogia, da súmula 735/STF é, no particular, inteiramente pertinente".[511]

Dentro desses limites, portanto, admissível excepcionar a incidência da Súmula 735 do STF.

4.6. Vedação ao simples reexame de provas e ao revolvimento dos fatos

Um dos temas mais delicados do sistema recursal brasileiro reside na oportunidade da consideração dos fatos da causa pelos Tribunais de Cassação. Partindo da premissa de que as Cortes Superiores deveriam se ocupar precipuamente da interpretação do direito, não raro a realidade subjacente ao caso é menosprezada, estabelecendo-se que os Tribunais de Origem é que seriam soberanos para o acertamento da matéria fática. Por decorrência, seria inviável pretender a mera revaloração das provas e a contestação desse acertamento judicial fático.

Não se pode negar que os Tribunais Superiores, historicamente, foram concebidos para formular julgados paradigmáticos, a partir da análise do raciocínio desenvolvido pelas cortes inferiores. Sua função, dentro do sistema, é justamente zelar pela melhor interpretação do direito, comparando as diversas orientações adotadas nos tribunais regionais. Escolhidos os Ministros por seu notório saber jurídico e sua reputação ilibada, nomeados pelo Executivo, após a aprovação pelo Legislativo, seria natural que o serviço público prestado por tais Cortes fosse criteriosamente selecionado.

Essa filosofia vem expressa nos tradicionais enunciados de n°s 279 e 7, do Supremo e do Superior, que rezam, respectivamente: "para simples reexame de prova não cabe recurso extraordinário" e "a pretensão de simples reexame de prova não enseja recurso". Com efeito, do contrário, as Cortes

[511] REsp 761.456/PR, 1ª Turma, Rel. Min. Teori Albino Zavascki, DJ: 30.06.2006, p. 176.

Superiores transformar-se-iam em juízos revisores (de apelação). Contudo, essa vocação para o debate de grandes temas jurídicos – e a inicial chancela do fato acertado pela instância ordinário – deve ser vista com um pouco de reserva, afinal o direito é composto pelo fato, colorido pela incidência valorativa da norma, de sorte que inconveniente uma excessiva abstração com o isolamento do fato.

As ponderações do professor Maurizio Lupoi, dirigidas à Corte de Cassação italiana, servem de alerta ao sistema brasileiro: "il giudice che si sente professore partecipa a questa dinamica di allontanamento dalle constatazioni empiriche; di recente, la giurisprudenza inglese ha cominciato ad assumere connotati professoriali, tuttavia in um contesto culturale radicalmente diverso dal nostro e quindi, in luogo di danni, ha prodotto arrichimenti. Le due sentenze oggetto di queste note mostrano che la vicinanza del giudice ai fatti di causa ha consentito di enunciare regole giuridiche le quali, al tempo stesso, sono tanto fortemente concetualizzate quanto immediatamente percepite come aplicabili a fatti diversi daí fatti di causa. È sperienza comune che le nostre sentenze, anche quelle di merito, lasciano sovente in secondo piano i fatti di causa; il nostro giudice civile raramente guarda in faccia le parti o i testimoni e certamente mai passa giorni alla ricerca della verità, sia pure processuale. Egli scandisce le udienze in termini di mesi una rispetto all'altra, tal volta il giudice che si decide la causa non è neanche quello che ha svolto l'istruttoria. La Cassazione, poi, ritiene che per giudicare le questioni di diritto sia superfluo entrare troppo nel fatto e qui commette un errore che più clamoroso non potrebbe essere. Il diritto è null'altro che il fatto filtrato dal giurista. L'addesione a questa impostazione culturale è, in ultima analise, la ragione per la quale la Common Law è oggi generalmente vista quale vincitrice nell'agone giuridico globale. Filtrando il fatto, il giudice di Common Law scopre la inadeguatezza delle cattegorie giuridiche e l'esigenza di modificarle o di crearle di nuove; cosi si evolve il diritto e cosi il giurista si propone quale soggetto attivo nella società nella quale vive".[512]

Se, como coloca o professor italiano, "il diritto è null'altro che il fatto filtrato dal giurista", já se observa a dificuldade surgida a partir da interpretação literal daqueles enunciados sumulares. Na doutrina brasileira, um dos trabalhos mais interessantes acerca do efetivo alcance da "Súmula 7" possui a assinatura de Danilo Knijnik. O professor sulista considera que a melhor interpretação do enunciado vai no sentido de que "não se conhecerá do Recurso Especial tendo por objeto questões preponderantemente fáticas. As questões mistas, entretanto, poderão ou não ser revisadas in jure, desde que certos requisitos se façam presentes, quais sejam: 1) a existência de dúvida quanto à observância da margem de decisão e 2) a possibilidade, ao ensejo de revisá-la, de proceder-se a um desenvolvimento posterior do direito, circunscrevendo seu âmbito de aplicação. Nessa definição, poderá o intérprete servir-se de critérios indicadores alternativos – efeito exemplificativo, repetibilidade, transcendência e relevância". Esse modelo proposto afina-se com o

[512] *La nozione di 'dishonesty' nelle ultime conquiste dell'equity*, p. 879.

sistema brasileiro e pode ser adotado sem a necessidade de revisão no enunciado da súmula, uma vez que em sintonia com o papel desempenhado pelos recursos extraordinários.[513]

Sensível ao tema, as próprias Altas Cortes oferecem argumentos para a não incidência da Súmula 7 em determinados grupos de casos, viabilizando o conhecimento de recursos para se corrigir erros de raciocínio porventura observados.[514] Daí a conveniência de se interpretar com tempero a vedação imposta pelas súmulas antes indicadas.

5. Recurso Extraordinário

5.1. Do Supremo Tribunal Federal

5.1.1. Da criação do Supremo

Historicamente, três Cortes ocuparam a cúpula do Poder Judiciário brasileiro. Durante o império, o ofício foi exercido pela "Casa da Suplicação do Brasil", constituída em 10 de maio de 1808 e substituída pelo "Supremo Tribunal de Justiça" em 9 de janeiro de 1829. Após essas duas Casas, desde 28 de fevereiro de 1891, foi instalado o Supremo Tribunal Federal, cuja denominação foi mantida até hoje, salvo durante a curta vigência da Carta de 1934, que o alterava para "Corte Suprema". Logo, em 1937, retomou seu tradicional título.

A este respeito, assinala o Ministro Gilmar Mendes: "No modelo consagrado pela Constituição de 1824, exercia o Imperador não apenas a função de Chefe do Poder Executivo (art. 112), mas também o Poder Moderador (art. 98). Essa função deveria ser a chave de toda a organização política, cumprindo-lhe assegurar a independência, o equilíbrio e a harmonia entre os Poderes (art. 98). O Supremo Tribunal, instituído em janeiro de 1829 e formado por dezessete Ministros (Lei de 18-9-1828), tinha competência limitada, que se restringia, fundamentalmente, ao conhecimento de recursos de revista e à competência para julgar os conflitos de jurisdição e as ações penais contra os ocupantes de determinados cargos públicos (art. 164). O Tribunal jamais fez uso da competência para proferir decisões com eficácia *erga omnes*, que lhe

---

[513] *O Recurso Especial e a revisão da questão de fato pelo Superior Tribunal de Justiça*. Rio de Janeiro: 2005, p. 239.

[514] Como bem pontua Luiz Guilherme Marinoni, há situações nas quais os Tribunais Superiores, em especial o Superior Tribunal de Justiça, devem se debruçar sobre relevantes questões de direito probatório, para proteger o ordenamento. É o caso, exemplificativamente, de debates relativos a: (a) qualificação jurídica de fatos tidos como provados; (b) provas essenciais à validade de atos jurídicos; (c) admissão de provas obtidas por meio ilícito; (d) uso de prova incompatível com determinado tipo de procedimento; (e) determinação de critérios para a redução do módulo probatório e a inversão do ônus; (f) interpretação de dispositivos atinentes aos meios de prova etc. *Passim Reexame da prova diante do recurso especial*. Gênesis, v. 35, p. 128.

outorgava a faculdade de interpretar, de forma autêntica, o direito civil, comercial e penal (Dec. Lei nº 2.684, de 23-10-1875, e Dec. nº 2.142, de 10-3-1876). A Proclamação da República em 1889 foi decisiva para a introdução do controle de constitucionalidade no Brasil".[515]

Com efeito, o Decreto nº 848, de 11 de outubro de 1890, previu a criação do Pretório Excelso. O ato foi editado pelo então Governo Provisório da República, tendo sido recepcionado na primeira Constituição republicana, nos arts. 55 e 56. Desde este primeiro modelo, o Supremo Tribunal Federal integrava o Poder Judiciário, situando-se na então Capital da República (o Rio de Janeiro), sendo composto por quinze juízes.[516]

Tal previsão legislativa ganhou corpo em 28 de fevereiro de 1891, quando houve a primeira sessão da Corte. Sob a presidência interina do antigo presidente do Superior Tribunal de Justiça do Império, Sayão Lobato (Visconde de Sabará) foi eleito o ministro baiano Freitas Henriques para dirigir a Corte.

Como dito, na formulação da Constituição Federal de 1891, o Supremo Tribunal Federal compunha-se de 15 ministros. Antes, a Casa de Suplicação do Brasil abrigava 23 magistrados, enquanto o Supremo Tribunal de Justiça do Império contava com 17 juízes. Analisando o século XX, observa-se que a atual Corte já abrigou composição de 16 ministros, em face ao aumento decorrente do Ato Institucional nº 02/1965, referendado pela Constituição de 1967. Todavia, desde a edição do Ato Institucional nº 06/1969, estabilizou-se em 11, sendo esta a orientação constitucional vigente.

Comentando a Constituição de 1891, o saudoso Carlos Maximiliano anunciava a augusta missão incumbida à Corte: "a Constituição tornou una a corte mais alta, afim de lhe assegurar a supremacia, torná-la o symbolo da autoridade niveladora de todos os habitantes do territorio sob o mesmo regimen de igualdade', e prestigiar ao mesmo tempo a tendência universal para uniformizar a jurisprudencia como uma das fontes primordiaes do Direito não incorporado nas leis do paiz".[517]

Rui Barbosa, outra figura bastante representativa da época, justificava o controle de constitucionalidade a partir da realidade brasileira: "em um país onde a lei absolutamente não exprime o consentimento da maioria, onde são as minorias, as oligarquias mais acanhadas, mais impopulares e menos respeitáveis, as que põem, e dispõem, as que mandam, e desmandam em tudo; a saber, em um país, onde verdadeiramente, não há lei, não há moral, política juridicamente falando". E sempre ressaltava a importância de juízes dignos,

---

[515] *Jurisdição constitucional*: o controle abstrato de normas no Brasil e na Alemanha. 6 ed. São Paulo: Saraiva, 2014, p. 54.

[516] CF/1891, art 55: "O Poder Judiciário, da União terá por órgãos um Supremo Tribunal Federal, com sede na Capital da República e tantos Juízes e Tribunais Federais, distribuídos pelo País, quantos o Congresso criar.'" Art 56: "O Supremo Tribunal Federal compor-se-á de quinze Juízes, nomeados na forma do art. 48, nº 12, dentre os cidadãos de notável saber e reputação, elegíveis para o Senado".

[517] *Comentários à Constituição de 1891*, p. 550.

porque "só a moderação, a inteireza e a equidade, no aplicar das más leis, as poderiam, em certa medida, escoimar da impureza, dureza e maldade, que encerrarem". Era fundamental que existisse uma Justiça para proteger as pessoas frente aos abusos legislativos.

Dentro dessas premissas, justificava-se o controle de constitucionalidade difuso no sistema brasileiro. Na lição de Rui Barbosa: "entre as leis, aqui, entre as leis ordinárias e a lei das leis, é a justiça quem decide, fulminando aquelas, quando com esta colidirem. Soberania tamanha só nas federações de molde norte-americano cabe ao poder judiciário, subordinado aos outros poderes nas demais formas de governo, mas, nesta, superior a todos. Dessas democracias, pois, o eixo é a justiça, eixo não abstrato, não supositício, não meramente moral, mas de uma realidade profunda, e tão seriamente implantado no mecanismo do regime, tão praticamente embebido através de todas as suas peças, que, falseando ele ao seu mister, todo o sistema cairá em paralisia, desordem a subversão. Os poderes constitucionais entrarão em conflitos insolúveis, as franquias constitucionais ruirão por terra, e da organização constitucional, do seu caráter, das suas funções, das suas garantias apenas restarão destroços".[518]

A história da Corte fatalmente se confunde com a história republicana brasileira.[519] Incontáveis exemplos podem ser encontrados, tais como a já mencionada ampliação na composição da Corte, por força do AI nº 02/65, e a crise ocasionada pelo Decreto-Lei nº 2.770, de 11 de novembro de 1940, que conferiu à chefia do Executivo nacional prerrogativa de nomear, dentre os ministros da Corte, o Presidente e o Vice-Presidente, em detrimento da harmônica e independente repartição dos Poderes da República.[520]

Enfim, o Supremo Tribunal Federal, órgão fundamental para a adequação do sistema de freios e contrapesos entre os Poderes da República, acompanhou de perto o amadurecimento brasileiro, refletindo em muitos de seus julgados o contexto histórico do país.

5.1.2. O Supremo Tribunal Federal na Constituição de 1988

A Constituição Cidadã de 1988 reservou ao Supremo Tribunal Federal a augusta missão de zelar pela sua integridade e realizar os direitos fundamentais dos jurisdicionados, aproximando-o de uma legítima Corte Constitucional. Realiza, em paralelo, o contrato concentrado e dá a última resposta na

[518] *Oração aos moços*. São Paulo: Martin Claret, 2004, p. 48-50.

[519] Rico escorço da jurisdição constitucional brasileira é oferecido por Gustavo Binenbojm. *A Jurisdição Constitucional Brasileira*. Rio de Janeiro: Renovar, 2004. Lembra o autor, dentre outros fatos históricos relevantes, que durante o Estado Novo, observaram-se Decretos para reafirmar a validade de leis declaradas inconstitucionais pelo Supremo Tribunal Federal.

[520] Preciosos dados históricos, bem como discursos, podem ser facilmente encontrados no *site* do Supremo (www.stf.gov.br). Na literatura recente, Gilmar Mendes oferece competente panorama histórico na obra Jurisdição Constitucional. São Paulo: Saraiva. Sobre a "crise do Supremo" e tentativas de superação, v. Rodolfo de Camargo Mancuso. *Recurso Extraordinário e Recurso Especial*. São Paulo: RT.

fiscalização difusa. Aborda o direito em abstrato, bem como o caso concreto, através de variados mecanismos de proteção da Constituição.

Contudo, também permanece discutindo questões individuais, pois, ao lado das funções acima, a Carta Constitucional ainda ampliou a sua competência, arrolando, no art. 102, CF, dentre inúmeras outras, o conhecimento de ações criminais contra membros do Congresso, o julgamento de *habeas corpus* contra atos do Presidente da República, *habeas data* contra atos do Tribunal de Contas da União, e tantas outras situações narradas nesse e em outros dispositivos. Nos últimos anos, julgamentos criminais atraíram a atenção da sociedade, como os casos "Mensalão" e "Lava-Jato".

Tal alargamento da competência, todavia, conquanto prejudique, não chega a descaracterizar a Corte como uma legítima guardiã do direito constitucional, afinal o seu escopo central dentro do sistema, certamente, é o de emprestar concretude aos preceitos normativos do texto maior. O grande problema de se admitir a ampla competência do Supremo para questões que apenas indiretamente dizem respeito à vida constitucional brasileira está no congestionamento daí derivado. Ao invés de meditar sobre a força normativa da Constituição – o que já seria uma tarefa árdua – a Corte reiteradamente ainda se ocupa com a análise de milhares de processos "mais singelos".

Esse estado das coisas era criticado por José Carlos Barbosa Moreira: "enquanto as Cortes Constitucionais espalhadas pelo mundo, inclusive a Suprema Corte americana, inspiradora do modelo brasileiro, apreciam algumas centenas de processos por ano, o Supremo Tribunal Federal debate-se em dezenas de milhares de feitos, que desviam a atenção dos Ministros das questões verdadeiramente constitucionais e relevantes".[521]

A vigência do CPC/2015 e a ênfase dada à análise dos recursos repetitivos permitiu uma pequena redução no estoque de recursos. Todavia, os números ainda estão longe do ideal.

A realidade foi descrita em pronunciamento do Min. Dias Toffoli, divulgado em notícia no site do STJ, com os seguintes dados: "em 2018 a Corte proferiu 124.975 decisões, sendo 110.467 monocráticas (88,4%) e 14.508 colegiadas (11,6%). No período, foram baixados 105.542 processos, sendo que, atualmente, o acervo do Tribunal conta com 38.533 processos, 15,2% inferior ao existente em 31 de dezembro de 2017. No balanço apresentado, Toffoli registrou que foram distribuídos neste ano 100.437 processos, sendo 20.293 originários (20,2%) e 80.144 recursais (79,8%). Um total de 42.270 processos foram enviados à Presidência (43,6%). Outros 54.611 foram distribuídos aos demais ministros (56,4%)".[522]

A Corte é composta por onze Ministros, "escolhidos dentre cidadãos com mais de trinta e cinco e menos de sessenta e cinco anos de idade, de

[521] O Poder Judiciário e a efetividade da nova Constituição. *RF* 304/152.

[522] "STF profere cerca de 125 mil decisões judiciais em 2018". Notícia publicada em 19.12.2018, no *site* do STF.

notável saber jurídico e reputação ilibada" (art. 101, CF).[523] O critério de escolha conta com a participação dos Poderes Legislativo e Executivo, pois a nomeação pelo Presidente da República somente poderá ser realizada após aprovada a indicação pela maioria absoluta do Senado Federal. Cada país possui peculiaridades no procedimento de escolha dos membros. Na Itália, p. ex., os magistrados cumprem um mandato de nove anos, devendo ser escolhidos pelo Presidente da República, pelo Parlamento e pelos tribunais superiores jurisdicionais e administrativos. Afirma-se, ainda, que "i giudici della Corte Costituzionale sono scelti fra i magistrati anche a riposo delle giurisdizione superiori ordinaria ed amministrative, i professori ordinari di università in materie giuridiche e gli avvocati dopo venti anni deserczio".[524]

O modelo brasileiro, inspirado no direito norte-americano, no plano abstrato, é interessante, afinal os Poderes Executivo e Legislativo participam do processo de escolha, com o que a legitimação social da indicação é reforçada. O problema é que a vida republicana brasileira não apresenta tantas semelhanças com a americana.

Analisando o ponto, responsavelmente, o renomado Luis Roberto Barroso aduz: "não se deve fugir, por igual, da crítica imperativa ao papel desinteressadamente omisso desempenhado pelo Senado Federal no processo de escolha dos Ministros do Supremo Tribunal Federal. Seguindo a tradição republicana brasileira, moldada no constitucionalismo norte-americano, os Ministros do Supremo Tribunal Federal são nomeados pelo Presidente da República, 'depois de aprovada a escolha pela maioria absoluta do Senado Federal' (art. 101, parágrafo único). Afastando-se, todavia, da tradição americana, o Senado jamais exerceu tal competência com aplicação e interesse, limitando-se a chancelar, acriticamente, o ungido do Presidente. Convertida a nomeação, de fato, em uma competência discricionária unipessoal, a maior ou menor qualidade dos integrantes da Suprema Corte passa a ser tributária da sorte ou da visão de estadista do Presidente da República. Que, como se sabe, nem sempre existe, ou, ao menos, sucumbe eventualmente a circunstâncias da política, da amizade e de outras vicissitudes do crônico patrimonialismo da formação nacional. De um potencial Ministro do Supremo Tribunal é legítimo que o Senado e o povo brasileiro queiram saber, antes de sua nomeação: de onde vem; que experiência tem; que posições doutrinárias sustenta; o que pensa sobre questões institucionais importantes como, por exemplo, a constitucionalidade da pena de morte, da união de pessoas do mesmo sexo, da reedição de medidas provisórias etc. Fora isto, é pura loteria. Não se prega nada como uma inquisição ou um patrulhamento ideológico, mas a valorização do cargo pela exposição pública da pessoa e do ideário de seu ocupante".[525]

---

[523] Há projetos de Emendas à Constituição tentando alterar o meio de escolha, reforçando o papel do Judiciário e restringindo a discricionariedade da nomeação.

[524] Outras informações são disponibilizadas pelo *site* da Corte (www.cortecostituzionale.it).

[525] Dez anos da Constituição de 1988 (Foi bom pra você também?). Disponível em <www.uerj.gov.br>. Acesso em 20.12.2005.

No mesmo texto, Luis Roberto Barroso admite que o "desempenho da jurisdição constitucional, ao longo dos dez anos de vigência da Constituição, foi marcado por altos e baixos. Salienta que foram mantidos, sem debate político, todos os ministros que haviam sido investidos no Tribunal a crédito do regime militar. Talvez essa circunstância explique, ao menos parcialmente, o fato da Corte ter reeditado 'burocraticamente parte da jurisprudência anterior', bem como alimentado "inequívoca má-vontade para com algumas inovações".[526]

De toda sorte, a Corte vem, ao longo dos anos, se afirmando, mercê do talento de seus membros e das interessantes correntes jurisprudenciais formadas em prol da supremacia da Constituição.

Julgamentos significativos que atraem a atenção da sociedade civil se repetem a toda semana, com a efetiva publicidade através da transmissão ao vivo pela TV Justiça (art. 93, IX, CF).

5.2. A supremacia da Constituição e o Recurso Extraordinário

Como sabido, o controle da constitucionalidade de normas e atos dos Poderes historicamente apresenta dois sistemas. De um lado, a experiência norte-americana, com a preferência por um modelo difuso, no qual todos os membros do Poder Judiciário são instados a analisar, em cada caso concreto, a constitucionalidade das normas aplicadas. De outro, a doutrina derivada da Áustria, com a ideia da criação de uma Corte com a precípua competência de apreciar a legitimidade constitucional dos provimentos estatais.

Características históricas favoreceram a criação desses dois grandes modelos de fiscalização da constitucionalidade de normas. Enquanto nos Estados Unidos a autorização dada ao Judiciário para analisar os atos e as leis editadas pelos demais poderes foi decisiva para a admissão do controle difuso, na Áustria a aspiração de um Estado Federativo capaz de harmonizar os interesses dos diversos reinos influenciou a concepção de Hans Kelsen. Este professor, aliás, tido pela história constitucional como o mentor da Constituição Austríaca de 1920, tendo ocupado a cátedra tanto na Universidade de Viena, quanto nas americanas de Berkeley e de Harvard.

Em texto publicado em 1942, elencou as características básicas dos sistemas desses dois países, justificando a sua preferência pelo controle concentrado nesses termos: "de acordo com a Constituição dos Estados Unidos, a revisão judicial da legislação só é possível dentro de um processo cujo objetivo principal não seja estabelecer se uma lei é ou não constitucional. Essa questão pode surgir apenas incidentalmente, quando uma das partes

---

[526] A doutrina critica a interpretação retrospectiva visualizada em determinados julgados. Consoante José Carlos Barbosa Moreira: "é um tipo de interpretação em que o olhar do intérprete dirige-se antes ao passado que ao presente, e a imagem que ele capta é menos a representação da realidade que uma sombra fantasmagórica". Citação obtida no texto de Luís Roberto Barroso, referido na nota anterior.

sustenta que a aplicação de uma lei num caso concreto viola de modo ilegal os seus interesses porque a lei é inconstitucional. Assim, em princípio, apenas a violação de um interesse de uma parte pode colocar em movimento o procedimento de revisão judicial da legislação. O interesse na constitucionalidade da legislação, contudo, é um interesse público que não necessariamente coincide com o interesse privado do das partes envolvidas; trata-se de um interesse público que merece ser protegido por um processo correspondente à sua condição especial".[527]

O Brasil, conquanto se note uma tendência pelo recrudescimento do sistema abstrato e concentrado, consagra um modelo complexo (misto), no qual é admitida tanto a ideia do controle difuso, por todos os membros do Poder Judiciário, como a via concentrada, exercida pelo Pretório Excelso (normas estaduais e federais) e pelos Tribunais Estaduais (normas municipais). Em geral, podemos considerar que o Supremo Tribunal Federal está apto para resolver qualquer debate constitucional a partir das ações objetivas, uma vez que se consagrou a arguição de descumprimento de preceito fundamental como uma ação irmã da ação direta de inconstitucionalidade e da ação declaratória de constitucionalidade, porém com a característica da "subsidiariedade", isto é, onde aquelas descabem, esta entra em cena para viabilizar a atuação do Supremo (controle de normas pré-constitucionais, municipais frente à Constituição Federal, etc.).

Se no plano incidental todos os órgãos de jurisdição estão legitimados ao controle da constitucionalidade de normas (deixando de aplicar normas que tenham por inconstitucionais), ao Supremo Tribunal Federal cabe o conhecimento de demandas diretas com o fim de proteger a supremacia da Constituição. Portanto, nenhum juiz, no Direito brasileiro, tem o dever de aplicar norma que considere inconstitucional, pois eles realizam o controle difuso.[528] Todavia, de regra, os efeitos de sua declaração ficam restritos ao caso concreto, não atingindo, portanto, o sistema jurídico em si. As decisões do Supremo, de seu turno, quando tomadas em análise abstrata pela via direta, produzem efeitos contra todos.

Somente dentro desse contexto o recurso extraordinário pode ser entendido. É através dele que o sistema conseguirá realizar a importante missão de viabilizar o controle difuso de cada juiz da federação. A garantia de que, ao fim e ao cabo, o Supremo definirá uma questão constitucional depende da possibilidade do pretenso prejudicado instar a atuação da Corte, através do recurso extraordinário.

---

[527] O Controle judicial da constitucionalidade. In: *A Jurisdição Constitucional*. São Paulo: Martins Fontes, 2003, p. 311.

[528] Não pretendendo aprofundar nesta obra o tema, registramos uma diretriz que já era para estar consagrada no Foro: é fundamental que todos os juízes se empenhem na análise da constitucionalidade das leis que aplicam diuturnamente e deixem de aplicar aqueles que não ultrapassem o filtro constitucional! É insuportável para o cidadão a renitência dos magistrados em apreciar a constitucionalidade das leis antes de mecanicamente aplicá-las.

Nesse panorama é que se há de compreender a lição pela qual apenas mediatamente o interesse da parte é tutelável pela via do Extraordinário. Ora, não se duvida que o litigante sempre queira sagrar-se vitorioso na causa. Todavia, para que consiga êxito em seu desiderato, na via do Extraordinário, deverá convencer a Corte Suprema de que houve alguma afronta à Constituição em face da solução adotada por determinado órgão estatal. E justamente sobre este tema é que a atuação do Pretório se justificará. Caso seja detectado tal vício, a solução, ao mesmo passo que purificará o sistema jurídico, como decorrência, reconfortará a parte recorrente. Natural considerar, portanto, a parte recorrente como a maior interessada no provimento de seu recurso, ainda que aos olhos dos julgadores tal interesse não seja o mais relevante.[529]

5.3. Cabimento do Recurso Extraordinário

A Emenda Constitucional nº 45/2004 renovou a redação do art. 102 da Constituição Federal, ampliando o cabimento do recurso extraordinário. Competirá ao Supremo Tribunal Federal, precipuamente, a guarda da Constituição, cabendo-lhe, conforme o inciso III, "julgar, mediante recurso extraordinário, as causas decididas em única ou última instância, quando a decisão recorrida: (a) contrariar dispositivo desta Constituição; (b) declarar a inconstitucionalidade de tratado ou lei federal; (c) julgar válida lei ou ato de governo local contestado em face desta Constituição (d) julgar válida lei local contestada em face de lei federal".

A fundamentação do extraordinário, portanto, não é livre, mas vinculada a uma das hipóteses acima previstas, a ponto do Supremo Tribunal Federal negar conhecimento, em razão de fundamentação deficiente, quando o recorrente não indica de forma expressa, a alínea que embasa sua inconformidade.[530] Em face de suas peculiaridades, analisam-se separadamente.

5.3.1. Contrariedade a dispositivo da Constituição

A primeira situação que legitima a interposição do recurso extraordinário diz respeito à alegação de contrariedade a dispositivo da Constituição. Com efeito, ao deliberar sobre a solução do caso concreto, pode a Corte local, certamente sem intenção, contrariar a orientação do texto constitucional prezada pelo Supremo, que é, no nosso sistema, o seu legítimo guardião.

---

[529] Correto o magistério de Barbosa Moreira: "no seu âmbito, contudo, parece excessivo negar que sirva de instrumento à tutela de direitos subjetivos das partes ou de terceiros prejudicados. Quando interposto pelo Ministério Público, na qualidade de custos legis, então, sim, visará de modo precípuo ao resguardo da ordem jurídica positiva, do direito objetivo; mas essa não é uma peculiaridade do recurso extraordinário, pois o Ministério Público, no exercício daquela função, se legitima à interposição de qualquer recurso". In: *Comentários ao CPC*, 12. ed., p. 582.

[530] Exigindo expressa menção à alínea que embasa o Extraordinário, ver AI 630471 AgR/SP, rel. Min. Eros Grau, 5.6.2007.

Em linha de princípio, qualquer dispositivo da Constituição violado em desfavor do recorrente justifica o extraordinário. E mesmo previsões de Tratados Internacionais que envolvam direitos humanos, desde que tenham sido recepcionados na forma do § 3º, do art. 5º, da Constituição: "os tratados e convenções internacionais sobre direitos humanos que forem aprovados, em cada Casa do Congresso Nacional, em dois turnos, por três quintos dos votos dos respectivos membros, serão equivalentes às emendas constitucionais".

O trabalho do recorrente irá variar de acordo com a nitidez da contrariedade alegada. Nesse sentido, o estilo das normas ocupa papel fundamental. Normas mais precisas podem reduzir o trabalho do exegeta, limitando o papel criativo da Corte. De outra banda, normas mais abertas, com o conteúdo semântico vago, exigirão do recorrente maior esforço de fundamentação.

Exemplo desse fenômeno é a conhecida orientação da Corte, no sentido de que "em regra, as alegações de desrespeito aos postulados da legalidade, do devido processo legal, da motivação dos atos decisórios, do contraditório, dos limites da coisa julgada e da prestação jurisdicional podem configurar, quando muito, situações de ofensa meramente reflexa ao texto da Constituição, circunstância essa que impede a utilização do recurso extraordinário".[531] Nessa mesma linha, o enunciado n. 636 da Súmula: "não cabe recurso extraordinário por contrariedade ao princípio constitucional da legalidade, quando a sua verificação pressuponha rever a interpretação dada a normas infraconstitucionais pela decisão recorrida". Já se consagrou, inclusive, o entendimento quando da apreciação e rejeição do tema 660, da Repercussão Geral, no sentido de que "violação dos princípios do contraditório e da ampla defesa quando o julgamento da causa depender de prévia análise da adequada aplicação das normas infraconstitucionais. Extensão do entendimento ao princípio do devido processo legal e aos limites da coisa julgada. Rejeição da Repercussão geral".

Quanto ao enfoque a ser dado ao interesse individual, interessante precedente encontra-se no RE 158.543/RS, no qual um cidadão recorrera alegando que o entendimento do Tribunal local, no sentido da desnecessidade de prévio procedimento administrativo antes do Estado desconstituir os seus próprios atos violava a norma constitucional garantidora do contraditório e da ampla defesa (art. 5º, inc. LV).[532] Logo ao despachar liminarmente, o relator, Min. Marco Aurélio, considerou que "não se pode atribuir ao legislador, especialmente ao constitucional, a inserção de vocábulos inúteis, sem o significado vernacular que lhe é próprio, exsurge, ao menos ao primeiro exame, que a garantia do contraditório e da ampla defesa não mais está

---

[531] AI 543.955, Rel. Min. Gilmar Mendes, DJ 03.06.2005.

[532] "Ato administrativo. Repercussões. Presunção de legitimidade. Situação constituída. Interesses contrapostos. Anulação. Contraditório. Tratando-se da anulação de ato administrativo cuja formalização haja repercutido no campo de interesses individuais, a anulação não prescinde da observância do contraditório, ou seja, da instauração de processo administrativo que enseje a audição daqueles que terão modificada situação já alcançada. Presunção de legitimidade do ato administrativo praticado, que não pode ser afastada unilateralmente, porque e comum a Administração e ao particular". RE 158.543/RS, j. 30.08.1997, 2ª Turma, DJ: 06.10.1995, p. 33135.

limitada, nos processos administrativos e judiciais, aos acusados, alcançando nos três campos – administrativo, civil e penal – litigantes em geral". Para dirimir a controvérsia, o Min. Marco Aurélio necessitou interpretar o vocábulo "litigante", concluindo que este "há de ser compreendido em sentido lato, ou seja, a envolver interesses contrapostos. Destarte, não tem o sentido processual de parte, a pressupor uma demanda. Este enfoque decorre da circunstância de estar ligado também aos processos administrativos". Ou seja, aproveitando a oportunidade oferecida pelo cidadão, no recurso extraordinário, a Corte garantiu a supremacia da Constituição, delimitando o alcance de um de seus dispositivos. E é justamente isso o que ocorre normalmente, quando admissível o recurso extraordinário calcado na alínea *a*.

Cabe ao recorrente, portanto, convencer o Supremo acerca da contrariedade, no caso concreto, o dispositivo constitucional, a fim de que, com sua atuação, seja oferecido o devido direito constitucional à parte.

5.3.2. Declaração de inconstitucionalidade de tratado ou lei federal

Consoante a tradicional alínea *b*, terá cabimento o recurso extraordinário quando o acórdão recorrido "declarar a inconstitucionalidade de tratado ou lei federal". Como didaticamente ensina o Min. Carlos Velloso, "o pressuposto constitucional do recurso extraordinário inscrito no art. 102, III, *b*, da CF é que tenha a decisão recorrida declarado a inconstitucionalidade de tratado ou lei federal. Se isto não ocorreu, segue-se a impossibilidade de o recurso interposto com fundamento na citada alínea *b* ser admitido".[533]

Como é sabido, na linha do art. 97 da Constituição Federal, os Tribunais podem reconhecer a inconstitucionalidade de lei ou ato normativo do Poder Público, desde que o façam pelo voto da maioria absoluta de seus membros.[534] Na prática, especialmente nos Tribunais dos Estados mais populosos da Federação, a pronúncia é realizada pela "Corte Especial". Portanto, exige-se a pronúncia formal de inconstitucionalidade de tratado ou lei federal pelo plenário ou órgão especial do Tribunal, ausente no caso concreto.[535]

---

[533] ED no RE 464707/RJ, 2ª Turma, Rel. Min. Carlos Velloso, j. 25.10.2005, DJ: 25.11.2005, p. 33.

[534] Conforme o art. 97: "Somente pelo voto da maioria absoluta de seus membros ou dos membros do respectivo órgão especial poderão os tribunais declarar a inconstitucionalidade de lei ou ato normativo do Poder Público".

[535] Nesse sentido: "AGRAVO REGIMENTAL NO AGRAVO DE INSTRUMENTO. INTERPOSIÇÃO DO RECURSO EXTRAORDINÁRIO PELA ALÍNEA 'B'. CABIMENTO. PREQUESTIONAMENTO. INEXISTÊNCIA. SÚMULAS NS. 282 E 356 DO SUPREMO TRIBUNAL FEDERAL. AGRAVO NÃO PROVIDO. 2. Recurso interposto com base na alínea "b" do inciso III do artigo 102 da Constituição do Brasil, hipótese em que se revela imprescindível, para sua admissão, a existência de declaração formal de inconstitucionalidade de tratado ou lei federal pelo plenário ou órgão especial do Tribunal, ausente no caso concreto. 3. O Tribunal a quo não se manifestou explicitamente sobre os temas constitucionais tidos por violados. Incidência dos óbices das Súmulas ns. 282 e 356 do Supremo Tribunal Federal. Agravo regimental a que se nega provimento". (AI 694480 AgR, 2. T., Rel. Min. Eros Grau, j. 01/04/2008. DJe-074 DIVULG 24-04-2008 PUBLIC 25-04-2008 EMENT VOL-02316-12 PP-02595). No mesmo sentido: AI 627610 – AgRg, 2. T., Rel. Min. Ayres Britto, j. 13/03/2012, acórdão eletrônico, DJE 063, DIVULG 27-03-2012 PUBLIC 28-03-2012.

Nesses casos, como bem pondera Aderbal Amorim, será necessário juntar dois acórdãos: o primeiro referente à declaração de inconstitucionalidade, ao passo que o segundo acerca do julgamento do litígio em apreço, cuja análise foi suspensa a fim de aguardar a resolução do incidente: Se oriunda de tribunal de a declaração (incidental) de inconstitucionalidade, tal pronunciamento há de ser do plenário ou do órgão especial (Constituição, art. 93, inciso XI). É a regra do *full bench* (Carta da República, art. 97). Todavia, pode que o incidente haja ocorrido em órgão fracionário. Recebido neste, porém, e atendido o comando legal, subirão os autos, necessariamente, ao plenário do respectivo tribunal, ou ao órgão especial, que deliberará (CPC arts. 480 a 482). Acolhida arguição, dois acórdãos irão ao Supremo Tribunal Federal, a saber, o do órgão fracionário que julgou a causa e o do pleno ou órgão especial que decidiu pela inconstitucionalidade".[536] Assinala a jurisprudência, quanto ao ponto, o entendimento no sentido de que "a admissibilidade do recurso extraordinário, fundado no art. 102, III, *b*, da Carta Magna, contra acórdão de Turma Recursal, não dispensa a juntada de cópia integral do precedente que, tendo declarado a inconstitucionalidade de norma, serviu de fundamento para o acórdão recorrido".[537]

Portanto, em algumas oportunidades, os Tribunais da Federação, mediante acórdão fundamentado, que aplica orientação firmada no incidente de declaração de inconstitucionalidade, deixam de aplicar um tratado ou uma lei, sob o fundamento de sua inconstitucionalidade. Nesses casos, é importante que o debate alcance o Supremo, para que a Corte referende ou não a orientação adotada. Também aqui observa-se a preocupação com a isonomia, na medida em que as respostas oferecidas aos cidadãos sofreria variação na medida em que cada Tribunal reputasse constitucional ou não determinada lei federal.

Outrossim, tampouco será admissível o emprego do extraordinário, fundado na alínea *b*, quando a decisão recorrida tiver declarado a constitucionalidade de determinado tratado ou lei federal. Poderá, eventualmente, o

---

[536] *O Novo Recurso Extraordinário*: hipótese de interposição, repercussão geral, amicus curiae, processamento, jurisprudência, súmulas aplicáveis. Porto Alegre: Livraria do Advogado, 2010, p. 92.

[537] "AGRAVO REGIMENTAL NO RECURSO EXTRAORDINÁRIO. CONSTITUCIONAL E PROCESSUAL CIVIL. INOCORRÊNCIA DE PREQUESTIONAMENTO. SÚMULAS 282 E 356 DO STF. RECURSO INTERPOSTO, COM BASE NO ART. 102, III, *B*, DA LEI MAIOR, CONTRA ACÓRDÃO DE TURMA RECURSAL. INCONSTITUCIONALIDADE DO § 1º DO ART. 31 DA MP 2.215/2001. AUSÊNCIA DE JUNTADA DE CÓPIA DA DECISÃO QUE DECLAROU A INCONSTITUCIONALIDADE. NÃO IMPUGNAÇÃO DE TODOS OS FUNDAMENTOS DO ACÓRDÃO RECORRIDO. SÚMULA 283 DO STF. AGRAVO IMPROVIDO. I – O Tribunal a quo não se manifestou sobre as questões constitucionais tidas por violadas. Incidência das Súmulas 282 e 356 do STF. II – Esta Corte possui entendimento no sentido de que a admissibilidade do recurso extraordinário, fundado no art. 102, III, b, da Carta Magna, contra acórdão de Turma Recursal, não dispensa a juntada de cópia integral do precedente que, tendo declarado a inconstitucionalidade de norma, serviu de fundamento para o acórdão recorrido. Precedentes. III – Incumbe ao recorrente, nos termos da Súmula 283 do STF, impugnar todos os fundamentos suficientes da decisão recorrida. IV – Agravo regimental improvido". (RE 574580, 1. T. AgR, Rel. Ricardo Lewandowski, j. 23.03.2011. DJe-068 DIVULG 08-04-2011 PUBLIC 11-04-2011 EMENT VOL-02500-02 PP-00343).

recorrente se valer da alínea *a*, mas não da *b*, uma vez que esta se presta aos casos de declaração de inconstitucionalidade, e não de aplicação de tratados ou leis tidas pela decisão recorrida como constitucionais.

A atuação do Supremo, portanto, objetivará concluir se o Tribunal local agiu bem, ao exercer seu prudente controle difuso de constitucionalidade, dando pela inconstitucionalidade de determinada lei ou tratado. Se a Corte Constitucional detectar uma real discrepância entre a interpretação constitucionalmente mais adequada e a decisão recorrida, dará provimento ao recurso. Todavia, convencendo-se do acerto do trabalho da Corte anterior, poderá até conhecer do recurso, mas no mérito lhe negará provimento, mantendo no cenário jurídico a decisão objeto de recurso.

5.3.3. *Declaração de validade de lei ou ato de governo local contestado em face da Constituição*

A alínea *c* autoriza o recurso extraordinário sempre que a decisão recorrida "julgar válida lei ou ato de governo local contestado em face da Constituição Federal". De plano, observa-se o ônus do recorrente em apontar: (1) existência de declaração de validade de lei ou ato de governo local e (2) lei federal amparando a tese recursal, sob pena de não conhecimento do recurso pela alínea *c* do permissivo constitucional.[538]

À luz de tal dicção, indaga-se se poderá ser admitido o extraordinário quando a decisão declara a invalidade de ato ou lei de governo local? A resposta vai em sentido negativo, pela constatação de que, se a decisão concluiu pela invalidade do ato ou lei do governo local contestado em face da Constituição, justamente, no plano hipotético, teria ocorrido o prestígio das normas constitucionais, razão pela qual não haveria valia na atuação do Supremo, sob o enfoque da alínea *c*.

Em nosso sentir, este raciocínio também fundamenta-se na literalidade do texto constitucional, pois a Constituição, no que toca a terceira alínea, apenas admitiu o manejo do extraordinário quando "declarada a validade de lei ou ato de governo local contestado em face da Constituição", logo não haveria espaço para interpretação extensiva.

Entretanto, não há garantia alguma de que, neste seu agir, tenha o Tribunal alcançado o resultado constitucionalmente esperado, privando, assim,

---

[538] Por ilustração: "RECURSO EXTRAORDINÁRIO – ARTIGO 102, III, ALÍNEA "C", DA CONSTITUIÇÃO FEDERAL. Ausente o enquadramento do extraordinário no permissivo constitucional evocado, ante a inexistência de declaração de validade de lei ou ato de governo local, impõe-se a negativa de seguimento, evitando-se a sobrecarga da máquina judiciária. RECURSO EXTRAORDINÁRIO – MATÉRIA FÁTICA E LEGAL. O recurso extraordinário não é meio próprio ao revolvimento da prova, também não servindo à interpretação de normas estritamente legais. (RE 870577 AgR, 1. T., Rel. Min. Marco Aurelio, j. 15.09.2015, ACÓRDÃO ELETRÔNICO DJe-194 DIVULG 28-09-2015 PUBLIC 29-09-2015). No mesmo sentido: "o Tribunal de origem não julgou válida lei ou ato de governo local contestado em face da Constituição, tampouco julgou válida lei local contestada em face de lei federal. Impossibilidade do exame de recurso extraordinário manejado com fundamento no art. 102, III, "c" e "d", da Constituição Federal. ARE 869285 AgR, 1. T., Rel. Min. Roas Weber, j. 30/06/2015, PROCESSO ELETRÔNICO DJe-157 DIVULG 10-08-2015 PUBLIC 12-08-2015.

o Governo Local de uma lei ou ato constitucional. Daí a conveniência de se autorizar, nessas hipóteses, até por medida de isonomia, o conhecimento do extraordinário pela alínea *a*, pois efetivamente há o risco de que a Corte inferior, ao considerar inválida lei ou ato de governo local, tenha incorrido em erro hermenêutico-constitucional.

Tanto ao regrar o extraordinário, quanto o especial, a Constituição preocupou-se em oferecer meios aos jurisdicionados controlarem os atos e leis dos governos locais. Observou-se o cabimento do extraordinário quando entender a parte que a chancela dos atos ou leis locais viola a Constituição. Mas também pode acontecer que o prestígio de atos ou leis locais se dê em detrimento de normas federais. Para tratar dessa segunda classe de pronunciamentos, a Constituição, em sua redação original, admitiu a interposição de recurso especial (alínea *b*, do art. 105, III.).

Tendo em vista que a preocupação era a mesma, qual seja, livrar o cidadão de atos ou leis ilegais, de todo conveniente que a interpretação dos dispositivos de admissão do extraordinário e do especial, no tópico, fosse realizada sistematicamente, como bem pondera o Rodolfo Camargo de Mancuso: "as hipóteses sob alíneas *b*, do art. 105, III (recurso especial), e *c*, do art. 102, III, (recurso extraordinário), podem e devem ser tratadas conjuntamente, porque nelas o núcleo é comum: a decisão recorrida privilegiou a lei ou ato locais; a diferença específica, que irá determinar se ela desafiará recurso especial ou extraordinário, está no contraste que o órgão *a quo* tenha feito: se foi uma lei federal que restou afastada, o caso será de recurso especial; se o confronto resultou em desfavor de permissivo constitucional, o caso será de extraordinário".[539]

A preocupação da alínea, portanto, é controlar o Estado, quando, na elaboração de atos, ou no exercício de seu poder legiferante, ultrapasse os limites impostos pela Constituição Federal.

5.3.4. Declaração de validade de lei local contestada em face de lei federal

Foi anotado que, na concepção original da Constituição de 1988, a competência para analisar validade de atos e leis locais em face de lei federal era do Superior Tribunal de Justiça (art. 105, III, alínea *b*). A ideia era restringir o trabalho do Supremo apenas às discussões constitucionais, livrando-lhe da análise da legalidade, que competiria ao Superior.

Na prática, contudo, observou-se que o tema de divisão de competências frequentemente era pautado pela análise da Constituição, razão pela qual, embora o Superior Tribunal de Justiça reiteradamente apreciasse a legalidade de atos ou leis locais frente à legislação infraconstitucional, ao fim a discussão prosseguia no Supremo, diante das implicações constitucionais.

A Emenda Constitucional nº 45/2004 tentou resolver esse problema, ampliando a competência do Supremo para conhecer de alegações de extra-

[539] *Op. cit.*, p. 205.

ordinários com o objetivo de discutir leis locais tidas como válidas, mas contestadas em face de lei federal. Já se observa, de plano, que o aumento de competência não abrangeu os "atos de governo local", cuja discussão persiste em âmbito do recurso especial.

Recupera-se, assim, a alma da competência do Supremo instituída pela Constituição de 1891, quando em seu art. 59, 3, *b*, dispunha competir ao Supremo "rever os processos findos quando se contestar a validade de leis ou de atos dos governos dos Estados em face da Constituição, ou das leis federais, e a decisão do tribunal do Estado considerar válidos esses atos, ou essas leis impugnadas". A nova redação alivia um problema enfrentado na prática, pois determina que o Supremo defina, em casos concretos, os limites da competência legislativa de União, Estados e Município, livrando o Superior Tribunal de Justiça do pesado encargo de resolver tais concorrências legislativas que nitidamente dizem respeito à força normativa da Constituição e aos ideais do Estado Federativo. Aplicou-se o tradicional provérbio peninsular: "torniamo allantico, sarà un progresso".

Aplaudiu, com razão, a modificação introduzida pela Emenda, André Ramos Tavares: "a mudança foi indiscutivelmente positiva, pois a hipótese que doravante fica expressamente contemplada como ensejadora do RE envolve problema de divisões de competência, logo, questão constitucional. Não havia, pois, como se negar, mesmo sob o regime anterior, a questão constitucional, porque quando a decisão judicial delibera sobre prevalência de lei local, quando divergente de lei federal, implicitamente está apontando de qual entidade federativa é competência legislativa sobre a referida matéria objeto de disciplina diversa entre as leis. Por isso, o sistema anterior (direcionando ao STJ) podia ser considerado irracional e em nada contribuía para o abrandamento do volume de processos no STF".[540]

Com razão, saber se a legitimação para a disciplina legislativa de determinada matéria é do Município, do Estado ou da União, exige atenção aos princípios federativos instituídos na Constituição. Como bem ponderou Hans Kelsen, não é a lei federal que deve prevalecer sobre a estadual ou municipal, "mas sim a lei constitucional sobre a inconstitucional, não interessando se a lei é federal ou estadual".[541] E o desate da questão passa pela valorização das normas constitucionais que disciplinam a competência dos entes federativos. Matéria afeta ao Supremo, portanto.

Desta forma, atualmente, a alegação de ofensa a normas federais, pela elaboração de leis locais, deve ser enfrentada pelo Supremo (preservação do juiz natural e normas de competência constitucionalmente previstas), enquanto ao Superior caberá o conhecimento de discussões quanto aos atos de governos locais cotejados com legislação infraconstitucional.

---

[540] *Reforma do Judiciário no Brasil pós 88* (Desestruturando a Justiça). São Paulo: Saraiva, 2005, p. 93.

[541] *A jurisdição constitucional e administrativa a serviço do Estado federativo segundo a nova Constituição Austríaca de 1° de outubro de 1920*, p. 22.

5.4. Da demonstração de repercussão geral da questão constitucional (art. 102, § 3°, CF)

A Emenda Constitucional nº 45/2004 trouxe importante inovação quanto aos pressupostos de admissibilidade do recurso extraordinário. Trata-se da "repercussão geral da questão constitucional do caso", cuja comprovação deve ser feita pelo recorrente, à luz do art. 102, § 3º. Prescreve o dispositivo: "no recurso extraordinário o recorrente deverá demonstrar a repercussão geral das questões constitucionais discutidas no caso, nos termos da lei, a fim de que o Tribunal examine a admissão do recurso, somente podendo recusá-lo pela manifestação de dois terços de seus membros". É um *quorum* de segurança, em face da relevância da medida. Daí a doutrina acertadamente considerar sempre presumida a repercussão geral, dado que somente poderá ser recusada pelo *quorum* mencionado.[542]

Com tal instituto, preserva-se a competência e a atuação do Supremo Tribunal Federal para a análise dos casos que efetivamente transcendam o interesse subjetivo dos litigantes, consagrando assim o perfil objetivo do recurso extraordinário. Com tal filtro, objetivava-se concentrar na pauta de julgamentos da Corte os temas mais relevantes, pois os demais seriam inadmitidos pela ausência de repercussão geral. Nesses casos, considerados pelo Pretório Excelso, sem repercussão geral a última palavra passou a ser dada pela instância ordinária, colaborando com a efetividade do processo.[543] Em razão deste último efeito, nas edições anteriores, sublinhamos o fortalecimento do controle difuso, pois, ao menos nos casos sem a dita transcendência, a fiscalização de constitucionalidade ocorre pela atuação dos Tribunais inferiores. Esse novo panorama determina, portanto, a reavaliação do papel dos juízos de primeiro grau, bem como dos de apelação frente ao complexo sistema de aferição de constitucionalidade de normas. A timidez com que, por vezes, o controle difuso é tratado na experiência brasileira deverá dar lugar a um novo tipo do trabalho judicial, que denominamos "ativismo constitucional": o dever de cada magistrado debater e se posicionar frente à constitucionalidade das leis.

Na linha dessa nova premissa da fiscalização difusa da constitucionalidade de normas, o recorrente, além de convencer a Corte acerca do preenchimento de alguma das alíneas do art. 102, III, CF, deve ainda justificar o benefício social gerado pela atuação do Supremo, demonstrando a "repercussão geral da questão constitucional" debatida.

---

[542] Sobre o tema, há monografia pioneira de Guilherme Beux Nassif Azem. *Repercussão Geral do Recurso Extraordinário*. Porto Alegre: Livraria do Advogado, 2007. Igualmente importante é o trabalho de MITIDIERO, Daniel; MARINONI, Luiz Guilherme. *A Repercussão Geral no Recurso Extraordinário*. São Paulo: RT, 2007 e de SAUSEN, Dalton. *Súmulas Repercussão Geral e Recursos Repetitivos*: Crítica à Estandardização do Direito e Resgate Hermenêutico. Porto Alegre: Livraria do Advogado, 2013. Nelas, o leitor poderá encontrar ampla abordagem da projeção do instituto.

[543] Bem anota André Ramos Tavares: "uma ampla abertura para provocar e exigir a manifestação de mérito de um Tribunal Constitucional deve ser evitada, sob pena de prejuízo sério no desenvolvimento, a contento, por esse tribunal, das questões cruciais". *Op. cit.*, p. 98.

Em face desse regramento, caso o Supremo entenda que a discussão proposta no extraordinário não transcende o interesse individual das partes, deixará de conhecê-lo. Afirmou-se, assim, uma ideia mais objetiva de recurso extraordinário, bem compreendida pela pena de Gilmar Ferreira Mendes, no voto proferido no Recurso Extraordinário nº 556.664/RS: "esse novo modelo legal traduz, sem dúvida, um avanço na concepção vetusta que caracteriza o recurso extraordinário entre nós. Esse instrumento deixa de ter caráter marcadamente subjetivo ou de defesa de interesse das partes, para assumir, de forma decisiva, a função de defesa da ordem constitucional objetiva. Trata-se de orientação que os modernos sistemas de Corte Constitucional vêm conferindo ao recurso de amparo e ao recurso constitucional (*Verfassungsbeschwerde*). Nesse sentido, destaca-se a observação de Häberle segundo a qual *'a função da Constituição na proteção dos direitos individuais (subjectivos) é apenas uma faceta do recurso de amparo'*, dotado de uma *'dupla função'*, subjetiva e objetiva, *'consistindo esta última em assegurar o Direito Constitucional objetivo'* (Peter Häberle, O recurso de amparo no sistema germânico, Sub Judice 20/21, 2001, p. 33 (49). Essa orientação há muito mostra-se dominante também no direito americano. Já no primeiro quartel do século passado, afirmava Triepel que os processos de controle de normas deveriam ser concebidos como *processos objetivos*. Assim, sustentava ele, no conhecido *Referat* sobre *'a natureza e desenvolvimento da jurisdição constitucional'*, que, quanto mais políticas fossem as questões submetidas à jurisdição constitucional, tanto mais adequada pareceria a adoção de um processo judicial totalmente diferenciado dos processos ordinários. *'Quanto menos se cogitar, nesse processo, de ação (...), de condenação, de cassação de atos estatais* – dizia Triepel – *mais facilmente poderão ser resolvidas, sob a forma judicial, as questões políticas, que são, igualmente, questões jurídicas'*. (Triepel, Heinrich, Wesen und Entwicklung der Staatsgerichtsbarkeit, VVDStRL, Vol. 5 (1929), p. 26). Triepel acrescentava, então, que *"os americanos haviam desenvolvido o mais objetivo dos processos que se poderia imaginar (Die Amerikaner haben für Verfassungsstreitigkeiten das objektivste Verfahren eingeführt, das sich denken lässt*) (Triepel, *op. cit.*, p. 26). Portanto, há muito resta evidente que a Corte Suprema americana não se ocupa da correção de eventuais interpretações divergentes das Cortes ordinárias. Em verdade, com o *Judiciary Act* de 1925 a Corte passou a exercer um pleno domínio sobre as matérias que deve ou não apreciar (Cf., a propósito, Griffin. Stephen M., The Age of Marbury, Theories of Judicial Review vs. Theories of Constitutional Interpretation, 1962-2002, Paper apresentado na reunião anual da 'American Political Science Association', 2002, p. 34). Ou, nas palavras do Chief Justice Vinson, "para permanecer efetiva, a Suprema Corte deve continuar a decidir apenas os casos que contenham questões cuja resolução haverá de ter importância imediata para além das situações particulares e das partes envolvidas' (*To remain effective, the Supreme Court must continue to decide only those cases which present questions whose resolutions will have immediate importance far beyond the particular facts and parties involved*) (Griffin, *op. cit.*, p. 34)".

Realmente, a comprovação da repercussão geral inaugura um novo momento de aproximação do Supremo da própria sociedade, ultrapassando o vácuo deixado pela arguição de relevância, cujo matiz antidemocrático era inegável. Dita "arguição de relevância" vingara no regime militar a partir da Reforma do Poder Judiciário de 1977, a qual introduziu na Constituição de 1967 nova redação ao art. 119.[544] Em interessante estudo, José Levi do Amaral Junior ressalta o teor do Regimento Interno do STF, na época, relembrando o texto do § 1º do art. 327: "entende-se relevante a questão federal que, pelos reflexos na ordem jurídica, e considerados os aspectos morais, econômicos, políticos ou sociais da causa, exigir a apreciação do recurso extraordinário pelo Tribunal". Na visão do autor, a redação serviria como parâmetro para a efetivação da repercussão geral da questão constitucional.

Acertadamente, José Levi do Amaral Junior assinala o acerto na introdução da repercussão geral: "tem-se, aí, norma coerente com o papel de uma Suprema Corte que exercita jurisdição constitucional. Competindo ao STF, precipuamente, a guarda da Constituição (*caput* do artigo 102 da Constituição de 1988), é correto permitir-lhe decidir as causas que vai ou não julgar. É assim na Suprema Corte dos Estados Unidos e em boa parte dos Tribunais Constitucionais europeus. Diga-se mais: trata-se, sim, de permitir ao STF decidir politicamente as causas que vai ou não julgar. Ora, sendo o STF o guarda da Constituição e sendo a Constituição um texto marcadamente político, é natural que as decisões do STF tenham, também, caráter político (o que não significa decisões ideológicas ou partidárias, mas, sim, decisões que concretizam os valores e os fins da Constituição)".

O Código de Processo Civil de 2015 permanece no caminho iniciado no Código anterior (art. 543-A e B, CPC/73) e delimita o instituto a partir da existência, ou não, de questões relevantes do ponto de vista econômico, político, social ou jurídico que ultrapassem os interesses subjetivos da causa.[545] Os contornos do instituto estão previstos no *caput* e nos onze parágrafos do art. 1.035, cujas principais peculiaridades destacamos abaixo.

Consoante o § 2º, "o recorrente deverá demonstrar a existência de repercussão geral para apreciação exclusiva pelo Supremo Tribunal Federal". A lei, ao contrário do diploma anterior, nada refere acerca da "preliminar fundamentada", a qual embora conveniente na redação dos recursos extraordinárias, *data venia*, desaparece enquanto requisito de admissibilidade.

No ponto, o CPC/2015 acolheu uma crítica recorrente na doutrina, pois não era razoável que recursos extraordinários com ampla repercussão geral deixassem de ser conhecidos pelo fato do recorrente olvidar a redação destacada em preliminar, como exigido no diploma anterior. Vale transcrever a

---

[544] Art. 119 (...) "§ 1º As causas a que se refere o item III, alíneas *a* e *d*, deste artigo [recurso extraordinário – nota nossa], serão indicadas pelo Supremo Tribunal Federal no regimento interno, que atenderá à sua natureza, espécie, valor pecuniário e relevância da questão federal. § 3º O regimento interno estabelecerá: c) o processo e o julgamento dos feitos de sua competência originária ou recursal e da argüição de relevância da questão federal".

[545] Art. 1.035, § 1º: "Para efeito de repercussão geral, será considerada a existência ou não de questões relevantes do ponto de vista econômico, político, social ou jurídico que ultrapassem os interesses subjetivos do processo".

correta ponderação de Daniel Mitidiero quanto ao tema: "nada obsta que se conheça do recurso extraordinário sem que o recorrente tenha articulado, em tópico próprio, a preliminar de repercussão geral da questão debatida. O que realmente interessa saber é se, pela forma com que fora redigido e organizado o recurso, a relevância e a transcendência da questão levada ao conhecimento do Supremo Tribunal Federal foram expostas pelo recorrente, ainda que sem o destaque exigido pela nossa legislação. Havendo perfeita individualização material das razões pelas quais entende o recorrente ser de repercussão geral a questão constitucional afirmada no recurso extraordinário, tem o Supremo Tribunal Federal, preenchidos os demais pressupostos inerentes à espécie, de conhecer do recurso interposto. Também aí a ideia de colaboração do órgão jurisdicional para com as partes se faz presente e atendível dentro do Estado Constitucional brasileiro, mormente em tema de controle de constitucionalidade dos atos normativos".[546]

Entretanto, atuais julgados do Supremo Tribunal Federal recomendam a demonstração *in concreto* da repercussão geral, através de preliminar fundamentada. Disserta sobre a exigência o Min. Alexandre de Moraes: "os Recursos Extraordinários somente serão conhecidos e julgados, quando essenciais e relevantes as questões constitucionais a serem analisadas, sendo imprescindível ao recorrente, em sua petição de interposição de recurso, a apresentação formal e motivada da repercussão geral, que demonstre, perante o Supremo Tribunal Federal, a existência de acentuado interesse geral na solução das questões constitucionais discutidas no processo, que transcenda a defesa puramente de interesses subjetivos e particulares. A obrigação do recorrente em apresentar formal e motivadamente a preliminar de repercussão geral, que demonstre sob o ponto de vista econômico, político, social ou jurídico, a relevância da questão constitucional debatida que ultrapasse os interesses subjetivos da causa, conforme exigência constitucional, legal e regimental (art. 102, § 3º, da CF/88, c/c art. 1.035, § 2º, do CPC/2015), não se confunde com meras invocações desacompanhadas de sólidos fundamentos no sentido de que o tema controvertido é portador de ampla repercussão e de suma importância para o cenário econômico, político, social ou jurídico, ou que não interessa única e simplesmente às partes envolvidas na lide, muito menos ainda divagações de que a jurisprudência do Supremo Tribunal Federal".[547]

Outrossim, a lei arrola hipóteses de presunção de repercussão geral em seu § 3º, instando o conhecimento dos recursos que impugnem acórdãos contrários à súmula ou jurisprudência dominante do Supremo Tribunal Federal, que tenham sido proferidos em julgamento de casos repetitivos e que tenham reconhecido a inconstitucionalidade de tratado ou de lei federal, nos termos do art. 97 da Constituição Federal.

Uma vez reconhecida a repercussão geral, o relator no Supremo Tribunal Federal determinará a suspensão do processamento de todos os processos

---

[546] *Colaboração no processo civil*: pressupostos sociais, lógicos e éticos. São Paulo: RT, 2009, p. 152.

[547] RE 1135449 AgR, 1. T. Rel. Alexandre de Moraes, j. 26.10.2018. DJE 237, p. 08.11.2018.

pendentes, individuais ou coletivos, que versem sobre a questão e tramitem no território nacional, consoante o § 5º. É uma medida de racionalização do procedimento, que se justifica sociologicamente, na medida em que grande parte das discussões jurídicas decorrem de relações massificadas, como bem pondera o professor Luiz Alberto Reichelt.[548]

O CPC assinala, no § 6º, que o interessado pode requerer, ao presidente ou ao vice-presidente do tribunal de origem, que exclua da decisão de sobrestamento e inadmita o recurso extraordinário que tenha sido interposto intempestivamente, tendo o recorrente o prazo de 5 (cinco) dias para manifestar-se sobre esse requerimento, o qual, se indeferido, admite agravo (§ 7º).

Considerando que milhares de recursos e de processos serão suspensos, para aguardar posição do Pretório Excelso quanto ao tema, prevê o § 9º que o paradigma seja julgado no prazo de 1 (um) ano.[549] Caso a Suprema Corte não reconheça a repercussão geral, competirá ao Tribunal de Origem negar seguimento aos recursos extraordinários sobrestados (§ 8º).

Quando a repercussão geral for admitida, será necessário ainda aguardar o julgamento de mérito do tema, para se conhecer a jurisprudência do STF, que deverá ser reiterada nos milhares de casos sobrestados.

6. Recurso Especial

6.1. A criação do "Tribunal da Cidadania"

O Superior Tribunal de Justiça originou-se da Constituição de 1988, a partir da necessidade de se resolver a propalada "crise do Supremo".[550] Entendia-se que a excessiva competência do Supremo Tribunal Federal, aliada ao volume de trabalho que havia décadas crescia em proporção geométrica, poderia comprometer o funcionamento da mais alta Corte, razão pela qual

[548] "Na visão do Estado de Direito e do devido processo legal, a repercussão geral do recurso extraordinário deve ser vista como uma nova tecnologia a serviço da adequação da prestação jurisdicional em face das peculiares exigências dos nossos tempos. Sob o manto da solidariedade social, impõe-se aos sujeitos do processo o dever de aceitar que o seu caso, em uma sociedade pautada por relações jurídicas massificadas, deve ser visto como um dentre diversos outros que apresentam o mesmo perfil. Combinados tais valores, tem-se que a decisão proferida no âmbito dos recursos extraordinários dotados de repercussão geral passa a ser vista como uma solução tão aceitável quanto a oferta de uma decisão individualizada para o caso que eles trouxeram a juízo". REICHELT, Luiz Alberto. A repercussão geral do recurso extraordinário e a construção do processo civil na era da solidariedade social. *Revista de Processo*, vol. 189, p. 92. São Paulo: RT, 2010.

[549] Reza a lei: "§ 9º O recurso que tiver a repercussão geral reconhecida deverá ser julgado no prazo de 1 (um) ano e terá preferência sobre os demais feitos, ressalvados os que envolvam réu preso e os pedidos de *habeas corpus*".

[550] Tal "crise" fora vaticinada pela genialidade de Carlos Maximiliano, quando, já em 1918, nos seus *Comentários à Constituição de 1891*, p. 551, alertava: "a semelhança do que ocorreu com os Estados Unidos e a República Argentina, acha-se o Brasil em face de um problema cuja solução se impõe – aliviar a Corte Suprema do excesso de trabalho, de que não dá conta".

era impositiva a criação de outro Tribunal Federal, com a missão de zelar pela uniformização do direito infraconstitucional.

Instalada em 7 de abril de 1989, a Corte tem sua competência disciplinada no art. 105 da Constituição Federal. O rol é extenso e abrange, dentre tantos outros procedimentos, ações de *habeas corpus*, mandados de segurança, rescisórias, cautelares, reclamação, além de ampla sorte de recursos. Em decorrência desse regramento, não nos parece haver exagero algum em afirmar que a crise que se encontra ainda no Supremo se espalhará (ou já alcançou) ao Superior, a despeito de todo o esforço dos Ministros e servidores. Não houve a resolução da "crise do Supremo", mesmo porque não existe solução "abracadabra" no Direito. Houve decerto uma suavização, afinal o Pretório Excelso já não aprecia ofensas às normas infraconstitucionais. Em consequência, logo será necessário alterar novamente a legislação para se preservar a magnífica função do Superior Tribunal de Justiça, livrando-o da apreciação de casos de imperceptível relevância, quiçá nos moldes da repercussão geral da questão debatida experimentada no Supremo.

Em 19.12.2018, foi publicada notícia no *site* da Corte, dando conta de que, pela primeira vez, o STJ ultrapassou a marca de meio milhão de recursos julgados no ano. Disse o Ministro João Otávio Noronha: "superamos, pela primeira vez na história, a marca de 500 mil julgados. Mesmo tendo recebido 4% a mais de processos do que em 2017, conseguimos uma redução recorde no estoque". Ao todo, foram julgados 511.761 processos em 2018, média de 15.508 por Ministro, ou 1.402 julgamentos por dia, ou ainda 58 por hora. Como salientou a notícia, "é praticamente um processo por minuto sendo julgado no STJ".[551]

É preocupante tal realidade, que, em última análise, prejudica a serenidade e a colegialidade dos julgamentos, além de praticamente inviabilizar a formação de uma jurisprudência coerente e estável. Tais números indicam a necessidade de se revisar o sistema de ampla recorribilidade para o STJ e a necessidade de se mudar a cultura do operador.

Quanto à estrutura, a Constituição determina que a Corte seja composta por, no mínimo, 33 ministros, escolhidos entre brasileiros com mais de trinta e cinco e menos de sessenta e cinco anos, com notável saber jurídico e ilibada reputação.

Todas as carreiras jurídicas são contempladas, garantindo assim a oxigenação do pensamento do Tribunal. Enquanto dois terços dos membros são provenientes da própria magistratura, os demais alternadamente são escolhidos dentre os advogados e o Ministério Público. A própria classe encarrega-se de apresentar uma lista sêxtupla, que é apreciada pelo Superior. Os três mais votados, então, concorrem à nomeação realizada pelo Presidente da República, após a aprovação do nome pelo Senado Federal.

---

[551] "STJ julga um processo por minuto e passa de meio milhão em 2018", publicado em 19.12.2018, no *site* do STJ.

No portal de seu *site*, a Corte recebe a gentil expressão de "Tribunal da Cidadania". Tendo em vista estar incumbida de responder, em última instância, pela aplicação e interpretação de todo o direito infraconstitucional, é natural que para o cidadão comum (filho, contratante, possuidor, proprietário, vizinho, cônjuge, etc.) os pronunciamentos da Corte estejam bastante próximos de sua realidade. Com efeito, basta acessar a pauta semanal de julgamentos para se encontrarem situações conflituosas que repercutem na maioria da população brasileira (relações de consumo, interpretação de contratos bancários, fiança, liberdade de imprensa, relações familiares, reparação civil, licitações, condutas criminosas etc.).

O recurso especial será o remédio para o cidadão instar o pronunciamento da Corte sempre que considerar que a decisão definitiva de uma causa afetou ilegitimamente a ordem jurídica infraconstitucional. O Superior, contudo, possuindo papel de destaque no plano federativo, ao analisar os recursos desta índole, não apenas estará preocupado com a sorte do litigante *a* ou *x*, mas sim em verificar o apreço dispensado pelos Tribunais locais ao direito federal. A atuação se dá em prol do Direito, embora os resultados dessa atuação beneficiem as partes (em detrimento do interesse de outras).

Dentro desse contexto, é compreendida a lição pela qual "o recurso especial não tem como objetivo proporcionar novo julgamento da causa, como pretende a recorrente, mas tão somente a finalidade precípua de estabelecer a uniformidade de interpretação da lei federal".[552] Tal ilação, encontrada em inúmeros pronunciamentos da Corte, de modo algum quer significar o desapreço pela sorte do litigante, mas diz respeito à precípua função de uniformização do direito infraconstitucional.

6.2. Recurso de fundamentação vinculada. Hipóteses de cabimento

Na linha do art. 105, III, da Constituição Federal, compete ao Superior Tribunal de Justiça julgar, em recurso especial, as causas decididas, em única ou última instância, pelos Tribunais Regionais Federais ou pelos tribunais dos Estados, do Distrito Federal e Territórios, quando a decisão recorrida: "(a) contrariar tratado ou lei federal, ou negar-lhes vigência; (b) julgar válido ato de governo local contestado em face de lei federal e (c) der à lei federal interpretação divergente da que lhe haja atribuído outro tribunal". Há julgados do Superior Tribunal de Justiça considerando que o recorrente deve indicar expressamente nas suas razões a alínea autorizadora, sob pena de não conhecimento do recurso.[553] Em nosso entendimento, dentro de uma perspectiva finalística, tal determinação, conquanto útil, não deveria inviabilizar o conhecimento do recurso, se das suas razões se pudesse concluir a alínea que o suporta.

---

[552] V. g. REsp 51.240/SP, Rel. Min. Cid Flaquer Scartezzini. DJ: 06.02.1995, p. 1366.

[553] Nesse sentido: "impossibilidade de se conhecer do recurso se a parte não indica a alínea do permissivo constitucional na qual se embasa a irresignação. Aplicação da Súmula 284-STF". (REsp. 241394, rel. Min. Felix Fischer, DJU de 26.06.2000)

Tal como o Supremo Tribunal Federal, o Superior possui uma função magna dentro do direito brasileiro, que é a harmonização da interpretação de normas federais. Ao final do processo, caso o litigante tenha condições de aportar à Corte sua irresignação, caberá ao Superior a última palavra sobre a melhor hermenêutica da norma federal.

É paradoxal a situação brasileira. Todos conhecem o complexo regramento dos recursos extraordinários, daí por que não surpreende que, na vasta maioria das vezes, apenas o litigante com melhores condições técnicas e financeiras consiga ascender até Brasília (isto é: os litigantes habituais). Os demais, litigantes esporádicos, suportam os efeitos das decisões proferidas pelos Tribunais de Apelação. Por isso, em nosso sentir, a pretensa liberdade dos magistrados deliberarem em sentido contrário ao preconizado pelos Tribunais Superiores traz dois efeitos claros: (a) se a decisão é proferida contra o litigante esporádico, ela tende a ser definitiva; (b) se a decisão contraria o interesse do litigante habitual, dado seu *know how*, dificilmente deixará que ela sobreviva e recorrerá ao Superior, postulando a revisão da decisão contrária à súmula de sua jurisprudência. Portanto, há muito tempo existe a súmula vinculante no direito brasileiro, só que essa "súmula vinculante" é bitolada, pois somente um tipo de litigante tem acesso a ela.

Luiz Guilherme Marinoni oferece interessantes argumentos em prol do acatamento das decisões dos Tribunais Superiores, indicando que "contra essa ideia se levantaria a alegação de que estaria sendo ferido o princípio da livre convicção judicial e a prerrogativa do juiz de dizer o direito conforme a sua consciência. O argumento, porém, não é procedente. Isto porque a força vinculante somente incide sobre a interpretação do direito e não sobre a apreciação dos fatos concretos. Objetiva-se apenas dar força vinculante à análise jurídica feita por tais tribunais, sem retirar do juiz a prerrogativa de examinar o caso concreto, dando-lhe a solução adequada. Ademais, afirmar que o juiz tem o direito de julgar de forma diferente aos tribunais superiores constitui gritante equívoco. Se é o Superior Tribunal de Justiça quem dá a última palavra em relação à interpretação da lei federal, qual é a racionalidade de se dar ao juiz o poder de proferir uma decisão que lhe seja contrária? Basta perguntar quem tem razão, diante do sistema judicial, ante uma súmula do Superior Tribunal de Justiça: é claro que aquele que tem o seu direito reconhecido na súmula. Portanto, decidir de forma contrária à súmula apenas obriga a interposição de recurso, consumindo mais tempo e despesas, seja da administração da justiça, seja do próprio cidadão".[554]

---

[554] E prossegue: "sendo assim, a afirmação da prerrogativa de o juiz decidir de 'forma diferente' do entendimento fixado pelos tribunais superiores, longe de ser algo que tenha a ver com a consciência do magistrado, constitui um ato de falta de compromisso com o Poder Judiciário, que deve estar preocupado, dentro do seu sistema de produção de decisões, com a efetividade e a tempestividade da distribuição da justiça. E não só um ato de falta de compromisso com o Judiciário, mas também um ato que atenta contra a cidadania, pois desconsidera o direito constitucional à razoável duração do processo". Julgamento Liminar das Ações Repetitivas e a Súmula Impeditiva de Recurso. Disponível em: <www.marinoni.com.br>. Acesso em 25.07.2006.

O recurso especial tem seu cabimento limitado às hipóteses previstas na Constituição Federal (art. 105, III, alíneas *a*, *b* e *c*), abaixo estudadas.

6.2.1. Negativa de vigência ou contrariedade a tratado ou lei federal

A primeira hipótese de cabimento do recurso especial diz respeito à negativa de vigência ou contrariedade a lei federal ou a tratado celebrado e incorporado ao direito brasileiro.[555] O manejo do recurso é autorizado na situação extrema do Tribunal de Origem ter negado vigência a lei federal, bem assim quando pela solução aplicada ao caso tenha se constatado malferimento a dispositivo federal.

Quanto ao tema dos tratados, deve ser pontuada uma particularidade oriunda da Emenda Constitucional nº 45. Foi introduzido o § 3º ao art. 5º, com a seguinte redação: "os tratados e convenções internacionais sobre direitos humanos que forem aprovados, em cada Casa do Congresso Nacional, em dois turnos, por três quintos dos votos dos respectivos membros, serão equivalentes às emendas constitucionais". Esta norma deve ser interpretada em sintonia com o § 2º do mesmo dispositivo, que consagra "expressamente a abertura material dos direitos fundamentais no direito constitucional nacional, agasalhando norma geral inclusiva".[556]

O tema da recepção dos tratados é realmente complexo no direito brasileiro, especialmente no tópico dos direitos humanos. É certo que a jurisprudência do Supremo Tribunal Federal impõe a chancela das casas legislativas para a recepção plena dos tratados que versam sobre direitos humanos. Contudo, a crítica de Fábio Konder Comparato mostra-se oportuna.[557] Como poderia o Congresso Nacional, valendo-se do dito "poder constituinte derivado", voltar atrás e decidir que a integração constitucional determinada pelo § 2º do art. 5º já não seria feita de pleno direito? Ou seja, de acordo com a Constituição, o rol de direitos humanos constantes em Tratados Internacionais de que o Brasil é parte complementam os direitos e garantias previstos na Constituição, na linha do § 2º. Entretanto, agora surge o parágrafo terceiro, com a Emenda Constitucional nº 45/2004, e impõe a chancela de três quintos dos membros do Parlamento.

Por decorrência, tratados que versem sobre direitos humanos (e que tenham sido aprovados pelo quórum preconizado na Emenda Constitucional, a ser admitida sua constitucionalidade), quando malferidos, induzem recur-

[555] Sobre a discussão acerca da força normativa dos tratados e da polêmica acerca de seu status constitucional, na jurisprudência destaca-se a ADIn n. 1.480/DF, julgada pelo Pleno do STF, tendo como relator o Min. Celso de Mello, que de certa forma demonstra o posicionamento da Corte contrário à equiparação. Na doutrina, favoravelmente, PIOVESAN, Flávia. *Direitos Humanos e o Direito Constitucional Internacional*. 7. ed. São Paulo: Saraiva, 2006.

[556] Cf. SARLET, Ingo Wolfgang. A Reforma do Judiciário e os Tratados Internacionais de Direitos Humanos: observações sobre o § 3º do art. 5º da Constituição. In: *Interesse Público*, v. 37, p. 49. No texto, são destacados relevantes aspectos da incorporação dos tratados ao sistema constitucional brasileiro.

[557] Redescobrindo o Espírito Republicano. In: *Ajuris*, v. 100, p. 107.

so extraordinário ao STF, e não recurso especial ao STJ, que reserva sua competência para a análise geral dos tratados e convenções. Há, no ponto, uma notável exceção à regra, cuja moldura será determinada pelo entendimento de cada época acerca da extensão dos "direitos humanos" recepcionados em Tratados e pelo ânimo do Estado em celebrar saudáveis convenções multilaterais. Deve ser referido que, caso vingue o entendimento de que qualquer outro tratado (p. ex. decretos legislativos aprovados por maioria simples do Congresso) está ora equiparado a emendas constitucionais, também suas violações serão apreciadas no Supremo Tribunal Federal, e não no Superior Tribunal de Justiça.[558]

De toda sorte, logo na primeira alínea observa-se a preocupação em aliviar o trabalho da Suprema Corte, a qual, historicamente, apreciava alegações de ofensa à legislação infraconstitucional. Basta recordar a dicção constitucional de 1891, que previa a competência do Supremo para "rever os processos findos quando se questionar sobre a validade ou a aplicação de tratados e leis federais, e a decisão do tribunal do Estado for contra ela" (art. 59, 3, *a*). Com a criação do Superior Tribunal de Justiça, a competência lhe foi transferida.

Quanto ao conceito da expressão "lei federal", a jurisprudência é restritiva, não admitindo sua equiparação a portarias, resoluções, instruções normativas, convênios, circulares, etc. Tais "atos normativos internos" não se enquadram no conceito de lei federal a que se refere a alínea *a* do permissivo constitucional.[559]

A interposição do recurso fulcrado na alínea *a* impõe a afirmação de que o acórdão tenha violado lei ou tratado federal. Tal alegação deve ser suficiente para determinar a admissibilidade do recurso. Se a alegação for confirmada, quando do julgamento, então haverá, além do conhecimento, seu provimento. Contudo, pode ocorrer que o recorrente tenha bem discorrido sobre pretenso malferimento, mas que, na visão dos Ministros, o Tribunal de origem tenha agido com correção. Nesta situação, embora conhecido, o recurso será desprovido.[560]

Caso corriqueiro de não conhecimento do recurso pela alínea *a* acontece quando o "recorrente restringe-se a afirmar que o acórdão teria violado lei federal, sem indicar, especificamente, qual o artigo da lei federal tido como violado".[561] Identificada tal falha na fundamentação do recurso, seu trânsito deve ser barrado, pois inviável o prosseguimento do debate, na medida em que o próprio recorrente descumpriu seu ônus de bem inaugurar o procedimento recursal com a adequada motivação. Incidirá, no tópico, o Enunciado

---

[558] O tema é debatido em doutrina. Em prol da equiparação, Flávia Piovesan em *Reforma do Judiciário e Direitos Humanos*. Em sentido contrário, também com sólidos argumentos, Ingo Sarlet no ensaio referido na nota anterior.

[559] REsp 790.530/RS, 1ª T., Rel. Min. Teori Zavascki, DJ: 19.12.2005; REsp 548.045/PE, 5ª T., Min. Felix Fischer, DJ: 13.10.2003; REsp 436.176/RS, 4ª T., Min. Aldir Passarinho Júnior, DJ: 17.02.2003.

[560] José Carlos Barbosa Moreira registra valiosos ensaios sobre o tema, em especial "O quê significa não conhecer de um recurso?".

[561] EDcl no AgRg no Ag 493375/RS, 6ª T., Rel. Min. Hamilton Carvalhido, DJ: 21.11.2005, p. 315.

nº 284 da Súmula do Supremo, pelo qual "é inadmissível o recurso extraordinário, quando a deficiência na sua fundamentação não permitir a exata compreensão da controvérsia".

6.2.2. *Prevalência da lei federal frente a ato de governo local*

Tal qual na alínea anterior, exige-se do recorrente competente fundamentação para pautar o debate no procedimento recursal. Como decidiu o Min. Gilson Dipp, "a mera alusão ao malferimento de legislação federal, sem particularizar o gravame ou descompasso na sua aplicação, não enseja a abertura da via especial, devendo a recorrente demonstrar os motivos de sua insurgência".[562] Nesta alínea, é fundamental discorrer sobre o confronto que se estabelece entre ato de governo local e a legislação federal. O ato deve ser inquinado de ilegal, à luz de normas identificadas pelo recorrente.

A Constituição apenas permite o manejo do especial, nesta alínea, quando a decisão recorrida tenha julgado válido o ato do governo local. *A contrario sensu*, não será admissível, dentro dos limites impostos pela alínea *b*, interposição do especial quando caracterizado que o tribunal local entendeu por invalidar o ato de governo local, pelo prestígio de norma federal. Esta última hipótese deverá ser veiculada à luz de outra alínea, que não a segunda.

Até a Emenda Constitucional nº 45/2004, além de apreciar atos de governos locais, confrontados com lei federal, o Superior também julgava leis locais discutidas em face de leis federais. Agora, esta segunda tarefa foi determinada ao Supremo, a fim de que este preserve a divisão constitucional de competências.

6.2.3. *Divergência jurisprudencial*

Por fim, é admitido o recurso especial sempre que a decisão final de Tribunal local, ao interpretar norma federal, confira-lhe interpretação distinta da que lhe haja dado outro Tribunal da Federação.[563] A preocupação da alínea é justificada novamente pelo ideal da Federação de que o mesmo Direito una todos os brasileiros. Portanto, não é tolerável que jurisdicionados de determinado Estado recebam tratamento distinto daqueles domiciliados em outros, quando, devido à posição ocupada no plano da vida, sejam merecedores da incidência da mesma norma federal.

Já advertia Epitácio Pessoa em 1907 acerca da inconveniência de autorizar todos os Tribunais inferiores a livremente interpretar a legislação federal: "conferir ás justiças independentes de 21 estados autônomos o direito de jul-

[562] EDcl no AgRg 690135/DF, 5ª T., Rel. Min. Gilson Dipp, DJ: 01.02.2006, p. 593.

[563] Exige a jurisprudência a indicação da norma federal tida por contrariada. Por ilustração: "a ausência de indicação de dispositivo de lei federal a respeito de cuja interpretação divergiu o acórdão recorrido implica deficiência na fundamentação do recurso especial. Incidência, por analogia, da Súmula nº 284 do STF". REsp 1634063/AC, 3. T., Rel. Min. Moura Ribeiro, j. 20.06.2017. DJe 30.06.2017.

gar sem recurso da validade ou aplicabilidade dos actos do Poder Legislativo da Nação, seria lançar a maior confusão e obscuridade na legislação, enfraquecer as garantias que ella proporciona as liberdades individuaes, perturbar as relações que ella regula e por ultimo quebrar a unidade nacional, que encontra na unidade do direito um dos seus mais sólidos esteios".[564] Com este norte, a atuação do Superior Tribunal de Justiça, na alínea 'c', garantirá a isonomia de tratamento aos brasileiros por parte do Estado.

Como o Superior Tribunal de Justiça exerce uma importante função federativa, sua preocupação não é voltada para a superação de divergências interpretativas no seio de qualquer dos demais tribunais da federação. Nesses casos, competirá ao próprio Tribunal Regional ajustar o tema. O problema torna-se federativo quando a divergência ocorre a partir da aplicação das leis por Tribunais distintos, que estejam sujeitos à sua jurisdição. Nesse caso, sim, o debate ganha projeção nacional.

Com efeito, não é admitida a atuação do Superior Tribunal de Justiça quando caracterizada uma divergência entre órgãos fracionários de um certo Tribunal da Federação (p. ex. TJCE ou TJSC). Nesses casos, compete a própria Corte local resolver o dissídio, através de outros mecanismos previstos no Código, tal como o incidente de uniformização de jurisprudência. No tópico, a Corte inclusive editou súmula, salientando que "a divergência entre julgados do mesmo Tribunal não enseja recurso especial" (Enunciado nº 13).

Ainda acerca da escolha do paradigma, são imprestáveis acórdãos proferidos por justiças especializadas, tal como os órgãos da Justiça Trabalhista, por ilustração.[565] É que em relação a estas Cortes, o Superior Tribunal de Justiça não possui autorização constitucional para censurar os pronunciamentos. Logo, haveria uma invasão de competência, caso, a pretexto de alcançar isonomia aos brasileiros, o STJ passasse a revisar as orientações de órgãos judiciais com competências próprias e distintas. Enfim, o acórdão paradigma deve ser oriundo de algum órgão jurisdicional que se submeta a jurisdição do Superior Tribunal de Justiça.

Para adimplir o ônus de apresentar um acórdão paradigma, exige o art. 1.029, CPC, que o recurso especial seja acompanhado de prova da divergência e das circunstâncias que permitam identificar semelhança fática e o resultado hermenêutico diverso entre os casos: "Quando o recurso fundar-se em dissídio jurisprudencial, o recorrente fará a prova da divergência com a certidão, cópia ou citação do repositório de jurisprudência, oficial ou credenciado, inclusive em mídia eletrônica, em que houver sido publicado o acórdão divergente, ou ainda com a reprodução de julgado disponível na rede mundial de computadores, com indicação da respectiva fonte, devendo-se, em

---

[564] Citação extraída do excelente texto de Guilherme Nassif Azem: A Instrumentalidade Objetiva do Recurso Extraordinário. In: *Revista de Informação Legislativa*, v. 48, n. 190, p. 205-210, abr./jun. 2011.

[565] AgRg no REsp 1344635/SP, 4. T., Rel. Min. Maria Isabel Gallotti, j. 20.11.2012. DJe 28.11.2012; AgRg no Ag 240.492/MG, 3. T., Rel. Min. Antonio de Pádua Ribeiro, j. 06.06.2000. DJ: 01.08.2000.

qualquer caso, mencionar as circunstâncias que identifiquem ou assemelhem os casos confrontados".[566]

Com tal diretriz, o Código exige do recorrente detido trabalho de exame dos acórdãos paradigmas e paragonado, com o fito de convencer o julgador da semelhança dos contextos analisados em um e outro. Não é suficiente a mera transcrição das ementas ou trechos esparsos dos votos proferidos. Deve existir a comparação, a análise dos fundamentos de um e de outro, permitindo ao leitor concluir com segurança acerca dos diferentes caminhos hermenêuticos percorridos a partir de fatos comuns.

Interpretando a exigência, o Ministro Hamilton Carvalhido, proferindo voto no Agravo de Instrumento nº 282.037/BA, referiu que "o conhecimento do recurso especial, fundado na alínea *c* do permissivo constitucional, requisita não apenas a apresentação dos trechos dos acórdãos que configurem o dissídio alegado, mas também a demonstração das circunstâncias que identifiquem ou assemelhem os casos confrontados, de modo a demonstrar analiticamente a divergência jurisprudencial".[567]

Justamente em face dessas premissas que a Corte não admite o cotejo analítico com uma súmula, a qual, como pondera o Min. Aldir Passarinho, "representa o entendimento pacificado no Tribunal acerca de uma determinada matéria, e como texto geral e abstrato, deve ser interpretado para incidir sobre inúmeras situações jurídicas. Impossível, pois, perquirir sobre a similitude fática do caso *sub examen* e àqueles que deram origem à Súmula (...)".[568] Com efeito, a fim de viabilizar o acesso pela alínea *a*, devem ser apresentados e debatidos os casos que deram origem à súmula, a fim de comprovar a semelhança no suporte fático. Ultrapassado este momento é que o enunciado poderá auxiliar o recorrente na demonstração de que a Corte de Origem não seguiu a linha interpretativa do Superior Tribunal de Justiça.

Também o Regimento Interno do Superior Tribunal de Justiça ocupa-se do cotejo analítico, quando em seu art. 255, § 1º, dispõe: "quando o recurso fundar-se em dissídio jurisprudencial, o recorrente fará a prova da divergência com a certidão, cópia ou citação do repositório de jurisprudência, oficial ou credenciado, inclusive em mídia eletrônica, em que houver sido publicado o acórdão divergente, ou ainda com a reprodução de julgado disponível na internet, com indicação da respectiva fonte, devendo-se, em qualquer caso,

---

[566] Assim dispõe o art. 1.029: "O recurso extraordinário e o recurso especial, nos casos previstos na Constituição Federal, serão interpostos perante o presidente ou o vice-presidente do tribunal recorrido, em petições distintas que conterão: I – a exposição do fato e do direito; II – a demonstração do cabimento do recurso interposto; III – as razões do pedido de reforma ou de invalidação da decisão recorrida. § 1º Quando o recurso fundar-se em dissídio jurisprudencial, o recorrente fará a prova da divergência com a certidão, cópia ou citação do repositório de jurisprudência, oficial ou credenciado, inclusive em mídia eletrônica, em que houver sido publicado o acórdão divergente, ou ainda com a reprodução de julgado disponível na rede mundial de computadores, com indicação da respectiva fonte, devendo-se, em qualquer caso, mencionar as circunstâncias que identifiquem ou assemelhem os casos confrontados".

[567] Trecho citado no acórdão do AgRg no AI nº 452.036.

[568] REsp 786.114, 4ª Turma, Rel. Min. Aldir Passarinho, j. 06.03.2007.

mencionar as circunstâncias que identifiquem ou assemelhem os casos confrontados."

Contudo, tais rigores vêm sendo atenuados pelo próprio Superior Tribunal de Justiça em casos nos quais a divergência jurisprudencial é notória ou quando ementas minuciosas permitem o perfeito conhecimento da controvérsia.[569]

O fenômeno é corretamente explicado pelo Min. Jorge Scartezzini, em voto proferido no julgamento do recurso especial nº 726.435/MG: "quanto ao dissídio jurisprudencial (alínea *c*), excepcionalmente, em se cuidando de divergência notória, evidenciada, estreme de dúvidas, por meio da exposição das ementas do *decisum* hostilizado e do paradigma colacionado, esta Corte orienta-se no sentido de dispensar a parte da comprovação do dissenso mediante o cotejo analítico, é dizer, por meio da contraposição de trechos dos acórdãos sob análise. Em outros termos, sendo possível aferir da leitura das ementas dos acórdãos em confronto a dissonância interpretativa notória, manifestamente conhecida neste Tribunal, prescinde-se da reiteração de sua demonstração por meio da estruturação analítica".[570]

Tal exceção é explicada, no plano processual, pelo princípio da finalidade.[571]

7. Agravo de Admissão (art. 1.042, CPC)

7.1. Definição do agravo aos Tribunais Superiores (introito)

Um dos assuntos mais polêmicos no ano em que ocorreu a *vacatio legis* do Novo Código de Processo Civil foi justamente o papel do Agravo em Recurso Especial e em Recurso Extraordinário, previsto no art. 1.042, CPC.

Na versão sancionada pela Presidência da República, em março de 2015, o seu papel era reduzido, na medida em que os recursos (especial e extraordinário) deveriam ascender até Brasília "independentemente" de juízo de admissibilidade. Entretanto, antes mesmo da entrada em vigor do Código,

---

[569] Por ilustração: "o conhecimento do recurso especial interposto com fundamento na alínea "c" do permissivo constitucional exige a indicação do dispositivo legal objeto de interpretação divergente, quando não se tratar de dissídio notório, sob pena de incidência da Súmula 284/STF, em conformidade com o AgRg no REsp 1.346.588/DF, Rel. Ministro Arnaldo Esteves Lima, Corte Especial, julgado em 18/12/2013, DJe 17/3/2014". AgInt no AREsp 916.548/RS, 3. T., Rel. Min. Marco Aurélio Bellizze, j. 27.09.2016. DJe 13.10.2016.

[570] Na mesma linha: AgRg no REsp nºs 435.562/RJ, 335.331/RS; EDcl no REsp nº 297.823/SP; AgRg no Ag nº 430.237/SP; EREsp nºs 222.525/MA e 539.096/SP.

[571] Por exemplo: "...Possível o conhecimento do recurso especial interposto com arrimo na alínea "c" do permissivo constitucional, quando, além de notório, é perfeitamente inteligível o dissídio jurisprudencial suscitado...". AgInt no REsp 1456140/SP, 3. T., Rel. Min. Paulo de Tarso Sanseverino, j. 18.08.2016. DJe 23/08/2016.

por força da mobilização das Cortes Superiores, houve a revisão do sistema de aferição de admissibilidade dos recursos excepcionais e, por decorrência, do papel deste agravo de admissão.

O tema é delicado, desde a vigência do CPC/73, o qual, grosso modo, contemplou distintas e históricas previsões. Em especial, entre a Constituição Cidadã e o ano de 2010, vigeu, na maior parte do tempo, o modelo do "agravo de instrumento" contra as decisões de inadmissibilidade do recurso especial e extraordinário proferidas pelos Tribunais de Origem. A partir de 2011, o sistema recursal foi alterado e foi consagrado um "agravo de admissão", com a flexibilização dos requisitos de admissibilidade do anterior "agravo de instrumento".

A lembrança desse percurso histórico pode ser útil para a compreensão do "novo" agravo previsto no art. 1.042, CPC.

7.2. O agravo de instrumento no sistema processual do final do século XX

A formatação do agravo de instrumento aos Tribunais Superiores, que vigia no início de século XXI, nada mais era do que a extensão da ideologia do recurso do final do século passado. À luz do antigo art. 544, CPC/73, incumbia ao agravante, quando não satisfeito com a decisão que inadmitia o seu recurso especial ou o extraordinário, zelar pela correta formação do instrumento, extraindo as cópias que iriam propiciar ao juízo *ad quem* o conhecimento da controvérsia. O agravo de instrumento era interposto perante os Tribunais Estaduais e Regionais, os quais, após a autuação das contrarrazões do agravado, remetiam a Brasília os recursos, independentemente de juízo de admissibilidade.

Partia-se do pressuposto (equivocado) de que seria mais democrático o sistema, na medida em que fosse oferecido a todos os cidadãos amplo acesso aos Tribunais Superiores. Logo, em linha de princípio, qualquer processo poderia (e na prática ainda pode) motivar a interposição dos recursos extraordinário e/ou especial. A vontade do litigante era o que determina o cabimento de um recurso, ainda que, teoricamente, esta afirmação não encontrasse perfeito respaldo científico.[572]

Dentro desta ideologia "do direito de todo e qualquer jurisdicionado levar a sua causa para o conhecimento dos Tribunais Superiores" e que espelharia, na visão de alguns autores, um dos reflexos de nossa "Carta Cidadã

[572] Absolutamente correta é a ponderação de Guilherme Nassif Azem, analisando a realidade do recurso extraordinário brasileiro, antes da introdução da repercussão geral: "a despeito de sua classificação e características, aparentemente refratárias à utilização em larga escala do expediente forense, a configuração dada pelo constituinte originário ao recurso extraordinário ofertou-lhe generoso campo de incidência, admitindo, em tese, que toda controvérsia envolvendo matéria constitucional aportasse ao Supremo Tribunal Federal". *Repercussão Geral da Questão Constitucional no Recurso Extraordinário*. Porto Alegre: Livraria do Advogado, 2009, p. 21.

de 1988", seria um símbolo da democracia o fato do Supremo Tribunal Federal apreciar mais de 100.000 recursos/ano ou o Superior Tribunal de Justiça julgar mais de 300.000 recursos/ano. Tanto maior o número, quanto mais eficiente seria a Corte.[573]

Entretanto, em paralelo, exigia-se do recorrente a superação de complexos requisitos de admissibilidade, os quais filtravam a imensa maioria das insurgências. Nesse panorama, era lugar comum afirmar que o ônus pela formação do agravo de instrumento, deduzido contra a decisão que inadmitia o extraordinário ou o especial era de integral responsabilidade do agravante. Não lhe era tolerado complementar a documentação, a qual deveria estar perfeita no momento de interposição de seu recurso, como decorrência do princípio da consumação. Essa conclusão – relativamente pacífica – era corroborada pelo extremo rigor com o qual os Tribunais Superiores aferiam a formação do instrumento.

Eram exemplos desta orientação jurisprudencial os seguintes precedentes: "estando ilegível o protocolo do Tribunal a quo, caberia à parte, em tempo hábil, apresentar certidão que atestasse a data de interposição do recurso, sob pena de seu não conhecimento, não se admitindo nesta instância especial a realização de diligências para suprir eventuais falhas, bem como a juntada tardia de peças para complementar a sua formação." (RCDESP no Ag 1328264/RJ. DJe: 27/10/2010);[574] "a Quarta Turma, ao julgar o REsp 805.114/SC (Rel. Min. Aldir Passarinho Junior, DJ de 14.5.2007, p. 318), enfrentou situação análoga à dos presentes autos, ocasião em que manteve o não conhecimento do agravo de instrumento a que se refere o art. 525, I, do Código de Processo Civil, por não ter sido juntada cópia do verso de uma das peças processuais obrigatórias." (AgRg no Ag 884.649/SC. DJ: 29/11/2007, p. 208); "a jurisprudência desta Corte é pacífica no sentido de que a ausência das peças obrigatórias de que trata o art. 525, I do CPC (dentre as quais se inclui a cópia da cadeia de substabelecimentos) importa em não conhecimento do recurso." (EREsp 1056295/RJ. DJe: 25/08/2010)

Malgrado as injustiças ocasionadas pela dita "jurisprudência defensiva", eram raros os acórdãos que discrepavam dessa linha. Veja-se, a propósito, precedente da 4ª Turma, pelo qual "constitui-se excesso de rigor formal não conhecer de agravo de instrumento na hipótese em que as demais cópias trasladadas são suficientes para vislumbrar-se a admissibilidade do recurso especial".[575]

---

[573] Observe-se a seguinte notícia, veiculada no *site* oficial do STJ, no dia 27.12.2010: "STJ fecha 2010 com superávit de julgados: em quase 22 anos de existência, o STJ já ultrapassou a marca dos 2,8 milhões de processos julgados. São mais de 3 milhões de processos distribuídos a seus integrantes desde sua instalação em 1989. A cada ano, seus magistrados vêm mantendo um ritmo crescente de julgados, fazendo o tribunal merecer, cada vez mais, a sua denominação de Tribunal da Cidadania".

[574] Outros precedentes sobre o tema são encontrados no estudo específico de Sérgio Biava Junior. Carimbo de protocolo ilegível ou Inexistente na jurisprudência do Superior Tribunal de Justiça. Repro 165/255.

[575] STJ, AI. 1322327, Rel. Min. João Otávio de Noronha.

Em face dessas orientações pouco compreensíveis e que ocasionavam extrema dificuldade para o operador, não eram raros os doutrinadores que defendiam inclusive a extinção do agravo. Luiz Alberto Simões Pires Filho, ilustrativamente, assim se pronunciava: "pode-se pensar, então, ser extremamente plausível a apresentação, triagem e distribuição do Recurso Especial diretamente no Superior Tribunal de Justiça, eliminando-se consequentemente o Agravo de Instrumento de que trata o Artigo 544 do Código de Processo Civil".[576]

Idêntica questão, e outras igualmente interessantes, eram colocadas por Lucas Pereira Baggio: "pergunta-se: não seria mais adequada a interposição dos recursos especial e extraordinário diretamente perante os tribunais superiores, tal como ocorreria com o agravo de instrumento em segunda instância? O recorrente seria obrigado a juntar a petição dos recursos no tribunal *a quo* e em primeiro grau (à semelhança do art. 526, CPC), para facilitar o contraditório, evitando que o recorrido fosse obrigado a diligenciar juntos aos tribunais superiores para buscar cópia do recurso. Sua instrução poderia obedecer às mesmas exigências estabelecidas para o agravo de instrumento (CPC, art. 525). A medida de urgência poderia ser pleiteada diretamente na petição recursal, cabendo já ao Ministro Relator apreciar o pedido, deferindo ou não a atribuição de efeito suspensivo ao recurso. (...) Desse modo, restaria superado o problema da competência para o julgamento do pedido de urgência, reduzindo consideravelmente o tempo do processo, com a retirada do procedimento de ato processual inútil, liberando os respectivos julgadores para a prática de outros, mais importantes, em nome do princípio da eficiência da administração pública".[577]

Bem observava Carlos Alberto Alvaro de Oliveira que o formalismo é necessário ao direito, pois representa uma garantia de liberdade frente ao arbítrio. Entretanto, quando levado ao extremo, pode comprometer justamente o direito que iria albergar, mostrando-se pernicioso para o cidadão.[578] A grande missão do jurista, neste aspecto, seria identificar as hipóteses em que o formalismo é bem-vindo (visto que justificado, à luz das exigências constitucionais) e aquelas outras em que ele mais representa uma forma de violar as legítimas expectativas do jurisdicionado.

A insatisfação dos doutrinadores residia justamente no excesso de formalismo que cercava o agravo. Esperava-se que, no século XXI, esse pano de fundo fosse diverso. Com efeito, cada ato processual possui uma finalidade e o ato processual deveria ser considerado válido quando, a despeito da preterição de alguma formalidade, tivessem sido respeitadas as garantias de ambas as partes, pela incidência do devido processo constitucional, do *pas de*

[576] Os Limites do Tribunal *a quo* no juízo desdobrado de admissibilidade do recurso especial. Disponível em <www.abdpc.org.br>. Acesso em 10.01.2011.

[577] *Tutela jurisdicional de urgência e as exigências do direito material*. Rio de Janeiro: Forense, 2010. p. 219.

[578] *Do Formalismo no Processo Civil*. São Paulo: Saraiva, 2004.

nullite sans grief, etc. Não era isso, contudo, que se observava na jurisprudência da virada do século.

Esta era a realidade sobre a qual foi edificada a Lei nº 12.322/2010.

7.3. O "agravo de admissão", a partir da Lei nº 12.322/2010

A Lei nº 12.322 "transforma o agravo de instrumento interposto contra decisão que não admite recurso extraordinário ou especial em agravo nos próprios autos, alterando dispositivos da Lei nº 5.869, de 11 de janeiro de 1973 – Código de Processo Civil".

Em síntese, foram "alterados" quatro artigos do Código de Processo Civil: 475-O (execução provisória), 544 e 545 (agravo) e 736 (instrução de embargos à execução). De substancial, a reforma atingiu o art. 544, pois, nas demais hipóteses, o legislador consolida as mudanças, atualizando suas referências.

Segundo o art. 544, o agravo passou a ser interposto nos próprios autos. Eliminou-se, assim, a figura do instrumento (e, esperava-se, todas aquelas polêmicas relativas à correção de sua formação). O prazo de 10 dias fora mantido. Tal como antes, competia a parte deduzir um agravo para cada recurso não admitido (§ 1º). Após a intimação do agravado, para a apresentação de resposta, subiam os autos ao Tribunal Superior. A atuação do juízo *a quo*, nesses casos, limitava-se à instrução do recurso, uma vez que, ao contrário do especial e do extraordinário, não ocorria exame bipartido de admissibilidade no agravo. Como regra geral, todos os agravos de admissão subiam até Brasília e lá eram apreciados.

O seu roteiro de julgamento englobava uma decisão monocrática proferida pelo Relator, no Tribunal Superior, a qual embora idealizada para ser excepcional, tornava-se regra. Era autorizada a atuação do relator tanto na análise da admissibilidade, quanto no exame do mérito do agravo e do recurso denegado. Ou seja, através do Agravo era possível julgar a matéria do recurso especial.[579] O mais comum, entretanto, a era a aplicação do § 4º, I, do art. 544, que autoriza o relator a "não conhecer do agravo manifestamente

[579] Por ilustração: "nos termos do art. 544, § 4º, II, *c*, do CPC, é permitido ao relator conhecer do agravo para dar provimento ao recurso especial, se o acórdão recorrido estiver em confronto com súmula ou jurisprudência dominante no tribunal, como ocorreu no presente caso, sendo facultado à parte contrária a interposição de agravo, no prazo de 5 dias, ao órgão competente, nos termos do art. 545 do CPC. Precedentes. 2. O direito constitucional ao contraditório em sede de recurso especial ou de agravo que objetiva conferir-lhe trânsito (CPC, art. 544) é exercido após a interposição desses recursos mediante a abertura de prazo para que o recorrido apresente contrarrazões ou contraminuta, à luz do disposto nos arts. 542, *caput*, e 544, § 2º, do CPC. Na espécie, observa-se que os ora agravantes já haviam se pronunciado nos autos após a interposição de agravo nos próprios autos pela companhia em face da decisão do Tribunal a quo que negou seguimento ao recurso especial, mediante a apresentação de contraminuta, sendo certo que não suscitaram qualquer irregularidade na intimação para apresentarem contrarrazões ao recurso especial, não havendo, pois, em se falar de ofensa ao contraditório". AgRg nos EDcl nos EDcl no AREsp 660.109/RJ, 4ª T., Rel. Min. Luis Felipe Salomão, j. 24.11.2015. DJe 01.12.2015.

inadmissível ou que não tenha atacado especificamente os fundamentos da decisão agravada".

A complementação do arcabouço era dada pelo inciso II, o qual autoriza o conhecimento do agravo para: "a) negar-lhe provimento, se correta a decisão que não admitiu o recurso; b) negar seguimento ao recurso manifestamente inadmissível, prejudicado ou em confronto com súmula ou jurisprudência dominante no tribunal; c) dar provimento ao recurso, se o acórdão recorrido estiver em confronto com súmula ou jurisprudência dominante no tribunal". Essas alternativas já aconteciam sob a lei anterior. E geravam consequências práticas importantes, como dúvidas quanto ao cabimento de embargos de divergência também contra as decisões em agravo ou a inibição da sustentação oral do advogado, quando a tese fosse enfrentada no agravo, ao invés do extraordinário ou especial. Não por acaso, portanto, o CPC se pronunciou sobre estes dois temas, ao tratar de sustentação oral e de embargos de divergência.

Por fim, na linha do paradigma recursal do século passado, que partia do princípio de que o sistema deveria sempre municiar a parte com um recurso frente a uma possível decisão equivocada, o vetusto art. 545 contemplava ainda o "agravo regimental". Ou seja, no prazo de 5 dias, competia à parte sucumbente deduzir novo recurso contra a decisão unipessoal, que era apreciado pelo Colegiado (Turma), cujo procedimento era unilateral já que não se autorizavam as contrarrazões, o que não deixava de ser estranho frente à ideia constitucional de contraditório e a principiologia recursal, pois, embora raramente, a reforma do julgado ocorria.

7.4. O Agravo no CPC sancionado em março de 2015

Em março de 2015, foi sancionado o CPC. Na redação de então, preconizava-se a subida do recurso especial e do extraordinário independentemente de exame de admissibilidade pelo Tribunal de Origem, conforme a redação do art. 1.030 de então: "Recebida a petição do recurso pela secretaria do tribunal, o recorrido será intimado para apresentar contrarrazões no prazo de 15 (quinze) dias, findo o qual os autos serão remetidos ao respectivo tribunal superior. Parágrafo único. A remessa de que trata o *caput* dar-se-á independentemente de juízo de admissibilidade".

A interpretação literal se mostrava equivocada, pois em verdade outros dispositivos do Código, como o art. 1.035, autoriza ao Tribunal de Origem detectar a intempestividade dos recursos, a qual é uma questão de admissibilidade. Outrossim, a grande missão dos Tribunais Inferiores era aferir se os temas discutidos nos recursos já haviam sido enfrentados pelos Tribunais Superiores ou se se encontravam pendentes de apreciação, hipóteses em que os recursos deveriam viabilizar retratação ou eram sobrestados.

Nesse contexto, compreende-se a redação do art. 1.042, na forma como sancionado em março de 2015, pela Presidenta Dilma Roussef:

Art. 1.042. Cabe agravo contra decisão de presidente ou de vice-presidente do tribunal que:

I – indeferir pedido formulado com base no art. 1.035, § 6º, ou no art. 1.036, § 2º, de inadmissão de recurso especial ou extraordinário intempestivo;

II – inadmitir, com base no art. 1.040, inciso I, recurso especial ou extraordinário sob o fundamento de que o acórdão recorrido coincide com a orientação do tribunal superior;

III – inadmitir recurso extraordinário, com base no art. 1.035, § 8º, ou no art. 1.039, parágrafo único, sob o fundamento de que o Supremo Tribunal Federal reconheceu a inexistência de repercussão geral da questão constitucional discutida.

§ 1º Sob pena de não conhecimento do agravo, incumbirá ao agravante demonstrar, de forma expressa:

I – a intempestividade do recurso especial ou extraordinário sobrestado, quando o recurso fundar-se na hipótese do inciso I do caput deste artigo;

II – a existência de distinção entre o caso em análise e o precedente invocado, quando a inadmissão do recurso:

a) especial ou extraordinário fundar-se em entendimento firmado em julgamento de recurso repetitivo por tribunal superior;

b) extraordinário fundar-se em decisão anterior do Supremo Tribunal Federal de inexistência de repercussão geral da questão constitucional discutida.

§ 2º A petição de agravo será dirigida ao presidente ou vice-presidente do tribunal de origem e independe do pagamento de custas e despesas postais.

§ 3º O agravado será intimado, de imediato, para oferecer resposta no prazo de 15 (quinze) dias.

§ 4º Após o prazo de resposta, não havendo retratação, o agravo será remetido ao tribunal superior competente.

§ 5º O agravo poderá ser julgado, conforme o caso, conjuntamente com o recurso especial ou extraordinário, assegurada, neste caso, sustentação oral, observando-se, ainda, o disposto no regimento interno do tribunal respectivo.

§ 6º Na hipótese de interposição conjunta de recursos extraordinário e especial, o agravante deverá interpor um agravo para cada recurso não admitido.

§ 7º Havendo apenas um agravo, o recurso será remetido ao tribunal competente, e, havendo interposição conjunta, os autos serão remetidos ao Superior Tribunal de Justiça.

§ 8º Concluído o julgamento do agravo pelo Superior Tribunal de Justiça e, se for o caso, do recurso especial, independentemente de pedido, os autos serão remetidos ao Supremo Tribunal Federal para apreciação do agravo a ele dirigido, salvo se estiver prejudicado.

Neste cenário, a principal preocupação do agravante era demonstrar a distinção entre o seu caso concreto e o precedente invocado do Tribunal Superior. A este respeito, a lição de Guilherme Rizzo Amaral: "já em se tratando de agravo contra inadmissão de recurso especial ou extraordinário, seja em face da vinculação de decisão em recurso repetitivo, seja em face da vinculação da decisão do STF que reconhece a inexistência de repercussão geral, para fugir à aplicação do precedente é indispensável que o agravante realize o *distinguishing*, ou seja, a *distinção* entre o caso concreto e o caso que deu base ao precedente. A distinção partirá da identificação da *ratio decidendi* – ou seja, dos fundamentos determinantes – do precedente, que, por sua vez, difere-se de meros *obter dicta*. Identificada a *ratio decidendi*, parte-se para contrapô-la ao caso sob julgamento. Da mesma forma que não poderá o agravante eximir-se de demonstrar cabalmente a distinção, não poderá o tribunal eximir-se de analisá-la, refutando-a ou acatando-a (art. 489, V e VI)".[580]

Contudo, durante a *vacatio legis* do Novo Código, estudos realizados pelos Tribunais Superiores concluíram que o volume de recursos destinados a Brasília tenderia a crescer exponencialmente, caso entrasse em vigência este modelo acima. Acreditava-se que haveria um incremento de aproximadamente 50% no número de recursos distribuídos no Superior Tribunal de Justiça, o que, na visão dos próprios Tribunais Superiores, ameaçava o seu adequado funcionamento.

Daí a iniciativa, cuja tramitação teve sucesso no Congresso Nacional, da Lei 13.256, oriunda do Projeto de Lei 168, aprovado pelo Senado Federal em dezembro de 2015, abaixo analisada.

7.5. Da feição "definitiva" do Agravo no CPC (Lei 13.256/2016)

Conforme a Lei 13.256/2016, que veio a dar os contornos do Agravo de Admissão, quando da entrada em vigor do "Novo CPC", o art. 1.042 passou a ter a seguinte redação:

> Art. 1.042. Cabe agravo contra decisão do presidente ou do vice – presidente do tribunal recorrido que inadmitir recurso extraordinário ou recurso especial, salvo quando fundada na aplicação de entendimento firmado em regime de repercussão geral ou em julgamento de recursos repetitivos.
> I (Revogado);
> II (Revogado);
> III (Revogado).
> § 1º (Revogado):
> I (Revogado);

[580] *Comentários às alterações do Novo CPC*, p. 1.071. São Paulo: RT, 2015.

II (Revogado):

a) (Revogada);

b) (Revogada).

§ 2º A petição de agravo será dirigida ao presidente ou ao vice – presidente do tribunal de origem e independe do pagamento de custas e despesas postais, aplicando se a ela o regime de repercussão geral e de recursos repetitivos, inclusive quanto à possibilidade de sobrestamento e do juízo de retratação.

§ 3º O agravado será intimado, de imediato, para oferecer resposta no prazo de 15 (quinze) dias.

§ 4º Após o prazo de resposta, não havendo retratação, o agravo será remetido ao tribunal superior competente.

§ 5º O agravo poderá ser julgado, conforme o caso, conjuntamente com o recurso especial ou extraordinário, assegurada, neste caso, sustentação oral, observando-se, ainda, o disposto no regimento interno do tribunal respectivo.

§ 6º Na hipótese de interposição conjunta de recursos extraordinário e especial, o agravante deverá interpor um agravo para cada recurso não admitido.

§ 7º Havendo apenas um agravo, o recurso será remetido ao tribunal competente, e, havendo interposição conjunta, os autos serão remetidos ao Superior Tribunal de Justiça.

§ 8º Concluído o julgamento do agravo pelo Superior Tribunal de Justiça e, se for o caso, do recurso especial, independentemente de pedido, os autos serão remetidos ao Supremo Tribunal Federal para apreciação do agravo a ele dirigido, salvo se estiver prejudicado.

Como se observa, é cabível o Agravo de Admissão para se revisar a decisão que aprecia a admissibilidade do recurso extraordinário, salvo se a decisão recorrida estiver "fundada na aplicação de entendimento firmado em regime de repercussão geral ou em julgamento de recursos repetitivos".[581] Nessas situações, em que aplicada a jurisprudência consolidada pelo Tribu-

[581] "RECURSO EXTRAORDINÁRIO INADMITIDO. RECURSO CABÍVEL: AGRAVO EM RECURSO EXTRAORDINÁRIO. AGRAVO INTERNO/REGIMENTAL. RECURSO MANIFESTAMENTE INCABÍVEL. 1. A decisão que nega seguimento ao recurso extraordinário, aplicando a sistemática da repercussão geral, somente pode ser desafiada por agravo interno/regimental (art. 1.030, § 2º, do CPC). Por outro lado, quando o recurso for inadmitido por qualquer outro fundamento, o recurso cabível é o agravo em recurso extraordinário (art. 1.030, § 1º, do CPC). 2. Nos termos do art. 1.042 do CPC, 'cabe agravo contra decisão do presidente ou do vice-presidente do tribunal recorrido que inadmitir recurso extraordinário ou recurso especial, salvo quando fundada na aplicação de entendimento firmado em regime de repercussão geral ou em julgamento de recursos repetitivos'. 3. Proferido o juízo de admissibilidade, encerrou-se a prestação jurisdicional do Superior Tribunal de Justiça, revelando-se descabido este agravo regimental/interno, visto que contra decisão que não admite o recurso extraordinário é cabível agravo em recurso extraordinário para a Suprema Corte. Agravo regimental não conhecido". AgRg no RE no RHC 72.997/SP, CE, Rel. Min. Humberto Martins, j. 29.03.2017. DJe 05.04.2017.

nal Superior, o recurso cabível, consoante o art. 1.030, CPC, e a posição dos Tribunais Superiores, será o agravo interno.[582]

A aprovação foi comemorada pelos Ministros do Superior Tribunal de Justiça. Declarou o Min. Paulo de Tarso Sanseverino que "em 2014, nós recebemos em torno de 310 mil recursos. Se fosse mantido o texto original do novo CPC, nós receberíamos, em 2016, mais de 500 mil recursos. Isso especialmente para os ministros da área civil. Em média, passaríamos de 10 mil recursos por ministro para mais de 20 mil recursos. Isso, praticamente, inviabilizaria o tribunal". Agregou o Min. Sérgio Kukina que foi restaurada a própria operacionalidade da Corte: "não que o STJ se recuse a trabalhar, mas não contamos com uma estrutura adequada e presente para fazer frente ao modelo proposto no novo CPC".[583]

Aparentemente, foi resgatado o modelo antigo, que estava em vigor ao final da vigência do CPC/73. Houve uma polêmica mudança, com o restabelecimento do exame de admissibilidade do recurso especial e do extraordinário, pelo Tribunal de Origem, com amparo no art. 1.030. Nessas situações, a aplicação do princípio da fungibilidade, antes tolerada, foi banida pelo STJ, a partir de 2016, sob o fundamento de que o "Novo CPC" possui regramento claro a respeito.[584]

A aprovação do Projeto foi cercada de polêmicas. Por ilustração, a posição de Dierle Nunes: no entanto, "o indicado PLC 168, sob o véu de fumaça da mudança do juízo de admissibilidade dos recursos extraordinários, promoveu alterações preocupantes no sistema altamente dialógico de formação

---

[582] PROCESSUAL CIVIL E PREVIDENCIÁRIO. AGRAVO INTERNO NO AGRAVO EM RECURSO ESPECIAL. ENUNCIADO ADMINISTRATIVO 3/STJ. REVISÃO DE BENEFÍCIO. DECISÃO DE ADMISSIBILIDADE DO RECURSO ESPECIAL FUNDADA NO ARTIGO 1.030, I, *B*, DO CPC/2015. CABIMENTO DE AGRAVO INTERNO CONSOANTE ARTIGO 1.030, § 2º, CPC/2015. INTERPOSIÇÃO DO AGRAVO PREVISTO NO ARTIGO 1.042 DO CPC/2015. ERRO GROSSEIRO. FUNGIBILIDADE RECURSAL. INAPLICABILIDADE. 1. O Código de Processo Civil de 2015, de forma expressa, determina o cabimento de agravo interno contra decisão que, especado no artigo 1.030, I, *b*, do CPC/2015, nega seguimento ao recurso especial. 2. Destarte, a interposição do agravo em recurso especial, previsto no artigo 1.042 do CPC/2015, constitui erro grosseiro, tendo em vista a inexistência de dúvida objetiva, ante à expressa previsão legal do recurso adequado, não sendo mais devida a determinação de retorno dos autos ao Tribunal de origem para que o aprecie como agravo interno. 3. Agravo interno não provido". AgInt no AREsp 1003647/BA, 2. T., Rel. Min. Mauro Campbell Marques, j. 16.02.2017. DJe 22.02.2017.

[583] Notícia publicada no site da Corte, sob o título "Lei que altera novo CPC e restabelece juízo de admissibilidade é sancionada". Disponível em <http://www.stj.jus.br/sites/STJ/default/pt_BR/noticias/noticias/Lei-que-altera-novo-CPC-e-restabelece-ju%C3%ADzo-de-admissibilidade-%C3%A9-sancionada>. Acesso em 10.02.2016.

[584] Trecho da ementa: "Com o advento do Código de Processo Civil de 2015 passou a existir expressa previsão legal no sentido do não cabimento de agravo contra decisão que não admite recurso especial quando a matéria nele veiculada já houver sido decidida pela Corte de origem em conformidade com recurso repetitivo (art. 1.042, *caput*). Tal disposição legal aplica-se aos agravos apresentados contra decisão publicada após a entrada em vigor do Novo CPC, em conformidade com o princípio *tempus regit actum*. A interposição do agravo previsto no art. 1.042, caput, do CPC/2015 quando a Corte de origem o inadmitir com base em recurso repetitivo constitui erro grosseiro, não sendo mais devida a determinação de outrora de retorno dos autos ao Tribunal a quo para que o aprecie como agravo interno". AREsp 959.991/RS, 3. T., Rel. Min. Marco Aurélio Bellizze, j. 16.08.2016. DJe 26.08.2016.

e aplicação de precedentes que estava estruturado, ao macular duas das técnicas mais essenciais de um sistema de precedentes, a distinção (*distinguishing*) e superação (*overruling*); suprimir o dever de congruência dos tribunais superiores; e tentar mitigar os deveres de fundamentação dos referidos tribunais. Então vejamos: 1. De imediato percebemos que a supressão matreira do § 2º do artigo 1.029, que estabelece que quando o recurso especial 'estiver fundado em dissídio jurisprudencial, é vedado ao tribunal inadmiti-lo com base em fundamento genérico de que as circunstâncias fáticas são diferentes, sem demonstrar a existência da distinção', demonstra que parcela dos ministros dos tribunais superiores (autores do PLC) não desejam adotar a grande premissa de se levar a sério o dever cooperativo de distinguir casos, de modo a se manter o sistema atual onde julgados são aplicados mediante emprego de ementas de modo mecânico, tanto em casos idênticos, quanto em relação a casos aproximados (que possuem fatos operativos diversos). O estrago só não é maior em face da mantença incólume das normas fundamentais do CPC-2015 que, mesmo com a referida supressão, não eximem os magistrados de seus deveres normativos de preservação do contraditório e da fundamentação. Entretanto, resta claramente demonstrada a dificuldade de alguns em compreender o que seja um sistema legítimo de precedentes".[585]

Na forma como ora estruturado o Código, compreende-se o papel do Agravo de Admissão justamente em face do papel a ser desempenhado pelo Tribunal de Origem no controle de admissibilidade do recurso especial e do recurso extraordinário. Ou seja, tendo em vista que o Tribunal de Origem deverá negar seguimento aos recursos excepcionais, nas hipóteses do art. 1.030, I, competirá ao recorrente deduzir o agravo com a fundamentação suficiente para convencer o Tribunal Superior do equívoco realizado pelo Tribunal Inferior, quando da primeira análise de admissibilidade.

O desafio desse modelo reside na identificação de uma forma de viabilizar a oxigenação da jurisprudência, pois, conforme o art. 1042, não caberá agravo de admissão contra decisões que apliquem "entendimento firmado em regime de repercussão geral ou em julgamento de recursos repetitivos". Nesses casos, será necessário criar outro meio hábil para permitir que, de tempos em tempos, os Tribunais de Brasília conheçam de novos argumentos e possam, eventualmente, rever as suas orientações, atualizando a sua jurisprudência.

Nesse sentido, é oportuna a ponderação de Diogo Rezenda de Almeida: "a bifurcação de recorribilidade das decisões de inadmissibilidade dos recursos especial e extraordinário também dificulta alterações de entendimento jurisprudencial. Se não é possível alcançar os tributos superiores e se o tribunal local está apenas mantendo e ratificando as posições fixadas em Brasília, torna-se inviável a tentativa de demonstração pelo recorrente de que estão presentes os pressupostos de revisão do precedente (nova conjuntura social, econômica, política ou cultural, entendimento ultrapassado ou impraticável, posição manifestamente *contra legem*, etc.). Parece-me, nessa hipótese, que,

[585] Disponível em: <http://genjuridico.com.br/2016/01/21/proposta-de-reforma-do-novo-codigo-de-processo-civil-apresenta-riscos>. Acesso em 25.01.2016.

se o recorrente demonstrar no recurso especial ou extraordinário que, ciente da posição do tribunal superior, busca pela via recursal a revisão do entendimento e apresenta justificativa relevante à superação do precedente, o tribunal local deve, pois, admitir o recurso, não obstante esteja presente uma das hipóteses de inadmissão previstas no art. 1.030 do CPC e que desafiam apenas agravo interno, de modo a evitar o engessamento da jurisprudência".[586]

A solução acima atente o ideal de periódica revisão da jurisprudência, preservando o procedimento geral do CPC, sem a necessidade de outra alteração legislativa. Se utilizada com comedimento, como se espera, será uma solução coerente.

Quanto ao seu procedimento, observa-se que a sua interposição ocorre no prazo de 15 dias, a contar da intimação da decisão que não admite o Recurso Extraordinário ou o Recurso Especial.[587] Ele é interposto no Tribunal de Origem, o qual, após intimar o agravado e colher as suas contrarrazões e remete os autos a Brasília.

Sorteado um ministro, integrante de um das Turmas do Supremo ou do Superior Tribunal de Justiça, admite-se a prolação de decisão monocrática, para o fim de se chancelar a decisão recorrida ou reformá-la, admitindo-se assim o trânsito do recurso indevidamente denegado.

Nada impede, contudo, a apreciação do mérito do próprio Recurso Especial, no julgamento do Agravo. Esta possibilidade já estava prevista no Código revogado e foi mantida pelo atual.[588] Qualquer que seja o teor da decisão unipessoal, em tese, será cabível o antigo "agravo regimental", atual "agravo interno", para provocar a atuação do órgão colegiado.

8. Embargos de Divergência

8.1. Finalidade dos embargos de divergência

No direito brasileiro, há um grande apreço pelo emprego do termo "embargo". Basta uma rápida leitura dos principais diplomas para se verificar

[586] *Recursos Cíveis.* Salvador: JusPodivm, 2019, p. 354-355.

[587] "PROCESSUAL CIVIL. AGRAVO INTERNO NO AGRAVO EM RECURSO ESPECIAL. O PRAZO PARA INTERPOSIÇÃO DE AGRAVO EM RECURSO ESPECIAL É DE QUINZE DIAS ÚTEIS. INTEMPESTIVIDADE. AGRAVO INTERNO NÃO PROVIDO. 1. A falta de cumprimento do prazo legal de 15 (quinze) dias úteis para interposição do agravo em recurso especial, contados da publicação da decisão que inadimitiu o recurso especial no Diário da Justiça, implica no reconhecimento da intempestividade do recurso, nos termos dos artigos 994, VIII, c/c 219, 1.003, § 5º, 1.042 e 1.070, todos do Código de Processo Civil de 2015. 2. Agravo interno não provido". AgInt no AREsp 954.904/SP, 4. T., Rel. Min. Luis Felipe Salomão, j. 21.02.2017. DJe 01.03.2017.

[588] Por ilustração: "O Relator está autorizado a julgar monocraticamente o mérito do Recurso Especial nos autos do Agravo de Instrumento, nos termos dos arts. 544, § 3º, do CPC, 34, VII, e 254, I, do RISTJ, sem que haja necessidade ou obrigatoriedade de se converter o Agravo de Instrumento em Recurso Especial" AgRg no Ag. 1.378.821/SP, Rel. Min. Cesar Asfor Rocha. DJe: 16.6.2011. No mesmo sentido: AgRg no AREsp 352.758/RJ, 1. T., Rel. Min. Napoleão Maia Filho, j. 18.04.2017, DJe 27.04.2017.

a quantidade de situações nas quais é dado ao jurisdicionado "embargar" determinada situação (embargos do devedor, embargos de declaração, embargos de terceiro, embargos por benfeitorias, embargos à arrematação, embargos de divergência, etc.).

Nesse sentido, é correta a observação de Athos Gusmão Carneiro ao qualificar de "polissêmico" os embargos previstos no ordenamento nacional, pois traduzem institutos distintos. Em que pese a diferença de finalidade de uns e outros embargos, o professor identifica um traço comum, qual seja, "a de oposição de obstáculo, de empecilho a alguma pretensão da parte adversária", salientando que o termo deriva do latim *imbarricare*.[589]

O Novo CPC segue esta tradição. Na redação sancionada pela Presidente Dilma Roussef, em março de 2015, o termo embargos aparecia em pelo menos 78 oportunidades, ao longo dos artigos, com os mais diversos contornos...

No que toca aos embargos de divergência, previstos no direito recursal, observa-se que a sua finalidade é justamente uniformizar a jurisprudência interna das Cortes Superiores (STF e STJ).

Com efeito, causaria enorme perplexidade a constatação de que cada órgão fracionário dos Tribunais Superiores adotasse posicionamento distinto quanto a teses jurídicas aplicáveis a idêntico grupo de casos. Como poderia o Supremo ou o Superior realizar sua missão de uniformizar a aplicação do direito em território nacional, se, em seu próprio seio, pairasse a divergência? Um cidadão, situado no mesmo plano do direito material que outro, receberia resposta jurisdicional distinta, caso o seu recurso fosse apreciado pela 1ª ou pela 2ª Turma, em nítida violação à promessa constitucional de isonomia e impessoalidade.

Tal preocupação já era sentida pelo saudoso Carlos Maximiliano, quando, com apoio na Constituição de 1891, duvidava da conveniência de se dividir a composição do Supremo Tribunal Federal, mediante a seguinte justificava: "a divisão do Supremo Tribunal em duas Câmaras, além de arranhar a Constituição, acarretaria o inconveniente, previsto pelos norte-americanos, de comprometer a unidade da jurisprudência, elemento capital da certeza do direito".[590]

Por critérios de conveniência, ao longo de sua história, o Supremo optou pela especialização de seus magistrados, agrupando-os em duas Turmas. Mas a preocupação com a unidade de pensamento da Corte não desapareceu; ao contrário, foi corroborada pela introdução dos embargos de divergência.

Como dito, em ambas as Cortes, os embargos de divergência perseguem idêntico objetivo, qual seja, a uniformização interna de sua jurisprudência, afinal ambos os Tribunais são encarregados pela Constituição de dar a última

---

[589] *Recurso Especial, Agravos e Agravo Interno*. 4. ed. Rio de Janeiro: Forense, 2005, p. 127.

[590] *Op. cit.*, p. 555.

palavra em matéria constitucional e infraconstitucional.[591] Justifica-se, assim, a previsão do recurso, uma vez que, ao sistema jurídico seria por demais inconveniente que qualquer dessas Cortes vacilasse na aplicação do Direito, gerando, através de provimentos discrepantes, insegurança para os jurisdicionados.

Dentro desse contexto, através dos embargos, os membros das Cortes Superiores têm a oportunidade de meditar acerca da melhor interpretação do direito em determinado momento histórico, livrando o cidadão do risco de obter pronunciamentos heterogêneos quanto à idêntica matéria fática. Como resultado desse trabalho, harmoniza-se o pensamento de cada uma das Corte.

8.2. Previsão legal (a ampliação das hipóteses de cabimento no CPC)

Da leitura conjunta dos artigos 546, CPC/73, e 1.043, CPC/2015, já se observa uma ampliação nas hipóteses de cabimento dos embargos de divergência.

Assim era a redação no art. 546 do CPC/73: "é embargável a decisão da turma que: I – em recurso especial, divergir do julgamento de outra turma, da seção ou do órgão especial; II – em recurso extraordinário, divergir do julgamento da outra turma ou do plenário. Parágrafo único. Observar-se-á, no recurso de embargos, o procedimento estabelecido no regimento interno".

Pela letra da lei anterior, eram embargáveis apenas as decisões das Turmas do Supremo Tribunal Federal e do Superior Tribunal de Justiça, quando, em julgamento de recurso extraordinário ou de especial, divergissem da orientação firmada por outro órgão colegiado da mesma Corte. Tendo em vista a composição destas Cortes, eram admissíveis os Embargos: no Supremo Tribunal Federal, se houvesse divergência de uma Turma com a outra ou com o Plenário. No Superior Tribunal de Justiça, quando, em recurso especial, a orientação adotada por uma Turma divergisse da orientação de outra Turma, de uma Seção ou do Órgão Especial. Considerando, igualmente, a possibilidade de uma Seção divergir de outra – ou da orientação consagrada pela Corte Especial – considerávamos nas edições anteriores desta obra que deveriam ser igualmente embargáveis os seus acórdãos, em face da finalidade do recurso. A lei anterior, contudo, apenas se referia a acórdãos de turmas, tornando a matéria complexa.

No CPC, o art. 1.043, admite o cabimento dos recursos em termos mais amplos, a começar pelo *caput*, que se refere a "órgão fracionário" e não apenas a Turmas, superando, portanto, a discussão do parágrafo acima. Terá cabimento contra os seguintes acórdãos: (I) em recurso extraordinário ou em recurso especial, divergir do julgamento de qualquer outro órgão do mesmo tribunal, sendo os acórdãos, embargado e paradigma, de mérito e (II) em

---

[591] Anota José Carlos Barbosa Moreira que os Embargos de Divergência possuem "finalidade análoga à do recurso de revista do direito anterior: propiciar a uniformização da jurisprudência interna do tribunal quanto à interpretação do direito em tese". In: *Comentários ao CPC*. 12. ed., p. 624.

recurso extraordinário ou em recurso especial, divergir do julgamento de qualquer outro órgão do mesmo tribunal, sendo um acórdão de mérito e outro que não tenha conhecido do recurso, embora tenha apreciado a controvérsia. É de se destacar que o cabimento foi delimitado pela Lei nº 13.256/2016 e que, na versão sancionada pela Presidência da República em março de 2015, havia dois outros incisos.[592]

Ou seja, a primeira hipótese reproduz o Código anterior. Entretanto, a segunda amplia a sua admissibilidade.

Agregam, ainda, os parágrafos do artigo que: "poderão ser confrontadas teses jurídicas contidas em julgamentos de recursos e de ações de competência originária" (§ 1º); "a divergência que autoriza a interposição de embargos de divergência pode verificar-se na aplicação do direito material ou do direito processual" (§ 2º); "cabem embargos de divergência quando o acórdão paradigma for da mesma turma que proferiu a decisão embargada, desde que sua composição tenha sofrido alteração em mais da metade de seus membros" (§ 3º).

Na medida em que se admitem os embargos para a uniformização da interpretação do direito material e do direito processual, consideramos que também as normas que guiam a apreciação da admissibilidade dos recursos, previstas em leis federais, podem ser invocadas para a admissão dos embargos. Isto porque não seria razoável que uma determinada Turma, por exemplo, reconhecesse a legalidade do prequestionamento ficto, ao passo que outra Turma, do mesmo Tribunal, recusasse a sua relevância. Entretanto, a interpretação ora postulada merecerá ainda confirmação pelos Tribunais Superiores, na apreciação dos casos.

De toda sorte, evidencia-se, a partir da ampliação das hipóteses de cabimento, a preocupação com a efetiva uniformização da jurisprudência, em sintonia com os vetores do Novo CPC. Decorre da nova redação, a conveniência de se cancelar a Súmula 315/STJ, uma vez que as decisões que inadmitem o agravo de admissão podem estar apoiadas na interpretação da Constituição ou de leis federais.[593]

Nesse sentido, o Novo CPC oferece um "poderoso instrumento" de uniformização jurisprudencial, como destacado na "Exposição de Motivos": "as hipóteses de cabimento dos embargos de divergência agora se baseiam exclusivamente na existência de *teses contrapostas*, não importando o veículo

---

[592] Art. 1.043, CPC: "É embargável o acórdão de órgão fracionário que: I – em recurso extraordinário ou em recurso especial, divergir do julgamento de qualquer outro órgão do mesmo tribunal, sendo os acórdãos, embargado e paradigma, de mérito; II – em recurso extraordinário ou em recurso especial, divergir do julgamento de qualquer outro órgão do mesmo tribunal, sendo os acórdãos, embargado e paradigma, relativos ao juízo de admissibilidade; (Revogado pela Lei nº 13.256, de 2016) III – em recurso extraordinário ou em recurso especial, divergir do julgamento de qualquer outro órgão do mesmo tribunal, sendo um acórdão de mérito e outro que não tenha conhecido do recurso, embora tenha apreciado a controvérsia; IV – nos processos de competência originária, divergir do julgamento de qualquer outro órgão do mesmo tribunal. (Revogado pela Lei nº 13.256, de 2016)".

[593] Reza a súmula 315: "Não cabem embargos de divergência no âmbito do agravo de instrumento que não admite recurso especial".

que as tenha levado ao Supremo Tribunal Federal ou ao Superior Tribunal de Justiça. Assim, são possíveis de confronto teses contidas em recursos e ações, sejam as decisões de mérito ou relativas ao juízo de admissibilidade. Está-se, aqui, diante de poderoso instrumento, agora tornado ainda mais eficiente, cuja finalidade é a de uniformizar a jurisprudência dos Tribunais superiores, *interna corporis*. Sem que a jurisprudência desses Tribunais esteja internamente uniformizada, é posto abaixo o edifício cuja base é o respeito aos precedentes dos Tribunais superiores".

Espera-se amplo aproveitamento desta inovação, pelos Tribunais Superiores.

8.3. Pressupostos de admissibilidade

Quanto à admissibilidade deste recurso, por imperativo de lógica, é necessário que ambos os acórdãos divergentes tenham se apoiado sobre premissas fáticas semelhantes. Não há como se comparar a incidência da norma em realidades fáticas distintas, pois há um consenso de que a mudança na realidade fática gera reflexos relevantes no melhor direito aplicável.[594]

Por decorrência, como bem salienta o Min. José Delgado, "no cotejo analítico dos acórdãos, em se verificando cuidarem de hipóteses distintas, cujas situações processuais não se alinham, não têm cabimento os embargos de divergência, uma vez que não albergam reapreciação do recurso especial, pois se prestam a dirimir contradição entre arestos que deram soluções jurídicas diferentes a casos similares ou idênticos, uniformizando a jurisprudência interna nos Tribunais Superiores".[595] Com razão, não haveria sentido em se aplicar determinado raciocínio jurídico para grupos de casos que não se assemelham.

Portanto, a identidade fática é um pressuposto inarredável para a utilização do recurso.

A atividade do embargante, portanto, principia com a identificação de um precedente, formado sobre semelhante realidade fática, com a adoção de tese em sentido contrário à decisão embargada. É sobre essa divergência que a argumentação do recorrente se apoia. Por tal razão, a qualidade das razões

---

[594] "PROCESSUAL CIVIL. AGRAVO REGIMENTAL. EMBARGOS DE DIVERGÊNCIA. PRESSUPOSTOS DE ADMISSIBILIDADE. AUSÊNCIA DE SIMILITUDE ENTRE OS JULGADOS CONFRONTADOS. DIVERGÊNCIA NÃO CONFIGURADA. 1. Caracteriza-se a divergência jurisprudencial, quando da realização do cotejo analítico entre os acórdãos paradigma e recorrido, verifica-se a adoção de soluções diversas à litígios semelhantes. 2. *In casu*, inviável a referida averiguação uma vez que o acórdão embargado encontra-se fundado na negativa de seguimento do recurso especial interposto, ante a aplicação da Súmula nº 126/STJ, e o adotado como paradigma encontra-se assentado na aplicabilidade da Súmula n. 276/STJ. 3. Ausência de motivos suficientes para a modificação do julgado, ante a inexistência de similitude fática entre os acórdãos confrontados. 4. Agravo regimental desprovido". AgRg nos EREsp 512188/RS, 1. S. Rel. Ministro Luiz Fux, j. 08/03/2006, DJ: 20.03.2006, p. 182

[595] AgRg nos EREsp 502206/RS, 1ª Seção, DJ: 05.12.2005, p. 209.

do embargante não raro depende do mérito do paradigma encontrado, uma vez que o recorrente é dele refém. O acórdão paradigma deve ter enfrentado o *thema juris* de forma expressa, sob pena de ser frustrado o escopo do sistema.[596]

Não se tolera, após a apresentação do recurso, a inovação consistente no aproveitamento de outras decisões, para fins de admissibilidade, pela incidência do princípio da consumação.[597] Nada impede, entretanto, que o embargante some outros argumentos aos que foram trabalhados no precedente, desde que conectados com o tema que será alvo de análise. Quando o recorrente assim procede, coletando doutrina e jurisprudência aplicáveis ao caso, não deixa de facilitar o trabalho do magistrado, com a sua própria pesquisa.

Em tese, qualquer precedente do mesmo Tribunal (Supremo ou Superior) pode ser utilizado para fins de admissibilidade recursal, exceto aqueles oriundos do mesmo órgão fracionário que prolatou a decisão recorrida.[598] Nessas hipóteses, presume-se que a jurisprudência avançou e o dito dissídio em realidade jamais existiu, pois o importante é a harmonia jurisprudencial em um determinado período histórico.[599] Ademais, se os membros de um órgão colegiado não entram em consenso, presume-se que, por maioria, conseguirão firmar alguma orientação, julgando de maneira semelhante os casos que se apresentarem no futuro.

---

[596] Anota a jurisprudência que "os embargos de divergência se prestam à uniformização da jurisprudência do Tribunal, o que pressupõe a existência de teses jurídicas divergentes entre órgãos fracionários, as quais devem ter sido abordadas explicitamente" (AgRg nos EREsp 107.426/RS, CE, Rel. Min. Francisco Peçanha Martins, j. 26.9.2002. DJ: 16/12/2002).

[597] Nesse sentido: "EMBARGOS DE DECLARAÇÃO. INEXISTÊNCIA DE OMISSÃO, OBSCURIDADE OU CONTRADIÇÃO. INDEFERIMENTO LIMINAR DO EMBARGOS DE DIVERGÊNCIA, POR INSUFICIÊNCIA DE INSTRUÇÃO. EMBARGOS REJEITADOS. I – Os embargos de declaração devem atender aos seus requisitos, quais sejam, suprir omissão, contradição ou obscuridade. Não havendo qualquer um desses pressupostos, rejeita-se o recurso integrativo. II – Consoante entendimento desta Corte, considerando-se que os pressupostos de admissibilidade devem ser analisados no momento da interposição do recurso, a juntada, a posteriori, em petição apartada, dos acórdãos apontados como paradigmas, não supre a deficiência da inicial dos embargos de divergência, em razão da preclusão consumativa. III – Embargos rejeitados". (EDcl nos EAREsp 37.466/PR, CE, Rel. Min. Gilson Dipp, j. 15.05.2013. DJe 28.05.2013)

[598] Por ilustração: "A divergência entre acórdãos proferidos pela mesma Turma julgadora não permite a oposição dos Embargos de Divergência". (AgRg nos EREsp 1105904/DF, CE, Rel. Min. Herman Benjamin, j. 15/05/2013. DJe 13/06/2013)

[599] Nesse sentido: "Agravo regimental. Embargos de divergência em embargos de declaração em agravo regimental em agravo de instrumento. Art. 546, II, do CPC. Dissenso jurisprudencial orgânico. Paradigma oriundo da mesma turma. Inservível. Pressuposto de admissibilidade não preenchido. 1. Na inequívoca dicção do art. 546, II, do CPC, desafia embargos de divergência a decisão de Turma do Supremo Tribunal Federal que, ao julgamento de recurso extraordinário, diverge do julgamento da outra Turma ou do Plenário. A eventual existência de divergência entre julgados oriundos da mesma Turma, quando muito, reflete apenas entendimento já superado no âmbito do Colegiado fracionário. 2. À ausência de respaldo legal, e porque insuscetível de evidenciar a existência de dissenso jurisprudencial orgânico, a indicação de julgado proferido pela Turma prolatora do acórdão embargado desserve ao fim de viabilizar a admissibilidade de embargos de divergência no Supremo Tribunal Federal. Precedentes. Agravo regimental conhecido e não provido". (STF -AI 822184 AgR-ED-EDv-AgR, Rel. Min. Rosa Weber, Tribunal Pleno, j.05.03.2015, DJe 25.03.2015)

Vale registrar que esta regra histórica sofreu uma limitação com o Novo CPC. Conforme o § 3º do art. 1.043, tornaram-se admissíveis os embargos quando "o acórdão paradigma for da mesma turma que proferiu a decisão embargada, desde que a sua composição tenha sofrido alteração em mais da metade de seus membros". Ou seja, autorizou o Código o confronto entre uma tese superada pelo órgão fracionário em razão de mudança em sua composição. Na linha do Código, outro órgão (uma Seção ou a Corte Especial) deverá, então, referendar este novo posicionamento.

De seu turno, a comprovação da divergência ocorre de maneira semelhante ao Recurso Especial.[600] O tema é regulado pelos arts. 266 e seguintes, do Regimento Interno do STJ.[601]

Quanto ao ponto, o CPC, no art. 1.043, § 4º, autoriza que o recorrente faça prova da divergência com "certidão, cópia ou citação de repositório oficial ou credenciado de jurisprudência, inclusive em mídia eletrônica, onde foi publicado o acórdão divergente, ou com a reprodução de julgado disponível na rede mundial de computadores, indicando a respectiva fonte, e mencionará as circunstâncias que identificam ou assemelham os casos confrontados".

Por fim, porém não menos importante, é a elaboração do cotejo analítico, ou seja, a comparação e a transcrição dos trechos dos acórdãos, para se demonstrar o dissídio, com a comprovação das circunstâncias que identifiquem ou assemelhem os casos confrontados. Caso não atendida essa diretriz, o recurso não será conhecido pela deficiência na fundamentação.

8.4. A identificação de acórdãos paradigmas

Um tema de importância capital diz respeito à identificação do acórdão paradigma. No regime revogado (art. 546, CPC/73) apenas acórdãos que apreciavam Recurso Especial ou Extraordinário poderiam ser admitidos.

---

[600] Exemplificativamente: "é requisito essencial ao conhecimento dos embargos de divergência a obrigatória juntada de cópia do acórdão apontado divergente ou a citação do repositório oficial, autorizado ou credenciado". EDcl no AgRg nos EAREsp 81791/PR, CE, Rel. Min. Gilson Dipp, j. 05.06.2013. DJe: 12.06.2013.

[601] RISTJ, art. 266: "Cabem embargos de divergência contra acórdão de Órgão Fracionário que, em recurso especial, divergir do julgamento atual de qualquer outro Órgão Jurisdicional deste Tribunal, sendo: I – os acórdãos, embargado e paradigma, de mérito; II – um acórdão de mérito e outro que não tenha conhecido do recurso, embora tenha apreciado a controvérsia. § 1º Poderão ser confrontadas teses jurídicas contidas em julgamentos de recursos e de ações de competência originária. § 2º A divergência que autoriza a interposição de embargos de divergência pode verificar-se na aplicação do direito material ou do direito processual. § 3º Cabem embargos de divergência quando o acórdão paradigma for do mesmo Órgão Fracionário que proferiu a decisão embargada, desde que sua composição tenha sofrido alteração em mais da metade de seus membros. § 4º O recorrente provará a divergência com certidão, cópia ou citação de repositório oficial ou credenciado de jurisprudência, inclusive em mídia eletrônica, em que foi publicado o acórdão divergente, ou com a reprodução de julgado disponível na internet, indicando a respectiva fonte, e mencionará as circunstâncias que identificam ou assemelham os casos confrontados".

Todavia, a comunidade acadêmica sempre criticou dita orientação, afinal o tema de fundo do recurso especial e do extraordinário muitas vezes era enfrentado em outros recursos, como o agravo de admissão e o agravo regimental, de sorte que se mostrava inconveniente a interpretação literal do vetusto art. 546, CPC/73.

Até a década de 2000, havia divergência entre os Tribunais Superiores. A jurisprudência majoritária do STJ admitia o raciocínio da Ministra Denise Arruda, pelo qual "o Regimento Interno deste Tribunal (art. 266) e o Código de Processo Civil (art. 546) não disciplinam a hipótese de cabimento de embargos de divergência manifestados em relação a acórdão proferido em agravo interno, tampouco em sede de agravo de instrumento. O Código de Processo Civil tão somente considera embargável a decisão da Turma que, em recurso especial, divergir do julgamento de outra Turma, da Seção ou do órgão especial. Outro, aliás, não é o entendimento consolidado no enunciado da Súmula 599/STF, assim redigido: 'são incabíveis embargos de divergência de decisão de Turma em agravo regimental'. Esse entendimento, após a edição da Lei 9.756/98, passou a ser interpretado com ressalvas, uma vez autorizado o relator a decidir o próprio mérito do recurso, monocraticamente, não sendo razoável, em consequência, vedar os embargos de divergência em tal circunstância".[602]

Tal orientação jurisprudencial floresceu de precedente da Corte Especial relatado pelo Min. Sálvio de Figueiredo Teixeira. Em face da clareza e da correção de seu entendimento, vale transcrever a lição: "após a edição da Lei 9.756, de 17.12.98, deve ser interpretado *modus in rebus* o Enunciado 599 da súmula/STF, uma vez autorizado o relator a decidir monocraticamente o próprio mérito, não sendo razoável, em consequência, inadmitir *tout court* os embargos de divergência somente por tratar-se de decisão proferida em agravo regimental. II – Se a decisão colegiada proferida no âmbito do agravo interno veio substituir, por um hábil mecanismo legal de agilização de processos nas instâncias extraordinária e especial, a decisão colegiada do recurso especial, e se é do escopo do recurso especial a uniformização interpretativa do direito federal infraconstitucional, a pressupor que tal uniformização comece por se dar no próprio Tribunal que por força de norma constitucional dela se incumbe, razoável a todas as luzes ensejar-se a possibilidade dessa uniformização na hipótese, quer em face do interesse da parte, quer em face do superior interesse público".[603] Desde a primeira edição desta obra, subscrevemos esta posição.[604] Atualmente, a matéria, no seio do Superior, foi sumulada pelos verbetes 315 e 316.[604]

---

[602] ArRg na Pet 3759/SC, 1ª Seção, DJ: 21.11.2005, p. 112.

[603] EREsp 258.616/PR, Corte Especial, Rel. Min. Sálvio de Figueiredo Teixeira, DJ de 12.11.2001.

[604] Efetivamente, se, através de um agravo de instrumento, é permitido aos Tribunais Superiores o julgamento monocrático dos recursos extraordinários travados pelos Tribunais locais, e desta decisão cabe agravo interno para a Turma confirmar o posicionamento do relator, deve ser admitido o "embargo" desses últimos julgamentos, quando evidenciada a divergência jurisprudencial. Entendimento contrário privaria ditos "embargos" de sua valia prática, na medida em que muitas orien-

Entretanto, o Supremo Tribunal Federal adotava posição diversa, prestigiando o verbete nº 599 de sua Súmula de Jurisprudência Predominante: "são incabíveis embargos de divergência de decisão de Turma em agravo regimental". A partir das ponderações do Min. Marco Aurélio, em 2007, o enunciado foi cancelado e a jurisprudência do STF evoluiu no ponto.[606]

Desde então, passou a prevalecer a argumentação do Ministro Cesar Peluso: "os embargos constituem, acima de tudo, uma oportunidade deferida ao Supremo para extirpar dissonâncias decisórias internas, mediante pronúncia definitiva deste Plenário"; "Tal meio de impugnação de acórdão das Turmas permite à Corte, remediando as dúvidas objetivas, oriundas de decisões fracionárias discrepantes; fixar as teses jurídicas que convêm as questões suscitadas, uniformizando a jurisprudência constitucional em razão da unidade do direito, da segurança das relações jurídicas e da sua própria autonomidade, como guarda da Constituição"; "Não descubro, pois, razões capazes de fundamentar a sobrevivência da Súmula 599 no vigente sistema de competência em processo de julgamento dos extraordinários, perante o qual, aplicá-la importa não só aleijar o âmbito de eficácia dos embargos de divergência, mas sobretudo, fazê-lo em nome de uma distinção formal, carente de qualquer valor jurídico".[607]

Coroando esta marcha histórica, o CPC ampliou o cabimento dos embargos de divergência.

Contudo, há correta resistência quanto ao aproveitamento de paradigmas unipessoais. Com efeito, na medida em que esta decisão monocrática é atacada por Agravo, não nos parece lógico admitir-se o manejo de Embargos de Divergência, sob pena de suprimir uma instância recursal. A jurisprudência do Superior Tribunal de Justiça vai nessa linha e não admite que o para-

---

tações que ordinariamente seriam tomadas em recurso especial deixariam de ser confrontadas com decisões discrepantes pelo simples fato de serem enfrentadas em sede de agravo. Ora, se as discussões são as mesmas e se presente o interesse público na pacificação dos julgados das Cortes, há de se admitir, nessas hipóteses excepcionais, o manejo dos embargos, quando enfrentados os pontos do recurso especial em sede de agravo.

[605] Respectivamente: "não cabem embargos de divergência no âmbito do agravo de instrumento que não admite recurso especial" e "cabem embargos de divergência contra acórdão que, em agravo regimental, decide recurso especial".

[606] O Min. Marco Aurélio destacava a finalidade dos embargos de divergência dentro do sistema jurídico brasileiro: "os embargos de divergência têm como objetivo maior afastar o dissenso, a desinteligência de julgados, considerados os pronunciamentos de Turmas ou de Turma e do Plenário; visam a preservar a própria unidade do Direito no que ele é nacional; visam, acima de tudo, a evitar tenha a distribuição de um sabor lotérico e que, sendo distribuído um processo a membro de certa Turma, venha a controvérsia a merecer desfecho diverso dado à mesma matéria, aos mesmos fatos sob o mesmo ângulo constitucional, pelo integrante de outra Turma. Já se disse que a divergência que maior descrédito ocasiosa é a intestina. A ideia, em si, de Supremo Tribunal Federal direciona a órgão único, mas, na verdade, a rigor e na prática, temos, em Brasília, três Supremos Tribunais Federais, caso não possamos admitir, com uma flexibilidade maior, buscando até mesmo a finalidade do preceito que contempla esse recurso, os embargos de divergência. Para mim, não há distinção entre julgar-se uma preliminar do recurso extraordinário, tendo-se na bancada o próprio recurso, ou julgar a preliminar via instrumento, via autos, bifurcação do processo, e chegar-se como penso – pelo menos é a premissa a que se chegou – a um enfoque discrepante do dado anteriormente pela outra Turma ou pelo Plenário".

[607] RE 285093, RE 283240 e RE 356069.

digma seja uma decisão monocrática[608], a qual espelharia a posição de um Ministro, e não de um órgão fracionário.

Ainda em relação à admissibilidade, merecem lembrança dois enunciados da Súmula do STJ, quais sejam: 158,[609] que impede o aproveitamento de acórdãos proferidos por Turmas que já não tenham a competência para a matéria neles versada, e 168,[610] que inviabiliza utilização de acórdãos antigos quando a divergência já se mostra superada pela Corte. Este raciocínio também é adotado pelo STF.[611]

De toda sorte, concluímos que a admissibilidade dos Embargos de Divergência deve ser garantida sempre que o seu julgamento cumpra a função deste recurso, qual seja pacificar a jurisprudência *intra muros*. Por decorrência, quando a tese jurídica tiver sido enfrentada em paradigma colegiado (seja em agravo, outro recurso ou ação de competência originária), é conveniente que o Tribunal conheça dos embargos para conseguir uniformizar a sua própria jurisprudência, sob pena de comprometer o seu próprio papel dentro do sistema.

8.5. Procedimento

Distribuído o recurso ao relator sorteado, o Regimento impõe, em observância ao art. 93, IX, da CF, que o despacho positivo ou negativo de admissão dos embargos seja fundamentado. Vale ressaltar que o art. 266-C do Regimento Interno expressamente prevê a possibilidade de indeferimento liminar dos embargos: "sorteado o relator, ele poderá indeferir os embargos

[608] Nesse sentido: "não se admitem decisões monocráticas como paradigmas de confirmação de dissídio jurisprudencial em Embargos de Divergência" (AgRg nos EAREsp 231.270/PB, CE, Rel. Min. Herman Benjamin, j. 15/05/2013, DJe 13/06/2013). Na mesma linha: AgRg nos EREsp 1.126.442/MG, Rel. Ministro João Otávio de Noronha, Corte Especial, DJe 18.5.2012; AgRg nos EREsp 1.227.840/MG, Rel. Ministro Cesar Asfor Rocha, Corte Especial, DJe 9.5.2012.

[609] Reza a Súmula 158: "Não se presta a justificar embargos de divergência o dissídio com acórdão de turma ou seção que não mais tenha competência para a matéria neles versada".

[610] Dispõe a Súmula 168: "Não cabem embargos de divergência, quando a jurisprudência do tribunal se firmou no mesmo sentido do acórdão embargado".

[611] "Agravo regimental nos embargos de divergência no agravo regimental no recurso extraordinário com agravo. Processo civil. Admissibilidade de recurso. Competência de corte diversa. Inexistência de repercussão geral da matéria. Ofensa ao art. 93, IX, da constituição federal. configurada ofensa reflexa à constituição. Ausência de impugnação específica. súmula STF 287. entendimento alinhado ao posicionamento sedimentado pelo plenário desta suprema corte. Agravo regimental a que se nega provimento. 1. A impugnação específica da decisão agravada, quando ausente, conduz ao desprovimento do agravo regimental. Súmula 287 do STF. Precedentes: RCL 5.684/PE-AgR, Tribunal Pleno, Rel. Min. Ricardo Lewandowski, DJe-152 de 15/8/08; ARE 665.255-AgR/PR, Rel. Min. Ricardo Lewandowski, Segunda Turma, Dje 22/5/2013; e AI 763.915-AgR/RJ, Rel. Min. Dias Toffoli, Primeira Turma, DJe 7/5/2013. 2. A controvérsia suscitada nos presentes embargos de divergência encontra respaldo na decisão do Plenário do STF submetido à sistemática da repercussão geral (RE 598.365). 3. Inadmissíveis os embargos de divergência quando a decisão embargada estiver alinhada ao posicionamento do Plenário desta Suprema Corte. 4. *In casu*, o recurso extraordinário versava sobre os pressupostos intrínsecos de admissibilidade do recurso de revista, previstos no art. 896 da Consolidação das Leis Trabalhistas. 5. Agravo regimental a que se nega provimento". STF, ARE 756969 AgR-EDv-AgR, Rel. Min. Luiz Fux, Tribunal Pleno, j. 28.05.2015, DJe- 16.06.2015, public. 17-06-2015.

de divergência liminarmente se intempestivos ou se não comprovada ou não configurada a divergência jurisprudencial atual, ou negar-lhes provimento caso a tese deduzida no recurso seja contrária a fixada em julgamento de recurso repetitivo ou de repercussão geral, a entendimento firmado em incidente de assunção de competência, a súmula do Supremo Tribunal Federal ou do Superior Tribunal de Justiça ou, ainda, a jurisprudência dominante acerca do tema".

Da decisão do Relator, caso gere prejuízo à parte (em geral, ao embargante), cabe agravo interno, para levar o tema ao juízo natural (a Corte Especial ou uma Seção, depender dos órgãos fracionários envolvidos na divergência).

Se preenchidos os requisitos de admissibilidade, é concedido vista ao embargado para apresentar impugnação nos quinze dias subsequentes (art. 267 do Regimento, em atenção ao contraditório previsto no art. 5º, LV, CF). Com tais providências, lícita será a inclusão do feito na pauta de julgamento. Esta, em outros termos, a dicção do art. 267 do Regimento Interno.[612]

Não visualizamos grandes diferenças no processamento dos embargos de divergência perante o Supremo Tribunal Federal. A sua propositura ocorre em 15 dias. Ato contínuo, é realizado o controle de admissibilidade. Caso admitido, abre-se vista ao embargado para a impugnação, a qual por medida de isonomia deve ocorrer em 15 dias, conforme o CPC.

A Súmula do Supremo Tribunal Federal registra ainda outro enunciado dedicado ao tema. Trata-se do verbete nº 598, que reza "nos embargos de divergência não servem como padrão de discordância os mesmos paradigmas invocados para demonstrá-la mas repelidos como não dissidentes no julgamento do recurso extraordinário".

Ainda em relação ao procedimento, consoante o § 2º do art. 1.044, estará dispensada a exigência de ratificação do recurso interposto antes do julgamento dos embargos de declaração opostos pela parte contrária, desde que não ocorra alteração substancial do resultado. Dispõe o parágrafo invocado: "se os embargos de divergência forem desprovidos ou não alterarem a conclusão do julgamento anterior, o recurso extraordinário interposto pela outra parte antes da publicação do julgamento dos embargos de divergência será processado e julgado independentemente de ratificação".

Por fim, preconiza o § 1º do art. 1.044 que "a interposição de embargos de divergência no Superior Tribunal de Justiça interrompe o prazo para interposição de recurso extraordinário por qualquer das partes". Complementa o art. 1.044, § 2º, que "se os embargos de divergência forem desprovidos ou não alterarem a conclusão do julgamento anterior, o recurso extraordinário interposto pela outra parte antes da publicação do julgamento dos embargos de divergência será processado e julgado independentemente de ratificação".

[612] Art. 267 do Regimento: "Admitidos os embargos em despacho fundamentado, promover-se-á a publicação, no Diário da Justiça, do termo de 'vista' ao embargado para apresentar impugnação nos quinze dias subseqüentes. Parágrafo único – Impugnados ou não os embargos, serão os autos conclusos ao relator, que pedirá a inclusão do feito na pauta de julgamento".

9. Recurso Ordinário

9.1. Papel do recurso ordinário no sistema

Dentre as características do direito processual brasileiro encontra-se a previsão da competência originária dos Tribunais para uma série de situações. Tanto os Tribunais locais, quanto os Superiores, são acionados pelos jurisdicionados para atuar de forma originária, diante de previsões legais expressas que se encontram, especialmente, na Constituição Federal e nas Constituições dos Estados. Na maior parte das vezes, a competência originária decorre de prerrogativa de função.

Entretanto, a realização de um procedimento e de um julgamento diretamente nos Tribunais oferece, ao lado de supostas vantagens, alguns inconvenientes que merecem atenção. Por ilustração, quando tramite uma demanda de um cidadão comum em face de determinada empresa, qualquer que seja a sentença do juízo de primeiro grau, ela poderá ser impugnada através de apelação, a qual será apreciada pelo Tribunal competente. A situação muda quando ocorre o exercício da competência originária, hipótese em que é necessário idealizar uma forma de viabilizar o duplo grau de jurisdição, o qual, embora não expresso no texto constitucional ou no Novo CPC, é valorizado pela comunidade e no regramento do recurso ordinário.

Para então viabilizar que as Cortes Superiores conheçam desses casos e controlem ao menos parcela dos feitos que são julgados pela competência originária dos Tribunais, admite a Constituição Federal (e o Novo CPC) a utilização do recurso ordinário, diante de sentenças denegatórias dos remédios jurídicos.

A nomenclatura é polêmica, afinal, na tradição brasileira, consta uma classificação quanto aos recursos cíveis a partir do interesse primordialmente tutelado, se o da parte ou o do próprio Direito. A este respeito, Adermal Torres de Amorin chega a afirmar que "a expressão recurso ordinário carrega, a um só tempo, a aflição da ambiguidade e o desconforto do esquecimento", em face do termo "ordinário" significar um gênero e ao mesmo tempo uma espécie, ao menos para aqueles que admitem a valia dessa classificação.[613] Prossegue o mestre, salientando que a "inadequada denominação vem de mais de setenta anos. Devorado pela ansiedade de distingui-lo do recurso extraordinário então previsto, o tecnicismo terminou por adotar expressão de perturbadora vaguidade".

Em que pesem esses defeitos apontados, o "recurso ordinário constitucional" goza de prestígio no direito brasileiro, servindo para instrumentalizar o duplo grau de jurisdição naquelas importantes situações nas quais os tribunais atuam mediante competência originária. Nessa linha, ensina o professor Artur Torres que "o recurso ordinário, bem compreendida a afirmativa, cumpre, em relação às hipóteses constitucionalmente previstas, a função

[613] *Op. cit.*, p. 193-194.

da apelação. Serve, pois, à operacionalização do *duplo grau de jurisdição*, nos casos de competência originária dos tribunais. Assim, a despeito de pertencer a competência dos tribunais superiores, trata-se, na linha da classificação por nós adotada, de *recurso de jurisdição ordinária*".[614]

De outra banda, o termo "ordinário" auxilia a compreensão do âmbito de devolutividade do recurso. Funciona, em linhas gerais, como a apelação, dada a amplitude que o recorrente pode emprestar ao efeito devolutivo. É correta, nesse sentido, a opinião de Eduardo Sprada Annunziato: "admite-se a aplicação do princípio da fungibilidade recursal ao recurso ordinário erroneamente denominado de Apelação. Contudo, não se admite a fungibilidade quando identificado o Recurso Ordinário como Recurso Extraordinário ou Especial".[615]

Em seu julgamento, funcionam as Cortes Superiores como legítimos Tribunais de Apelação, permitindo-se o amplo debate dos fatos e do direito. Não incidem no ponto as diversas restrições próprias dos recursos de estrito direito, tal como a vedação da revaloração da prova e o requisito do prequestionamento.

Justamente em face dessa sua maior devolutividade torna-se um remédio mais eficiente ao cidadão do que o recurso especial e o recurso extraordinário. Desta forma, contra os acórdãos denegatórios proferidos em única instância, nos casos elencados na Constituição Federal, não será admissível interpor (isoladamente ou em conjunto) recurso especial ou extraordinário. O principal argumento para a rejeição desses dois recursos estritos é o não esgotamento da instância, na medida em que possível a reversão do julgado pelo provimento do recurso ordinário.[616]

9.2. Hipóteses de cabimento diante da Constituição Federal

A Constituição Federal, regulamentando a competência do Supremo Tribunal Federal e do Superior Tribunal de Justiça, determinou que perante essas Cortes se realize o julgamento do "recurso ordinário". Trata-se de uma previsão para viabilizar o duplo grau de jurisdição diante de alguns dos procedimentos de competência originária dos Tribunais.

O Supremo Tribunal Federal admite o ordinário, quando interposto contra decisões de improcedência em única instância dos Tribunais Superiores, nas ações de *habeas corpus*, mandado de segurança, *habeas data* e mandado

---

[614] *Iniciação aos Recursos Cíveis*. Disponível na web. Acesso em 10.02.2016.

[615] *Recurso Ordinário em Mandado de Segurança*. Disponível em <http://www.ambito-juridico.com.br/site/index.php?n_link=revista_artigos_leitura&artigo_id=10735>. Acesso em 10.02.2016.

[616] Nessa linha: "... A jurisprudência desta Corte é firme no sentido de que contra decisão denegatória de mandado de segurança decidido em única instância por Corte Estadual, como no caso dos autos, é cabível o recurso ordinário, conforme art. 105, II, *b*, da Constituição Federal. 3. A interposição de recurso especial quando cabível o ordinário contra decisão denegatória de mandado de segurança configura erro grosseiro; logo, impossível aplicar o princípio da fungibilidade recursal". AgRg no AREsp 461.835/GO, 2. T., Rel. Min. Humberto Martins, j. 25.03.2014. DJe 31.03.2014.

de injunção (CF, art. 102, II, *a*). A Constituição ainda prevê a competência do Supremo para julgar, em recurso ordinário, crimes políticos (alínea *b* de idêntico dispositivo).

A base legal de seu cabimento encontra-se no art. 102, II, da Constituição Federal:

> Art. 102. Compete ao Supremo Tribunal Federal, precipuamente, a guarda da Constituição, cabendo-lhe:
>
> II – julgar, em recurso ordinário:
>
> a) o *habeas corpus*, o mandado de segurança, o *habeas data* e o mandado de injunção decididos em única instância pelos Tribunais Superiores, se denegatória a decisão;
>
> b) o crime político.

Já no Superior Tribunal de Justiça, a base legal encontra-se no art. 105, II, da Constituição Federal, quando assinala que compete ao Superior Tribunal de Justiça julgar, em recurso ordinário: "a) os *habeas corpus* decididos em única ou última instância pelos Tribunais Regionais Federais ou pelos tribunais dos Estados, do Distrito Federal e Territórios, quando a decisão for denegatória"; b) "os mandados de segurança decididos em única instância pelos Tribunais Regionais Federais ou pelos tribunais dos Estados, do Distrito Federal e Territórios, quando denegatória a decisão"; c) "as causas em que forem partes Estado estrangeiro ou organismo internacional, de um lado, e, do outro, Município ou pessoa residente ou domiciliada no País".

Da análise de suas hipóteses de cabimento, destacam-se alguns aspectos. Assinala o texto constitucional que ele terá cabimento quando denegatória a decisão proferida nas ações constitucionais. O Supremo Tribunal Federal conhecerá do recurso ordinário diante de decisões denegatórias de *habeas corpus*, de mandado de segurança, de *habeas data* e de mandado de injunção, proferidas em única instância pelos Tribunais Superiores. O Superior Tribunal de Justiça, de seu turno, conhecerá do recurso ordinário se interposto contra as decisões dos Tribunais, quando denegatórias de *habeas corpus* e mandado de segurança.

Não existe previsão constitucional admitindo o recurso ordinário diante da concessão dos pedidos formulados nessas ações constitucionais. Assinala a jurisprudência, nesse sentido, que, se a ordem for concedida, inadmissível será o recurso ordinário.[617]

Outra particularidade reside a interpretação da locução "decisão denegatória" dos remédios constitucionais heroicos. Seria admitida por analogia a sua interposição contra sentenças terminativas? Acreditamos que sim. Se o

[617] Por ilustração: "PROCESSUAL CIVIL. AGRAVO REGIMENTAL. RECURSO ORDINÁRIO EM MANDADO DE SEGURANÇA. SEGURANÇA CONCEDIDA. NÃO CABIMENTO DE RECURSO ORDINÁRIO. ERRO GROSSEIRO. 1. O artigo 105, II, *b*, da Constituição Federal, atribui a esta Corte a competência para apreciar recurso ordinário interposto contra decisão que denega a segurança. *In casu*, a ordem foi concedida, razão pela qual mostra-se incabível o recurso aviado. Inaplicável o princípio da fungibilidade recursal, por tratar-se de erro grosseiro. 2. Agravo regimental não provido". AgRg no RMS 46.517/AP, 2. T., Rel. Min. Mauro Campbell Marques, j. 01.12.2015. DJe 09.12.2015.

objetivo da norma é permitir que o cidadão obtenha nova análise de seu caso quando apreciado em competência originária, não haveria razão para excluir o seu cabimento diante das sentenças que deixam de apreciar o mérito. Como referido em histórico precedente do Supremo Tribunal Federal "o sentido da expressão constitucional "decisão denegatoria", comum tanto as ações de mandado de segurança quanto as ações de habeas corpus, reveste-se de conteúdo amplo, abrangendo, em seu domínio conceitual, os pronunciamentos jurisdicionais que apreciem o fundo da controvérsia jurídica suscitada ou que, sem julgamento do mérito, impliquem a extinção do processo".[618]

Outrossim, à luz da Constituição Federal, não há previsão para o seu manejo em todas as ações constitucionais julgadas originariamente pelos Tribunais. No caso do Superior Tribunal de Justiça, como acima transcrito, ele terá cabimento diante do mandado de segurança e do *habeas corpus*. Não admite a jurisprudência da Corte o seu cabimento diante de mandados de injunção, por exemplo.[619]

Tampouco é admitida a ampliação de seu cabimento para todas as hipóteses envolvendo Estados estrangeiros ou organismos internacionais. Segundo se afere do art. 105, II, CF/88, é necessário que o Município ou uma pessoa residente e domiciliada no país figure no polo contrário. Afasta-se assim do controle pelo recurso ordinário, por ilustração, as execuções fiscais promovidas pela União contra Consulados.[620]

Igualmente em face do texto constitucional reluta o STJ a admiti-lo em face de acórdãos proferidos pelas Turmas Recursais.[621] Consideramos esta última orientação discutível, porém coerente com a jurisprudência deste momento histórico. No futuro, com a maior democratização e utilização do Juizado Especial, talvez mereça revisão, para aproximar ainda mais o jurisdicionado do procedimento da Lei 9.099/95, possibilitando o controle em casos mais graves.

---

[618] AI 145395 AgR, 1. T. Rel. Min. Celso de Mello, j. 29.03.1994. DJ: 25.11.1994, p. 32304, ement. v. 01768-02, pp. 408.

[619] Nessa linha: "PROCESSUAL CIVIL. AGRAVO REGIMENTAL NO AGRAVO DE INSTRUMENTO. MANDADO DE INJUNÇÃO. ACÓRDÃO DENEGATÓRIO PROFERIDO POR TRIBUNAL ESTADUAL. RECURSO ORDINÁRIO INTERPOSTO PERANTE ESTA CORTE. NÃO CABIMENTO. AUSÊNCIA DE PREVISÃO NORMATIVA. 1. Entre as hipóteses de cabimento do recurso ordinário dirigido ao Superior Tribunal de Justiça, estabelecidas pelo art. 105, II, da Constituição Federal, não se insere o mandado de injunção. 2. Ademais, a invocação da Lei n. 8.038/90 não aproveita ao agravante. O disposto no art. 24 da referida lei trata de determinados feitos originários nos Tribunais, isto é, da ação rescisória, dos conflitos de competência, de jurisdição e de atribuições, da revisão criminal, do mandado de segurança, do mandado de injunção e do *habeas data*. De outra parte, o art. 33 do aludido normativo cuida do recurso ordinário, sem qualquer referência ao mandado de injunção. 3. Sendo assim, a utilização do recurso ordinário constitui, na espécie, erro grosseiro, a afastar a aplicação da fungibilidade recursal. 4. Agravo regimental a que se nega provimento". (AgRg no Ag 1433245/SE, 2. T., Rel. Min. Og Fernandes, j. 20.08.2015. DJe 04.09.2015)

[620] AgRg no Ag 1433146/RJ, 1. T., Rel. Min. Sérgio Kukina, j. 21.05.2015. DJe 01.06.2015)

[621] Por exemplo: AgInt no RMS 52.179/MA, 4. T., Rel. Min. Luis Felipe Salomão, j. 27.06.2017. DJe 01/08/2017.

Quanto ao Supremo Tribunal Federal, não há sentido para se admitir o recurso ordinário nessas hipóteses de atuação do Juizado Especial.[622]

9.3. Abordagem do recurso ordinário no Novo CPC.

O Novo CPC dedicou dois artigos para disciplinar o recurso ordinário. Inicialmente, em seu art. 1.027, praticamente foi repetida a redação do texto constitucional, dando conta das hipóteses de cabimento:

> Art. 1.027. Serão julgados em recurso ordinário:
> I – pelo Supremo Tribunal Federal, os mandados de segurança, os habeas data e os mandados de injunção decididos em única instância pelos tribunais superiores, quando denegatória a decisão;
> II – pelo Superior Tribunal de Justiça:
> a) os mandados de segurança decididos em única instância pelos tribunais regionais federais ou pelos tribunais de justiça dos Estados e do Distrito Federal e Territórios, quando denegatória a decisão;
> b) os processos em que forem partes, de um lado, Estado estrangeiro ou organismo internacional e, de outro, Município ou pessoa residente ou domiciliada no País.
> § 1º Nos processos referidos no inciso II, alínea "b", contra as decisões interlocutórias caberá agravo de instrumento dirigido ao Superior Tribunal de Justiça, nas hipóteses do art. 1.015.
> § 2º Aplica-se ao recurso ordinário o disposto nos arts. 1.013, § 3º, e 1.029, § 5º.

A relativa inovação é observada no § 1º do texto acima, o qual, de forma expressa, admite o agravo de instrumento dirigido ao Superior Tribunal de Justiça contras as interlocutórias proferidas nos processos referidos no

---

622 "MANDADO DE SEGURANÇA - DECISÃO DENEGATÓRIA - TURMA RECURSAL VINCULADA AO SISTEMA DOS JUIZADOS ESPECIAIS - RECURSO ORDINÁRIO INTERPOSTO PARA O SUPREMO TRIBUNAL FEDERAL - 'AGRAVO REGIMENTAL' DEDUZIDO APÓS O TRÂNSITO EM JULGADO DA DECISÃO - INTEMPESTIVIDADE - PETIÇÃO RECURSAL TRANSMITIDA MEDIANTE FAX - LEI Nº 9.800/99 - ORIGINAIS APRESENTADOS FORA DO PRAZO LEGAL - EXTEMPORANEIDADE - RECURSO NÃO CONHECIDO. – O Supremo Tribunal Federal, tendo em vista a norma constitucional inscrita no art. 102, II, 'a', da Constituição da República, não dispõe de competência para processar e julgar recursos ordinários contra decisões denegatórias de mandado de segurança proferidas por Turmas Recursais vinculadas ao sistema dos Juizados Especiais, pois tais órgãos judiciários não se qualificam nem se subsumem ao conceito de 'Tribunais Superiores'. Precedentes. – A interposição do recurso de agravo em data posterior àquela em que se consumou o trânsito em julgado do acórdão recorrido revela a intempestividade do mencionado recurso, o que o torna processualmente insuscetível de conhecimento. – A utilização de fac-símile, para a veiculação de petições recursais, não exonera a parte recorrente do dever de apresentar, dentro do prazo adicional a que alude a Lei nº 9.800/99 (art. 2º, *caput*), os originais que se referem às peças transmitidas por meio desse sistema, sob pena de não conhecimento, por intempestividade, do recurso interposto mediante fax. Precedentes. – Os prazos recursais são peremptórios e preclusivos (RT 473/200 – RT 504/217 – RT 611/155 – RT 698/209 – RF 251/244). Com o decurso, 'in albis', do prazo legal, extingue-se, de pleno direito, quanto à parte sucumbente, a faculdade processual de interpor, em tempo legalmente oportuno, o recurso pertinente". (RMS 26259 AgR, Relator(a): Min. Celso de Mello, 2. T., j. 16.10.2007. DJe-047 DIVULG 13-03-2008 PUBLIC 14-03-2008 EMENT VOL-02311-02 PP-00207)

inciso II, alínea "b", do art. 1.027, a saber os processos em que forem partes, de um lado, Estado estrangeiro ou organismo internacional e, de outro, Município ou pessoa residente ou domiciliada no País.

De seu turno, o art. 1.028 estipula que devem ser aplicadas por analogia, em relação aos requisitos de admissibilidade e de procedimento do recurso ordinário, as regras da apelação e do Regimento Interno do STJ:

> Art. 1.028. Ao recurso mencionado no art. 1.027, inciso II, alínea "b", aplicam-se, quanto aos requisitos de admissibilidade e ao procedimento, as disposições relativas à apelação e o Regimento Interno do Superior Tribunal de Justiça.
>
> § 1º Na hipótese do art. 1.027, § 1º, aplicam-se as disposições relativas ao agravo de instrumento e o Regimento Interno do Superior Tribunal de Justiça.
>
> § 2º O recurso previsto no art. 1.027, incisos I e II, alínea "a", deve ser interposto perante o tribunal de origem, cabendo ao seu presidente ou vice-presidente determinar a intimação do recorrido para, em 15 (quinze) dias, apresentar as contrarrazões.
>
> § 3º Findo o prazo referido no § 2º, os autos serão remetidos ao respectivo tribunal superior, independentemente de juízo de admissibilidade".

A doutrina admite que o recurso seja recebido no efeito suspensivo, embora considerando a "escassa relevância" do efeito, na medida em que a natureza da decisão recorrida é meramente declaratória.[623] Contudo, existem casos em que a concessão da antecipação da tutela recursal será importantíssima para preservar o direito das partes.[624]

Por tal razão, entendemos que deve ser aplicado por analogia o regramento da apelação, admitindo-se que o Relator possa antecipar, a título provisório e diante do preenchimento dos requisitos legais, parcela dos efeitos que seriam apenas observados quando do eventual e futuro provimento do recurso ordinário.

Contudo, muito embora o manifesto desejo do legislador em uniformizar todos os prazos recursais em 15 dias, pende celeuma acerca do prazo do recurso ordinário diante de acórdãos de habeas corpus julgados em competência originária. Sucede que a Lei Federal nº 8.038/1990, a qual "institui normas procedimentais para os processos que especifica, perante o Superior Tribunal de Justiça e o Supremo Tribunal Federal", fixou em 5 dias para a interposição do recurso ordinário em Habeas Corpus, em seu art. 30, "o recurso ordinário para o Superior Tribunal de Justiça, das decisões denegatórias de Habeas Corpus, proferidas pelos Tribunais Regionais Federais ou pelos Tribunais dos Estados e do Distrito Federal, será interposto no prazo de cinco

[623] MOREIRA, José Carlos Barbosa, p. 575.

[624] Autorizando a eventual manutenção de liminar, mesmo após a prolação de sentença, "segundo as peculiaridades do caso ajuizado" e da "natureza precária do provimento cautelar". STF, 2. T., RMS 23147, Rel. Min. Gilmar Mendes, j. 25.02.2003, DJ: 22.08.2003, p. 50.

dias, com as razões do pedido de reforma". Ainda em 2019, registra o STJ acórdãos dando conta de que o prazo previsto na lei especial deveria prevalecer, diante da não revogação expressa.[625] Enquanto não ultrapassada essa histórica jurisprudência, o operador há de ter a máxima cautela quando da interposição nessa hipótese.

9.4. Aplicação da teoria da causa madura ao recurso ordinário

Muito embora o recurso ordinário ostente similitude com a apelação, existe no direito brasileiro uma resistência, em relação à aplicação analógica da chamada "teoria da causa madura", quando de seus julgamentos. Na visão de determinados doutrinadores, os Tribunais Superiores deveriam se contentar em cassar as decisões recorridas e determinar o retorno dos autos aos Tribunais de Origem, para que estes resolvam o mérito dos casos.

Por ilustração, assinala o professor José Henrique Mouta Araújo: "destarte, em que pese o recurso ordinário ter *semelhança procedimental* com a apelação, sua previsão é constitucional, sendo de competência de Tribunal Superior, razão pela qual também não vislumbro o cabimento do art. 515, § 3º, do CPC/73 e, consequentemente, o art. 1.013, § 3º, do CPC/15, em sede de RO."[626]

Em sede jurisprudencial, encontram-se julgados seguindo esta orientação, pela inaplicabilidade da teoria da causa madura pelos Tribunais de Brasília, no julgamento de recursos ordinários em mandado de segurança.[627] Esta posição restritiva do Supremo Tribunal Federal vem sendo adotada, também, pelo Superior Tribunal de Justiça, como se observa da seguinte decisão: "não cabe o enfrentamento do mérito diretamente nesta Corte, uma vez que o 'princípio da causa madura' (antigo art. 515, § 3º, do CPC) não se aplica ao recurso ordinário em mandado de segurança, conforme entendimento da Sexta Turma, firmado por ocasião do julgamento do AgRg no RMS n. 27.278/RS".[628]

A despeito dessa orientação consolidada nos Tribunais de Brasília, não nos parece a melhor solução ao fenômeno. A mera desconstituição dos acór-

---

[625] Por ilustração: "Assim, o prazo para interposição de recurso ordinário em habeas corpus, ainda que se trate de matéria não criminal, continua sendo de 5 dias, nos termos do art. 30 da Lei nº 8.038/1990, não se aplicando à hipótese os arts. 1.003, § 5º, e 994, V, ambos do CPC/15". RHC 109.330/MG, 3. T., Rel. Min. Nancy Andrighi, j. 09.04.2019. DJe 12.04.2019.

[626] *Mandado de Segurança*. 5. ed. Salvador: Juspodivm, 2015, p. 253.

[627] STF. RMS 24789, 1. T., Rel.: Min. Eros Grau, j. 26.10.2004. DJ 26.11.2004, p. 00025, EMENT VOL-02174-02 PP-00293 LEXSTF v. 26, n. 312, 2005, p. 170-174 RT v. 94, n. 834, 2005, p. 176-178 RTJ, v. 00192-02, p. 692.

[628] AgInt no RMS 46.841/GO, 6. T., Rel. Min. Nefi Cordeiro, j. 15.12.2016. DJe 02.02.2017. No mesmo sentido: AgRg no RMS 35.235/GO, 1. T., Rel. Min. Napoleão Nunes Mais Filho, j. 15/03/2016, DJe 30/03/2016. No mesmo sentido: "Não cabe o enfrentamento do mérito diretamente nesta Corte, uma vez que o "princípio da causa madura" (antigo art. 515, § 3º, do CPC) não se aplica ao recurso ordinário em mandado de segurança, conforme entendimento da Sexta Turma, firmado por ocasião do julgamento do AgRg no RMS n. 27.278/RS." No mesmo sentido: AgInt no RMS 46.841/GO, 6. T., Rel. Min. Nefi Cordeiro, j. 15.12.2016. DJe 02.02.2017.

dãos ocasiona, na prática, demora na resolução do processo, em flagrante prejuízo ao ideal de duração razoável previsto na Constituição. Em nossa opinião, deveria ser admitida a aplicação da teoria da causa madura quando da apreciação de qualquer recurso ordinário, viabilizando-se, assim, a definição do litígio, com o julgamento de mérito. Como consequência, o jurisdicionado receberia o produto da atividade jurisdicional de pronto, sem a necessidade de aguardar por futuras apreciações por outros Tribunais.

10. Recurso Adesivo

10.1. A sucumbência recíproca e a adesão recursal

Ordinariamente, no sistema brasileiro, cada parte deve interpor o seu recurso, de forma autônoma, contra a decisão que lhe oferecer qualquer sucumbência. Quando a ação é julgada procedente, interpõe a apelação o réu, ao passo que, se desacolhido o pedido do autor, o recurso é interposto pelo demandante.

Contudo, essa regra geral é muito mais observada na teoria do que na prática. Registra o dia a dia forense uma quantidade enorme de ações parcialmente procedentes, que oferecem sucumbência recíproca. Isso sem contar com a procedência ou a improcedência integral e posterior recurso por parte do vencedor, com o fito de, por exemplo, rediscutir a verba honorária. Essas e tantas outras situações demonstram que o fenômeno da sucumbência não é tão singelo, quanto pode parecer.

A sucumbência recíproca está muito presente na prática. Embora abstratamente a "vitória parcial" seja um sinônimo de "derrota parcial", no plano concreto, a valoração de uma sentença como parcialmente favorável ou prejudicial depende de uma série de fatores, a começar pela personalidade do litigante.

Muitas vezes o litigante se satisfaz com uma decisão que lhe dá ganho parcial. Todavia, diante do risco de provável insurgência alheia, a qual determinaria o prolongamento da definição do litígio, acaba protocolando recurso. Multiplicam-se, assim, apelações que poderiam ser evitadas, caso os litigantes conhecessem de antemão o comportamento a ser adotado pelo oponente.

A fim de contornar esse percalço, o CPC, na linha do diploma anterior[629], admite o recurso adesivo. Ou seja, o sistema processual autoriza que o litigante parcialmente satisfeito com uma decisão tome primeiro ciência do

[629] No CPC/73, o recurso adesivo estava previsto no art. 500: "Cada parte interporá o recurso, independentemente, no prazo e observadas as exigências legais. Sendo, porém, vencidos autor e réu, ao recurso interposto por qualquer deles poderá aderir a outra parte. O recurso adesivo fica subordinado ao recurso principal e se rege pelas disposições seguintes: I – será interposto perante a autoridade competente para admitir o recurso principal, no prazo de que a parte dispõe para responder; II – será admissível na apelação, nos embargos infringentes, no recurso extraordinário e no recurso especial; III – não será conhecido, se houver desistência do recurso principal, ou se for ele declarado inadmissível ou deserto. Parágrafo único. Ao recurso adesivo se aplicam as mesmas regras do recurso independente, quanto às condições de admissibilidade, preparo e julgamento no tribunal superior".

comportamento do oponente para, após, concluir acerca da conveniência de deduzir recurso próprio.

O fenômeno está previsto no art. 997 do CPC, nos seguintes termos:

> Cada parte interporá o recurso independentemente, no prazo e com observância das exigências legais.
>
> § 1º Sendo vencidos autor e réu, ao recurso interposto por qualquer deles poderá aderir o outro.
>
> § 2º O recurso adesivo fica subordinado ao recurso independente, sendo-lhe aplicáveis as mesmas regras deste quanto aos requisitos de admissibilidade e julgamento no tribunal, salvo disposição legal diversa, observado, ainda, o seguinte:
>
> I – será dirigido ao órgão perante o qual o recurso independente fora interposto, no prazo de que a parte dispõe para responder;
>
> II – será admissível na apelação, no recurso extraordinário e no recurso especial;
>
> III – não será conhecido, se houver desistência do recurso principal ou se for ele considerado inadmissível.

Portanto, pode a parte escolher entre apresentar o seu recurso independente ou aderir ao recurso interposto pelo adversário. Não há, porém, como se valer de um e outro, em face da preclusão consumativa e do princípio da unirrecorribilidade.[630] Não serve, portanto, o adesivo para corrigir erros do recorrente (apresentação do recurso fora do prazo, com inadequada fundamentação, etc.[631]), mas sim, para tranquilizá-la de que poderá avaliar a conveniência de impugnar a decisão consoante o comportamento dos demais litigantes.

Presente a sucumbência parcial, qualquer dos litigantes pode optar por aguardar a definição do comportamento do adversário. Se esse permanece inerte, a decisão transita em julgado. Contudo, se há interposição de recurso, fica ainda em aberto a possibilidade de adesão.

Esse regramento particular oferece à parte a oportunidade de melhor meditar sobre a conveniência de se interpor um recurso, embora assumindo o risco de que, caso o adversário não recorra, também ficará privado de rediscutir a decisão.

Esses pontos são destacados pelo Min. Ruy Rosado de Aguiar Junior, ao aduzir que "é possível alegar-se que assim o recorrente adesivo tem maior prazo para o seu recurso, uma vez que dispõe de tempo a partir de sua intimação para contra-arrazoar o recurso principal. Mas tal comportamento traz consigo o risco de não poder recorrer, caso não haja a interposição do principal, e de não ser conhecido, não o sendo o principal, ainda que por desistência do seu autor, isto é, o recorrente adesivo fica sujeito à vontade do autor

---

[630] AgRg no Ag 487381/SC, 2. T., Rel. Min. João Otávio de Noronha, DJ: 15.09.2003, p. 297.

[631] Por ilustração: "Não é possível o afastamento da intempestividade do recurso principal para recebê-lo como adesivo sem que haja ao menos a indicação do art. 500 do CPC na peça recursal, por constituir erro grosseiro, impossibilitando a aplicação do princípio da fungibilidade recursal". AgRg no AREsp 652.771/SP, 3. T. Rel. Min. João Otávio de Noronha, j. 03.09.2015. DJe 11.09.2015.

do recurso principal, situação que razoavelmente não é procurada pela parte apenas para beneficiar-se com alguns dias a mais de prazo".[632]

No direito comparado, os exemplos se multiplicam. Ilustrativamente, o propósito de desestimular o uso de impugnações *ad cautelam* é bem conhecido na Itália, onde se admite a "impugnazione incidentale tardiva", cuja missão dentro do sistema é de todo semelhante ao adesivo brasileiro. Naquele país, como informa Andrea Proto Pisani, o legislador efetuou uma escolha com o objetivo de favorecer a estabilização da sentença: se a parte parcialmente sucumbente não tem a segurança de poder impugnar a decisão após a outra ter deduzido seu recurso, ela é praticamente constrangida a apresentar um recurso autônomo. Contudo, a certeza de conservar o direito impugnativo, mesmo após a insurgência do adversário, estimula o acertamento da sentença. Assim, a exigência de evitar o incentivo recursal encontra, como contrapartida necessária, a previsão da "impugnazione incidentale tardiva", a qual, "a differenza di quella tempestiva, si presenta come impugnazione non autonoma, ma condizionata alla ammissibilità della impugnazione principale".[633]

Além de colaborar com a efetividade, na medida em que permite a parte melhor exercer juízo de conveniência recursal, o adesivo ultrapassa a vedação da *reformatio in pejus*, pois poderá ser conhecido e provido, piorando a situação do primeiro recorrente. Em face dessa realidade, pode-se afirmar que o recurso adesivo possui algum poder de pressão, visto que o adversário estará ciente que o seu eventual provimento agravará a sua situação.[634] Com eventual pedido de desistência, desaparecerá este risco.[635]

É de ser observado que, na análise da sucumbência recíproca, para o efeito de cabimento do recurso adesivo, é suficiente a consideração de que o recorrente adesivo poderia ter obtido qualquer benefício sonegado pela decisão. Isto é, demonstrado que o provimento do adesivo pode alterar, por menor que seja, parcela do julgado para melhorar a sua posição no processo, ele deve ser conhecido e analisado, ainda que, abstratamente, sua demanda tenha sido "integralmente procedente". Sobre o tema, o Superior Tribunal de Justiça teve a oportunidade de apreciar, sob o rito dos recursos especiais repetitivos discussão relativa ao interesse recursal, diante do acolhimento de

[632] REsp 235.156/RS, Rel. Min. Ruy Rosado de Aguiar, DJU 14.02.2002.

[633] *Lezione di Diritto Processuale Civile*, p. 458.

[634] Também destaca o componente psicológico José Carlos Barbosa Moreira: "nem sequer o recorrente adesivo pode dizer-se prejudicado pela desistência do recorrente principal: na verdade, aquele só terá impugnado a decisão porque este o fizera; se quisesse obter novo julgamento sob quaisquer circunstâncias, caber-lhe-ia o ônus de interpor, no prazo normal, recurso independente. Não raro, aliás, a parte que recorre adesivamente, na prática, menos pretenderá de conseguir na verdade o *plus* que pleiteia ao órgão *ad quem* do que simplesmente exercer sobre o adversário pressão psicológica no sentido de que desista do recurso principal: essa é que será, no fundo, a real finalidade colimada pela adesão, de sorte que tal desistência se apresenta aos olhos do recorrente adesivo como resultado plenamente satisfatório". *Comentários...*, 12. ed., p. 333.

[635] Por ilustração. "a lei faculta ao recorrente desistir do recurso, independentemente da anuência da parte contrária. Isso ocorrendo, fica sem objeto o recurso adesivo. Dicção dos arts. 997 e 998 do CPC/2015". AgInt na Desis no REsp 1494486/DF, 2. T. Rel. Min. Og Fernandes, j. 21.02.2017. DJe 02.03.2017.

pedido de arbitramento de indenização por dano moral. Decidiu a Corte que é admissível o recurso adesivo, "uma vez configurado o interesse recursal do demandante em ver majorada a condenação, hipótese caracterizadora de sucumbência material".[636] A jurisprudência também já considerou admissível o adesivo diante de extinção do processo por ausência de condição da ação, quando presente a reconvenção.[637]

Outro tema interessante reside na cumulação de ações dentro de um mesmo processo, especialmente diante do litisconsórcio. Supondo-se o recurso por parte de apenas alguns dos litisconsortes, poderia a parte contrária deduzir um recurso adesivo para atingir os litisconsortes que deixaram de oferecer impugnação? A jurisprudência levanta fundados argumentos para se inadmitir o adesivo nesses casos.[638] Selecionou o Relator, Min. Ricardo Villas Boas Cueva, dois relevantes excertos de doutrina. O primeiro de Manuel Caetano Ferreira Filho: "quanto à legitimação dos litisconsortes, é preciso destacar que somente pode haver recurso adesivo quando ficar caracterizada a sucumbência recíproca. Isto é, interposto o recurso por um dos litisconsortes o recorrido somente poderá aderir ao recurso em relação a este litisconsorte que recorreu, e não em relação aos demais. Suponha-se que em

[636] Conforme explicativo trecho da ementa: "1. Para fins do artigo 543-C do CPC: O recurso adesivo pode ser interposto pelo autor da demanda indenizatória, julgada procedente, quando arbitrado, a título de danos morais, valor inferior ao que era almejado, uma vez configurado o interesse recursal do demandante em ver majorada a condenação, hipótese caracterizadora de sucumbência material." (REsp 1102479/RJ, CE. Rel. Min. Marco Buzzi, j. 04/03/2015, DJe 25/05/2015).

[637] "Processual Civil. Recurso Especial. Omissão. Inexistência. Extinção da ação e da Reconvenção, ao fundamento de ausência de condição de ação. Sucumbência. Recíproca. Interposição, pelo autor ou lpelo reconvinte, re recurso adesivo ao de apelação. Possibilidade. 1. A previsão do manejo de recurso adesivo no sistema processual brasileiro visa a atender política legislativa e judiciária de solução mais célere dos litígios, por isso que, do ponto de vista teleológico, não se deve interpretar o art. 500 do Código de Processo Civil de forma substancialmente mais restritiva do que se faria com os artigos alusivos à apelação, aos embargos infringentes e aos recursos extraordinários, mesmo porque 'ao recurso adesivo se aplicam as mesmas regras do recurso independente, quanto às condições de admissibilidade, preparo e julgamento no tribunal superior' (parágrafo único, art. 500 do CPC). 2. Julgadas extintas a ação e a reconvenção, por ausência de condição da ação, não descaracteriza a sucumbência recíproca apta a propiciar o manejo do recurso adesivo, pois '[a] sucumbência recíproca' há de caracterizar-se à luz do teor do julgamento considerado em seu conjunto; não exclui a incidência do art. 500 o fato de haver cada uma das partes obtido vitória total neste ou naquele capítulo'. 3. Recurso especial parcialmente provido para que o Tribunal de origem prossiga no julgamento do recurso adesivo, dando por superado o invocado óbice ao seu conhecimento". (STJ. REsp 1109249/RJ, 4. T., Rel. Min. Luis Felipe Salomãoj. 07.03.2013, DJe 19.03.2013)

[638] "Recurso Especial. Ação rescisória. Violação de literal disposição de lei. Art. 485, inciso V, do CPC. Procedência. Art. 500, *caput*, do CPC. Recurso adesivo. Litisconsórcio facultativo. Sucumbência recíproca. Não caracterização. 1. Cinge-se a controvérsia a definir se, havendo litisconsórcio passivo facultativo, o autor pode interpor recurso adesivo insurgindo-se quanto à exclusão de réu que não apelou. 2. Havendo litisconsórcio facultativo, apenas se admite o recurso adesivo quando estiver caracterizada a sucumbência recíproca entre a parte que apelou e aquela que recorreu adesivamente. Precedentes e doutrina. 3. O cabimento da ação rescisória por violação de lei (art. 485, inciso V, do Código de Processo Civil) pressupõe ofensa direta ao conteúdo normativo do dispositivo legal. 4. No caso em apreço, o acórdão rescindendo ignorou a ausência de pressuposto essencial de admissibilidade do recurso adesivo (reciprocidade de sucumbência entre autor e réu recorrentes), exigência não só disposta na própria redação do artigo 500, *caput*, do Código de Processo Civil, como também alardeada pela doutrina de escol e pela jurisprudência mais vetusta. 5. Recurso especial provido". (REsp 1202275/MA, 3. T., Rel. Min. Ricardo Villas Bôas Cueva, j. 03.11.2015. DJe 16.11.2015)

ação proposta contra dois réus, a sentença reconheça a ilegitimidade passiva de um deles e, quanto ao outro, julgue parcialmente procedente o pedido. Se o autor não interpuser recurso autônomo, não poderá aderir ao recurso que for interposto pelo réu parcialmente condenado, com o objetivo de obter a reforma da sentença na parte em que excluiu o outro litisconsorte. Para esta finalidade, deverá recorrer autonomamente, pois entre ele e o réu excluído não houve sucumbência recíproca: este réu venceu totalmente a causa".[639]

Após o de José Carlos Barbosa Moreira: "A legitimação ativa compete à parte que, no grau inferior de jurisdição, se contrapunha ao primeiro recorrente; se havia litisconsórcio, e óbvio, a qualquer dos litisconsortes cujo adversário comum interpôs o primeiro recurso. Ressalvada a hipótese de unitariedade do litisconsórcio, caso o recurso principal, interposto pela parte adversa, se endereце a um único (ou a alguns) dos co-autores ou co-réus parcialmente vencidos, só esse(s) co-autor(es) ou co-réu(s) se legitima(m) à adesão, que poderá visar apenas à matéria pertinente à situação do(s) recorrido(s) na impugnação principal. Analogamente, se um único dos litisconsortes foi derrotado, enquanto os outros obtiveram total vitória, não pode a parte contrária aderir ao recurso daquele para pleitear a reforma da sentença no tocante aos demais".[640]

Em nossa visão, o raciocínio amolda-se aos casos que envolvem litisconsórcio simples, no qual é plenamente viável fracionar o julgamento e contemplar litisconsortes com distintas sentenças. Entretanto, nas hipóteses de litisconsórcio unitário, a regra poderá ser excepcionada.

10.2. Limites do cabimento do adesivo no novo Código de Processo Civil

Atualmente, a adesão é facultada em sede de apelação, recurso extraordinário e recurso especial.

A jurisprudência reluta em admiti-lo fora das hipóteses taxativamente enumeradas. É o caso do recurso ordinário. Em interessante precedente, que bem registra a posição majoritária de nossas Cortes, o Min. Humberto Gomes de Barros ponderou que o ordinário é "um apelo *secundum eventus litis*. Vale dizer: somente é possível interpor recurso ordinário, se a decisão for denegatória da segurança. Decisão concessiva pode ser conduzida ao reexame do STJ por meio de recurso especial – jamais de recurso ordinário. O recurso, por isso, apenas é acessível ao impetrante. Seu adversário, seja ele a autoridade coatora, seja outro litisconsorte passivo, jamais poderá interpor recurso ordinário. Não poderá, em consequência, aderir a tal recurso".[641]

Correta a posição, na medida em que, a ser admitido o adesivo no ordinário, estar-se-á brindando uma parte com um recurso que, de forma autônoma, ela não dispõe.

---

[639] *Comentários ao Código de Processo Civil*, v. 7. São Paulo: RT, 2001, p. 51.

[640] *Comentários ao Código de Processo Civil*, v. 5. Rio de Janeiro: Forense, 2004, p. 317-318.

[641] REsp 10.962/PR, DJ 05.11.2001, p. 79. No mesmo sentido: RMS 18.515/SE, 5. T., Rel. Min. Laurita Vaz, j. 03.11.2009. DJe 30.11.2009.

10.3. A não exigência de identidade temática

Outrora foi discutido, em sede acadêmica e na jurisprudência, quanto à possibilidade de se versar no adesivo matéria distinta daquela devolvida ao Tribunal por força do recurso principal. A questão poderia ser colocada no seguinte exemplo hipotético: quando a sentença julga procedente alguns dos pedidos e apela o réu, poderia o autor postular, na via do adesivo, estritamente a majoração dos honorários de sucumbência ou outra questão não invocada pelo recorrente?

Atualmente, o tema na jurisprudência encontra-se pacificado. A histórica posição do Min. Franciulli Neto vem preponderando: "as exigências do art. 500 do CPC para a interposição de recurso adesivo são: sucumbência recíproca; interposição do recurso principal; atendimento do prazo para oferecer as razões; bem como conhecimento do recurso especial como condição para seu exame. Em momento algum faz referência em haver subordinação temática ao tema impugnado no recurso principal".[642]

Efetivamente, a matéria abrangida pelo adesivo pode ser distinta daquela enfrentada no recurso principal, assim como pode haver correlação entre ambas. Poderiam ser arrolados os seguintes argumentos em favor da tese hoje majoritária: "o art. 500 do CPC não impõe deva o adesivo contrapor-se unicamente ao tema impugnado no recurso principal, pois a lei faz referência apenas à sucumbência recíproca, à interposição do recurso principal, ao atendimento do prazo para oferecer as razões e ao conhecimento do recurso principal como condição para o exame do adesivo"; "a subordinação do recurso adesivo prevista no art. 500, III, da Lei Instrumental Civil, é a de existência e de juízo de admissibilidade positivo do recurso principal. Descabida a exigência de vinculação de mérito entre os recursos adesivo e principal"; "a lei não exige que a matéria objeto do recurso adesivo esteja relacionada com a do apelo principal".[643]

O raciocínio do Min. Mauro Campbel Marques é correto: "ao meu sentir, a lei não exige que a matéria veiculada no recurso adesivo esteja relacionada com a do recurso principal. O art. 500 do CPC permitiu ao interessado, que não tenha recorrido imediatamente, que o faça de forma adesiva, sem que isso venha a lhe causar qualquer prejuízo. Note que a intenção do legislador não foi a de privilegiar uma ou outra parte, mas sim, equipará-las, dando-lhes um tratamento igualitário, conferindo-lhes o mesmo direito. E que utilidade teria

---

[642] E prossegue o Ministro, citando escólio de J. C. Barbosa Moreira: "Não é requisito de admissibilidade do recurso adesivo a existência de vínculo substancial entre a matéria nele discutida e a suscitada no recurso principal. Pouco importa que se trate, num e noutro, de capítulos perfeitamente distintos da sentença: por exemplo, do relativo ao pedido originário e do atinente à reconvenção. A 'sucumbência recíproca' há de caracterizar-se à luz do teor do julgamento considerado em seu conjunto; não exclui a incidência do art. 500 o fato de haver cada uma das partes obtido vitória total neste ou naquele capítulo. Interpretação diversa contraria o *ratio legis* e reduz a eficácia prática do mecanismo legal". *Comentários ao Código de Processo Civil*. v. 5., 7. ed., p. 314/315. REsp 591.391/BA.

[643] Trechos dos votos colhidos nos seguintes julgados: REsp 203.874/SC, Rel. Min. Waldemar Zveiter, 3ª Turma, j. 16.02.2001, DJ 09.04.2001 p. 353; REsp 324.032/RJ, Rel. Min. Barros Monteiro, 4ª Turma, j. 24.09.2002, DJ: 09.12.2002, p. 347; REsp 332.826/MG, Rel. Min. Aldir Passarinho Junior, 4ª Turma, j. 07.02.2002, DJ: 08.04.2002, p. 223.

o recurso adesivo se a sua matéria ficasse adstrita tão somente àquela do recurso principal interposto pela parte contrária? Subordinar e limitar a matéria do recurso adesivo à matéria ventilada no recurso independente equivale a negar vigência ao art. 500 do CPC, uma vez que o dispositivo legal não fez qualquer restrição acerca da matéria objeto do recurso adesivo. Não é demais lembrar que onde a lei não restringiu, não cabe ao intérprete fazê-lo, quanto mais em detrimento da própria natureza do recurso sob exame".[644]

Com efeito, a exigência de identidade temática entre o recurso principal e o adesivo ofuscaria o papel do adesivo dentro do sistema recursal e, em vez de colaborar para o desafogo dos Tribunais, iria ocasionar a necessidade de interposição de recursos autônomos. Portanto, a exigência de identidade temática ofenderá o sentido normativo do art. 997, CPC.[645]

10.4. O preparo autônomo do recurso adesivo

Tendo em vista que o art. 997, CPC, afirma que se aplicam ao recurso adesivo as "mesmas regras" do recurso independente, "quanto aos requisitos de admissibilidade e de julgamento no Tribunal, salvo disposição legal diversa", parcela da jurisprudência entendia que, uma vez dispensado do preparo o recorrente principal, este benefício também se estenderia ao litigante que optasse pela adesão.[646]

Essa interpretação estimulava, ainda que de forma discreta, a postura da parte de aguardar o comportamento recursal do adversário. Oferecia-lhe, além da possibilidade de conhecer o teor da insurgência alheia, um outro benefício, qual seja a isenção de custas, que ordinariamente são exigidas ao recurso autônomo.[647]

Entretanto, a jurisprudência do Superior Tribunal de Justiça, especialmente pela atuação das Turmas de Direito Público, revisou esta orientação. E, ao longo da década de 2000, consagrou entendimento distinto, pelo qual "a exigibilidade do preparo do recurso adesivo não está vinculada à obrigação

[644] Texto do voto colhido no julgamento do REsp 858.666/SC, 2. T. Rel. Min. Mauro Campbell Marques. DJe: 15/10/2010

[645] Nesse sentido: "PROCESSUAL CIVIL. AGRAVO REGIMENTAL EM AGRAVO EM RECURSO ESPECIAL. ART. 500 DO CPC. RECURSO ADESIVO. CORRELAÇÃO COM A MATÉRIA OBJETO DO RECURSO PRINCIPAL. DESNECESSIDADE. SÚMULA 83/STJ. 1. O Tribunal a quo exarou entendimento consonante com a jurisprudência desta Corte, no sentido de que o artigo 500 do Diploma Processual Civil não exige que a matéria objeto do recurso adesivo esteja relacionada com a do recurso principal. Súmula 83/STJ. 2. Agravo regimental não provido". (AgRg no AREsp 806.327/SP, 2. T., Rel. Min. Mauro Campbell Marques, j. 24/11/2015, DJe 02/12/2015)

[646] Dentre farta jurisprudência: "O preparo do recurso adesivo só será devido quando também o for para o apelo principal". REsp 40.220. DJ: 21.10.1996; "Se não há exigência de preparo para o recurso principal, tampouco haverá para o adesivo". REsp n. 123.153/SP. DJ: 29.3.1999; "Se o apelo principal não está condicionado a preparo, o recurso adesivo também não o estará (CPC, art. 500, III)". (REsp n. 182.159/MG).

[647] Ainda do STJ: "PROCESSUAL CIVIL. RECURSO ADESIVO. PORTE DE REMESSA E RETORNO. INEXIGIBILIDADE. ARTS. 500, 511, 512 E 515 DO CPC. 1. O preparo do recurso adesivo só será devido quando também o for para o apelo principal (REsp 40.220/SP). Precedentes. 2. Recurso especial provido". REsp 511162/DF, 2. T., Rel. Min. Eliana Calmon. DJ: 13/12/2004, p. 289.

de recolhimento desse tributo no recurso principal".[648] Idêntica posição passou a ser adotada nas Turmas de Direito Privado.[649]

Nesta mudança, foi fundamental a distinção operada entre dois conceitos legais: "recurso independente" e "recurso principal", como explicado pelo Min. Teori Zavascki: "na interpretação do art. 500 do CPC, são diferentes e inconfundíveis os conceitos de recurso 'independente' e recurso 'principal'. 'Independente' é o recurso que, teoricamente, pode ser interposto por qualquer das partes, independentemente da interposição ou não de outro recurso. É o recurso a que se refere o *caput* do art. 500, na sua primeira parte. Denomina-se recurso 'principal' o recurso independente efetivamente interposto, que ensejou a interposição de recurso 'adesivo' pela parte contrária. É o recurso aludido na segunda parte do *caput* daquele artigo. O parágrafo único do art. 500 faz referência a recurso 'independente' e não a 'principal'. Não fosse assim, chegar-se-ia a resultados incompatíveis com o sistema, especialmente no que se refere ao preparo. Com efeito, a se afirmar que recurso independente, para efeito de preparo, é o recurso principal, concluir-se-ia que, sendo dispensado de preparo o recurso principal, a dispensa se estenderia ao adesivo; todavia, pelas mesmas razões, se deveria concluir também que, sendo devido o preparo no recurso principal, seria igualmente devido no recurso adesivo, mesmo quando a parte recorrente estivesse beneficiada com isenção".[650] A interpretação teleológica da norma, pela pena do Min. Luiz Fux, indicaria que "o recurso independente a que se refere o parágrafo único do artigo 500 é aquele que a própria parte interporia não fosse a adesão eleita. Raciocínio diverso estenderia, sem respeito à legalidade, benefício fazendário *pro populo* às pessoas aptas ao preparo do recurso".[651]

Recentemente, o Superior Tribunal de Justiça teve a oportunidade de ratificar esse entendimento, ao concluir que "a possibilidade de interposição adesiva de determinados recursos cíveis enseja a aplicação das mesmas regras objetivamente consideradas do recurso independente, quanto às condições de admissibilidade, preparo e julgamento no tribunal superior", de sorte que a "a interpretação do art. 500, parágrafo único, do CPC/1973, contudo, não resulta na extensão das prerrogativas conferidas legalmente a determinadas pessoas, como a fazenda pública ou os beneficiários da gratuidade de justiça, no concernente à dispensa do recolhimento do preparo recursal". Agregou o Ministro Marco Buzzi que "exegese que se faça nesse sentido ocasiona aporia que desarranja o sistema processual, vez que se o recorrente adesivo tivesse necessariamente de seguir toda e qualquer condição de admissibilidade, pre-

---

[648] EREsp 989.494/SP, 1. S., Rel. Min. Benedito Gonçalves. DJe: 06/11/2009)

[649] "Processual Civil. Recurso Especial Adesivo. Recurso Especial principal amparado pela assistência judiciária gratuita. Benefício que não se estende ao apelo adesivo. Precedente.I. A assistência judiciária de que goza a parte que interpõe o recurso principal não se estende à parte contrária, que dela não frui, pelo que imprescindível o recolhimento do preparo do adesivo, sob pena de deserção. II. Recurso especial não conhecido". STJ. REsp 912.336/SC, 4. T., Rel. Min. Aldir Passarinho Júnior, j. 02.12.2010, DJe 15.12.2010.

[650] REsp 1067750/RS, 1. T., Rel. Min. Teori Albino Zavascki. DJe 11/05/2009.

[651] REsp 799010/SP, 1. T., Rel. Min. Luiz Fux. DJ: 04/06/2007, p. 311.

paro e julgamento do recorrente principal, haveria a hipótese de a fazenda pública ou o beneficiário de gratuidade de justiça serem forçados a recolher o preparo quando, na condição de recorrentes adesivos, os recorrentes principais assim o fizessem".[652]

10.5. Procedimento do adesivo

O recurso adesivo é interposto perante o juízo *a quo*. No prazo que a parte dispõe para contrarrazoar, deve apresentar, em peça apartada, as razões de seu recurso adesivo. Com a instrução de ambos os recursos (o principal e o adesivo), o processo é remetido para o juízo *ad quem*.

Ao recurso, como refere o parágrafo segundo do art. 997, CPC, aplicam-se as mesmas regras do recurso independente, quanto às condições de admissibilidade, preparo e julgamento no tribunal superior.

É importante assinalar que o conhecimento do adesivo depende do conhecimento do recurso principal. Desta forma, se faltar qualquer condição de admissibilidade deste, o adesivo não será conhecido. A subordinação do adesivo à sorte do principal é o principal custo a ser sopesado na eleição do adesivo.[653] Em nosso sentir, melhor teria sido se o legislador não vinculasse o conhecimento do adesivo ao do principal, e tivesse vetado o seu conhecimento apenas diante da desistência.[654] Todavia, não é este o regramento histórico e atual do direito brasileiro. Reza o inciso III do art. 997, CPC: "não será conhecido se houver desistência do recurso principal ou se for ele considerado inadmissível".[655]

10.6. Recurso adesivo condicionado

Com a genialidade que lhe é peculiar, José Carlos Barbosa Moreira coloca o problema do recurso adesivo condicionado.[656] Isto é, como proceder nas

[652] REsp 1649504/SP, 2. T., Rel. Min. Mauro Cambell Marques, j. 16.02.2017. DJe 22/02/2017.

[653] Como apontam Luiz Guilherme Marinoni e Sérgio Cruz Arenhart: "o grande problema do recurso adesivo está em que seu destino fica na dependência da sorte do recurso principal (subordinante). Assim, se este, por qualquer motivo, não for conhecido, esta circunstância impedirá também o conhecimento do recurso adesivo". *Manual do Processo de Conhecimento*, p. 568.

[654] Polêmico aresto do STJ indeferiu a desistência de recurso principal, diante de antecipação de tutela recursal concedida no adesivo, sob o argumento de que "a apresentação da petição de desistência logo após a concessão dos efeitos da tutela recursal, reconhecendo à autora o direito de receber 2/3 de um salário mínimo a título de pensão mensal, teve a nítida intenção de esvaziar o cumprimento da determinação judicial, no momento em que o réu anteviu que o julgamento final da apelação lhe seria desfavorável, sendo a pretensão, portanto, incompatível com o princípio da boa-fé processual e com a própria regra que lhe faculta não prosseguir com o recurso, a qual não deve ser utilizada como forma de obstaculizar a efetiva proteção ao direito lesionado". REsp 1285405/SP, 3. T., Rel. Min. Marco Aurélio Bellizze, j.16.12.2014, DJe 19.12.2014.

[655] Nesse sentido: "O não conhecimento do apelo principal obsta que se conheça do recurso adesivo" AgRg no AREsp 593.172/SP, 3. T, Rel. Min. Moura Ribeiro, j. 25.08.2015, DJe 02.09.2015; AgRg no Ag 1367835/SP, Rel. Min. Nancy Andrighi, 3. T., j. 12.04.2011. DJe: 18.04.2011; AgRg no REsp 1523699/RS, 1. T., Rel. Min. Sergio Kukina, j. 02.06.2015. DJe 15.06.2015.

[656] *Comentários ao CPC*, 12. ed. Rio e Janeiro: Forense, 2005, p. 330.

situações em que o julgamento do adesivo pode prejudicar o próprio recorrente?

Com razão, em determinadas hipóteses, a decisão judicial, embora não atendendo integralmente a parte, lhe é favorável em alguma medida. Contudo, diante do risco do adversário revertê-la, apenas por cautela o cidadão interpõe o adesivo, postulando, na hipótese de ser dado provimento ao recurso do adversário, a análise de seu adesivo, para ser decretada, p. ex., a inadmissibilidade da tutela jurisdicional, o direito à produção de uma prova, etc.

Figure-se o exemplo no qual ocorre uma condenação em 50, quando fora pedido 100. Ambas as partes possuem interesse em impugnar a decisão. Uma, contudo, prefere aguardar o comportamento da outra, que vem a recorrer postulando a improcedência da ação. Para aquela que se socorre do adesivo, pode ser interessante que o Tribunal venha a invalidar a sentença, permitindo-lhe a produção de provas indeferidas, em vez de dar provimento ao recurso do oponente.

Nessas situações, o interesse recursal no adesivo depende justamente do sucesso do recurso principal. Se a Corte não der provimento ao recurso autônomo, a parte que se valhe do adesivo não possui interesse em sua apreciação. Daí a qualificada doutrina de José Carlos Barbosa Moreira admitir, em solo brasileiro, a ideia do recurso adesivo "condicionado" justamente ao provimento do recurso do adversário.

Nesses casos, uma técnica salutar de julgamento seria inverter a ordem de apreciação dos recursos, julgando-se primeiro o adesivo, caso – em um juízo hipotético – admita-se o conhecimento e o provimento do principal. Contudo, se constatado que o principal não será conhecido ou provido, então a Corte não se ocupará do julgamento do adesivo condicionado, interposto partindo-se do pressuposto que aquele vingaria.

Como referido, trata-se de juízo hipotético quanto ao sucesso do recurso principal, cuja motivação, pela ausência de interesse jurídico relevante, nem mesmo deve constar no acórdão. O raciocínio do professor fluminense aplica-se especialmente ao recurso adesivo que discute questões atinentes à validade da sentença.

10.7. Admissibilidade do recurso adesivo no Juizado Especial Cível

Tema polêmico diz respeito à admissibilidade do recurso adesivo no procedimento do Juizado Especial Cível (JEC). À luz da ausência de base legal explícita e dos princípios que regem o procedimento do JEC, vacila a jurisprudência a admiti-lo. Um passeio pelos julgados dos tribunais brasileiros demonstra o seu descabimento na prática.[657] Inclusive o Fórum Nacional de

[657] Dentre farta jurisprudência: TJSC: RI 2009.200141-0, de Blumenau – Juizado Especial Cível; Rel. Jaber Farah Filho. RI 2006.72.95.015329-9, Primeira Turma Recursal de SC, Rel. Antonio Fernando Schenkel do Amaral e Silva, julgado em 17/04/2007; Turma Recursal Federal do Estado do Piauí, súmula 9: "Não cabe recurso adesivo no âmbito dos Juizados Especiais Federais"; TJDF: AC 20090710188920, Rel. Fernando Tavernad Lima, 2ª T. Recursal dos Juizados Especiais Cíveis e Criminais. DJ: 03.11.2010, p. 316; AC 20090910136892, Rel. Giselle Rocha Raposo, 1ª T. Recursal dos Juizados

Juizados Especiais (FONAJE) editou enunciado contrário a admissão do adesivo por falta de amparo legal: "não cabe recurso adesivo em sede de Juizado Especial por falta de expressa previsão legal".

Em nosso sentir, o "espírito" do recurso adesivo é de todo coerente com o "espírito" do Juizado Especial. O adesivo colabora com a informalização e a celeridade do processo, vetores de interpretação das normas no Juizado Especial. Nesse sistema, qualquer das partes, diante da sucumbência parcial, possui o recurso inominado. Não há razão, portanto, para privá-la dos benefícios da adesão recursal: fator de pressão para o adversário, redução do número de recursos autônomos pela segurança do adesivo, etc. Com a admissão do adesivo, inúmeros litigantes, parcialmente vitoriosos, sentir-se-ão tranquilos em aguardar o comportamento recursal do adversário, o que gerará possivelmente um decréscimo na quantidade de recursos interpostos.

Em texto específico, o autor Luiz Ramon Alvares arrola seis argumentos para a admissibilidade do adesivo no Juizado Especial Cível: "1º Motivo: O recurso previsto no art. 41 da Lei nº 9.099/95, a toda evidência, é o recurso de apelação em sua essência; 2º Motivo: O CPC – Código de Processo Civil – aplica-se subsidiariamente à Lei nº 9.009/95; 3º Motivo: O CPC prevê o recurso adesivo (art. 500, § 4º); 4º Motivo: A parte não pode ser prejudicada por prestigiar o princípio da economia processual (a parte não pretendia recorrer da sentença, só o fazendo, na forma adesiva, porque há recurso da parte contrária); 5º Motivo: Se não fosse possível a interposição de recurso adesivo, as partes vencedoras no Juizado sempre acabariam ingressando com recurso para melhorar a sua posição, independentemente do fato de que poderiam conformar-se, de plano, com a sentença prolatada, pois sempre haveria o risco de que a parte contrária pudesse recorrer, o que inviabilizaria a celeridade na tramitação dos processos, conforme propõe a norma do art. 5º, LXXVIII, da Constituição da República Federativa do Brasil; 6º Motivo: Ambas as partes sempre iriam recorrer diante do risco de que a outra parte também pudesse recorrer, e tal fato incentivaria a litigiosidade, critério diverso do adotado nos Juizados Especiais, que orientam-se pela economia processual e celeridade, buscando, sempre que possível a conciliação ou a transação (art. 2º da Lei nº 9.099/95)".[658]

Contudo, a posição aqui defendida não é aplicada pela vasta maioria dos Tribunais, razão pela qual o operador deve ter muita cautela em sua eventual utilização.

Especiais Cíveis e Criminais. DJ: 06/07/2010, p. 230; TJRS: Recurso Cível nº 71005559216, Primeira Turma Recursal Cível, Relator: Fabiana Zilles, j. 28.07.2015; TJRS, Recurso Cível nº 71005650312, Segunda Turma Recursal Cível, Rel. Vivian Cristina Angonese Spengler, j. 16.12.2015.

[658] Recurso adesivo e seu cabimento no Juizado Especial Cível. Disponível em <http://www.2registro.com.br/boletim/boletim28.html>. Acesso 12.01.2016.

Referências bibliográficas

ABBOUD, Georges; FERNANDES, Ricardo. Requisitos legais para instauração do incidente de assunção de competência. *In RePro*, v. 43, n. 279, p. 339-356, maio 2018.

ADOLFO, Gabriela. *Análise da Matéria de Ordem Pública no Recurso Especial*. 2018. Monografia. (Especialização em Especialização em Direito Processual Civil) – PUCRS.

AGUIAR JUNIOR, Ruy Rosado de. *O Sistema recursal nos Juizados Especiais Federais*. Disponível em <www.stj.gov.br>. Acesso em 07.09.2015.

ALMEIDA, Diogo Rezende de. *Recursos Cíveis*. Salvador: Juspodium, 2019.

ALMEIDA, Felipe Cunha de. Honorários advocatícios e novo Código de processo civil: primeiras impressões. *Revista jurídica*, Porto Alegre, v. 63, n. 451, p. 73-84, maio 2015.

ALMEIDA BAPTISTA, Sonia Márcia de. *Dos Embargos de Declaração*. São Paulo: RT, 1991.

ALVARES, Luiz Ramon. Recurso adesivo e seu cabimento no Juizado Especial Cível. Disponível em <http://www.2registro.com.br/boletim/boletim28.html>. Acesso 12.01.2016.

ALVARO DE OLIVEIRA, Carlos Alberto (org.). *Do Formalismo no Processo Civil*. São Paulo: Saraiva, 1997.

——. Garantia do Contraditório. In: *Garantias Constitucionais do Processo Civil* (coord. José Rogério Cruz e Tucci). São Paulo: RT, 1999.

AMARAL, Guilherme Rizzo. *As Astreintes e o Processo Civil Brasileiro*. Porto Alegre: Livraria do Advogado, 2004.

——. *Comentários às alterações do Novo CPC*. São Paulo: RT, 2015.

AMORIM, Aderbal Torres. *Recursos Cíveis Ordinários*. Porto Alegre: Livraria do Advogado, 2005.

ANNUNZIATO, Eduardo Sprada. Recurso Ordinário em Mandado de Segurança. Disponível em <http://www.ambito-Juridico.com.br/site/index.php?n_link=revista_artigos_leitura&artigo_id=10735>. Acesso em 10.02.2016.

ARAÚJO, José Henrique Mouta; SALGADO, Gustavo Vaz. *Recursos Cíveis*. Curitiba: Juruá, 2005.

ARAGÃO, Egas Moniz de. *Sentença e Coisa Julgada*. Rio de Janeiro: Aide, 1992, p.199.

ARAGÃO, Paulo Cezar. *Recurso Adesivo*. São Paulo: Saraiva, 1974.

ARENHART, Sérgio Cruz. A nova postura do relator no julgamento dos recursos. *RePro*, n. 103/37.

ARRUDA ALVIM, Eduardo. Anotações sobre o novo § 3º do art. 515 do Código de Processo Civil. *In Linhas Mestras do Processo Civil*. Coords. Hélio Ribeiro Costa *et alli*. São Paulo: Atlas, 2004.

——; ARRUDA ALVIM, Angélica. As Reformas e o Sistema Recursal. *Revista Jurídica*, v. 357, p. 11-30.

ARRUDA ALVIM, José Manuel. *A Argüição de Relevância no Recurso Extraordinário*. São Paulo: RT, 1988.

ALVIM, Teresa Arruda, DANTAS, Bruno. *Recurso Especial Extraordinário e a nova função dos Tribunais Superiores*. 5. ed. São Paulo: RT, 2018.

APRIGLIANO, Ricardo de Carvalho. *A apelação e seus efeitos*. São Paulo: Atlas, 2003.

ARAÚJO, José Henrique Mouta. Algumas variáveis em torno da fungibilidade entre os recursos especial e extraordinário. In: NERY JR, Nelson, ALVIM, Teresa Arruda, OLIVEIRA, Pedro Miranda de (Org.). *Aspectos Polêmicos dos Recursos Cíveis*, v. 14. São Paulo: RT, 2018.

ASSIS, Araken. *Manual dos Recursos Cíveis*. 9. ed. São Paulo: RT, 2017.

——. *Processo Civil Brasileiro*, v. 1. São Paulo: RT, 2015.

——. Reflexões sobre a eficácia preclusiva da coisa julgada. In: *Saneamento do Processo; estudos em homenagem ao Prof. Galeno Lacerda*. Porto Alegre: Safe, 1989.

AUFIERO, Mario Vitor M. Técnicas para julgamento de casos repetitivos no novo Código de Processo Civil. In: *Revista eletrônica do Tribunal Regional do Trabalho da 9ª Região*, v. 7, n. 70, p. 234-251, jul. 2018.

AUGUSTO, Horácio Acácio. *Temas Polêmicos sobre a Responsabilidade Civil dos Advogados*. Monografia de especialização. Porto Alegre: Centro Universitário Ritter dos Reis, 2009.

AZEM, Guilherme Beux Nassif. *A Repercussão Geral da questão constitucional no Recurso Extraordinário*. Porto Alegre: Livraria do Advogado, 2009.

——. A Instrumentalidade Objetiva no Recurso Extraordinário. *Revista Jurídica*, n. 411, janeiro/2012.

——. Breves notas sobre o prequestionamento no novo Código de processo civil. In: *Grandes temas do novo código de processo civil*. Porto Alegre : Livraria do Advogado, 2015.

——. A nova disciplina do agravo – Lei nº 11.187/05. In: *Revista da AGU*, n. 8, p. 73.

——. Breves considerações sobre a sucumbência recursal no projeto do novo código de processo civil. In: *Revista jurídica*, Porto Alegre, v. 59, n. 402, p. 63-64, abr. 2011.

AZEREDO, Kellen Cardozo de. *A Problemática da Fundamentação nas Decisões Judiciais Perante o Novo Código de Processo Civil* – Análise do Art. 489, § 1º, IV, CPC. 2016. Trabalho de Conclusão de Curso. PUCRS.

BAGGIO, Lucas Pereira. *Tutela jurisdicional de urgência e as exigências do direito material*. Rio de Janeiro: Forense, 2010.

BAHIA, Alexandre Melo Franco; NUNES, Dierle; PEDRON, Flávio Quinaud. *Novo CPC* – Fundamentos e sistematização. 2. ed. rev., atual. e ampl. Rio de Janeiro: Forense, 2015.

BAPTISTA DA SILVA, Ovídio. *A Função dos tribunais superiores*. 4. ed. Rio de Janeiro: Forense, 2003.

——. Os Recursos – Viés Autoritário da Jurisdição. In: *Processo e Ideologia. O Paradigma Racionalista*. 4. ed. Rio de Janeiro: Forense, 2004.

BARBOSA, Rui. *Oração aos moços*. São Paulo: Martin Claret, 2004.

BARBOSA MOREIRA, José Carlos. *Comentários ao Código de Processo Civil*, v. 12. ed. Rio de Janeiro: Forense, 2005.

——. Juízo de admissibilidade e juízo de mérito no julgamento do recurso especial. In: *Temas de Direito Processual*, quinta série. Saraiva: São Paulo: 1994.

——. Restrições ilegítimas ao conhecimento dos recursos. In: *RENM*, n. 1, p. 38.

——. Julgamento colegiado: modificação de voto após a proclamação do resultado? In: *Aspectos Polêmicos e Atuais dos Recursos Cíveis*. Eduardo Pellegrini de Arruda Alvim *et alli*. São Paulo: RT, 2000.

——. Em Defesa da revisão obrigatória das sentenças contrárias à Fazenda Pública. *RDCPC*, nov.- dez. 2004, p. 5-15.

——. Julgamento do recurso especial ex art. 105, III, *a*, da Constituição da República: sinais de uma evolução auspiciosa. *RF* 349.

——. Os novos embargos de declaração. *RePro*, ano 44, v. 287, jan. 2019.

BARIONI, Rodrigo. As unpublished opinions do direito norte-americano: contribuição para a assunção de competência. In: *Revista de processo*, v. 41, n. 261, p. 389-413, nov. 2016.

——. Preclusão diferida: o fim do Agravo Retido e a ampliação do objeto da Apelação no novo Código de Processo Civil. *Repro*, v. 243, 2015.

——. O exame de questões de fato nos Recursos Extraordinário e Especial. In: *Ação rescisória e recursos para os Tribunais Superiores*. 2. ed. São Paulo: RT, 2013.

BARROSO, Luiz Roberto. Recurso extraordinário. Violação indireta da Constituição. Ilegitimidade de alteração pontual e casuística da jurisprudência do Supremo Tribunal Federal. In: *Temas de Direito Constitucional*, tomo III. Rio de Janeiro: Renovar, 2005.

——. O Controle judicial da constitucionalidade, In: *A Jurisdição Constitucional*. São Paulo: Martins Fontes, 2003.

BELMONTE DE ABREU, Rafael Sirangelo. *Igualdade e processo*: posições processuais equilibradas e unidade do direito. São Paulo: RT, 2015.

BERNI, Duílio Landell de Moura. O Duplo Grau de Jurisdição como Garantia Constitucional. In: *As Garantias do Cidadão no Processo Civil*. Coord. Sérgio Gilberto Porto. Porto Alegre: Livraria do Advogado, 2003.

BEZERRA LEITE, Carlos Henrique. *Curso de Direito Processual do Trabalho*. 3. ed. 4. tir. São Paulo: LTr, 2005.

BIAVA JUNIOR, Sérgio. Carimbo de protocolo ilegível ou Inexistente na jurisprudência do Superior Tribunal de Justiça. *Repro* 165/255.

BINENBOJM, Gustavo. *A Nova Jurisdição Constitucional Brasileira*: legitimidade democrática e instrumentos de realização. 2. ed. Rio de Janeiro: Renovar, 2004.

BORCELLI, Juliana de Carvalho. A Atuação do Amicus Curiae no Julgamento do Incidente de Resolução de Demandas Repetitivas. 2018. *Monografia*. (Aperfeiçoamento/Especialização em Direito) – PUCRS.

BRUM VAZ, Paulo Afonso. O Reexame necessário no novo processo civil. In: *Revista Gênesis de Direito Processual Civil*, n. 34, outubro/dezembro de 2004.

BRUSCHI, Gilberto e MAIDAME, Márcio Manuel, O efeito suspensivo e o recurso de apelação – do CPC/1973 ao Novo CPC, p. 536-537. In: *Novo CPC doutrina selecionada*, v. 6: processos nos tribunais e meios de impugnação às decisões judiciais. (Coord. Fredie Didier Jr.; Org. Lucas Buril de Macêdo *et alli*), Salvador: Juspodivm, 2015.

BUENO, Cássio Scarpinella. Prequestionamento: reflexões sobre a súmula 211 do STJ. In: *Aspectos Polêmicos e Atuais dos Recursos Cíveis*. Eduardo Pellegrini de Arruda Alvim *et alli*. São Paulo: RT, 2000.

——. Súmulas 288, 282 e 356 do STF: uma visão crítica de sua (re) interpretação mais recente pelos tribunais superiores. In: *Aspectos Polêmicos e Atuais dos Recursos Cíveis e de outras formas de impugnação das decisões judiciais*. Eduardo Pellegrini de Arruda Alvim *et alli*. São Paulo: RT, 2001.

BUZAID, Alfredo. Uniformização de jurisprudência. *Revista da Ajuris*, 34.

CABRAL, Trícia Navarro. *Ordem pública processual*. Brasília: Gazeta Jurídica, 2015.

CALAMANDREI, Piero. *A Função da Jurisprudência no momento atual*. Trad. Isolde Favaretto. Porto Alegre: 2013.

CALMON, Eliana. *Recurso Especial interposto pela alínea 'b' face à competência do Supremo Tribunal Federal*. Disponível no *site* do Superior Tribunal de Justiça (www.stj.gov.br). Acesso em 13.09.2005.

——. *A Superposição de competência recursal*. Disponível no *site* do Superior Tribunal de Justiça (www.stj.gov.br). Acesso em 13.09.2005.

——. *O Superior Tribunal de Justiça na Constituição*. Disponível no *site* do Superior Tribunal de Justiça (www.stj.gov.br). Acesso em 13.09.2005.

CALMON DE PASSOS, José Joaquim. *Comentários ao CPC*, v. III. 9. ed. Rio de Janeiro: Forense, 2004.

——. Da argüição de relevância no recurso extraordinário. *RF* 159/11.

CALURI, Lucas Naif. *Recursos no novo Código de Processo Civil*. 3. ed. São Paulo: LTr, 2018.

CÂMARA, Alexandre Freitas. Do agravo de instrumento no novo Código de Processo Civil. In: *Desvendando o Novo CPC*. (Org. Darci Guimarães Ribeiro; Marco Félix Jobim), Porto Alegre: Livraria do Advogado, 2015.

——. A ampliação do colegiado em julgamentos não unânimes. In: *Revista de processo*, v. 43, n. 282, p. 251-266, ago. 2018.

CAMARGO, Luiz Henrique Volpe. Da remessa necessária. *Revista de Processo*. São Paulo, n. 279, maio/2018.

CANÍBAL, Roberto. Da presunção de infringência, da divergência e sua prevenção ou composição. *Revista da Ajuris*: doutrina e jurisprudência, v. 29, n. 87 t.1, p. 244-246, set. 2002.

CANTALI, Rodrigo Ustarroz; FREITAS, Gabriel Rodrigues de. "Agravo de instrumento é o recurso cabível na primeira fase da ação de exigir contas". Disponível em <https://www.conjur.com.br/2017-mar-16/agravo-instrumento-cabivel-fase-acao-exigir-contas>. Acesso em 29.04.2019.

CAPONI, Remo. *L'Efficacia del Giudicato Civile nel Tempo*. Milão: Giuffrè, 1991.

CARDOSO, Oscar Valente. A taxatividade mitigada do agravo de instrumento e o tema nº 988 dos recursos repetitivos do STJ. In: *Advocacia Dinâmica*: seleções jurídicas, n. 1, p. 30-33, jan. 2019.

CARNEIRO, Athos Gusmão. *Recurso Especial, Agravos e Agravo Interno*. 4. ed. Rio de Janeiro: Forense, 2005.

——. Observações sobre o recurso adesivo. *Ajuris*, v. 19, p.67-71.

——. Do recurso especial e seus pressupostos de admissibilidade. In: *O novo recurso de Agravo e outros estudos*. 3. ed. Rio de Janeiro: Forense, 1998.

——. *Dos Embargos de Declaração e seu Inerente Efeito Interruptivo do Prazo Recursal*. Disponível no *site* da Academia Brasileira de Direito Processual Civil. Disponível em <www.abdpc.org.br>. Acesso em 25.10.2005.

CARNEIRO DA CUNHA, Leonardo; DIDIER JUNIOR, Fredie. Apelação contra decisão interlocutória não agravável: a apelação do vencido e a apelação subordinada do vencedor: duas novidades do CPC/2015, p. 519. In: *Novo CPC*: doutrina selecionada, v. 6: processos nos tribunais e meios de impugnação às decisões judiciais (Org. Lucas Buril de Macedo *et alli*), Salvador: Juspodivm, 2015.

CARPES, Arthur Thompsen. *Ônus dinâmico da prova*. Porto Alegre: Livraria do Advogado, 2010.

CARPENA, Márcio Louzada. Da Execução das decisões de pagar quantia pela técnica diferenciada. *RePro* 140/115.

CARVALHO, Fabiano. A função do relatório no julgamento colegiado: manifestação do princípio do contraditório. In: *Revista de processo*, v. 36, n. 198, p. 445-454, ago. 2011.

——. JOBIM, Marco Felix. A disciplina dos agravos no NCPC, p. 638. In: *Novo CPC*: doutrina selecionada, v. 6: processos nos tribunais e meios de impugnação às decisões judiciais. (Coord. Fredie Didier Jr.; Org. Lucas Buril de Macêdo, Ravi Peixoto, Alexandre Freire *et alli*), Salvador: Juspodvm, 2015.

CASTANHEIRA NEVES, A. A distinção entre a questão de fato e a questão de direito e a competência do Supremo Tribunal de Justiça como Tribunal de Revista. In: *Digesta Escritos acerca do Direito, do pensamento jurídico da sua metodologia e outros*, v. 1. Coimbra: Coimbra Editora, 1995.

CHARTIER, Yves. *La Cour de Cassation*. 2. ed. Paris: Dalloz, 2001.

CHEIM JORGE, Flávio. *Teoria Geral dos Recursos Cíveis*. 2. ed. Rio de Janeiro: Forense, 2004.

CHIES, Natalie. *A jurisprudência defensiva dos Tribunais Superiores*. 2018. Monografia de Especialização em Especialização em Direito Processual Civil) – PUCRS.

CHIOVENDA, Giuseppe. *Instituições de Direito Processual Civil*, v. 3. 2. ed. Campinas: Bookseller, 2000.

COITINHO, Jair Pereira. A evolução do controle de constitucionalidade no Brasil do Império à República: protagonismo do STF antes de 1988? In: *Temas de pensamento constitucional brasileiro*. Belo Horizonte: Arraes, 2015, v. 4, p. 75-85.

COLOMBO, Juliano; REICHELT, Luiz Alberto. Reflexões sobre a caracterização e a densificação do direito fundamental ao duplo grau de jurisdição no novo CPC. In: *Revista Magister de direito civil e processual civil*, v. 13, n. 76, p. 57-70, jan./fev. 2017.

COMOGLIO, Luigi Paolo. Il doppio grado di giudizio nelle prospettive di revisione costituzionale. *Rivista di Diritto Processuale*, p. 317-334, 1999, n. 1.

COMPARATO, Fábio Konder. Redescobrindo o Espírito Republicano. In: *Ajuris*, 100/99.

CORDEIRO DE FARIA, Juliana; MARX NETO, Edgard Audomar; FÉRES, Marcelo Andrade. O agravo de instrumento em perspectiva: reflexões em torno da natureza do rol do art. 1.015 do CPC. In: *Processo civil contemporâneo*: homenagem aos 80 anos do professor Humberto Theodoro Júnior. Rio de Janeiro: Forense, 2018, p. 784-801.

CÔRTES, Osmar Mendes Paixão. A evolução do agravo de instrumento: justificativa e consequências da atual sistemática. *RePro*, v. 44, n. 288, p. 235-250, fev. 2019.

COUTURE, Eduardo J. *Fundamentos del derecho procesal civil*. 3. ed. Buenos Aires: 1997.

——. *Procedimiento*. Primer Curso, v. III – Juicio Ordinario. 2. versión taquigrafica de Marcos Medina Vidal. Montevideo: Organizacion Medina.

CUNHA, Marcelo Garcia da. Código de Processo Civil Anotado – *Anotações aos artigos. 1.022 1.026*. Porto Alegre: OAB/RS, 2015.

DALL'AGNOL JUNIOR, Antonio Janyr. Embargos de Declaração. *RePro*, 102/89.

——. Medida cautelar dirigida ao STJ, por cessionário fiduciante, para obtenção de efeito suspensivo à decisão prejudicial e de imediato impacto, em mandado de segurança de inicial indeferida, pendente solução do agravo interposto cessão fiduciária de crédito: não sujeição aos efeitos do processo de recuperação judicial do devedor: presença da situação excepcional e dos pressupostos próprios da cautela. *Revista jurídica*, Porto Alegre, v. 61, n. 425, p. 71-109, março 2013.

DALL'ALBA, Felipe Camilo. O art. 285-A do CPC: redução inconstitucional do diálogo ou (re)afirmação do princípio da efetividade? *Revista da Ajuris*, v. 34, n. 105, p. 189-205, mar., 2007.

——. A questão da inconstitucionalidade do art. 285-A do CPC: rejeição liminar, sem necessidade de citação do réu nas ações que veiculem casos repetitivos que ensejam sentença de improcedência. *Genesis*, v. 11, n. 39, p. 59-76, jan./jun., 2010.

DAVID, René. *Las Grandes Systèmes de Doit Comparé*. 11. ed. Paris: Dalloz, 2002

DIAS, Handel Martins. A gratuidade da justiça no novo Código de processo civil. In: *Revista Síntese de direito civil e processual civil*, v. 13, n. 97, p. 260-276, set./out. 2015. Edição especial novo CPC.

DIDIER JUNIOR, Fredie. Transformações do Recurso Extraordinário. In: *Processo e Constituição: Estudos em homenagem ao José Carlos Barbosa Moreira*. São Paulo: RT, 2006.

——; CARNEIRO DA CUNHA, Leonardo José. *Curso de Direito Processual Civil*, v. 3. 8. ed. Salvador: Podium, 2010.

——; CARNEIRO DA CUNHA, Leonardo. Apelação contra decisão interlocutória não agravável: a apelação do vencido e a apelação subordinada do vencedor: duas novidades do CPC/2015, p. 519. In: *Novo CPC*: doutrina selecionada, v. 6: processos nos tribunais e meios de impugnação às decisões judiciais (Orgs. Lucas Buril de Macedo *et alli*), Salvador: Juspodivm, 2015.

DINAMARCO, Cândido Rangel. *Capítulos de sentença*. São Paulo: Malheiros, 2002.

——. Os embargos de declaração como recurso. In: *A nova era do processo civil brasileiro*. São Paulo: Malheiros, 2003.

——. Os efeitos dos recursos. In: *A nova era do processo civil brasileiro*. São Paulo: Malheiros, 2003.

——. Relativizar a coisa julgada material. In: *A nova era do processo civil brasileiro*. São Paulo: Malheiros, 2003.

——. Superior Tribunal de Justiça e acesso à ordem jurídica justa. In: TEIXEIRA, Sálvio de Figueiredo (coord.). *Recursos no Superior Tribunal de Justiça*. São Paulo: Saraiva, 1991.

——. *A função das cortes supremas na América Latina*. RF 342.

DONADEL, Adriane. A Reclamação no STF e no STJ. In: *Juris Síntese* nº 32, nov/dez de 2001.

DONOSO, Denis; SERAU JR., Marco Aurélio. *Manual dos Recursos Cíveis*. Salvador: JusPodivm, 2016.

DUARTE, Zulmar; JOBIM, Marco Félix. Ultrapassando o precedente: anticipatory overruling. In: *Revista de processo*, v. 43, n. 285, p. 341-362, nov. 2018.

ESTAUBER, Gabriela. *O cabimento do agravo de instrumento no CPC 2015* (interpretação do art. 1.015). 2017. Monografia de Especialização em Direito, PUCRS/RS.

ESTEVEZ, André Fernandes; RUAS, Celiana Diehl. Sentença Falimentar e Recursos Cabíveis. *Revista Jurídica Empresarial* (RJE), v.14, pp. 163-180, mai.-jun. 2010.

FABRÍCIO, Adroaldo Furtado. Tutela antecipada: denegação no primeiro grau e concessão pelo relator do agravo. In: *Ensaios de Direito Processual*. Rio de Janeiro: Forense, 2003.

——. As novas necessidades do processo civil e os poderes do juiz. In: *Ensaios de Direito Processual*. Rio de Janeiro: Forense, 2003.

FAGUNDES, Seabra. Dos Embargos de Declaração. *Revista Forense* nº 117.

FARIA, Márcio Carvalho. *Embargos de divergência em agravo interno: (in)aplicabilidade da Súmula nº 599 do STF*. Jus Navigandi, Teresina, a. 9, n. 611, 11 mar. 2005. Disponível em: <http://jus2.uol.com.br/doutrina/texto.asp?id=6419>. Acesso em: 24 jan. 2006.

FELIPPI, Roberta. *Da Tempestividade do Recurso Prematuro e a jurisprudência dos Tribunais Superiores*. Monografia de especialização. Porto Alegre: Centro Universitário Ritter dos Reis, 2009.

FERRAJOLI, Luigi. *Diritto e Ragione*. 8. ed. Roma: La Terza, 2004.

FERRAZ, Thaís Schilling. A abstração da questão constitucional de repercussão geral frente ao recurso extraordinário. *Revista Jurídica*, ano 62, nº 439, maio 2014.

FERREIRA, Fernando Amâncio. *Manual dos Recursos em Processo Civil*. 6. ed. Coimbra: Almedina, 2005.

FERREIRA FILHO, Manoel Caetano. *Comentários ao CPC*, v. 7. São Paulo: RT, 2000.

FIGUEIREDO TEIXEIRA, Sálvio de. *A Súmula e sua evolução no Brasil*. Disponível em. Acesso em 10.02.2007.

FLACH, Daisson. *A Verossimilhança no Processo Civil e Sua Aplicação Prática*. São Paulo: RT, 2010.

FLECK, Augusto Caballero. Ônus de comprovar a tempestividade recursal e dever de prevenção. *RePro*, ano 44, v. 287, jan. 2019.

FLUMIGNAN, Silvano; KOEHLER, Frederico; PEIXOTO, Marco Aurélio. *Enunciados CJF*: Jornadas de Direito Processual Civil. Salvador: Juspodium, 2019.

FONSECA, Fabiani Severo da. *O Recurso de Agravo contra as Decisões de Primeiro Grau no Novo Código de Processo Civil*. Monografia de Especialização em Direito, PUCRS, 2016.

FONTES, Marcos Oliveira. *Critérios para a aplicação da multa do artigo 1.021, § 4º do CPC no agravo interno*. Monografia especialização PUCRS, 2019.

FORSTER, João Paulo Kulczunski; REICHELT, Luis Alberto; JARDIM, Augusto Tanger e DALL'ALBA, Felipe Camilo (orgs.) *Primeiras Linhas de Direito Processual Civil*, v. 1. 2. ed. Livraria do Advogado: Porto Alegre, 2019.

FORNACIARI JUNIOR, Clito. O Renascer do mandado de segurança contra ato jurisdicional. In: *Revista Jurídica*, v. 344, p. 55-66.

FRANCO, Adriana Pereira. *Recurso interposto antes da publicação da decisão recorrida é intempestivo?* Disponível em: <www.jusnavigandi.com.br>. Acesso em 08.06.2005.

FRANZÉ, Luis Henrique Barbante. *Agravo – Frente aos Pronunciamentos de Primeiro Grau no Processo Civil*. 6. ed. Curitiba: Juruá, 2009.

FREIRE, Alexandre. O incidente de resolução de recursos extraordinários repetitivos e as audiências públicas no Supremo Tribunal Federal. In: NERY JR, Nelson, ALVIM, Teresa Arruda, OLIVEIRA, Pedro Miranda de. *Aspectos Polêmicos dos Recursos Cíveis*, v. 14. São Paulo: RT, 2018.

FREITAS, Pedro Augusto Silveira. Técnica processual de ampliação do órgão colegiado: da função topológica à função teleológica do artigo 942 do CPC/15. *RePro*, ano 44, v. 291, mai. 2019.

FUX, Luiz. *A Reforma do Processo Civil*. Rio de Janeiro: Impetus, 2006.

——. A tutela antecipada nos tribunais superiores. In: FERES, Marcelo Andrade.; CARVALHO, Paulo Gustavo M. (Coord.). *Processos nos tribunais superiores*: de acordo com a Emenda Constitucional n. 45/2004. Belo Horizonte: Saraiva, 2006. p. 223-229.

GARCIA, Nei Comis. *Algumas opiniões acerca dos artigos 285-A e 527 do CPC*. Disponível em: <www.tex.com.br>. Acesso em 26.06.2006.

GATTO, Joaquim Henrique. Reexame necessário. In: *Aspectos polêmicos e atuais dos recursos cíveis*: e assuntos afins. Coords. Nelson Nery Jr., Teresa Arruda Alvim Wambier *et ali*. São Paulo: RT, 2011.

GIANNAKOS, Demétrio. A uniformização da jurisprudência: uma justificativa a partir da hermenêutica jurídica e da análise econômica do direito. *RePro*, ano 44, v. 287, fev., 2019.

GIORGIS, José Carlos Teixeira. *Notas sobre o Agravo*. Porto Alegre: Livraria do Advogado, 1996.

GIANNAKOS, Angelo Maraninchi. *Assistência judiciária no direito brasileiro*. Porto Alegre: Livraria do Advogado, 2008.

GOMES CANOTILHO, J. J. *Direito Constitucional e Teoria da Constituição*. 4. ed. Coimbra: Almedina.

GOMES FILHO, Antônio Magalhães. *A motivação das decisões penais*. São Paulo: RT, 2001.

GONTIJO, Letícia Fabel; ALBERGARIA NETO, Jason Soares. A técnica de julgamento do art. 942 do CPC/15 e sua repercussão: pesquisa descritiva e quantitativa no âmbito do TJMG. In: *RePro*, v. 43, n. 277, p. 305-322, mar. 2018.

GRINOVER, Ada Pellegrini. Da Coisa Julgada no Código de Defesa do Consumidor. In: *RJ* nº 162/5.

GUEDES, Joana. *Litigância de má-fé*: contraditório, devido processo legal e duplo grau de jurisdição. 2017. Monografia. (Especialização: IMED).

HERMES, Carolina Dreher. *O artigo 285-A do Código de Processo Civil sob o enfoque de sua (in)constitucionalidade*. 2009. 61 f. Trabalho de conclusão (Especialização). Porto Alegre: Faculdade IDC, 2009.

HILL, Flávia Pereira. Breves comentários às principais inovações quanto aos meios de impugnação das decisões judiciais no Novo CPC, p. 359. In: *Novo CPC doutrina selecionada*, v. 6: processos nos tribunais e meios de impugnação às decisões judiciais. (Coord. Fredie Didier Jr.; Org. Lucas Buril de Macêdo, Ravi Peixoto, Alexandre Freire *et alli*), Salvador: Juspodvm, 2015.

HOFFMANN JUNIOR, Lirio; JOBIM, Marco Félix. A justificação como elemento da sentença. *Repro*, v. 42, n. 274, p. 99-157, dez. 2017.

JAIME, Fernando Gonzaga; SALOMÉ, Joana Faria; OLIVEIRA JR., Délio Mota de. O reexame necessário no processo civil brasileiro: um mal desnecessário. *Revista de Processo*. São Paulo, n.279, maio 2018.

JARDIM, Augusto Tanger. *A causa de pedir no direito processual civil*. Porto Alegre: Livraria do Advogado, 2008.

JAUERNIG, Othmar. *Direito Processual Civil*. Tradução de F. Silveira Ramos. 25 ed. Coimbra: Almedina, 2002.

JOBIM, Marco Felix. *As funções da eficiência no processo civil brasileiro*. São Paulo: RT, 2018.

——. *Medidas estruturantes da Suprema Corte estadunidense ao Supremo Tribunal Federal*. Porto Alegre: Livraria do Advogado, 2013.

——. *Direito à Duração Razoável do Processo*. Florianópolis: Conceito, 2011.

——. *Cultura, escolas e fases metodológicas do processo*. 3. ed. Porto Alegre: Livraria do Advogado, 2016.

JOLOWICZ, John Anthony. Modelos adversarial e inquisitorial de processo civil. *RF*, 372/135.

KELSEN, Hans. *Jurisdição Constitucional*. Trad. Alexandre Klug e outros. São Paulo: Martins Fontes, 2003.

KLETEMBERG, Melina Faucz. Coisa julgada sobre questão e o Incidente de Resolução de Demandas Repetitivas. *RePro*, ano 44, v. 287 fev. 2019.

KNIJNIK, Danilo. *O Recurso Especial e a Revisão da Questão de Fato pelo Superior Tribunal de Justiça*. Rio de Janeiro: Forense, 2005.

KOZIKOSKI, Sandro Marcelo. *Manual dos Recursos Cíveis* – Teoria Geral e Recursos em Espécie. Curitiba: Juruá, 2007.

——. *Embargos de Declaração*. São Paulo: RT, 2004.

KRIEGER DE VALLE, Carla Maria. Divergência entre o STF e o STJ no que tange à tempestividade dos recursos interpostos anteriormente à publicação do acórdão recorrido. *RePro* 158/255.

LA TORRE, Angel. *Introducción al Derecho*. 16. ed. Barcelona: Ariel, 2000.

LACERDA, Galeno. *O Novo Direito Processual e os Feitos Pendentes*. 2. ed. Rio de Janeiro: Forense, 2006.

——. Ação rescisória e suspensão cautelar da execução do julgado rescindendo. *Revista do Processo* nº 29. jan/mar/83, p. 40.

——. Críticas ao prequestionamento. *RT* nº 738.

LAMACHIA, Cláudio Pacheco Prates. *O Novo CPC*: As conquistas da advocacia (coords. Marcus Vinícius Furtado Coêlho *et alli*). Brasília: OAB, Conselho Federal, 2015.

LARENZ, Karl. *Metodologia da Ciência do Direito*. 4. ed. Trad. José Lamego. Lisboa: Fundação Calouste Gulbenkian, 2005.

LASPRO, Oreste Nestor de Souza. Garantia do duplo grau de jurisdição. In: *As Garantias Constitucionais do Processo Civil*. Coord. José Rogério Cruz e Tucci. São Paulo: RT, 2000.

LEAL DA SILVA, Arlei Wiclif. Preclusão: modalidades e o atual Código de Processo Civil. *RePro*, ano 44, v. 287, jan. 2019.

——. Convenções processuais em matéria recursal. *RePro*, ano 44, v. 290, abr. 2019.

LEMOS, Vinicius Silva. *O incidente de assunção de competência da conceituação à procedimentalidade*. Salvador: Juspodivm, 2018.

LEITE, Carlos Henrique Bezerra. *Curso de Direito Processual do Trabalho*. 3. ed. São Paulo: LTr, 2005.

LIEBMAN, Enrico Tullio. *Manuale di diritto processuale civil*, v. II. 4. ed. Milano: Giuffrè, 1984.

——. *Eficácia e Autoridade da Sentença e outros escritos sobre a coisa julgada*. Trad. Alfredo Buzaid e Benvindo Aires. Atualização da Dra. Ada Pellegrini Grinover. 4. ed. Rio de Janeiro: Forense, 2006.

LONGO, Luis Antônio. O princípio do juiz natural e seu conteúdo substancial. In: *As Garantias do Cidadão no Processo Civil*. Coord. Sérgio Gilberto Porto. Porto Alegre: Livraria do Advogado, 2003.

LOPES, Bruno Vasconcelos Carrilho. Os honorários recursais no novo Código de Processo Civil. In: *Honorários advocatícios*. 2. ed. Salvador: JusPodivm, 2016.

LUCON, Paulo Henrique dos Santos. Recurso Especial: ordem pública e prequestionamento. In: *Linhas Mestras do Processo Civil*. Coords. Hélio Ribeiro Costa *et alli*. São Paulo: Atlas, 2004.

LUISO, Francesco P. Diritto Processuale Civile: *Il processo di Cognizione*. 3. ed. Milano: Giuffrè, 2000.

LUPOI, Maurizio. La nozione di "dishonesty" nelle ultime conquiste dell'equity. *Rivista di Diritto Civile*, n. 6, novembre-dicembre 2007, p. 871-877.

MACEDO, Elaine Harzheim. O formalismo excessivo na admissibilidade recursal mecanismo de combate à massificação? *Revista da Ajuris*, v. 39, n. 128, p. 143-169, dez. 2012.

MACÊDO, Lucas Buril. Agravo interno: análise das modificações legais e de sua recepção no Superior Tribunal de Justiça. *Repro*, v. 269. São Paulo: RT, 2017.

——. A análise dos recursos excepcionais pelos tribunais intermediários – o pernicioso art. 1.030 do CPC e sua inadequação técnica como fruto de uma compreensão equivocada do sistema de precedentes vinculantes. *Repro*, v. 262. São Paulo: RT, 2016.

MACHADO, Hugo de Brito. Extemporaneidade de Recurso Prematuro. *Revista Dialética de Direito Processual*, v. 8, nov. 2003, p.58-66.

MADEIRA, Luiz Gustavo Andrade. O instrumento de agravo: a absurda exigência da autenticação das peças que o formam. In: *ADV: Advocacia Dinâmica: Seleções Jurídicas*, n. 9, p. 31-33, set. 1999.

MALHEIROS DE SOUZA, Diego Krainovich. *A Cooperação no Processo Civil como Princípio e as Consequências de sua Adoção*. Monografia. (Especialização em Direito, PUCRS). 2018.

MANCUSO, Rodolfo de Camargo. *Recurso Especial e Recurso Extraordinário*. 7. ed. São Paulo: RT, 2001.

——. *Recurso Especial e Recurso Extraordinário*. 9. ed. São Paulo: RT, 2006.

——. A realidade judiciária brasileira e os Tribunais da Federação – STF e STJ: inevitabilidade de elementos de contenção dos recursos a eles dirigidos. In: *Processo e Constituição*: Estudos em homenagem ao José Carlos Barbosa Moreira. São Paulo: RT, 2006.

MARINONI, Luiz Guilherme; ARENHART, Sérgio Cruz. *Manual do Processo de Conhecimento*. 4. ed. São Paulo: RT, 2005.

——. Sobre o incidente de assunção de competência. In: *Revista de processo*, v. 41, n. 260, p. 233-256, out. 2016.

——. Reexame da prova diante dos recursos especial e extraordinário. In: *Revista Gênesis de Direito Processual Civil*, n. 35, janeiro/março de 2005.

——; MITIDIERO, Daniel. *Repercussão Geral no Recurso Extraordinário*. São Paulo: RT, 2007.

MARÇAL, Felipe Barreto. Contraditório, fundamentação e técnica de julgamento colegiado: violação do contraditório (e ao dever de fundamentação), da isonomia, da previsibilidade e da segurança jurídica com o sistema de "votação global". *RePro*, ano 44, v. 290, abr. 2019.

MAROCCO, Jair Sá; PINTO DA COSTA, Rosalina Moitta. Vinculação a precedentes do Supremo Tribunal Federal (STF): análise à luz do Código de Processo Civil de 2015. *RePro*, ano 44, v. 287, fev., 2019.

MATTA, Darilê Marques da. A recorribilidade da decisão que inadmite o recurso especial ou extraordinário fundamentada no art. 1.030, I, do CPC/2015, diante da necessidade de superação do precedente. *Repro*, v. 271. São Paulo: RT, 2017.

MAZZOLA, Marcelo. Agravo de instrumento e suas restritas hipóteses de cabimento: necessidade de flexibilização. In: JATAHY, Carlos Roberto; ALMEIDA, Diogo Rezende de; AYOUB, Luiz Roberto (Org.). *Reflexões sobre o novo Código de Precesso Civil*. Rio de Janeiro: FGV Editora, 2016.

MAXIMILIANO, Carlos. *Comentários à Constituição de 1891*. Brasília: Senado Federal, 2005.

MAZZEI, Rodrigo Reis. Embargos de declaração. Evolução legislativa em 30 anos de CPC. Horizontes de uma (nova) reforma. In: *Linhas Mestras do Processo Civil*. Coords. Hélio Ribeiro Costa *et alli*. São Paulo: Atlas, 2004.

——; GONÇALVES, Tiago Figueiredo. A disciplina do prazo em dobro para litisconsortes com diferentes procuradores: noções gerais e o regramento adotado CPC/2015. *Revista jurídica*, Porto Alegre, v. 63, n. 449, p. 9-18, mar. 2015.

MEDINA, José Miguel Garcia. *O Prequestionamento nos Recursos Extraordinário e Especial*. 2. ed. São Paulo: RT, 1999.

——. Variações recentes sobre os recursos extraordinário e especial – breves considerações. In: *Processo e Constituição*: Estudos em homenagem ao José Carlos Barbosa Moreira. São Paulo: RT, 2006.

——. *Direito Processual Civil Moderno*. São Paulo: RT, 2015.

MENDES, Gilmar Ferreira. *Jurisdição Constitucional*. 4. ed. São Paulo: Saraiva, 2004.

——. Contrariedade à Constituição e recurso extraordinário: aspectos inexplorados. *RDA* nº 195.

MENEZES CORDEIRO, Antonio. *Tratado de Direito Civil Português*, II, Direito das Obrigações, t. 1. Coimbra: Almedina, 2009.

MENDES, Aloísio Gonçalves de Castro. *Incidente de Resolução de Demandas Repetitivas*. Rio de Janeiro: Forense, 2017.

MIELE, Rafael. *A impugnação das decisões interlocutórias no CPC/2015*: uma análise do rol do artigo 1.015. Monografia de Especialização em Direito, PUCRS/RS. 2017

MILHORANZA, Mariângela Guerreiro; TESHEINER, José Maria Rosa. Agravos no Processo Civil. *Revista Brasileira de Direito Processual*, v. 62, p. 127-134, 2008.

——; MACEDO, Fernanda dos Santos. Novas observações sobre o princípio da irrecorribilidade das decisões interlocutórias na justiça do trabalho. *Justiça do Trabalho*, v. 27, n. 321, p. 40-47, set., 2010.

MILMAN, Fábio. *Improbidade Processual*. Rio de Janeiro: Forense, 2007.

MIRANDA, Francisco Cavalcanti Pontes de. *Comentários ao Código de Processo Civil*, t. VII, p. 112. Rio de Janeiro: Forense, 1975.

MITIDIERO, Daniel Francisco; ARENHART, Sérgio; MARINONI, Luiz Guilherme. *Manual do processo civil*. 4. ed. São Paulo: RT, 2019

——. *Colaboração no Processo Civil*. São Paulo: RT, 2009.

——. Precedentes, jurisprudência e súmulas no novo Código de processo civil brasileiro. In: *Revista de processo*, v. 40, n. 245, p. 333-349, jul. 2015.

MONIZ DE ARAGÃO, Egas Dirceu. *Comentários ao CPC*, v. II. 10. ed. Rio de Janeiro: Forense, 2004.

MONTEIRO NETO, João Pereira. Espécies de preclusão processual civil e a insubsistência da modalidade "consumativa". *RePro*, ano 44, v. 289, mar. 2019.

MORAES, Alexandre de. *Jurisdição Constitucional e Tribunais Constitucionais*. 2. ed. São Paulo: Altas, 2003.

NANCY ANDRIGHI, Fátima. Lei 11.276/06 – *Inadmissibilidade da Apelação contra Sentença que se Conforma com Súmula do STJ ou STF*. Disponível em <http://bdjur.stj.gov.br/dspace/handle/2011/2299>. Acesso em 10.02.2007.

NERY JUNIOR, Nelson. *Teoria Geral dos Recursos Cíveis*. São Paulo: RT, 2004.

——. *Teoria Geral dos Recursos*. 6. ed. São Paulo: RT, 2005.

——. *Princípios do Processo Civil na Constituição Federal*. 8. ed. São Paulo: RT, 2004,

NUNES, Dierle. *Breves Comentários ao Novo Código de Processo Civil.* (Coord. Teresa Arruda Alvim Wambier *et alli*). São Paulo: RT, 2015.

——. Proposta de reforma do novo Código de Processo Civil apresenta riscos. Disponível em: <http://genjuridico.com.br/2016/01/21/proposta-de-reforma-do-novo-codigo-de-processo-civil-apresenta-riscos>. Acesso em 25.01.2016.

NUNES, Ricardo Ruiz Arias; GOUVEIA, Lúcio Grassi. O controle dos provimentos de natureza provisória por meio de recursos excepcionais. RePro, ano 44, v. 291, mai. 2019.

OLIVEIRA, Pedro Miranda de. *Recursos Excepcionais. Comentários ao novo Código de Processo Civil*, coord. CABRAL, Antônio do Passo *et al.* Rio de Janeiro, Forense: 2015.

OSNA, Gustavo; ISFER, Mayara. Embargos de declaração não se prestam a corrigir possíveis erros de julgamento. In: *Teses jurídicas dos tribunais superiores.* V. I, direito constitucional. São Paulo: RT, 2017, v. 1, n. 2, p. 1043-1052.

PAIXÃO CÔRTES, Osmar Mendes. Recurso Extraordinário: da Constituição Federal de 1988 ao atual CPC. *RePro*, ano 44, v. 289, mar. 2019.

PAULSEN, Leandro. Repercussão geral e sobrestamento de processos múltiplos. Disponível em: <www.leandropaulsen.com>. Acesso em 28.02.2011.

PEIXOTO, Ravi. O incidente de arguição de inconstitucionalidade e o CPC/2015. *RePro*, ano 44, v. 287, jan., 2019.

PEÑA, Eduardo Chemale Selistre. *O Recurso de Agravo como meio de impugnação das decisões interlocutórias em primeiro grau.* Porto Alegre: Livraria do Advogado, 2009.

——. *Curso e Julgamento dos Processos nos Tribunais.* Porto Alegre: Livraria do Advogado, 2010.

PEREIRA, Caio Mário da Silva. *Instituições de Direito Civil*, v. I. 17. ed. Rio de Janeiro: Forense.

PEREIRA, Milton Luiz. Embargos de divergência contra decisão lavrada por relator. In: *Revista Síntese de Direito Civil e Processual Civil*, n. 05, p. 5.

PEREIRA, Rafael Caselli; JOBIM, Marco Félix. O recurso especial representativo de controvérsia como solução para a falta de controle da representatividade adequada do advogado, constituído para atuar no incidente de resolução de demanda repetitiva (IRDR). In: *Revista de processo*, v. 44, n. 287, p. 307-332, jan. 2019.

PINTO, Nelson Luiz. *Manual dos Recursos Cíveis.* São Paulo: Malheiros.

PINTO RIBEIRO, Cristina Zugno. *Apelação no Novo CPC: efeitos devolutivos e suspensivo.* Porto Alegre: Livraria do Advogado, 2016.

PIOVESAN, Flávia. *Direitos Humanos e o Direito Constitucional Internacional.* 7. ed. São Paulo: Saraiva, 2006.

PISANI, Andrea Proto. *Diritto Processuale Civile.* 4. ed. Napoli: Jovene, 2002.

PIZZORUSSO, Alessandro. Sul principio del doppio grado di giurisdizione. *Rivista di Diritto Processuale*, ano XXII, 1978, n. 1.

PIZZOL, Patrícia Miranda. *Processo Civil – Recursos.* São Paulo: Atlas, 2000.

POITTEVIN, Ana Laura González. *Recorribilidade das decisões interlocutórias.* Curitiba: Juruá, 2008.

PONTES, Dulce Dias Ribeiro. O Direito Intertemporal e a técnica de julgamento do art. 942 do CPC. Disponível em <https://www.jota.info/paywall?redirect_to=//www.jota.info/opiniao-e-analise/colunas/coluna-cpc-nos-tribunais/o-direito-intertemporal-e-a-tecnica-de-julgamento-do-art-942-do-cpc-03052019>. Acesso em 07.05.2019.

PORTO, Ederson Garin. Coisa julgada inconstitucional nas ações de investigação de paternidade. *Tendências Constitucionais no Direito de Família*: estudos em homenagem ao Prof. José Carlos Teixeira Giorgis. Porto Alegre: Livraria do Advogado, 2003.

——. A polêmica tese do recurso prematuro: (fundamentos teóricos para uma crítica à jurisprudência das cortes superiores). *Revista Jurídica*, Porto Alegre, v. 61, n. 433, p. 9-41, nov. 2013.

PORTO, Fernando Athayde. *O Agravo de Instrumento no Novo Código de Processo Civil.* Trabalho de Conclusão de Curso. PUCRS. 2016.

PORTO, Guilherme Athayde; PORTO, Sérgio Gilberto. *Lições sobre Teorias do Processo.* Porto Alegre: Livraria do Advogado, 2013.

PORTO, Sérgio Gilberto. *Ação Rescisória Atípica.* São Paulo: RT, 2009.

——. Recursos: reforma e ideologia. In: José Carlos Teixeira Giorgis. (Org.). *Inovações do Código de Processo Civil.* Porto Alegre: Livraria do Advogado, 1997, v., p. 101-110.

——. Do Agravo de Instrumento. *Revista de Estudos Jurídicos da Unisinos*, São Leopoldo, n. 39, 1984.

——; MATTE, Maurício. *Ne bis in idem. Revista brasileira de direito processual*, v. 19, n. 75, p. 169-194, jul./set. 2011.

POZZA, Pedro Luiz. *Novas Regras dos Recursos no Processo Civil*. Rio de Janeiro: Forense, 2003.

PRATES, Marília Zanella. *A coisa julgada no direito comparado*: Brasil Estados Unidos. São Paulo: Juspodivm, 2013.

RAATZ, Igor. Processo, liberdade e direitos fundamentais, ano 44, v. 288, fev. 2019. O incidente de arguição de inconstitucionalidade e o CPC/2015. *RePro*, ano 44, v. 288, fev., 2019.

RANGEL, Marco Aurélio Siqueira. Iura novit curia e a vedação à decisão-surpresa. O incidente de arguição de inconstitucionalidade e o CPC/2015. *RePro*, ano 44, v. 287, fev. 2019.

RAVAGNANI, Giovani dos Santos; RODRIGUES, Marcely Ferreira. Seleção do caso piloto nos recursos repetitivos, litigância repetitiva e o grande litigante. *RePro*, ano 44, v. 291, mai. 2019.

REALE, Miguel. *Lições Preliminares de Direito*. 24. ed. 2. Tiragem. Saraiva: São Paulo: 1999.

——. A Motivação, requisito essencial da sentença. In: *Questões de Direito Público*, p. 153. São Paulo: Saraiva, 1997.

REICHELT, Luiz Alberto. *Primeiras linhas de direito processual civil*. V. 3, Processo II (coord.). Porto Alegre: Livraria do Advogado, 2018.

——. Sistemática recursal, direito ao processo justo e o novo Código de processo civil: os desafios deixados pelo legislador ao intérprete. In: *Revista de processo*, v. 40, n. 244, p. 15-30, jun. 2015.

RIBEIRO, Darci Guimarães (org.). *Desvendando o novo CPC*. 3. ed. Porto Alegre: Livraria do Advogado, 2017.

RODRIGUES, Luiza Silva. *Embargos de Divergência no Novo CPC*. Salvador: Juspodium, 2018.

RODRIGUES, Marco Antonio. *Manual dos Recursos*. São Paulo: Atlas, 2017.

ROENICK, Hermann Homem de Carvalho. *Recursos*. 4. ed. Rio de Janeiro: Aide, 2003.

ROLIN, Cristiane Flores Soares. A Garantia da igualdade das partes frente ao interesse público. In: *As Garantias do Cidadão no Processo Civil*. Coord. Sérgio Gilberto Porto. Porto Alegre: Livraria do Advogado, 2003.

ROSA MARTINEZ, Maria Cristina da. Prequestionamento e Embargos de Declaração. *RJ* 347/65.

ROSINHA, Martha Novo de Oliveira. *Efeitos dos recursos: soluções efetivas com menor prejuízo à segurança jurídica*. Porto Alegre: Livraria do Advogado, 2011.

RUBIN, Fernando. *A preclusão na dinâmica do processo civil*. Porto Alegre: Livraria do Advogado, 2010.

——. Cabimento do agravo de instrumento em matéria probatória: crítica ao texto final do Novo CPC (Lei Nº 13.015/2015, art. 1.015). In: *Novo CPC*: doutrina selecionada, v. 6: processos nos tribunais e meios de impugnação às decisões judiciais. (Coord. Fredie Didier Jr.; Org. Lucas Buril de Macêdo, Ravi Peixoto *et alli*), Salvador: Juspodvm, 2015.

SALGADO, Gustavo Vaz; ARAÚJO, José Henrique Mouta. *Recursos Cíveis*. Curitiba: Juruá, 2005.

SARLET, Ingo Wolfgang. A Reforma do Judiciário e os Tratados Internacionais de Direitos Humanos: observações sobre o § 3º do art. 5º da Constituição. In: *Interesse Público*, v. 37, p. 49.

SAUSEN, Dalton. *Súmulas Repercussão Geral e Recursos Repetitivos*: Crítica à Estandardização do Direito e Resgate Hermenêutico. Porto Alegre: Livraria do Advogado , 2013.

SCALABRIN, Felipe; COSTA, Miguel do Nascimento; CUNHA, Guilherme Antunes da. *Lições de Processo Civil: Recursos*. Porto Alegre: Livraria do Advogado, 2017.

SCALZILLI, Roberta. Código de Processo Civil Anotado. *Anotações aos artigos. 1.021*. Porto Alegre: OAB/RS, 2015.

SCHÜTZ, Vanessa Casarin. Coisa julgada: inconstitucionalidade e meios processuais cabíveis. In: MOLINARO, Carlos Alberto *et al.* (Coords.). *Constituição, jurisdição e processo*: estudos em homenagem aos 55 anos da Revista Jurídica. Sapucaia do Sul: Notadez, 2007.

SEADI, Humberto Acacio Trez. Dos embargos de divergência no âmbito do Supremo Tribunal Federal e do Superior Tribunal de Justiça. In: *Jus Navigandi*, Teresina, a. 8, n. 184, 6 jan. 2004. Disponível em: <http://jus2.uol.com.br/doutrina/texto.asp?id=4701>. Acesso em: 24 jan. 2006.

SEHNEM, Felix. Embargos declaratórios. In: *Jus Navigandi*, Teresina, a. 7, n. 61, jan. 2003. Disponível em: <http://jus2.uol.com.br/doutrina/texto.asp?id=3681>. Acesso em: 08 jun. 2005.

SEVERO, Álvaro Paranhos. A coisa julgada no processo coletivo. In: *Direito & Justiça*, v. 39, n. 2, p. 253-262, jul./dez. Porto Alegre, 2013.

SHIMURA, Sérgio. Reanálise do duplo grau de jurisdição obrigatório diante das garantias constitucionais. In: *Processo e Constituição*: Estudos em homenagem ao José Carlos Barbosa Moreira. São Paulo: RT, 2006.

SICA, Heitor Vitor de. O agravo e o "mito de Prometeu" – Considerações sobre a Lei 11.187/2005. *Aspectos polêmicos e atuais dos recursos cíveis*, coordenação de Nelson Nery Júnior e Tereza Arruda Alvim Wambier, série 9. São Paulo: RT, 2005.

——. *Preclusão Processual Civil*. 2. ed. São Paulo: Atlas, 2008.

SILVA, Antonio Carlos. *Embargos de Declaração no Processo Civil*. Rio de Janeiro: Lumen Juris, 2000.

SILVA, Ricardo Alexandre da. *A Nova Dimensão da Coisa Julgada*. São Paulo: RT, 2019.

SILVA, Ticiano Alves e. Embargos de declaração e contradição externa. *Revista de Processo*, v. 238, 2014.

SIQUEIRA, Michelle Fontes de; LEITÃO, Cristina; SCHUMAK, Fernando; COELHO, Isabel; LEITÃO, Bruna. GAZDA, Emmanuel. Primeiros anos de utilização do incidente de resolução de demandas repetitivas pós-CPC/2015: reflexões obtidas a partir de encontros do grupo de estudos sobre segurança jurídica da FAE. O incidente de arguição de inconstitucionalidade e o CPC/2015. *RePro*, ano 44, v. 287 jan, 2019.

SOARES, Leonardo Oliveira. Uma Questão de Ordem Conceitual. *Primeiros Escritos de Direito Processual*: faz escuro mas eu canto. Belo Horizonte: Del Rey, 2013.

——. Recorribilidade das Decisões Interlocutórias: Onda Restritiva. *Primeiros Escritos de Direito Processual*: faz escuro mas eu canto. Belo Horizonte: Del Rey, 2013.

——. Ampliação da Onda Restritiva à Recorribilidade: Renascer do Mandado de Segurança Contra Ato Judicial. *Primeiros Escritos de Direito Processual*: faz escuro mas eu canto. Belo Horizonte: Del Rey, 2013.

SOKAL, Guilherme Jales. *A sucumbência recursal no novo CPC*: razão, limites e algumas perplexidades. Repro, v. 256, 2016.

SOUZA, Bernardo Pimentel. *Introdução aos recursos cíveis e à ação rescisória*. 10. ed. São Paulo: Saraiva, 2014.

SOUZA, Valternei Melo de. A multa do artigo 475-J: algumas questões. In: TESHEINER, José Maria Rosa *et al.* (coord.). *Instrumentos de coerção e outro temas de direito processual civil*: estudos em homenagem aos 25 anos de docência do Prof. Dr. Araken de Assis. Rio de Janeiro: Forense, 2007

SPAGNOLO, Juliano. A garantia do juiz natural e a nova redação do art. 253 do Código de Processo Civil. In: *As Garantias do Cidadão no Processo Civil*. Coord. Sérgio Gilberto Porto. Porto Alegre: Livraria do Advogado, 2003.

STRECK, Lenio Luiz. *Jurisdição Constitucional e Hermenêutica:* Uma nova crítica do Direito. 2. ed. Rio de Janeiro: Forense, 2004.

——. Súmulas vinculantes: em busca de algumas projeções hermenêuticas. In: *Jurisdição e Direitos Fundamentais*, v. I, tomo I. Ingo Wolfgang Sarlet (coord.). Porto Alegre: Livraria do Advogado, 2005.

TARUFFO, Michele. La motivazione della sentenza. In: *Revista Gênesis de Direito Processual Civil*, n. 31, janeiro/março de 2004.

——. CARPI, Federico; Colesanti, Vittorio. *Commentario breve al Codice di Procedura Civile*. 3. ed. Padova: CEDAM, 1994.

TARTUCE, Fernanda; ASPERTI, Maria Cecília. As técnicas de julgamento de casos repetitivos e a triagem de processos e recursos sob a perspectiva do acesso à justiça individual. *RePro*, ano 44, v. 287 jan, 2019.

TARZIA, Giuseppe. *Lineamenti del nuovo processo di cognizione*. Milano: Giuffrè, 1996.

TAVARES, André Ramos. Recurso Extraordinário: modificações, perspectivas e propostas. In: *Linhas Mestras do Processo Civil*. Coords. Hélio Ribeiro Costa *et alli*. São Paulo: Atlas, 2004.

THAMAY, Rennan Faria Krüger; RODRIGUES, Rafael Ribeiro. Algumas Reflexões sobre o efeito translativo: entre o CPC/73 e o CPC /2015. In: DIDIER Jr., Fredie (Coord.). *Processo nos Tribunais e Meio de Inpugnação das Decisões Judiciais*. Salvador: JusPodivm, 2015.

TEIXEIRA, Anderson Vichinkeski; CICCONETTI, Stefano Maria. *Jurisdição Constitucional Comparada*: Florianópolis, Conceito Editorial, 2010.

TEIXEIRA, Wendel de Brito Lemos. *Inibições Processuais*: abstenção, impedimento e suspeição no processo civil, processo administrativo e arbitragem. Belo Horizonte: Del Rey, 2011.

——. Aspectos polêmicos dos embargos de declaração com enfoque na sua utilização em caso de erro de fato. *RePro*, n. 135, maio de 2006.

TEMER, Sofia. *Incidente de Resolução de Demandas Repetitivas*. Salvador: JusPodivm, 2016.

——; MENDES, Aloísio de Castro. O incidente de resolução de demandas repetitivas do novo Código de Processo Civil. *RePro*, v. 243, pp. 283-331.

TESHEINER, José Maria Rosa. Relativização da Coisa Julgada. *Revista Nacional de Direito e Jurisprudência*, v.2, n.23, p.11-17, nov. 2001.

THEODORO JUNIOR, Humberto. *Curso de Direito Processual Civil*, v. 1. 40. ed. Rio de Janeiro: Forense, 2003.

——. *Sentença. Impugnação e Aperfeiçoamento.* Disponível no *site* do Tribunal de Justiça do Estado de Rondônia (www.tj.ro.gov.br). Acesso em 20.09.2005.

——. O Princípio da Fungibilidade Recursal. In: *Informativo Incijur*, v. 57.

——. Recurso Especial: prequestionamento. In: *Síntese*, v. 6, n. 34, p. 131-139, mar./abr. 2005.

TONIOLO, Ernesto José. A evolução do conceito de reformatio in peius e a sua proibição no sistema recursal do processo civil. *Repro*, v. 41, n. 254, p. 257-280, abr. 2016.

TORRES, Artur. *CPC passado a limpo*. Porto Alegre: Livraria do Advogado, 2018.

——. *Sentença Coisa Julgada e Recursos Cíveis Codificados*. Porto Alegre: Livraria do Advogado, 2017.

USTÁRROZ, Daniel. A experiência do amicus curiae no direito brasileiro. In: *Anuario de Derecho Constitucional Latinoamericano*. Montevideo: Fundación Konrad Adenauer, 2009.

——. *Intervenção de Terceiros*. 2. ed. Porto Alegre: Livraria do Advogado, 2018.

——. Prazo dobrado" no novo Código de processo civil: (interpretação do artigo 229 do novo Código de processo civil). In: *Revista jurídica*, Porto Alegre, v. 64, n. 467, p. 9-13, set. 2016.

WAMBIER, Luiz Rodrigues. Pressupostos normativos e aspectos práticos do incidente de assunção de competência. In: *Revista brasileira de direito processual*, v. 26, n. 104, p. 319-332, out./dez. 2018.

WAMBIER, Teresa Arruda Alvim. *Os Agravos no CPC Brasileiro*. 3. ed. São Paulo: RT, 2000.

——. Efeito suspensivo dos embargos de declaração. In: *Linhas Mestras do Processo Civil*. Coords. Hélio Ribeiro Costa *et alli*. São Paulo: Atlas, 2004.

WELSCH, Gisele Mazzoni. *O reexame necessário e a efetividade da tutela jurisdicional*. Porto Alegre: Livraria do Advogado, 2010.

——. *Legitimação Democrática do Poder Judiciário no Novo CPC*. São Paulo: RT, 2016.

XAVIER, José Tadeu Neves. Julgamento de Improcedência Prima Facie em Ações Repetitivas na Sistemática Processual Civil Atual e no Contexto do Projeto de Novo Código de Processo Civil. In: *Revista Jurídica*, v. 404, 2011.

ZAVASCKI, Teori. *Eficácia das sentenças na jurisdição constitucional*. São Paulo: RT, 2004.

——. Não se pode transformar os recursos em corriqueiros instrumentos de revisão das decisões dos tribunais estaduais e regionais. Entrevista. *Justiça & Cidadania*, n. 150, fev. 2013.

ANEXO

Principais Enunciados da Súmula de Jurisprudência dominante do STF e do STJ

Neste anexo, são transcritos os principais enunciados da Súmula de jurisprudência dos Tribunais Superiores acerca do direito recursal, a fim de facilitar o trabalho de pesquisa dos operadores.

1. Enunciados da Súmula do Supremo Tribunal Federal (STF)

Súmula 735: "Não cabe recurso extraordinário contra acórdão que defere medida liminar".

Súmula 734: "Não cabe reclamação quando já houver transitado em julgado o ato judicial que se alega tenha desrespeitado decisão do Supremo Tribunal Federal".

Súmula 733: "Não cabe recurso extraordinário contra decisão proferida no processamento de precatórios".

Súmula 728: 'É de três dias o prazo para a interposição de recurso extraordinário contra decisão do Tribunal Superior Eleitoral, contado, quando for o caso, a partir da publicação do acórdão, na própria sessão de julgamento, nos termos do art. 12 da Lei 6.055/1974, que não foi revogado pela Lei 8.950/1994".

Súmula 727: "Não pode o magistrado deixar de encaminhar ao Supremo Tribunal Federal o agravo de instrumento interposto da decisão que não admite recurso extraordinário, ainda que referente a causa instaurada no âmbito dos Juizados Especiais".

Súmula 705: "A renúncia do réu ao direito de apelação, manifestada sem a assistência do defensor, não impede o conhecimento da apelação por este interposta".

Súmula 641: "Não se conta em dobro o prazo para recorrer, quando só um dos litisconsortes haja sucumbido".

Súmula 640: "é cabível recurso extraordinário contra decisão proferida por juiz de primeiro grau nas causas de alçada, ou por turma recursal de juizado especial cível e criminal".

Súmula 639: "Aplica-se a súmula 288 quando não constarem do traslado do agravo de instrumento as cópias das peças necessárias à verificação da tempestividade do recurso extraordinário não admitido pela decisão agravada".

Súmula 638: "A controvérsia sobre a incidência, ou não, de correção monetária em operações de crédito rural é de natureza infraconstitucional, não viabilizando recurso extraordinário".

Súmula 637: "Não cabe recurso extraordinário contra acórdão de Tribunal de Justiça que defere pedido de intervenção estadual em município".

Súmula 636: "Não cabe recurso extraordinário por contrariedade ao princípio constitucional da legalidade, quando a sua verificação pressuponha rever a interpretação dada a normas infraconstitucionais pela decisão recorrida".

Súmula 635: "Cabe ao Presidente do Tribunal de origem decidir o pedido de medida cautelar em recurso extraordinário ainda pendente do seu juízo de admissibilidade".

Súmula 634: "Não compete ao Supremo Tribunal Federal conceder medida cautelar para dar efeito suspensivo a recurso extraordinário que ainda não foi objeto de juízo de admissibilidade na origem".

Súmula 622: "Não cabe agravo regimental contra decisão do relator que concede ou indefere liminar em mandado de segurança".

Súmula 598: "Nos embargos de divergência não servem como padrão de discordância os mesmos paradigmas invocados para demonstrá-la mas repelidos como não dissidentes no julgamento do recurso extraordinário".

Súmula 597: "Não cabem embargos infringentes se manifestar, não limitará a apreciação de todas pelo Supremo Tribunal Federal, independentemente de interposição de agravo de instrumento".

Súmula 528: "Se a decisão contiver partes autônomas, a admissão parcial, pelo presidente do tribunal *a quo*, de Recurso Extraordinário que, sobre qualquer delas Recursos".

Súmula 518: "A intervenção da união, em feito já julgado pela segunda instância e pendente de embargos, não desloca o processo para o Tribunal Federal de de acórdão que, em mandado de segurança decidiu, por maioria de votos, a apelação".

Súmula 515: "A competência para a ação rescisória não é do Supremo Tribunal Federal, quando a questão federal, apreciada no recurso extraordinário ou no agravo de instrumento, seja diversa da que foi suscitada no pedido rescisório".

Súmula 514: "Admite-se ação rescisória contra sentença transitada em julgado, ainda que contra ela não se tenha esgotado todos os recursos".

Súmula 513: "A decisão que enseja a interposição de recurso ordinário ou extraordinário, não é a do plenário que resolve o incidente de inconstitucionalidade, mas a do órgão (câmaras, grupos ou turmas) que completa o julgamento do feito".

Súmula 506: "O agravo a que se refere o art. 4º da Lei 4348, de 26/6/1964, cabe, somente, do despacho do presidente do Supremo Tribunal Federal que defere a suspensão da liminar, em mandado de segurança; não do que a "denega"".

Súmula 456: "O Supremo Tribunal Federal, conhecendo do recurso extraordinário, julgará a causa, aplicando o direito à espécie".

Súmula 455: "Da decisão que se seguir ao julgamento de constitucionalidade pelo tribunal pleno, são inadmissíveis embargos infringentes quanto à matéria constitucional".

Súmula 454: "A simples interpretação de cláusulas contratuais não dá lugar a recurso extraordinário".

Súmula 429: "A existência de recurso administrativo com efeito suspensivo não impede o uso do mandado de segurança contra omissão da autoridade".

Súmula 428: "Não fica prejudicada a apelação entregue em cartório no prazo legal, embora despachada tardiamente".

Súmula 427: "A falta de petição de interposição não prejudica o agravo no auto do processo tomado por termo".

Súmula 426: "A falta do termo específico não prejudica o agravo no auto do processo, quando oportuna a interposição por petição ou no termo da audiência".

Súmula 425: "O agravo despachado no prazo legal não fica prejudicado pela demora da juntada, por culpa do cartório; nem o agravo entregue em cartório no prazo legal, embora despachado tardiamente".

Súmula 424: "Transita em julgado o despacho saneador de que não houve recurso, excluídas as questões deixadas, explícita ou implicitamente, para a sentença".

Súmula 405: "Denegado o mandado de segurança pela sentença, ou no julgamento do agravo, dela interposto, fica sem efeito a liminar concedida, retroagindo os efeitos da decisão contrária".

Súmula 399: "Não cabe recurso extraordinário, por violação de lei federal, quando a ofensa alegada for a regimento de tribunal".

Súmula 392: "O prazo para recorrer de acórdão concessivo de segurança conta-se da publicação oficial de suas conclusões, e não da anterior ciência à autoridade para cumprimento da decisão".

Súmula 369 : "Julgados do mesmo tribunal não servem para fundamentar o recurso extraordinário por divergência jurisprudencial".

Súmula 368: "Não há embargos infringentes no processo de reclamação".

Súmula 356: "O ponto omisso da decisão, sobre o qual não foram opostos embargos declaratórios, não pode ser objeto de recurso extraordinário, por faltar o requisito do prequestionamento".

Súmula 353: "São incabíveis os embargos da Lei 623, de 19/2/1949, com fundamento em divergência entre decisões da mesma turma do Supremo Tribunal Federal".

Súmula 322: "Não terá seguimento pedido ou recurso dirigido ao Supremo Tribunal Federal, quando manifestamente incabível, ou apresentado fora do prazo, ou quando for evidente a incompetência do tribunal".

Súmula 320: "A apelação despachada pelo juiz no prazo legal não fica prejudicada pela demora da juntada, por culpa do cartório".

Súmula 317: "São improcedentes os embargos declaratórios, quando não pedida a declaração do julgado anterior, em que se verificou a omissão".

Súmula 300: "São incabíveis os embargos da Lei 623, de 19/2/1949, contra provimento de agravo para subida de Recurso Extraordinário".

Súmula 299: "O recurso ordinário e o extraordinário interpostos no mesmo processo de mandado de segurança, ou de 'habeas corpus', serão julgados conjuntamente pelo tribunal pleno".

Súmula 296: "São inadmissíveis embargos infringentes sobre matéria não ventilada, pela turma, no julgamento do recurso extraordinário".

Súmula 295: "São inadmissíveis embargos infringentes contra decisão unânime do Supremo Tribunal Federal em ação rescisória".

Súmula 294: "São inadmissíveis embargos infringentes contra decisão do Supremo Tribunal Federal em mandado de segurança".

Súmula 293: "São inadmissíveis embargos infringentes contra decisão em matéria constitucional submetida ao plenário dos tribunais".

Súmula 292: "Interposto o Recurso Extraordinário por mais de um dos fundamentos indicados no art. 101, III, da Constituição, a admissão apenas por um deles não prejudica o seu conhecimento por qualquer dos outros".

Súmula 291: "No Recurso Extraordinário pela letra *d* do art. 101, III, da Constituição, a prova do dissídio jurisprudencial far-se-á por certidão, ou mediante indicação do 'diário da justiça' ou de repertório de jurisprudência autorizado, com a transcrição do trecho que configure a divergência, mencionadas as circunstâncias que identifiquem ou assemelhem os casos confrontados".

Súmula 290: "Nos embargos da Lei 623, de 19/2/1949, a prova de divergência far-se-á por certidão, ou mediante indicação do 'diário da justiça' ou de repertório de jurisprudência autorizado, que a tenha publicado, com a transcrição do trecho que configure a divergência, mencionadas as circunstâncias que identifiquem ou assemelhem os casos confrontados".

Súmula 289: "O provimento do agravo por uma das turmas do supremo tribunal federal ainda que sem ressalva, não prejudica a questão do cabimento do recurso extraordinário".

Súmula 288: "Nega-se provimento a agravo para subida de recurso extraordinário, quando faltar no traslado o despacho agravado, a decisão recorrida, a petição de recurso extraordinário ou qualquer peça essencial à compreensão da controvérsia".

Súmula 287: "Nega-se provimento ao agravo, quando a deficiência na sua fundamentação, ou na do recurso extraordinário, não permitir a exata compreensão da controvérsia".

Súmula 286: "Não se conhece do recurso extraordinário fundado em divergência jurisprudencial, quando a orientação do plenário do Supremo Tribunal Federal já se firmou no mesmo sentido da decisão recorrida".

Súmula 285: "Não sendo razoável a arguição de inconstitucionalidade, não se conhece do recurso extraordinário fundado na letra *c* do art. 101, III, da Constituição Federal".

Súmula 284: "É inadmissível o recurso extraordinário, quando a deficiência na sua fundamentação não permitir a exata compreensão da controvérsia".

Súmula 283: "É inadmissível o recurso extraordinário, quando a decisão recorrida assenta em mais de um fundamento suficiente e o recurso não abrange todos eles".

Súmula 282: "É inadmissível o recurso extraordinário, quando não ventilada, na decisão recorrida, a questão federal suscitada".

Súmula 281: "É inadmissível o recurso extraordinário, quando couber na justiça de origem, recurso ordinário da decisão impugnada".

Súmula 280: "Por ofensa a direito local não cabe recurso extraordinário".

Súmula 279: "Para simples reexame de prova não cabe recurso extraordinário".

Súmula 278: "São cabíveis embargos em ação executiva fiscal contra decisão reformatória da de primeira instância, ainda que unânime".

Súmula 277: "São cabíveis embargos, em favor da Fazenda Pública, em ação executiva fiscal, não sendo unânime a decisão".

Súmula 273: "Nos embargos da Lei 623, de 19/2/1949, a divergência sobre questão prejudicial ou preliminar, suscitada após a interposição do recurso extraordinário, ou do agravo, somente será acolhida se o acórdão-padrão for anterior à decisão embargada".

Súmula 272: "Não se admite como ordinário recurso extraordinário de decisão denegatória de mandado de segurança".

Súmula 253: "Nos embargos da Lei 623, de 19/2/1949, no Supremo Tribunal Federal, a divergência somente será acolhida, se tiver sido indicada na petição de recurso extraordinário".

Súmula 249: "É competente o Supremo Tribunal Federal para a ação rescisória, quando, embora não tendo conhecido do recurso extraordinário, ou havendo negado provimento ao agravo, tiver apreciado a questão federal controvertida".

Súmula 247: "O relator não admitirá os embargos da Lei 623, de 19/2/1949, nem deles conhecerá o Supremo Tribunal Federal, quando houver jurisprudência firme do plenário no mesmo sentido da decisão embargada".

Súmula 233: "Salvo em caso de divergência qualificada (Lei 623/1949), não cabe recurso de embargos contra decisão que nega provimento a agravo ou não conhece de recurso extraordinário, ainda que por maioria de votos".

Súmula 228: "Não é provisória a execução na pendência de recurso extraordinário, ou de agravo destinado a fazê-lo admitir".

2. Enunciados da Súmula do Superior Tribunal de Justiça (STJ)

Súmula 579: "Não é necessário ratificar o recurso especial interposto na pendência do julgamento dos embargos de declaração, quando inalterado o resultado anterior".

Súmula 568: "O relator, monocraticamente e no Superior Tribunal de Justiça,poderá dar ou negar provimento ao recurso quando houver entendimento dominante acerca do tema".

Súmula 519: "Na hipótese de rejeição da impugnação ao cumprimento de sentença, não são cabíveis honorários advocatícios".

Súmula 518: "Para fins do art. 105, III, a, da Constituição Federal, não é cabível recurso especial fundado em alegada violação de enunciado de súmula".

Súmula 517: "São devidos honorários advocatícios no cumprimento de sentença, haja ou não impugnação, depois de escoado o prazo para pagamento voluntário, que se inicia após a intimação do advogado da parte executada".

Súmula 490: "A dispensa de reexame necessário, quando o valor da condenação ou do direito controvertido for inferior a sessenta salários mínimos, não se aplica a sentenças ilíquidas".

Súmula 487: "O parágrafo único do art. 741 do CPC não se aplica às sentenças transitadas em julgado em data anterior à da sua vigência".

Súmula 484: "Admite-se que o preparo seja efetuado no primeiro dia útil subsequente, quando a interposição do recurso ocorrer após o encerramento do expediente bancário".

Súmula: 453: "Os honorários sucumbenciais, quando omitidos em decisão transitada em julgado, não podem ser cobrados em execução ou em ação própria".

Súmula: 420: "Incabível, em embargos de divergência, discutir o valor de indenização por danos morais".

Súmula: 390: "Nas decisões por maioria, em reexame necessário, não se admitem embargos infringentes".

Súmula: 331: "A apelação interposta contra sentença que julga embargos à arrematação tem efeito meramente devolutivo".

Súmula: 325: "A remessa oficial devolve ao Tribunal o reexame de todas as parcelas da condenação suportadas pela Fazenda Pública, inclusive dos honorários de advogado".

Súmula: 320: "A questão federal somente ventilada no voto vencido não atende ao requisito do prequestionamento".

Súmula: 316: "Cabem embargos de divergência contra acórdão que, em agravo regimental, decide recurso especial".

Súmula: 315: "Não cabem embargos de divergência no âmbito do agravo de instrumento que não admite recurso especial".

Súmula 264: "É irrecorrível o ato judicial que apenas manda processar a concordata preventiva".

Súmula 255: "Cabem embargos infringentes contra acórdão, proferido por maioria, em agravo retido, quando se tratar de matéria de mérito".

Súmula 253: "O art. 557 do CPC, que autoriza o relator a decidir o recurso, alcança o reexame necessário".

Súmula 225: "Compete ao Tribunal Regional do Trabalho apreciar recurso contra sentença proferida por órgão de primeiro grau da justiça trabalhista, ainda que para declarar-lhe a nulidade em virtude de incompetência".

Súmula 223: "A certidão de intimação do acórdão recorrido constitui peça obrigatória do instrumento de agravo".

Súmula 216: "A tempestividade de recurso interposto no Superior Tribunal de Justiça é aferida pelo registro no protocolo da secretaria e não pela data da entrega na agência do correio".

Súmula 211: "Inadmissível Recurso Especial quanto à questão que, a despeito da oposição de embargos declaratórios, não foi apreciada pelo tribunal *a quo*.

Súmula 207: "É inadmissível recurso especial quando cabíveis embargos infringentes contra o acórdão proferido no tribunal de origem".

Súmula 203: "Não cabe recurso especial contra decisão proferida por órgão de segundo grau dos juizados especiais".

Súmula 202: "A impetração de segurança por terceiro, contra ato judicial, não se condiciona a interposição de recurso".

Súmula 195: "Em embargos de terceiro não se anula ato jurídico, por fraude contra credores".

Súmula 187: "É deserto o recurso interposto para o Superior Tribunal de Justiça, quando o recorrente não recolhe, na origem, a importância das despesas de remessa e retorno dos autos".

Súmula 182: "É inviável o Agravo do art. 545 do CPC que deixa de atacar especificamente os fundamentos da decisão agravada".

Súmula 169: "São inadmissíveis embargos infringentes no processo de mandado de segurança".

Súmula 168: "Não cabem embargos de divergência, quando a jurisprudência do tribunal se firmou no mesmo sentido do acórdão embargado".

Súmula 158: "Não se presta a justificar embargos de divergência o dissídio com acórdão de turma ou seção que não mais tenha competência para a matéria neles versada"

Súmula 126: "É inadmissível recurso especial, quando o acórdão recorrido assenta em fundamentos constitucional e infraconstitucional, qualquer deles suficiente, por si só, para mantê-lo, e a parte vencida não manifesta recurso extraordinário".

Súmula 123: "A decisão que admite, ou não, o recurso especial deve ser fundamentada, com o exame dos seus pressupostos gerais e constitucionais".

Súmula 118: "O agravo de instrumento é o recurso cabível da decisão que homologa a atualização do calculo da liquidação".

Súmula 116: "A Fazenda Publica e o Ministério Público tem prazo em dobro para interpor agravo regimental no Superior Tribunal de Justiça".

Súmula 115: "Na instancia especial é inexistente recurso interposto por advogado sem procuração nos autos".

Súmula 99: "O Ministério Público tem legitimidade para recorrer no processo em que oficiou como fiscal da lei, ainda que não haja recurso da parte".

Súmula 98: "Embargos de declaração manifestados com notório propósito de prequestionamento não tem caráter protelatório".

Súmula 86: "Cabe recurso especial contra acórdão proferido no julgamento de agravo de instrumento".

Súmula 83: "Não se conhece do recurso especial pela divergência, quando a orientação do tribunal se firmou no mesmo sentido da decisão recorrida".

Súmula 55: "Tribunal Regional Federal não é competente para julgar recurso de decisão proferida por juiz estadual não investido de jurisdição federal".

Súmula 45: "No reexame necessário, é defeso, ao tribunal, agravar a condenação imposta a fazenda publica".

Súmula 13: "A divergência entre julgados do mesmo tribunal não enseja recurso especial".

Súmula 7: "A pretensão de simples reexame de prova não enseja recurso especial".

IMPRESSÃO:

PALLOTTI
GRÁFICA

Santa Maria - RS | Fone: (55) 3220.4500
www.graficapallotti.com.br